ESSENTIALS AND
GUIDELINES ON LEGAL ISSUES
OF LIMITED LIABILITY COMPANIES

有限责任公司
法律问题精要与指引

吕姝洁　穆亨　著

企业管理出版社
ENTERPRISE MANAGEMENT PUBLISHING HOUSE

图书在版编目（CIP）数据

有限责任公司法律问题精要与指引/吕姝洁，穆亨著. -- 北京：企业管理出版社，2021.11

ISBN 978-7-5164-2266-3

Ⅰ.①有… Ⅱ.①吕…②穆… Ⅲ.①股份有限公司—公司法—研究—中国 Ⅳ.①D922.291.914

中国版本图书馆CIP数据核字（2020）第195590号

书　　　名	有限责任公司法律问题精要与指引
书　　　号	ISBN 978-7-5164-2266-3
作　　　者	吕姝洁　穆　亨
选题策划	周灵均
责任编辑	张　羿　周灵均
出版发行	企业管理出版社
经　　　销	新华书店
地　　　址	北京市海淀区紫竹院南路17号　邮　编：100048
网　　　址	http://www.emph.cn　电子信箱：26814134@qq.com
电　　　话	编辑部（010）68456991　发行部（010）68701816
印　　　刷	河北宝昌佳彩印刷有限公司
版　　　次	2021年11月第1版
印　　　次	2022年4月第2次印刷
规　　　格	710mm×1000mm　1/16
印　　　张	26
字　　　数	360千字
定　　　价	98.00元

版权所有　翻印必究·印装有误　负责调换

前 言

随着社会主义市场经济的发展和不断完善,《中华人民共和国公司法》(以下简称《公司法》)颁布后,先后进行了五次修订,逐步完善了公司设立、公司资本制度、公司法人治理结构、公司职工权益保护、中小股东利益保护和法人独立等方面的规定,为公司的设立和经营活动提供了较为宽松的条件,顺应了深化改革、促进发展的实践要求,为我国社会主义市场经济的发展提供了更加有力的制度支持。《公司法》有关内容的修改和完善,赋予了公司更多的自主权,有利于促进完善公司治理、推动资本市场健康稳定发展。

公司从设立到清算或破产,始终伴随着各种法律风险,当公司经营者无法预见并及时防范、化解这些法律风险时,就会面临各种诉讼或仲裁,由此承担法律上的后果。本书基于《公司法》、司法解释及相关法律法规中涉及有限责任公司的相关法律规定,梳理与分析了有限责任公司设立、经营及终止时涉及的法律问题以及可能面临的法律风险,通过分析司法实践中的典型案例及裁判理由,为经营者预见并及时防范、化解法律风险提供法律意见与指导。

本书第一章至第八章由吕姝洁完成,第九章至第十一章由穆亨完成。

吕姝洁
2021 年 8 月

目 录

第一章 导 论 / 001

一、公司的出现 / 003

二、罗马法中的公司和有限责任 / 005

三、国外公司法的历史沿革 / 006

四、我国公司及公司法的历史沿革 / 007

五、中华人民共和国成立后公司法的修订和立法宗旨 / 008

六、公司的法律地位 / 012

七、现代公司的社会责任 / 012

八、有限责任公司及其经营过程中的法律风险 / 013

第二章 有限责任公司的设立、变更登记 / 015

第一节 公司设立登记 / 017

一、公司设立的概念 / 017

二、公司设立的条件 / 019

三、公司设立的程序 / 022

四、公司名称及其可能引发的纠纷 / 027

第二节 设立中公司 / 030

一、概述 / 030

二、设立中公司的行为 / 031

三、发起人对外订立合同的效力 / 034

第三节 公司设立失败 / 038

一、设立失败的原因 / 038

二、因公司设立失败而产生的纠纷 / 041

第四节 公司变更登记 / 046

一、变更登记纠纷 / 047

二、变更登记中工商行政机关的审慎审查义务 / 047

第三章 公司章程 / 051

第一节 概述 / 053

一、公司章程的概念 / 053

二、公司章程的记载事项 / 053

三、公司章程与公司自治 / 055

四、公司章程与股东协议 / 056

第二节 公司章程的效力 / 057

一、公司章程的效力范围 / 057

二、公司章程的生效条件 / 058

三、新加入股东与原公司章程条款 / 059

四、公司章程条款无效 / 060

第三节 公司章程的变更 / 065

一、变更的原则 / 065

二、变更的程序 / 067

第四节　公司的经营范围 / 070

一、经营范围 / 070

二、经营范围的变更申请 / 074

第五节　公司对外担保 / 076

一、公司提供担保的要求 / 076

二、公司为股东或实际控制人提供担保的要求 / 078

三、公司违规担保的效力 / 079

第四章　公司资本制度 / 089

第一节　公司资本 / 091

一、注册资本 / 091

二、验资 / 095

三、股东出资证明书 / 095

四、公司注册资本认缴制 / 096

五、分期缴纳出资 / 106

六、公司资本要求 / 108

第二节　股东出资 / 111

一、货币出资 / 112

二、实物出资 / 112

三、国有土地使用权、集体土地使用权等他物权 / 113

四、债权出资 / 116

五、股权出资 / 121

六、知识产权出资 / 122

　　　　七、劳务出资 / 126

　　　　八、特例：农村土地经营权出资 / 127

　　第三节　公司减资和增资 / 129

　　　　一、公司减资 / 129

　　　　二、公司增资 / 135

第五章　股东权益保障与股东义务 / 141

　　第一节　股东 / 143

　　　　一、概述 / 143

　　　　二、实际出资人显名的条件 / 145

　　　　三、实际出资人股东资格认定与第三人权利保护 / 153

　　　　四、瑕疵出资情形下实际出资人的责任 / 154

　　　　五、股东资格的确认 / 155

　　第二节　股东权利 / 166

　　　　一、股东知情权 / 166

　　　　二、股东分红权 / 179

　　　　三、股东退股权 / 185

　　　　四、请求提起诉讼和单独提起诉讼的权利 / 187

　　　　五、提案权 / 188

　　　　六、依法转让出资的权利 / 188

　　　　七、选举权与被选举权 / 188

　　　　八、强制司法解散的权利 / 189

　　　　九、股东的表决权 / 189

　　　　十、股东的召集权 / 193

第三节　股东义务 / 194

　　一、出资的义务 / 194

　　二、不得滥用权利的义务 / 195

　　三、因股东不履行出资义务而产生的纠纷 / 199

第六章　股东会决议与公司经营秩序 / 211

第一节　股东会 / 213

　　一、股东会的组成 / 213

　　二、股东会的职权 / 214

　　三、股东会决议 / 218

　　四、股东会决议成立但未生效 / 227

第二节　控股股东、实际控制人与关联交易 / 230

　　一、控股股东 / 230

　　二、实际控制人 / 231

　　三、关联交易 / 231

第三节　公司独立人格否认与混同 / 233

　　一、公司独立人格否认 / 234

　　二、公司人格混同 / 237

第七章　股权转让 / 245

第一节　股权转让概述 / 247

　　一、股权 / 247

　　二、股权转让合同 / 251

三、股权转让变更登记 / 255

第二节　股权转让程序 / 259

一、书面通知其他股东 / 259

二、股东有优先购买权 / 260

三、特殊情形下的股权转让问题 / 263

四、股权转让纠纷 / 274

第三节　股东资格的继承 / 276

一、自然人股东的合法继承人可以继承其股东资格 / 277

二、公司章程可以做出除外规定 / 277

第四节　对赌协议 / 279

一、什么是对赌协议 / 279

二、对赌协议的效力 / 280

第八章　公司董事、监事、高级管理人员的资格和义务 / 285

第一节　公司的董事、监事和高级管理人员 / 288

一、董事和董事会 / 288

二、监事和监事会 / 296

三、高级管理人员 / 302

第二节　公司法定代表人 / 302

一、法定代表人 / 302

二、法定代表人行为后果的归属 / 304

三、法定代表人职权的限制 / 305

第三节　董事及高级管理人员的义务和民事责任 / 305

一、义务 / 305

二、民事责任 / 311

第九章　特殊的有限责任公司 / 319

第一节　一人公司 / 321

一、一人公司存在的必要性 / 321

二、一人公司的界定 / 322

三、一人公司的限制性规定 / 324

四、法人资格的滥用问题 / 327

第二节　国有独资公司 / 333

一、概念 / 333

二、国有独资公司的设立 / 333

三、国有独资公司的组织机构 / 334

四、国有独资公司的董事会成员与高级管理人员的兼职禁止 / 337

第十章　公司合并、分立 / 339

第一节　公司合并 / 341

一、公司合并的概念 / 341

二、吸收合并与新设合并 / 342

三、公司合并的程序 / 343

四、公司合并纠纷 / 345

第二节　公司分立 / 355

一、公司分立的概念 / 355

二、公司分立的形式 / 356

三、公司分立的程序 / 356

四、公司分立纠纷 / 358

第十一章 公司解散、清算与破产 / 367

第一节 公司解散 / 369

一、概念 / 369

二、公司解散的原因 / 369

三、公司解散纠纷 / 371

第二节 公司清算 / 383

一、公司清算概述 / 383

二、清算程序 / 385

三、清算主体 / 386

四、未及时清算的责任 / 387

五、清算组的法律属性 / 388

六、清算组应成为适格的民事诉讼主体 / 389

第三节 公司破产 / 389

一、企业破产及破产原因 / 389

二、破产重整 / 390

三、破产申请 / 391

四、破产申请的受理 / 394

五、破产管理人 / 396

六、债务人财产 / 399

七、执行案件移送破产审查制度 / 402

第一章

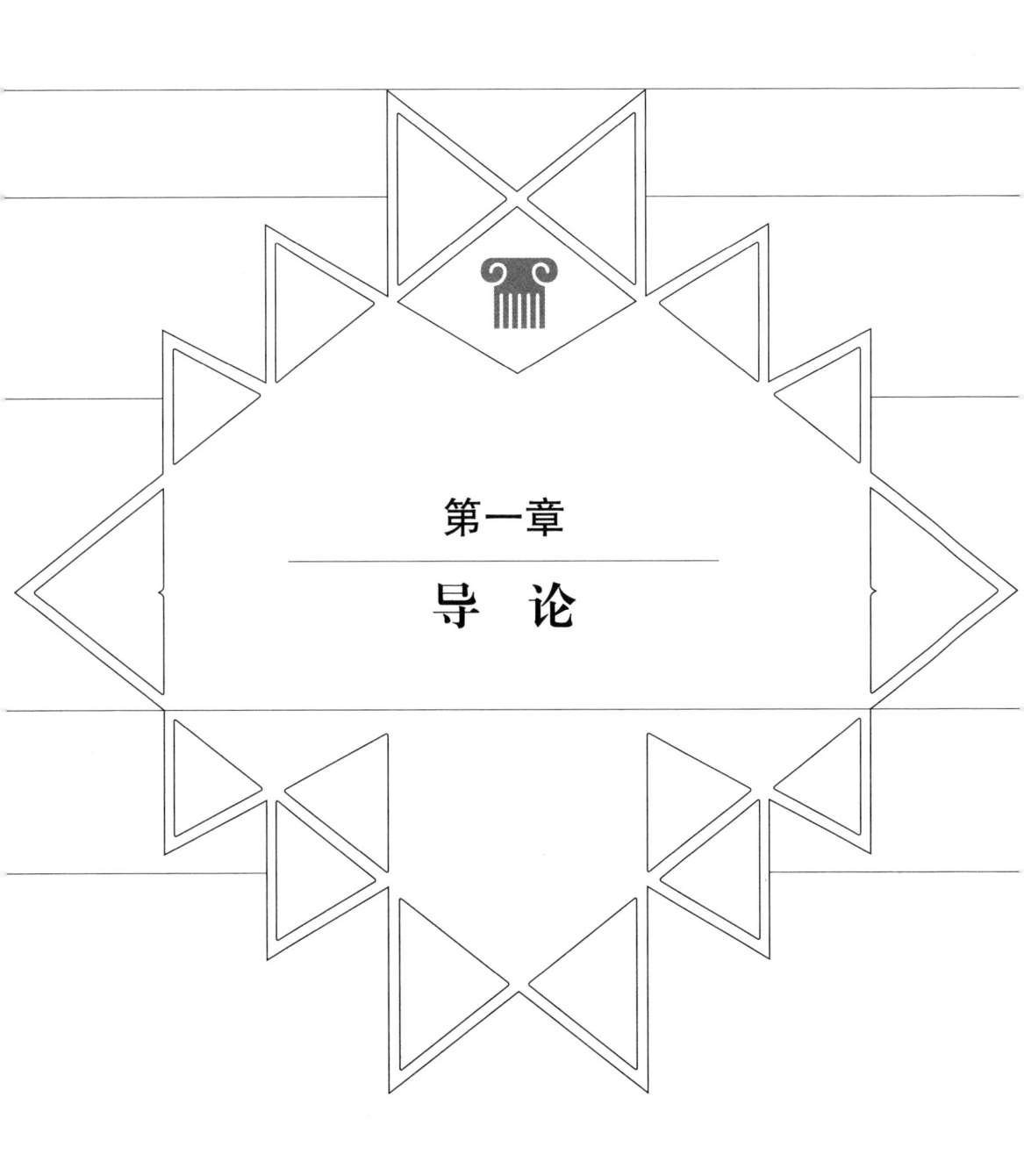

导 论

第一章 导论

一、公司的出现

公司起源的真正动力是私人对财富的追求,尤其是资本的组合,通过聚集大规模资本,实现规模化的商业和生产的目的。公司作为一种特殊的商事组织先后诞生了多种不同的形态。大部分学者认为,公司的萌芽是古罗马时一种叫"索西艾塔斯"的商事组织,这种组织类似于合伙企业,当时这些企业以承包政府工程为目的,其主要投资者往往将自己的土地抵押给政府以保证工程的完成,其他投资者或者作为普通合伙人参与企业的经营管理并对债务承担全部责任,或者作为有限合伙人不参与企业的经营管理而承担有限责任。

10世纪以后,在西欧出现了大量的商队,这些商队由一个领袖带领和管理,联合起来买卖商品,根据个人份额按比例分配利润。但那时海盗劫掠非常盛行,因此,除很短的航程以外,航海者都是结队而行,且常常由战船护航。也就是说,只能以武力来保障安全,而武力只能来自联合。在十字军时期的意大利,热那亚组织了真正的商业公司,这种公司是发售股票、分配利润并分担风险的。每只商船上带着一个管货员或代理人来代表投资人的利益。

中世纪,随着商业的发展,出现了相应的商业组织,它们主要有行会、索塞特、康曼达,而真正现代意义的有限责任制度就是从康曼达开始的。康曼达是一种航海贸易组织,其最为典型的形式是有两个合伙人,一个是只出资的消极投资者,另一个是航海贸易的商人。后者往往是船长,负责航海贸易的具体事务。这种组织存在时间较短,当海船贸易回来后,船上的货物被合伙人卖掉,利润按照预先约定的比例由两位合伙人分配。①14世纪时，意大利的热那亚人为了开盐矿，进行进口珊瑚、水银等特产贸易，以及从事其他商业冒险活动，创立了最早的联合股份公司，但是规模比较小，而且其股份的转让必须得到每一位股东的同意。

到17世纪末，英国成为欧洲商业的"领头羊"。穿越大西洋的贸易需要深水船只组成的舰队和海外落脚点，这就要求资本的聚集达到史无前例的规模，要求有合适的企业组织形式来吸收巨额的资本。当时有两种模式：一种是葡萄牙和西班牙模式，由政府支持跨洋贸易；另一种是荷兰和英国模式，由私人投资，有国家特许垄断经营权。荷兰和英国的商人行会从各自的政府获得了在世界各国经商的特许状，②然后几个商人将各自的物资凑到一起，成立了一个联合股份公司。到1692年，英国有三家大规模的联合股份公司：东印度公司、哈得孙湾公司和皇家非洲公司。

进入20世纪，公司法的主题是确保公司这一工具能得到充分利用，不受政府限制措施的束缚。具体表现为公司以最能反映企业家要求的条件设立。相应地，政府对这种权力的管理必须受到严格限制，即公司设立应采取准则主义，意味着凡符合法定公司设立要件的团体，一经登记注册即取得法人资格，国家

---

① 康曼达组织实际上是借贷与合伙公司的交结。依靠康曼达组织，资本所有者以分享企业利润为条件，将资本预付、委托给显名的商人（active trader），资本所有者地位类似于隐名合伙人或隐名股东（sleeping partner），只以预付或委托的这部分资本对组织的债务负有限责任，不负连带责任。康曼达这种船舶共有组织是隐名合伙和两合公司的雏形。当时，还有一种叫索塞特（societas）的组织，这是一种较为长期的联合方式，并发展成为今天的合伙关系，每一位合伙人都是其他合伙人的代理人并以其全部资产对合伙债务承担责任。合伙关系的全部含义直到18世纪和19世纪才由衡平法院明确，但其中两个关键要素——代理权和无限责任在那个时代就已经被承认。

② 参见蔡立东的《公司制度生长的历史逻辑》，《当代法学》2004年第6期。这一时期，是公司发展的特许时代，由于技术和市场的充分不确定性，只有不存在竞争者，商人才能确保创新的成功。当时，垄断为商人提供了产品市场，使他们免受市场缺陷的影响，是那些正在兴起的民族国家追逐贸易发展以及为自己开辟税收来源的绝佳手段。因此，在特定的历史条件下，特许制是提高商业活动的潜在收益率、使之有价值的有效举措，它体现的是国家对于私人商业利益的保护，而不是限制。因此，只有到了特许时代，公司的作用和功能才为国家所重视，国家才真正开始主动地推动公司的发展。

就认可其合法地位，无须满足其他条件、履行其他程序。这意味着公司有权决定自己的自治法规——章程的内容，自主地创设符合自己需要的制度安排，有权决定自己的营业范围，自主地选择营业的种类和区域，获得了充分的自治权。

二、罗马法中的公司和有限责任

部分公司法的原始概念是罗马人想出来的，特别是使一个社团的人可以拥有一个集合身份，与组成分子的个别身份区别开来。在罗马能够产生公司这一组织形态及相关概念与罗马大规模的军事征服和频繁的战争需要有力的后勤保障有关，这种任务国家无力单独承担，需要借助社会力量，而单个的自然人又不能胜任，于是就有了联合的必要。罗马独特的社会条件形成了对公司的客观需要，第一个类似公司的组织以股份公司的形式出现，它向公众出售股票，以便履行为支持战争而签订的政府合同。国家基于自身利益的考虑，也愿意承认这些团体的人格。因为其中一些事务政府没有精力、资本去做，公司正好可以充当这样的角色。

罗马法始终不存在"法人"的概念，但有关于社团的规定。国家出于自身利益的需要，往往在商业社团自发成立之后即予认可，并给予其某些特权。在罗马法中，没有关于设立公司应当经过许可的相关规定，但在事实上也承认公司的法律地位，即罗马法认可法人的人格。因此，在实证意义上，早在罗马帝国时期，就存在公司或类似公司的组织。

关于有限责任的雏形，西方学者惯于从罗马特有产制度展开研究。特有产是罗马法中"家父"交给"家子"或奴隶依据他们自己的决策从事商业交易的特定财产。"家父"对于"家子"的债务在民事上承担的责任以特有产总额为限。由于"家父"难以事必躬亲，常通过"家子"或"奴隶"管理、经营财产。特有产制度就是"家父"与"家子"达成的债务在民事上承担的责任以特有产总额为限的制度安排，是人类最早的以特定财产承担商业风险的有限责任形式。

三、国外公司法的历史沿革

中世纪初期，法学家开始认识到"法人"的存在。这时的法人包括城镇、大学和宗教团体，还有商人和零售商组成的行会。世界上最早的有关商事组织的立法是法国国王路易十四于1673年颁布的《商事条例》。该条例明确将索塞特和康曼达这两种中世纪盛行的组织形式以无限责任公司和两合公司的形式确定下来，从而使康曼达这种惯常采用的有限合伙人责任限定方式首次为立法所认可。英国1844年的《合股公司法》（Joint Stock Companies Act 1844）采用了法人准则成立主义——凡符合法定条件之社团，一经注册登记即取得法人资格，不必另有特许状和国会法令授权。英国1851年颁布的《有限责任法案》，第一次在法律上明确规定股东对公司债务只负有限责任。

从20世纪开始，强调公司设立的自由。在美国自由化的公司制度下，公司具有高度的自治权，参与公司的当事方掌握着公司的命运。美国也凭借能适应经济不断发展需要的公司制度，在资本主义世界迅速崛起，并成功地占据了世界经济和高新技术发展的主导地位。美国公司的成功实践再一次向人们展示了公司自治的巨大能量和魅力。进入20世纪，公司自治已然成为世界性潮流。2001年，日本对其公司法进行了大幅修订，2001年6月、11月、12月对其公司法所做的三次修改达到了空前的规模，以公司自治为修改原则，扩大了公司的权力。

西方国家的公司立法经历了由特许设立到准则设立的巨大转变，公司法的内容、理念和价值取向完成了由管制主义到自由主义的历史性跨越。英美公司法制发展的历史说明，特许制固有的问题无法通过特许制本身来解决，只能做出改变，给予公司更多的自治，激发公司的活力。

四、我国公司及公司法的历史沿革

在我国，商人逐步发展出复杂的合伙关系，到了14世纪已经有多种不同形态的投资人和商人，但关于商人的立法较少。从17世纪开始，"公司"一词开始在广东、福建等地出现，这时"公司"一词具有文本上的意义。现代法律意义上的公司，产生于清末，自此"公司"这种组织形态在中国广泛地开展起来。

1904年清朝颁布的《钦定大清商律》，由《商人通例》和《公司律》组成，中国历史上首次对公司做出明确的定义，即"凡凑集资本共营贸易者名为公司"，其中将公司分为合资公司、合资有限公司、股份公司和股份有限公司四类。晚清政府为"图强""求富"，兴办官办军用工业，随后又开办了一些官办民用工业。洋务军用工业采取的企业组织形式本质上还不具备西方"公司"的属性，19世纪70年代出现的"官督商办"公司才开始具有"公司"的部分特征。

到北洋政府时期，在《改订大清商律草案》的基础上，以总统令的形式颁行了《公司条例》。该条例将公司分为无限公司、两合公司、股份有限公司和股份两合公司四种类型。由于在管理模式、责任形式等方面更接近合伙，无限公司得到时人的普遍认可。鉴于中国传统商业习惯对无限责任的高度认同，在当时的历史条件下，有限责任公司的组织形式难以适应当时的商业习惯。北洋政府奉行自由资本主义政策，奖励工商、保护营业自由，颁布了比较系统的、以发展私营工商经济为价值取向的公司法规，采取了一系列奖励工商的措施，大力支持民族工商业发展。

南京国民政府时期，立法院商法委员会于1929年议定，先行出台单行之公司法，并拟订《公司法原则草案》三十二条。该草案对《公司条例》中关于公司的分类进行了修改，去除股份两合公司，增加保证有限责任公司。南京国民政府初期，确定了"发展国家资本，同时奖励及保护民营事业"的经济政策，大力发展国营事业以发展国家资本主义。随着抗日战争爆发，南京国民政府开始实施"统制经济"政策,大力发展国营事业,以备战时所需,此一阶段中央及各省国营企业纷纷建立。在这一发展过程中,为组织国有经济发展,南京国民政府在战时适时出台了《特种股份有限公司条例》,并在战后于1946年全面修订《公司法》,增加有限责任公司组织形式,以适应战时及战后国营事业的发展,满足国营企业发展的需要。

五、中华人民共和国成立后公司法的修订和立法宗旨

1949年中华人民共和国成立以后,实施了社会主义改造,大量的私营公司通过公私合营被改造为公有制企业,统称为国营企业。1950年12月颁布的《私营企业暂行条例》,是第一个规范公司的法规,其中规定了五种公司类型——无限公司、两合公司、有限责任公司、股份有限公司和股份两合公司。1951年颁布了《中华人民共和国私营企业暂行条例实施办法》,1954年9月颁布了《公私合营工业企业暂行条例》,该条例中已无"公司"之概念,主要规范公私合营企业的内部管理。上述两个条例更多地体现计划经济的倾向与政府管制的政策性,用以配合中华人民共和国成立以后所选择的社会主义公有制目标,配合逐步开展的公私合营运动。1956年实行公私合营,完成社会主义改造后,《私营企业暂行条例》及其实施办法同时失效,私营公司不复存在。社会主义改造完成后到改革开放前夕,我国企业的组织形式有全民所有制企业和集体所有制企业两种。

党的十一届三中全会后,我国进入经济体制改革时期,有关公司立法逐渐恢复、公司制度重新建立。最具影响力的是1979年7月颁布的《中华人民共和国中外合资经营企业法》,该法第四条明确规定,合营企业的形式为有限责任公司。此后于1986年和1988年分别出台的《中华人民共和国外资企业法》《中华人民共和国中外合作经营企业法》,都明确了有限责任公司的组织形态,并围绕公司设立与注册资本、董事会与管理层、财务与会计、解散与清算等具体

制度展开立法。上述三法为我国外商投资企业提供了有力的法治保障。2019年颁布的《中华人民共和国外商投资法》取代上述三部法律，作为一部新的外商投资基础性法律，完善了外商投资法律制度，促进、保障和规范了外商投资活动的开展，促进了国家治理体系和治理能力现代化。

自1978年中国宣布正式开启改革开放后，开始研究制定中国的公司法。但当时，中国的公司实践少之又少，特别是市场经济体系还没有确立，使得公司立法不可能仅仅依赖于本土实践的推动。因而，向成熟的市场经济国家和地区学习公司立法经验是推进中国公司立法的重要实现路径。到了1986年，公司法草案已初具形态，与当时《中华人民共和国全民所有制企业破产法（草案）》一起，具有很高的颁布呼声。但很遗憾，由于涉及国有公司与股份制公司能否融合、如何在公有制的视角下解释公司股东多元化现象等一系列问题，公司立法暂缓。此后，原国家经济体制改革委员会为了推动国有企业的公司化改制，出台了两个"规范意见"，作为股份制改制的法律依据及规范标准；同时颁布了《股份制企业试点办法》，以规范股份制改制的实施步骤和具体法规。

1993年，我国一方面大力推进国家经济从计划经济向市场经济转变，另一方面坚持对外开放，同时提出加入世界贸易组织的请求，表达遵守国际经济贸易秩序、参与全球经济一体化体系的愿望。中国经济发展全面进入了转型期。在此后的一段时期，一大批与市场经济密切相关的法律陆续出台。1993年，党的十四届三中通过的《中共中央关于建立社会主义市场经济体制若干问题的决定》指出："建立现代企业制度，是发展社会化大生产和市场经济的必然要求，是我国国有企业改革的方向。国有企业实行公司制，是建立现代企业制度的有益探索。"1993年中华人民共和国第一部公司法诞生，该法规定了公司的两种组织形式，即有限责任公司和股份有限公司。公司法的诞生，不仅填补了立法空白，也成为公司迅速发展的助推器，特别是中小型有限责任公司，已经成为民间资本创业的首选组织形态。

1994年7月颁行《中华人民共和国公司登记管理条例》（以下简称《公司

登记管理条例》），登记在册的公司数量逐年稳步上升，其中以有限责任公司形态为主。1997年、1999年分别颁布的《中华人民共和国合伙企业法》和《中华人民共和国个人独资企业法》，规定了合伙企业与个人独资企业作为非法人商事主体。

1993年颁布的《中华人民共和国公司法》（以下简称《公司法》）是我国第一部公司法。我国刚刚实行社会主义市场经济体制，公司实践非常不充分，因此，这部公司法注重框架设计但忽视了规则的具体化，规定了一些主体的权利义务但没有相应的责任与救济路径，还有许多国际通行的规则未规定，等等，被认为是一部缺乏操作性的公司法。随着社会主义市场经济的发展，《公司法》分别于1999年、2004年、2005年、2013年和2018年进行了五次修正，对一些可操作性差、存在法律漏洞的条款进行了修改。

1999年第一次修正，增设了国有独资公司监事会，授权国务院对属于高新技术的股份有限公司，发起人以工业产权和非专利技术作价出资的金融公司占注册资本的比例，公司发行新股、申请股票上市的条件进行规定。

2004年第二次修正，删去了"以超过票面金额为股票发行价格的，须经国务院证券管理部门批准"的规定。

2005年第三次修正是中国公司法走向现代化的开始，践行和探索国际化与本土化有机结合。注重引入境外成功的公司法立法案例，并结合中国国情进行本土化改造。主要涉及以下几个方面的内容：一是取消了按照公司经营内容区分最低注册资本额的规定和公司对外投资占公司净资产一定比例的限制。二是降低设立公司的资本门槛，包括最低资本额的降低。三是允许股东分期缴纳出资。四是规定了无形资产可占注册资本的70%和有限责任公司中小股东在特定条件下的退出机制。五是增加了股东诉讼、公司法人人格否认制度、一人有限责任公司、公司社会责任的内容。六是对关联交易行为做出严格的规范。七是大量增加了有限责任公司的相关规定，如：允许股东通过公司章程自行选择分红比例、表决比例；在股东会的召集程序方面，通知时间、开会方式、表决方式等可以自行选择；扩大了公司的特别权限，包括明确公司对外担保的权利、放松公司转投资的限制、增加股份回购情形等。《公司法》经过 2005 年的大规模修正，极大地释放了公司的活力，公司质量大幅提升，大型公司数量增加。

2013 年第四次修正，2013 年 10 月 25 日，时任国务院总理李克强在国务院常务会议上部署推进公司注册资本登记制度改革，目的是扫除因企业登记环节高昂的设立成本、复杂的程序以及法律不确定性而导致的公司设立障碍。《公司法》第四次修正主要涉及以下几个方面的内容：一是取消对公司注册资本最低限额的限制。二是取消对公司注册资本实缴的限制。三是取消对公司货币出资的比例限制。四是取消公司登记提交验资证明的要求，公司营业执照不再记载"实收资本"事项。

2018 年第五次修正，主要是关于股份回购。补充完善了允许股份回购的情形，提高了公司持有本公司股份的数额上限等关于股份回购的内容。

2019 年 3 月，全国人民代表大会常务委员会法制工作委员会正式启动公司法的修订程序，这意味着中国公司法又要迎来一次较大规模的修订。此时，中国公司法的现代化已经初具规模，而本次修订，应在较高层级上实现公司法的国际化与本土化的融合。

公司的发展一直与特定时期的社会变革目标紧密相连。在改革开放初期，公司制度成为弘扬现代企业理念、推进国有企业改革进而实现社会变革的制度先导。当下，公司制度的改革又与社会主义市场经济建设相融合；而公司法是为了规范公司的组织和行为，保护公司、股东和债权人的合法权益，维护社会经济秩序，促进社会主义市场经济发展而制定的法规。公司制度是拉动国民经济增长的引擎，其制度设计应当有利于促进经济的发展。因此，公司法的立法理念应当适应市场经济发展的需要，鼓励投资，简化程序，提高效率，取消不必要的国家干预条款，废除股份公司设立的审批制度，减少强制性规范，强化当事人意思自治，突出公司章程的制度构建作用，为进一步完善公司治理结构、加强对股东权益的保护提供了制度保障。

六、公司的法律地位

公司是企业法人，具有民事权利能力和民事行为能力，依法独立享有民事权利和承担民事责任。根据《中华人民共和国民法典·总则编》（以下简称《民法典·总则编》）"法人"章的规定，将法人分为营利法人、非营利法人、特别法人三种类别。公司是营利法人的典型代表，具有独立的法人地位，有独立从事生产经营活动、与其他经济实体发生权利义务关系的民事权利，同时要求它独立承担民事责任。

公司的法人地位决定了其必须有自己独立的财产，能够自主经营，自负盈亏，对外独立承担责任。公司享有法人财产权才能体现公司的法人人格，实现公司的权利能力和行为能力。一方面，公司作为独立法人，应当独立承担民事责任。公司承担民事责任的范围是其所拥有的全部财产，其财产不足以清偿到期债务时，将面临破产。另一方面，公司的股东对公司承担有限责任。股东对公司债务所承担的责任，体现为股东对公司的出资，股东必须以其全部投资，而且只能以其全部投资为限，对公司债务承担责任。

七、现代公司的社会责任

《公司法》第五条规定："公司从事经营活动，必须遵守法律、行政法规，遵守社会公德、商业道德，诚实守信，接受政府和社会公众的监督，承担社会责任。公司的合法权益受法律保护，不受侵犯。"公司作为社会经济活动的基本单位，作为民事主体，其合法权益受法律保护，同时要求它承担一定的社会责任。在各国公司法发展过程中公司的社会责任逐渐被认可，很多国家在其公司法中规定了公司的社会责任。公司的社会责任是指，公司应当最大限度地关怀和增进股东利益之外的其他所有社会利益，包括职工利益、消费者利益、债权人利益、中小竞争者利益、当地社区利益、环境利益、社会弱势群体利益以及整个社会公共利益。①国际商会出版物将其定义为"借以使公司自愿地（voluntarily）决定尊重和保护一系列的、广泛的股东利益，同时通过各方面积极地相互作用，致力实现更纯洁的环境和更美好的社会的概念"。②公司社会责任表述公司以社会为本位的价值目标以及为达此目标应承担的各方面义务和责任，它强调公司应当增加其他相关社会群体利益和社会公共利益。

根据《公司法》第五条的规定，公司在依法经营、努力实现盈利的同时，还应承担一定的社会责任，如避免造成环境污染和维护职工合法权益等方面的责任；但《公司法》第五条的规定比较抽象。目前，我国追究公司社会责任的案例多数涉及环境诉讼以及劳务诉讼。因此，一般通过《中华人民共和国环境保护法》《中华人民共和国劳动法》等相关法律的具体规定来规范企业的社会责任。例如，2005年、2006年、2007年，国家环境保护总局发动了三次环保风暴，2007年的环保风暴，通报了投资1123亿元的82个严重违反环境影响评价和"三同时"制度的钢铁、电力、冶金等项目，并首次通过"区域限批"的办法，对唐山市、吕梁市、莱芜市、六盘水市四个城市及国电集团等四家电力企业处以"区域限批"的制裁，以遏制高污染产业盲目扩张。

八、有限责任公司及其经营过程中的法律风险

公司法将公司划分为两大类：一是有限责任公司，二是股份有限公司。有限责任公司是指由一定人数的股东组成的、股东只以其出资额为限对公司承担

---

① 参见刘俊海：《强化公司社会责任的法理思考与立法建议》。
② See Ramon Mullerate, the Still Vague and Imprecise Notion of Corperate So-cial Responsibility, International Business Lawyer, October. 2004 p. 236.

责任、公司只以其全部资产对公司债务承担责任的公司。有限责任公司是企业法人，有独立的法人财产，享有法人财产权，具有民事权利能力和民事行为能力，依法独立享有民事权利和承担民事义务。也就是说，有限责任公司应当具备依法成立、有必要的财产或者经费、能够独立承担民事责任、有自己的名称和组织机构及场所四个条件。公司以其全部财产对公司的债务承担责任，有限责任公司的股东以其认缴的出资额为限对公司承担责任。

股份有限公司是指由一定人数以上的股东组成、公司全部资本分为等额股份、股东以其所认购的股份为限对公司承担责任、公司以其全部资产对公司债务承担责任的公司。主要特点是：公司的全部资本分成等额股份，股东只以其认购的股份为限对公司承担责任，公司只以其全部资产来承担公司的债务。

还有一种企业组织形式，就是合伙企业。合伙企业是由各合伙人依法订立合同协议，共同出资、共同经营、共享收益、共担风险，并承担无限连带责任的企业。合伙企业相较有限责任公司而言，主要有两个优势：一是缴税少，二是比较灵活。合伙企业只需缴纳个人所得税，而公司需要缴纳增值税、营业税、企业所得税、个人所得税等。合伙企业的组织形式比有限责任公司灵活，但在合伙企业中，合伙人应当承担无限连带责任。

有限责任公司从设立到终止的整个过程，涉及设立活动的经营性行为、登记过程中的公司名称登记、公司章程的制定、股东出资、股东表决、中小股东利益保护、公司增资、公司减资、股权转让中的优先购买权、股东分红比例、公司解散约定及出现公司僵化、公司法律人格混同等一系列法律问题。任何法律问题如未提前做好预防，都有可能导致股东或公司承担巨大的经营风险。因此，公司经营过程中的法律风险，是一个公司在追求经济利益时极为重视的因素。

第二章

有限责任公司的设立、变更登记

第一节 公司设立登记

一、公司设立的概念

公司设立是指公司设立人依照法定的条件和程序，为组建公司并取得法人资格而必须采取和完成的法律行为。公司的设立是一个复杂的过程，需要符合法定的条件并按法定的程序进行。有限责任公司的设立程序相较股份有限公司来说简单一些。根据《公司法》第二十三条的规定，设立有限责任公司应当有符合法定人数的股东，有符合公司章程规定的全体股东认缴的出资额，股东共同制定公司章程，有公司名称，有符合有限责任公司要求的组织机构以及公司住所。在我国，有限责任公司的设立采取准则主义，即除了按照法律、行政法规的规定必须进行审批之外，只要符合上述条文的规定，就应当予以办理注册登记。

（一）公司设立与公司设立登记

公司设立与公司设立登记不同。公司设立登记是指公司设立人按法定程序向公司登记机关申请，经公司登记机关审核并记录在案，以供公众查阅的行为。设置公司设立登记制度，旨在巩固公司信誉并保障社会交易安全。在我国，公司进行设立登记，应向各级工商行政管理机关提出申请，并应遵守《公司登记管理条例》的有关规定。因此，公司设立登记是公司设立行为的最后阶段，是在公司登记机关进行登记的行为。公司登记的事项包括名称、住所、法定代表人姓名、注册资本、公司类型、经营范围、营业期限以及有限责任公司股东或者股份有限公司发起人的姓名或者名称。[①] 进行公司设立登记应当向工商行政管理机关提出申请，其中，国家工商行政管理总局负责以下公司的登记：国务院国有资产监督管理机构履行出资人职责的公司以及该公司投资设立并持有50%以上股份的公司；外商投资的公司；依照法律、行政法规或者国务院决定的规定，应当由国家工商行政管理总局登记的公司；国家工商行政管理总局规定应当由其登记的其他公司。省、自治区、直辖市工商行政管理局负责本辖区内下列公司的登记：省、自治区、直辖市人民政府国有资产监督管理机构履行出资人职责的公司以及该公司投资设立并持有50%以上股份的公司；省、自治区、直辖市工商行政管理局规定由其登记的自然人投资设立的公司；依照法律、行政法规或者国务院决定的规定，应当由省、自治区、直辖市工商行政管理局登记的公司；国家工商行政管理总局授权登记的其他公司。设区的市（地区）工商行政管理局、县工商行政管理局，以及直辖市的工商行政管理分局、设区的市工商行政管理局的区分局，负责本辖区内非国家、省级工商行政管理总局负责登记的公司的登记。[②]

（二）公司设立与公司成立

公司设立不同于公司成立。公司成立是设立人取得公司法人资格的一种事实状态或设立人设立公司行为的法律后果，是公司设立和公司登记的法律后果。公司设立作为组织公司的发起人的设立行为，有法律行为，也有非法律行为。两者虽有区别，但也有一定的联系。公司设立是公司成立的前提条件，公司成立是公司设立追求的目的和法律后果。公司设立属于公司产生的"准备阶段"，

[①] 《公司登记管理条例》第九条规定："公司的登记事项包括：（一）名称；（二）住所；（三）法定代表人姓名；（四）注册资本；（五）公司类型；（六）经营范围；（七）营业期限；（八）有限责任公司股东或者股份有限公司发起人的姓名或者名称。"

[②] 参见《公司登记管理条例》第六条、第七条、第八条的规定。

这种准备行为既有法律性质上的，也有非法律性质上的；而公司成立属于公司产生的"形成阶段"，属于法律意义上的行为。

公司的成立应当是依法成立，有必要的财产或经费、有自己的名称和组织机构等。因此，公司设立并不当然导致公司成立，当设立无效时，公司就不能成立。在公司设立阶段，公司是不具有法人资格的，所发生的债权债务，由设立后的公司享有和承担；如果公司不能成立，则由设立人承担设立行为产生的债务。然而公司成立后即享有民事主体资格，所发生的债权和债务，由法人享有和承担。

二、公司设立的条件

根据《公司法》第二十三条的规定，设立有限责任公司应当具备以下条件。

其一，股东符合法定人数。股东可以是自然人也可以是法人，但有一些人不能成为公司股东，如公务员。有限责任公司股东是在相互了解、相互信任的基础上进行联合的，人数不能超过50人。股东人数过多会影响公司的决策和经营，致使公司经营陷入僵局。在实践中，有限责任公司的股东一般只有两三个，超过20个人的很少。但之前的国有企业改制中，有的企业采用了让全体职工参股的办法，这时就很容易超过50人。在这种情况下，很多企业成立了职工持股会或者共同共有资产管理委员会，将职工的股份挂在职工持股会或共有资产管理委员会的名下，由职工持股会或共有资产管理委员会代职工行使股东权利。

案例：汉斯公司职工持股会诉汉斯公司知情权案[①]

汉斯公司是国有企业，企业经过改制后，已经濒临破产。职工李某等人三次要求查看公司会计账簿遭到拒绝。李某等人认为，公司股东对公司的发

---

① 北大法宝案例。

展和经济状况应享有知情权,汉斯公司的行为已侵犯股东的合法权益。因汉斯公司各机构已经瘫痪,原汉斯公司职工持股会也名存实亡,故李某等人临时召开会议成立了新的汉斯公司职工持股会。法院认为,汉斯公司职工持股会是根据公司法、工会法依法成立的组织,并经柳州市总工会批准,报柳州市工商行政管理局备案。李某等人不能代表汉斯公司职工持股会。李某等人是汉斯公司的股东,根据《公司法》第三十三条的规定,对公司的经营、管理享有知情权,李某等人可以依法要求行使知情权。在公司机构运行不正常、职工持股会不能代表股东意志的情况下,李某等人应以个人名义向人民法院提起诉讼。

职工持股会是指依法设立的从事内部职工股的管理、代表持有内部职工股的职工行使股东权利,并以公司工会社团法人名义承担民事责任的组织。《公司法》第三十三条规定,股东有权查阅、复制公司章程、股东会会议记录、董事会会议决议、监事会会议决议和财务会计报告。

公司有合理根据认为股东查阅会计账簿有不正当目的,可能损害公司合法利益的,可以拒绝提供查阅,并应当自股东提出书面请求之日起15日内书面答复股东并说明理由。公司拒绝提供查阅的,股东可以请求人民法院要求公司提供查阅。在公司机构运行不正常、职工持股会不能代表股东意志的情况下,股东应以个人名义向人民法院提起诉讼。

其二,有符合公司章程规定的全体股东认缴的出资额。2013年修改后的《公司法》取消了法定资本最低限额的规定,根据修改后的《公司法》,股东在设立有限责任公司时,不要求必须实际缴纳符合法律规定的最低注册资本。关于股东注册资本的缴纳问题,由公司章程进行规定。公司章程规定了全体股东认缴的出资额以及实际出资的时间与方式,股东只要认足公司章程规定的资本,并在公司设立后按照公司章程的规定履行出资义务即可。但股东出资作为公司资本依然需要注册,无论是几百元还是几千万元,都必须登记。另外,在金融、保险等特定行业中，暂不实行注册资本认缴制。①

其三，股东共同制定公司章程。设立有限责任公司时，全体股东应当共同制定公司章程，没有公司章程的，不能设立有限责任公司。公司章程是股东共同意志的体现，而共同制定的公司章程是全体股东协商一致的共同的意思表示。公司章程不同于发起人协议，后者是关于公司设立事项的协议，前者是对公司、股东、公司的管理人员具有约束力的自治规则。但两者具有很多相同之处，如在公司名称、共同投资人、股东出资、经营范围等内容上，公司章程往往吸收了发起人协议的上述约定。

其四，有公司名称，建立符合有限责任公司要求的组织机构。根据《公司登记管理条例》的规定，设立公司须先申请名称预先核准，符合条件的名称可以被登记为公司名称。公司的组织机构负责公司的运行，设立公司应当建立符合有限责任公司要求的组织机构。

其五，有公司住所。设立公司，必须有公司住所。没有住所的公司，不得设立，公司以其主要办事机构所在地为住所。在实践中，公司变更主要经营地或者主要办事机构所在地而不进行相应的工商变更登记的情况时有发生，在纠纷发生时可能其实际经营地或者主要办事机构已经多次迁移，这无疑加大了原告及人民法院查明其住所地的困难，对案件的审判也增加了许多不确定因素。在确定管辖法院时，可以以实际经营地或者主要办事机构所在地法院为管辖法院，或以公司工商登记注册住所所在地来确定管辖法院。法律、行政法规对法人实际经营地或者主要办事机构迁移应当及时进行变更均有明确规定，公司不进行变更登记实质是一种不诚信的行为，不论是有意或无意，都将在经济往来乃至司

---

① 《国务院关于印发注册资本登记制度改革方案的通知》（国发〔2014〕7号）规定，以下行业暂不实行注册资本认缴登记制：采取募集方式设立的股份有限公司、商业银行、外资银行、金融资产管理公司、信托公司、财务公司、金融租赁公司、汽车金融公司、消费金融公司、货币经纪公司、村镇银行、贷款公司、农村信用合作联社、农村资金互助社、证券公司、期货公司、基金管理公司、保险公司、保险专业代理机构、保险经纪人、外资保险公司、直销企业、对外劳务合作企业、融资性担保公司、劳务派遣企业、典当行、保险资产管理公司、小额贷款公司。

法诉讼中形成不稳定因素。在与其他公司进行商业往来时，应当知悉其注册地址与实际经营地或主要办事机构所在地，因为公司的住所具有以下重要的法律意义。

首先，确定诉讼管辖地。在民事诉讼中，公司的住所是用来确定法院管辖权和诉讼文件送达地的依据，根据一般规则，在没有特别约定或法律规定的情况下，由被告住所地法院管辖；而且当相关文件的接收人拒绝接收文件时，送达人可以将文件留在接收人住所，视为送达。

其次，当合同对履行地约定不明确时，通过住所确定合同履行地。

再次，在涉外民事关系中，住所是认定适用准据法的依据。

最后，确定公司登记管辖。除依法应当由国家工商行政管理局或省、自治区、直辖市工商行政管理局核准登记注册的公司外，其他公司由所在市、县、区工商局核准登记。

三、公司设立的程序

《公司登记管理条例》第十七条至第二十条，规定了公司设立的程序，公司应当依法定程序设立。

（一）公司名称预先核准

《公司登记管理条例》第十七条规定，公司应当向公司登记机关申请名称预先核准。其中，法律、行政法规或者国务院决定规定设立公司必须报经批准，或者公司经营范围中属于法律、行政法规或者国务院决定规定在登记前须经批准的项目的，应当在报送批准前办理公司名称预先核准，并以公司登记机关核准的公司名称报送批准。该条例第十八条规定，设立有限责任公司，应当由全体股东指定的代表或者共同委托的代理人向公司登记机关申请名称预先核准。

申请名称预先核准，应当提交下列文件：有限责任公司的全体股东或者股份有限公司的全体发起人签署的公司名称预先核准申请书，全体股东或者发起人指定代表或者共同委托代理人的证明，国家工商行政管理总局规定要求提交的其他文件。此外，预先核准的公司名称保留期为6个月。预先核准的公司名称在保留期内，不得用于从事经营活动，不得转让。

案例：胡某等诉谢某与公司有关的纠纷案[①]

胡某、谢某、利某达成成立优果拾全公司的合意并领取了《企业名称预先核准通知书》，在预先核准企业名称保留期内未向登记机关申请领取营业执照。胡某认为优果拾全公司已于2016年2月5日登记成立，且认为谢某汇至胡某个人银行账户的30万元，是谢某对公司的出资，公司已经成立，涉案款项已转化为公司资本，谢某不应主张由胡某返还。

法院经审理认为，没有相关证据证明胡某已开设公司临时银行账户及验证注册资金，且谢某将30万元汇至胡某的个人银行账户。《公司登记管理条例》第十七条第一款规定："设立公司应当申请名称预先核准。"该条例第二十五条规定："依法设立的公司，由公司登记机关发给"企业法人营业执照"。公司营业执照签发日期为公司成立日期。公司凭公司登记机关核发的"企业法人营业执照"刻制印章，开立银行账户，申请纳税登记。"优果拾全公司虽进行了公司名称预先核准，但其并未成立，且讼争款项并未汇至优果拾全公司的银行账户，更无证据显示胡某已将该30万元作为出资款转入该公司的银行账户，故该30万元实际上并未转化为对公司的出资款。在这种情况下，优果拾全公司并未成立，胡某与谢某、利某签订的涉案《退股协议》对各方当事人均具有拘束力。

名称预先核准是公司设立的一个程序，没有通过名称预先核准的，应当改变

[①] （2017）粤06民申90号。

公司的名称，只有通过名称预先核准的名称，才能成为公司的名称，但名称预先核准只是公司设立的一个程序，并不能说通过名称预先核准后公司就已成立。

（二）向其所在地工商行政管理机关提出申请

全体股东指定的代表或共同委托的代理人作为申请人向所在地工商行政管理机关提出申请，提交相关的文件，具体包括：公司法定代表人签署的设立登记申请书；全体股东指定代表或者共同委托代理人的证明；公司章程；股东首次出资是非货币财产的，应当在公司设立登记时提交已办理其财产权转移手续的证明文件；股东的主体资格证明或者自然人身份证明；载明公司董事、监事、经理的姓名、住所的文件以及有关委派、选举或者聘用的证明；公司法定代表人任职文件和身份证明；企业名称预先核准通知书；公司住所证明；国家工商行政管理总局规定要求提交的其他文件。

案例：郑州市工商行政管理局与刘某登记上诉案[①]

2014年12月25日，明鑫玉器公司申请设立登记时提交了以下材料：公司法定代表人签署的《公司登记（备案）申请书》，全体股东签署的《指定代表或者共同委托代理人授权委托书》，《首次股东会决议》，股东及董事、监事和经理的身份证复印件，《企业名称预先核准通知书》，由全体股东签署的公司章程，住所使用证明。材料显示，该公司股东为高某、张某及刘某，法定代表人为张某，并提供了张某、刘某及高某的身份信息。郑州市工商行政管理局经审核认为符合法律规定，予以登记。

2015年2月28日，"明鑫玉器公司"变更为"嵩明玉器公司"。因刘某是公职人员，在单位内部进行员工审查时，发现刘某作为公司股东的身份。刘某认为郑州市工商行政管理局作为行政单位，没有对申请材料及股东的身份进

---

① （2017）豫01行终887号。

行确认,即将刘某定性为股东,是严重不负责的行为。西南政法大学司法鉴定中心对嵩明玉器公司工商登记档案中以下涉及刘某签名是否系其书写进行笔迹鉴定。司法鉴定意见书的鉴定意见为:①标称时间为"2014年12月19日"的《指定代表或者共同委托代理人授权委托书》上"申请人签字或盖章"部位"刘某"署名字迹与供检的刘某签名样本字迹不是同一人书写。②标称时间为"2014年12月19日"的《明鑫玉器有限公司章程》第9页落款部位"刘某"署名字迹与供检的刘某签名样本字迹不是同一人书写。③标称时间为"2014年12月19日"的《首次股东会决议》上"股东(××)盖章、(××)签字"部位"刘某"署名字迹与供检的刘某签名样本字迹不是同一人书写。

法院认为,登记机关负有审慎审查的义务。《公司登记管理条例》第二十条规定,申请设立有限责任公司应当向公司登记机关提交下列文件:公司法定代表人签署的设立登记申请书,全体股东指定代表或者共同委托代理人的证明,公司章程,股东的主体资格证明或者身份证明,载明公司董事、监事、经理的姓名、住所的文件以及有关委派、选举或者聘用的证明,公司法定代表人任职文件和身份证明,企业名称预先核准通知书,公司住所证明,国家工商行政管理总局规定要求提交的其他文件。该条例第二条规定,申请办理公司登记,申请人应当对申请文件、材料的真实性负责,要求申请人承担提供真实的文件、材料的责任。该条例第五十一条第一款规定,公司登记机关对申请文件、材料齐全,符合法定形式的,应当决定予以受理。工商行政管理局作为公司登记机关,对申请人及其提交的材料负有审慎的审查义务,是在审查确认申请人身份真实的情况下对其提交的材料进行形式审查。

近年来,因申请人提交虚假证明材料或者采取虚假签名等其他欺诈手段取得公司登记而引起的纠纷、诉讼越来越多,由此引发了学界和实务界对公司登记机关在办理公司股东变更登记过程中应承担何种审查责任的讨论和思考。对公司登记机关应采取何种方式对股东变更登记进行审查存在较大争议,审判实践中对此也未形成统一的认识和司法审查标准;但工商行政管理局作为公司登记机关，应当对申请人提交的材料负有审慎的审查义务，是在审查确认申请人身份真实的情况下对其提交的材料进行形式审查。

尽管目前《公司法》《公司登记管理条例》等法律法规未对公司登记的审查标准做出明确规定，但作为一种具体行政行为，公司登记的审查应遵循行政法的一般原则，而合理行政原则即为其法律依据。合理行政原则中的一项重要内容就是行政行为应建立在正当考虑的基础之上。该原则要求行政机关在依法作为的同时应尽到应有的、合理的注意义务，以防止有可能损害行政相对人或其他利害关系人合法权益的危害结果的发生，否则可以认为是行政机关怠于履行必要的行政义务，应当承担相应的法律责任。

（三）取得企业法人营业执照

按照规定设立的有限责任公司，由公司登记机关发给"企业法人营业执照"。公司营业执照签发日期为公司成立日期。公司凭公司登记机关核发的"企业法人营业执照"刻制印章，开立银行账户，申请纳税登记。由此可见，公司设立登记的法律效力就是使公司取得法人资格，进而取得从事经营活动的合法身份。

依法设立的有限责任公司，由公司登记机关签发公司营业执照。公司登记机关签发的公司营业执照是确定公司成立的法律条件，公司营业执照的签发日期为公司成立之日。公司自成立之日起成为独立享有权利、承担责任的法人。自公司营业执照签发之日起，公司登记机关对公司各类主要事项所做登记，同时产生法律效力，对公司具有约束力。企业的营业执照相当于企业开展一系列商业活动的许可证，相关法律也对企业营业执照的非法、不合理使用做出明确的禁止性规定。

第二章
有限责任公司的设立、变更登记

案例：金塔县农村信用合作联社诉晟盛棉业公司企业租赁经营合同纠纷案[①]

金塔县农村信用合作联社（以下简称合作社）通过以资抵债方式取得晟盛棉业公司的土地使用权，以及房屋、设备、库存材料及产品等不动产、动产的处分权。在涉案企业租赁经营合同签订后，合作社亦向晟盛棉业公司交付了银鑫棉业公司及进化收购点和新民收购点。同时，涉案合同约定合作社将其持有的银鑫棉业公司的营业执照交由晟盛棉业公司使用。银鑫棉业公司的法人营业执照、棉花加工资格认定证书的相关证照手续并没有变更至合作社名下。

本案中，因银鑫棉业公司的法人营业执照、棉花加工资格认定证书的相关证照手续并没有变更至合作社名下，且涉案合同约定合作社将其持有的银鑫棉业公司的营业执照交由晟盛棉业公司使用。实际上，合作社并没有取得该企业的经营权，亦违反了《公司登记管理条例》第五十九条的"任何单位和个人不得伪造、涂改、出租、出借、转让营业执照"的禁止性规定。因此，本案双方当事人签订的企业租赁经营合同无效。

四、公司名称及其可能引发的纠纷

公司只能使用一个名称，在登记主管机关辖区内不得与已登记注册的同行业企业名称相同或者近似。如公司确有特殊需要，经省级以上登记主管机关核准，可以在规定的范围内使用一个从属名称。公司名称应当由以下部分依次组成：字号（或者商号）、行业或者经营特点、组织形式。公司名称应当冠以公司所在省（包括自治区、直辖市），或者市（包括州），或者县（包括市辖区）行政区划名称。经国家工商行政管理总局核准，下列公司可以不冠以公司所在地行政区划名称：全国性企业、国务院或其授权的机关批准的大型进出口企业、

[①] （2017）甘民申736号。

国务院或其授权的机关批准的大型企业集团、国家工商行政管理总局规定的其他企业，历史悠久、字号驰名的企业，外商投资企业。

公司名称应当使用汉字，民族自治地方的企业名称可以同时使用本民族自治地方通用性的民族文字。公司使用外文名称的，其外文名称应当与中文名称一致，并报登记主管机关登记注册。

公司名称不得含有下列内容和文字：①有损于国家、社会公共利益的；②可能对公众造成欺骗或者误解的；③外国国家（地区）名称、国际组织名称；④政党名称、党政军机关名称、群众组织名称、社会团体名称及部队番号；⑤汉语拼音字母（外文名称中使用的除外）和阿拉伯数字；⑥其他法律、行政法规规定禁止的。

案例：天津中国青年旅行社诉天津国青国际旅行社擅自使用他人企业名称纠纷案[①]

1986年，天津中国青年旅行社（以下简称天津青旅）成立，此后一直使用该公司名称。2007年，以"天津青旅"这一简称在经营活动中进行使用和宣传，已享有一定市场知名度，为相关公众所知悉。天津国青国际旅行社（以下简称天津国青旅）于2010年7月6日成立。2010年年底，天津青旅发现通过搜索引擎分别搜索"天津中国青年旅行社"或"天津青旅"，在搜索结果的第一名标注赞助商链接的位置，分别显示"天津中国青年旅行社"或"天津青旅"等。天津青旅认为天津国青旅在其版权所有的网站页面、网站源代码以及搜索引擎中，非法使用原告企业名称及简称"天津青旅"，违反了《中华人民共和国反不正当竞争法》（以下简称《反不正当竞争法》）的规定，请求判令天津国青旅立即停止不正当竞争行为，公开赔礼道歉，赔偿其经济损失10万元。

本案涉及的法律问题是，擅自使用他人公司名称简称的行为是否构成不正

---

① 最高人民法院发布了指导案例29号《天津中国青年旅行社诉天津国青国际旅行社擅自使用他人企业名称纠纷案》。

第二章 有限责任公司的设立、变更登记

当竞争。根据《企业名称登记管理规定》第二十七条的规定，擅自使用他人已经登记注册的企业名称或者有其他侵犯他人企业名称专用权行为的，登记主管机关有权责令侵权人停止侵权行为，赔偿被侵权人因该侵权行为所遭受的损失。《最高人民法院关于审理不正当竞争民事案件应用法律若干问题的解释》第六条第一款规定："企业登记主管机关依法登记注册的企业名称，以及在中国境内进行商业使用的外国（地区）企业名称，应当认定为《反不正当竞争法》第五条第（三）项规定的'企业名称'。具有一定的市场知名度、为相关公众所知悉的企业名称中的字号，可以认定为《反不正当竞争法》第五条第（三）项规定的'企业名称'。"由此可见，我国法律规定了公司名称权，司法解释将公司名称扩展到公众知悉的字号；但是对于公司名称的简称如何进行保护，没有做出明确规定。

该指导案例明确了具有商号作用的公司名称的简称，可以视为公司名称进行保护，擅自在商业活动中使用属于不正当竞争行为。就公司长期、广泛对外使用，具有一定市场知名度，为相关公众所知悉的公司简称，已实际具有商号作用，应当视为公司名称予以保护。这不仅符合防止混淆、制止不正当竞争的现实需要，而且符合保护公司名称权（名称的含义包括全称和简称）的立法精神，也与有关司法解释保护公众知悉字号的规定协调一致。需要注意的是，只有实际具有商号作用的公司名称简称才能视为公司名称，而没有市场知名度、相关公众并不知悉，没有商号作用的企业名称简称，则不能视为公司名称进行保护。

本案还涉及不正当竞争的问题。《反不正当竞争法》第六条规定："经营者不得实施下列混淆行为，引人误认为是他人商品或者与他人存在特定联系：（一）擅自使用与他人有一定影响的商品名称、包装、装潢等相同或者近似的标识；（二）擅自使用他人有一定影响的企业名称（包括简称、字号等）、社会组织名称（包括简称等）、姓名（包括笔名、艺名、译名等）；（三）擅自使用他人有一定影响的域名主体部分、网站名称、网页等；（四）其他足以引人误认

为是他人商品或者与他人存在特定联系的混淆行为。"经营者不得采用擅自使用他人的企业名称、引人误认为是他人的商品或者与他人存在特定联系等不正当手段,从事市场交易,损害竞争对手利益,扰乱市场秩序。因此,经营者有擅自将他人的企业名称或简称作为互联网竞价排名关键词的行为,使公众产生混淆误认的,应当认定为不正当竞争。

第二节 设立中公司

设立中公司是指公司发起人(或称设立人)订立设立公司的合同或协议,根据公司法及相关法规的规定着手进行公司成立的各种准备工作过程中形成的特殊组织。它是以有效的公司设立合同为基础将公司发起人联系起来,并建立其相应的权利义务关系而形成的未来公司之雏形。

一、概述

设立中公司因为还未登记成立,法律还未赋予其独立的资格,其权利义务与成立的公司不同。设立中公司会有两种结果:一种是公司设立成功。设立中公司具备一定的权利能力,能够通过自己的行为取得一定的权利并承担一定的义务。发起人是设立中公司事务的执行人,对外代表其进行创立活动。当公司合法成立时,由于设立中公司与成立后的公司的实体同一,发起人由于代理设立中公司所为的创立行为所产生的权利义务当然归属于成立后的公司。另一种是设立失败。我国公司法虽然未对设立中公司的具体行为能力做出较为详细的规定,但根据我国现行法规定,设立中公司为进行筹备活动可以到银行开立账户、刻制公章、刊登广告、签订合同。与此相对应,在这一过程当中发生合同纠纷或者侵权纠纷时,可将设立中公司的诉讼地位与《中华人民共和国民事诉讼法》(以下简称《民事诉讼法》)条款中的"其他组织"对应起来,使得该理论与法律实践能够较好地衔接。如果把设立中公司视为无权利能力之团体,则设立中公司的行为完全被分解成发起人的个人行为,这不仅是对设立中公司的行为的错误认知,而且将导致对该问题的分析陷入支离破碎的境地,并且在司法实践上也极易造成混乱和麻烦。

设立中公司不同于已成立的公司。首先,设立中公司的存在目的具有单一性,即使得公司成立并取得法人资格。设立中公司的各项活动,从订立公司章程到出资,从设置公司组织机构到申请开业登记,都是围绕着获得独立的市场法人资格的目的展开的。其次,公司设立的主体是发起人以及其他相关人员。发起人是公司设立行为主要的实施者,是设立中公司的执行机关,对公司设立的法律后果承担法律责任。另外,公司的董事、监事根据公司法的规定也负责实施一定的设立行为,承担相应的法律责任。再次,存续的时间问题。公司名称的预先核准登记作为公司设立的起点,营业执照颁发之日为公司设立的终点。最后,其法律性质为特殊的非法人组织。设立中公司已经具备公司的基本形态(人员、资金以及组织机构),是公司获得法律人格的预备状态,但是从法律角度来讲,未获登记和法人营业执照,不完全具备企业法人的成立要件。

二、设立中公司的行为

公司的设立同公司成立后的正常运营状态相比,是公司的非常状态,发起人在公司设立中的发起行为和交易行为是在与债权人、认股人之间展开的,行为的后果会涉及成立后的公司、债权人及发起人之间的风险和利益分配。

（一）发起行为

发起行为是指发起人按照法律规定的条件和程序采取的完成组建公司的行为，其核心在于这些行为是以设立公司为目的的。因此，发起行为不同于合作意向，合作意向仅是各方就如何合作、以什么形式合作进行的约定，而发起行为必须是按照法律规定的条件和程序进行的，包括进行名称预先核准、制定公司章程、履行出资义务等一系列行为。在实践中，应当根据具体协议的内容，明确各方的权利义务。

案例：鹏翔公司诉瑞翎公司合作协议案[①]

鹏翔公司与瑞翎公司签订合资合作框架协议及合资协议，约定双方共同出资组建一个注册资本为1230.77万元的新合资公司。后因履行合资协议过程中产生纠纷，瑞翎公司终止合作意向。

双方在合资合作框架协议中约定了合作的具体操作进度：签订合资合作框架协议、进行资产评估审计、签订合资协议及按合资协议组建新公司。双方已完成了前三项协议约定的内容。此外，双方并未明确在筹建过程中各自具体的职责及应承担的义务。

法院经审理认为，双方仅达成了合资办公司的意向，并未制定设立公司必须具有的公司章程，没有确定公司经营范围，也没有根据法律规定向公司登记机关申请名称预先核准。现鹏翔公司以瑞翎公司未按约投资厂房、土地使用权等为由主张瑞翎公司违约，要求其承担相应违约责任，因瑞翎公司以厂房、土地使用权等出资仅是在其与鹏翔公司合资设立新公司中的投资意向，在双方签订的合资合作框架协议中并未约定为瑞翎公司的具体义务且未约定瑞翎公司不履行该投资意向应承担的责任，客观上在未申请公司名称预先核准的情况下也不具备办理房产等过户的条件，故瑞翎公司并不构成违约。

[①] （2009）锡法民二初字第1447号民事判决书。

根据我国公司法的相关规定,公司发起人应履行包括制定或者签署公司章程、向公司出资或者认购股份、筹办公司设立事务,并对公司设立行为承担责任等义务。本案中,鹏翔公司及瑞翎公司在合资合作框架协议中仅达成了合资设立新公司的意向,仅就双方的出资比例及出资形式做了概括性的约定,对公司设立中的其他必备事项并未做出明确约定,鹏翔公司及瑞翎公司也未实际履行制定公司章程、筹集公司资本、确定公司组织结构、办理公司注册登记等义务,故尚不能将鹏翔公司、瑞翎公司认定为双方意向设立的公司的发起人。

(二)设立中公司的交易行为

设立中公司的交易行为与发起行为最大的不同在于,发起行为完全是按照法律规定履行公司设立的程序,而交易行为都是与其他商事主体进行的,并且是以"谋取超出资本的利益"为目的。设立中公司的交易行为是指在公司具有独立法人资格之前,发起人以公司的名义与其他商事主体所为的合同行为,依其行为的目的和特征,大体上可以分为两类:其一是属于设立行为范畴的设立附属行为和开业准备行为,即公司设立中的必要交易行为。其二是与未来公司业务有关的公司成立前的交易行为,即公司发起行为以外的非必要交易行为。前者为公司设立所必要,因而存在归属于成立后的公司的基础,而后者并非公司设立所必要,原则上并不当然具有约束公司的效力。两种行为的性质不同,法律后果也不同。

必要交易行为包括设立附属行为和开业准备行为。设立附属行为即公司设立中为完成设立过程中的法律事务,聘用律师事务所出具法律意见书,聘用会计师事务所出具验资报告。开业准备行为即公司设立经营场所,且须具备一定的条件。

除必要交易行为外,发起人还可能为公司设立行为以外的交易行为,通常是指发起人为保有商业机会而以设立中公司的名义与第三人进行商业买卖的行为。

与必要交易行为不同的是，非必要交易行为通常不是或不仅是以公司的成立为目的进行的。公司法没有明确的相关规定，《公司登记管理条例》第三条第二款规定："自本条例施行之日起设立公司，未经公司登记机关核准登记的，不得以公司名义从事经营活动。"由此可见，目前我国法律是不允许或者说不赞成一个未取得独立法律地位的主体从事仅当其获得相应资质后才能作为的行为的。

由于我国公司的设立采取准则主义和行政审批主义相结合，公司从发起人签订发起协议到其取得"企业法人营业执照"正式获得从事营业行为的资格，往往需要经过一段时间，在这期间，如果出现适宜的交易机会，不应为一个理性的商事主体所错过，并且如果交易相对人基于对该设立中公司的实力和发展前景的考虑，愿意与其为交易行为，该交易就是符合商事法的营利原则的。如果法律规定一律不允许设立中公司从事交易行为，所签订的合同无效，会使得设立中公司丧失许多相关交易机会，进而经济利益受到损害。

三、发起人对外订立合同的效力

发起人为设立公司，可能以自己名义对外签订合同，该合同的责任可能发生争议，合同相对人可能请求发起人承担合同责任。公司成立后对合同予以确认，或者已实际享有合同权利或者履行合同义务的，合同相对人也可能请求公司承担合同责任。发起人为设立公司，也可能以设立中公司的名义签订合同，公司成立后应当承继合同的权利义务。此外，公司成立后有证据证明发起人利用设立中公司的名义，为自己的利益与相对人签订合同，向公司转嫁债务的，除非相对人为善意，公司不承担民事责任。如果相对人向公司主张了责任，公司向相对人承担责任后向发起人追偿的，也属于公司设立纠纷。

因公司设立纠纷提起的诉讼，原则上以《民事诉讼法》中管辖的相关规定为依据，但要综合考虑公司所在地等因素来确定管辖法院。目前，公司设立过程中的纠纷，主要依据《中华人民共和国合同法》（以下简称《合同法》）的相关规定及《最高人民法院关于适用＜中华人民共和国公司法＞若干问题的规定（三）》（以下简称《公司法司法解释（三）》）第十三条、第十五条的规定处理。

（一）发起人以个人名义签订的与公司设立行为有关的合同

发起人以个人名义签订的与公司设立行为有关的合同的内容虽然与公司的设立行为有关，但是发起人以个人名义与第三人签订合同，合同双方当事人为发起人和第三人，主体明确，意思表示真实。因此，如果公司成立失败，合同责任应由发起人承担个人责任或者是连带责任；如果公司成立，则在发起人和公司之间进行权利义务的移转。

在司法实践中，经常发生由几方签订协议共同投资设立公司，在公司取得营业执照前，其中一方以公司名义与第三人订立相关合同，并出具欠条，且在欠条上只有其个人签名，未盖公章的情形。这类案例是典型的由设立中公司订立的合同引发的纠纷，涉及发起人以公司名义与第三人订立合同的效力问题。该公司成立前，发起人一方以成立后公司的名义订立的合同，需要由成立后的公司对其效力进行追认，由于公司依法成立后必须对公司设立过程中产生的债权债务进行概括承受，此时成立后公司取代设立中公司的地位进入合同中间，合同对其产生约束力。

案例：设备租赁中心与李某建筑设备租赁合同纠纷上诉案[①]

2009年9月14日、10月18日、10月20日、10月21日，设备租赁中心与李某先后签订了4份建筑设备租赁合同，双方就租赁设备类型、数量、租赁价格等内容进行了明确约定。上述合同签订后，设备租赁中心按照约定，出租钢管、十字扣等租赁物。截至2012年4月10日，李某已返还部分钢管、十字

---

① （2012）解民初字第623号，（2014）焦民一终字第124号。

扣等租赁物。李某未还设备租赁中心租赁费31.33万元。修武县东方太极酒店（以下简称修武太极酒店）成立于2009年10月22日，注册资本50万元，公司类型为一人有限责任公司，李某系该公司发起人、股东、法定代表人。2010年9月20日该公司申请变更工商登记，并修改股东章程，增加宋某为公司股东。2012年4月20日，该公司再次变更工商登记，增资450万元，注册资本变更为500万元。2011年6月22日，设备租赁中心与修武太极酒店就租赁设备遗留问题达成协议，约定修武太极酒店在一个月内归还设备并支付剩余租金。

人民法院经审理认为，设备租赁中心与李某签订的合同是双方真实意思表示，应受到法律保护。设备租赁中心按照约定履行了合同义务。李某未按照约定支付租金及返还租赁物的行为，已构成违约，应承担违约责任。牛某作为李某的工人在上述合同中签名，李某并未提出异议，江某由牛某介绍做工地材料保管员，牛某与江某在出库单中的签名应视为对设备租赁中心提供的租赁设备的认可。修武太极酒店于2009年10月22日成立，在成立以前尚不具备独立民事主体资格，李某与设备租赁中心签订四份租赁合同均是在修武太极酒店成立前，此时李某为修武太极酒店有限公司设立以自己名义与设备租赁中心签订租赁合同，不是法定代表人行为，而是公司发起人责任问题。设备租赁中心与李某签订租赁合同时没有义务去了解承租人将设备用于何处，2011年6月22日修武太极酒店与设备租赁中心的遗留问题解决协议，属修武太极酒店对其他债务的认可，其自愿承担相关义务并不违反法律规定，但这与公司设立阶段的发起人责任没有直接的关联，并不能免除作为合同相对人的李某的民事责任。根据《公司法司法解释（三）》第二条之规定，李某作为太极酒店的发起人，设备租赁中心享有请求李某和修武太极酒店承担责任的选择权。

本案涉及公司设立阶段发起人责任问题。在公司设立阶段，发起人以自己的名义与第三人发生业务，若其是为自己实施该行为，作为合同相对人一方的债权人，无论公司是否成立，均可以直接以该发起人为被告要求其承担相应的民事责任。如行为人以自己名义为设立中公司实施该行为，在司法实践中常直接按照合同法的一般规定,即由实施该行为的发起人自己承担相应的法律责任。在成立后的公司对发起人行为予以追认的情况下,作为合同相对人一方的债权人可以向行为人主张权利,也可向成立后的公司主张权利。成立后的公司对于发起人行为予以追认的,只要该追认行为不违反法律规定,即应属有效。

公司成立后对发起人行为予以追认,能够发生对公司的约束力,但在此种情况下,能否由公司取代实施该行为的发起人承担法律责任,从合同相对性而言,需要交易相对人对此同意。但为保障交易相对人的权益,不宜剥夺其追究合同法律关系当事人(发起人)的选择权。公司发起人以自己名义为公司设立必要行为时,对于合同相对人来讲,没有义务去了解发起人在实质上是为谁的利益而为民事行为。因此,债权人完全可以以发起人为被告,直接向发起人主张权利。《公司法司法解释(三)》第二条对此也予以确认,即发起人为设立公司以自己名义对外签订合同,合同相对人请求该发起人承担合同责任的,人民法院应予支持;公司成立后合同相对人请求公司承担合同责任的,人民法院应予支持。该规定确认了合同相对人享有请求发起人或者公司承担合同责任的选择权,但合同相对人一经选择发起人或是公司承担责任,就不得再行变更。

(二)发起人利用设立中公司的名义为自己的利益与相对人签订合同

公司成立后有证据证明发起人利用设立中公司的名义为自己的利益与相对人签订合同,公司以此为由主张不承担合同责任的,人民法院应予支持,但相对人为善意的除外。发起人以设立中公司的名义为自己的利益与他人签订合同,实际上该合同与公司设立无关,应当区分不同的情况。一是相对人并不知道发起人与自己订立的合同是为发起人的利益,并非为公司或公司设立而为。此时,相对人是善意的,公司主张发起人利用设立中公司名义为自己的利益与相对人订立的合同,公司不应当承担合同责任的,人民法院是不予支持的。二是发起人和相对人签订合同时,明知发起人是为自己的利益而以公司名义签订合同,此时，公司主张不承担合同责任的，人民法院是予以支持的。

原则上，发起人以设立中公司名义对外签订合同，公司成立后合同相对人可以请求公司承担合同责任；对于公司有证据证明发起人利用设立中公司的名义为自己的利益与相对人签订合同的，由发起人承担合同责任，公司不承担责任；合同相对人为善意的，根据表见代理制度[①]，由公司承担合同责任。

第三节 公司设立失败

公司设立失败，是指在公司设立过程中，由于某种原因导致公司最终没有设立登记。公司成立必须进行注册登记，如果公司发起人没有到登记机关注册成立公司，或者登记机关拒绝登记，公司不能设立。

一、设立失败的原因

以取得公司法人资格为目的而进行的公司设立活动，包括一系列相互独立的、连续的过程。在这一过程中，需要发起人进行一系列积极的行为，如制定章程、申请审批、认股出资、选择住所等，有的公司设立需预购原材料、订购商品等。这些行为都会产生一定的法律后果，与第三人之间产生债权债务关系。如果公司设立成功，法律后果由设立后的公司承担，第三人可直接向公司主张权利。如果公司设立失败，涉及发起人对外行为的效力、第三人利益的保护等问题。导致公司设立失败的原因是多种多样的，其中主要有以下几种情形。

[①] 《民法典·总则编》第一百七十二条规定："行为人没有代理权、超越代理权或者代理权终止后，仍然实施代理行为，相对人有理由相信行为人有代理权的，代理行为有效。"

（1）不符合公司法规定的条件。《公司法》第二十三条规定："设立有限责任公司，应当符合下列条件：（一）股东符合法定人数；（二）有符合公司章程规定的全体股东认缴的出资额；（三）股东共同制定公司章程；（四）有公司名称，建立符合有限责任公司要求的组织机构；（五）有公司住所。"《公司法》中规定，对不符合本法规定条件的，不予登记。公司不具备公司法规定的条件的，登记机关不予登记，该"公司"就不能取得法人资格，公司设立失败。

（2）公司被撤销登记。公司经过登记机关登记成立后，因存在不符合法定要求的事项被登记机关撤销登记，导致登记无效。公司法规定的公司设立撤销的原因为发起人在办理设立登记时，有违反公司法规定的严重欺诈行为，提供虚假证明文件或者采取其他欺诈手段，隐瞒重要事实取得公司登记，情节严重的，可撤销公司登记。公司被撤销登记后，不具备独立的法人资格。

案例：朱某与秭归利宏电子公司等民间借贷纠纷上诉案[①]

2012年3月20日，周某以秭归利宏电子公司的名义向朱某借款30万元，约定一个月内归还，周某为朱某出具借条一份并加盖了秭归利宏电子公司的公章。逾期后，周某及秭归利宏电子公司未予偿还该笔借款。秭归利宏电子公司于2011年5月23日经秭归县工商行政管理局登记成立，周某认缴注册资本51万元，实际出资51万元，占注册资本总额比例为51%，周某军认缴注册资本49万元，实际出资49万元，占注册资本总额比例为49%。

2014年1月8日，秭归县工商行政管理局因周某军举报做出秭工商处字（2014）190号行政处罚决定书，认定周某在未经周某军同意且在周某军不知情的情况下，伪造周某军的签名后委托中介人员在秭归县工商行政管理局骗取公司注册登记，构成了提交虚假材料或者采取其他欺诈手段隐瞒重要事实的公

---

① （2017）鄂05民终2037号。

司行为，决定撤销秭归利宏电子公司的登记。

法院经审理认为，本案的核心问题是秭归利宏电子公司被撤销登记后的法律后果及周某军是否应当承担民事责任。经查，秭归县工商行政管理局2014年1月8日做出的秭工商处字（2014）190号行政处罚决定书载明，由于周某在未经周某军同意且在周某军不知情的情况下伪造周某军的签名后委托中介人员在秭归县工商行政管理局骗取公司登记注册，其行为构成提交虚假材料或者采取其他欺诈手段隐瞒重要事实的公司行为。依照《公司登记管理条例》第六十四条之规定[①]，秭归县工商行政管理局决定撤销秭归利宏电子公司的登记。

因此，秭归利宏电子公司被撤销登记后，该"公司"自始不具有法律意义上的公司主体资格，不具有民事主体资格，不具备本案诉讼主体资格，不应承担民事责任，由此造成的一切后果应由行为人即周某承担。鉴于此，周某军不能被认定为秭归利宏电子公司的股东，其对周某、秭归利宏电子公司的借款行为亦不应承担（连带）责任。

（3）投资发生重大不利变化，发起人在申请公司注册登记之前决定停止公司设立。市场瞬息万变，机遇稍纵即逝，在公司成立的筹备阶段，很有可能发生原本的商业机会消失的情况，这时停止公司设立不失为更加明智的选择。

当然，能够导致公司设立失败的原因并不仅限于上述几项，这需要在实践中根据不同的情况做出判断。在公司设立的任何阶段，只要存在客观上使公司成立不可能或不必要的情况，均可导致公司设立失败。无论是何种原因导致公司设立失败，全体发起人都要承担两个方面的责任：一是对设立行为所产生的债务和费用负连带责任。二是对认股人已缴纳的股款，负返还股款的连带责任。在发起人之间，对公司未成立时产生的费用和债务，按照约定承担责任；没有约定的，按照约定的出资比例承担责任；没有约定出资比例的，

[①] 《公司登记管理条例》第六十四条规定："提交虚假材料或者采取其他欺诈手段隐瞒重要事实，取得公司登记的，由公司登记机关责令改正，处以5万元以上50万元以下的罚款；情节严重的，撤销公司登记或者吊销营业执照。"

按照均等份额承担责任。

二、因公司设立失败而产生的纠纷

公司的设立费用及债务原则上应由成立后的公司承担,但当公司不能成立时,先前发生的与设立相关的费用及债务就失去了公司这一拟订的承担主体,只能改由实施设立行为的发起人承担。公司设立失败时,对因设立公司行为所产生的债务的承担准用合伙的有关规定,即由全体发起人根据发起人协议对其债务承担连带责任。债权人可以对全体发起人提起损害赔偿之诉。公司设立失败主要涉及发起人的责任纠纷。因公司设立失败可以提起以下几种诉讼。

(一)发起人请求责任人承担损害赔偿之诉

公司设立失败后,有限责任公司的发起人之间就涉及股款的返还问题,可以根据出资协议的约定或者是出资比例进行返还。

案例:李某与雨石阁饮食公司、李某秋公司设立纠纷案[1]

李某与李某秋等人商议设立雨石阁饮食公司,主要通过其下设雨石阁泰式餐厅开展经营活动,投资人各占20%~30%的股份。后李某与李某秋等五人选定南宁市教育路4-1号展厦大厦作为雨石阁泰式餐厅的经营地址,并以南宁市雨石阁休闲餐吧(在雨石阁饮食公司成立前就已存在)的名义与出租方奥姬帝公司签订《展厦大厦房屋租赁合同》,租用了该大厦二楼,租期为2002年3月1日至2009年12月31日。场地租赁后,五人即进行雨石阁泰式餐厅的投资装修,装修筹备工作至2002年7月底完成,此时,李某已投资20万元。开始由李某秋负责公司名称核准等登记事项,组织召开首次股东会,但没有通知李某出席,

---

[1] 北大法宝案例。

在登记过程中，也未将李某登记为股东。后李某要求退股，雨石阁饮食公司向李某开具收据，写明李某交雨石阁泰式餐厅入股本金20万元，并注明该款已于2002年12月31日交清。

李某与李某秋等人达成口头协议共同出资设立公司，包括一起订立公司章程、组建公司机构、申请注册登记等事项，且约定由李某秋负责。但李某秋在办理上述事项中，既没有与李某等订立公司章程，也没有组建五人拟设立的公司机构，更没有申请办理五人拟设立的公司的注册登记，而是向李某等隐瞒实情，另与他人共同出资设立了雨石阁饮食公司，致使李某等人所订立的公司设立合同指向的目的不能实现，原拟设立的公司亦未能成立。因此，李某秋应就其另行设立公司的行为承担相应的民事责任。

案例：工美公司与弘仁公司发起人责任纠纷上诉案[1]

2003年3月10日，华仁养生公司与工美公司签订的《合资合同书》约定：双方共同成立华仁调元五味公司，合资经营开发调元五味精生物制品项目，注册资本1.25亿元，华仁养生公司以调元五味精高科技项目作价1亿元作为投资，占注册资本的80%，工美公司以自己的厂房场地及设施作价2500万元作为投资，占注册资本的20%，合资期限为20年。工美公司负责腾出办公楼、厂房、场地。双方共同负责对办公楼的设计装修及对现有厂房场地的规划设计、改造。在合同生效后3个月内完成设立公司、编制项目建设书、政府立项及可行性研究报告、项目评估报告、建设规划图等有关手续。由于一方过失，造成合同条款不能履行时，由过失的一方承担违约责任。

双方同日签订的《合资合同书补充条款》约定：工美公司委托华仁养生公司对双方所拥有的专利技术和资产进行评估，评估费由华仁养生公司承担。合资公司注册后，由华仁养生公司负责合资公司的立项手续和融资工作，工美公

---

[1] （2015）民二终字第90号。

第二章
有限责任公司的设立、变更登记

司予以配合。华仁养生公司如在政府立项批复之日起六个月内融资未到位，合资合同即行中止。双方投入的资产在融资到位前，暂不做变更和移交，在融资到位后再将资产移交合资公司名下。华仁养生公司负责甘井子区华北路×号五层办公楼一、三、四、五层办公室的装修。当日，工美公司将大连华北路×号1号办公楼交出，以供组建集团公司使用。由于华仁养生公司在约定期限内融资未到位，合资合同中止。

2003年7月1日，华仁养生公司与工美公司及刘某三方签订的《组建集团入股协议书》约定：华仁养生公司出资人民币3000万元，工美公司以华仁养生公司为主体，以固定资产（原大连制镜厂，占地面积约3万平方米，建筑面积约1.6万平方米）作价2638万元投资入股，刘某以华仁养生公司为主体，以"调元五味精"发明专利（专利号：ZL00109507.2）作价2460万元投资入股。华仁养生公司更名组建为华仁集团公司，注册资本为人民币8098万元，华仁养生公司占注册资本的37.04%，工美公司占注册资本的32.58%，刘某占注册资本的30.38%。同日，华仁养生公司的股东刘某、张某、胡某及工美公司一致通过华仁养生公司的章程修正案，该章程修正案确认了上述事实。同日，工美公司召开了股东会和董事会，分别做出股东会决议和董事会决议，一致同意将位于大连市甘井子区华北路y号的固定资产，作价2638万元投资入股华仁养生公司更名组建的华仁集团公司，占华仁集团公司注册资本的32.58%。

2003年7月15日，公正会计所接受华仁集团公司的委托，出具了《验资报告》。该报告载明，华仁集团公司申请变更登记的注册资本为人民币8098万元，原华仁养生公司变更为华仁集团公司，注册资本为人民币3000万元，本次增加注册资本5098万元。其中，刘某应出资2460万元，占注册资本的30.38%，出资方式为无形资产（专利）2460万元；工美公司应出资2638万元，占注册资本的32.58%，出资方式为实物（房屋、土地）2638万元。2003年7月4日，业经中大评估所大中大评报字（2003）第39号资产评估报告书确认，刘某缴纳人民币2460万元。2003年7月8日，业经中大评估所大中大评报字（2003）第40号资产评估报告书确认，工美公司缴纳人民币2638万元，正在办理变更登记。

2003年8月12日，经大连市工商行政管理局批准，华仁养生公司名称变更登记为华仁集团公司，注册资本3000万元，股东为刘某（认缴出资额为2400万元）、胡某（认缴出资额为51万元）、张某（认缴出资额为549万元）。原股东未变，股东中并没有工美公司。

另，2009年3月10日，工美公司将用于投资入股华仁集团公司的土地和建筑物均转让给了大世界公司（该大世界公司是工美公司独家出资1500万元设立的公司，属工美公司的全资子公司），其中27座房屋为有偿转让，并将土地以出资的形式过户到大连大世界物流有限公司名下，并统一于2009年5月22日办理了相关登记备案。现在地上建筑物已被全部拆除，2003年3月10日交给华仁集团公司使用的1号办公楼，也于2009年4月被强行拆除，华仁集团公司办公人员迁走，土地被用于房地产开发。

2011年4月19日，华仁集团公司召开股东会，做出华仁集团公司章程修正案，于2011年5月25日经工商登记将华仁集团公司变更为弘仁（大连）集团有限公司，注册资本仍是3000万元，股东没有变化。

弘仁公司向一审法院起诉，请求工美公司赔偿其各类损失10282.05万元，包括欠北方装饰公司的装修工程款、调元五味精制品五项专利费、中大评估所的资产评估费、律师意见书费用以及产品市场营销策划设计费等。

本案涉及的焦点问题之一是，其法律关系属于股东出资纠纷还是联营合同纠纷。认定出资人是否具备股东资格，应根据公司法相关规定考虑以下因素：有成为股东的真实意思表示，在公司章程上被记载为股东并确认接受公司章程表示，实际履行了出资义务，获得公司签发的出资证明书，记载于股东名册，在工商行政机关登记为股东。原审法院认为，在本案中，虽然合同约定工美公司缴纳出资成为华仁集团公司股东，以及工美公司出资的承诺函，证明其有成为股东的真实意思表示，但没有足够证据证明工美公司履行了出资义务并在工商行政机关登记为股东,而且工商档案表明,华仁集团公司是由华仁养生公司更名而来,其注册资本和股东成员没有变动,并未将工美公司和刘某实际增加为新股东,工美公司不具有华仁集团公司股东的身份。华仁养生公司与工美公司及刘某签订的《组建集团入股协议书》约定,华仁养生公司出资人民币3000万元,工美公司以固定资产出资入股,刘某以调元五味精发明专利出资入股,合资经营开发调元五味精生物制品项目。因此,本案是当事人之间合作设立新公司,联合开发调元五味精科技项目而发生的纠纷,属于联营合同纠纷。弘仁公司以股东出资纠纷为由向工美公司主张权利,不予支持。

最高人民法院经审理认为,本案属于因公司设立而引发的发起人责任纠纷,原审将本案定性为联营合同纠纷不当,特予纠正。就发起人为组建公司费用或损失承担责任而言,结合本案,首先应予判断的是损失是否实际发生的问题,其次是产生的费用应当属于双方为组建公司之共同目的而必须发生的合理费用,最后是费用应当发生于发起人达成设立公司之合意后。弘仁公司主张调元五味精制品发明专利以及工美公司房地产评估所产生的费用,该费用发生评估的时间为2002年,这明显属于本案双方2003年3月签订组建公司协议之前所发生的评估费用,且均属于刘某个人作为委托方为其个人专利评估所发生的费用,不应归于本案双方为组建公司所发生的共同而必需的合理费用之中,应由弘仁公司自行承担,与工美公司无关。

联营合同纠纷是联营各方在履行联营合同中发生的纠纷,不仅包括出资问题。本案是比较典型的有关公司设立费用分摊引发的公司发起人责任纠纷。无论公司设立成功与否,均难免因公司设立引发相关费用或损失等,这就必然涉及相关设立费用或损失的认定标准以及分摊规则等问题。《公司法司法解释(三)》虽然对此有相关规定,但遇到如本案设立失败情形下,设立费用与损失究竟该如何具体认定与判断仍缺乏准确依据。在审理中,应当对涉及争议的所谓公司设立费用与损失进行逐笔分析与判断。

（二）债权人请求发起人承担损害赔偿之诉

公司成立时，发起人为筹建公司所为行为的后果由成立后的公司承担；公司设立失败时，发起人之间的关系视为合伙关系，因设立行为所产生的债务和费用由发起人承担个人责任或者连带责任。第三人可以基于对发起人的债权请求权向发起人主张权利。

在公司设立过程中所订合同并不因公司设立失败而解除，因为设立中公司为有限人格的非法人团体，有一定权利能力和行为能力，所订合同并不因公司设立失败而解除，第三人可以向发起人要求履行合同责任或要求赔偿损失。请求对象不仅限于行为人，而且可以是全体发起人或行为人以外的其他发起人。

第四节 公司变更登记

根据登记的不同事项或内容，工商行政登记可分为设立登记、变更登记和注销登记三种类型。其中，公司变更登记包括变更名称、变更住所、变更法定代表人、增加注册资本、变更经营范围和变更类型等情形。公司办理上述登记事项变更时，应当提交相应的材料。比如，办理公司住所变更登记，应当在迁入新住所前申请变更登记，并提交新住所使用证明。公司变更住所跨公司登记机关辖区的，应当在迁入新住所前向迁入地公司登记机关申请变更登记；迁入地公司登记机关受理的，由原公司登记机关将公司登记档案移送迁入地公司登记机关。目前，在司法实践中，因公司变更登记而引起的纠纷并不少见。

一、变更登记纠纷

通过对工商变更登记行政案件的梳理,主要有以下几种案件:一是请求撤销工商行政机关做出的工商变更登记行为的。二是申请工商行政机关撤销工商变更登记行为遭拒绝或未获答复,从而起诉要求履行法定职责的。三是申请工商行政机关进行变更登记遭拒绝或未获答复,从而起诉要求履行法定职责的。在司法实践中,涉及争议较多的主要包括法定代表人变更登记、股权变更登记、增减资变更登记等类型。

二、变更登记中工商行政机关的审慎审查义务

工商登记过程中,工商行政机关的审慎审查义务的确定问题,在之前的设立登记中也有所涉及;但无论是设立登记还是变更登记,都涉及工商行政机关的审慎审查义务的确定问题。

案例:赵某与县工商行政管理局股权变更登记纠纷上诉案[①]

2007年4月19日,县工商行政管理局核准设立登记福星公司,股东为林某、张某、杨某,张某为法定代表人。2008年11月24日,县工商行政管理局对福星公司股东进行了变更登记,股东变更登记为林某、张某、杨某、赵某。2009年4月14日,县工商行政管理局根据福星公司提交的2009年4月5日福星公司股东会决议,三份2009年4月10日赵某将所持有福星公司的30%股权分别转让给张某15%、杨某5%、林某10%的股权转让协议,以及承诺对提交材料的真实性承担责任的公司变更登记申请书,将股东变更登记为张某、林某、杨某。

---

① (2010)崇行初字第7号,(2011)抚行终字第42号。

经司法鉴定，福星公司提交的上述股东会决议和三份股权转让协议上的赵某签名均为虚假签名。另查明，福星公司分别于2009年4月23日、6月5日、11月17日在县工商行政管理局就股东、法定代表人等事项又进行了三次变更登记。

一审法院认为，赵某未将持有福星公司的股权转让给他人，也未订立任何形式的股权转让协议，福星公司提交的2009年4月5日福星公司股东会决议及三份2009年4月10日股权转让协议内赵某的签名，均为虚假签名，不是赵某本人所写，系虚假申请登记材料。此申请登记材料是县工商行政管理局于2009年4月14日对福星公司做出的变更公司股东（股权）登记的重要依据之一，因此县工商行政管理局做出的此具体行政行为事实不清，主要证据不足。虽然福星公司在申请变更登记时，承诺对提交材料的真实性承担责任，但县工商行政管理局对股东签名的真实性未予以核实，未尽审慎审查的义务，存在一定的过错。

关于登记机关在公司股东变更登记过程中应对申请材料的签字盖章等内容的真实性承担审慎审查义务的法律依据问题。一是尽管目前《公司法》《公司登记管理条例》等法律法规未对公司股东变更登记的审查标准做出明确规定，但作为一种具体行政行为，公司股东变更登记审查应遵循行政法的一般原则，而合理行政原则即为其法律依据。合理行政原则中的一项重要内容就是行政行为应建立在正当考虑的基础之上。该原则要求行政机关在依法作为的同时应尽到应有的、合理的注意义务，以防止有可能损害行政相对人或其他利害关系人合法权益的危害结果的发生，否则可以认为是行政机关怠于履行必要的行政义务，应当承担相应的法律责任。因此，行政法的合理行政原则便是审慎审查义务法律依据的一个来源。二是根据最高人民法院《关于审理公司登记行政案件若干问题的座谈会纪要》中有关"登记机关进一步核实申请材料的问题"的规定，登记机关有权也有义务对申请材料中签字或者盖章的真伪进行核实确认。

针对当前在股东变更登记工作中容易引起纠纷的几个方面，登记机关在履

第二章
有限责任公司的设立、变更登记

行审慎审查义务时应做如下审查。

（1）关于公司股东会决议的审查。主要应审查以下几个方面：一是会议时间、地点、性质等情况。二是会议通知、股东到会和弃权等情况。三是会议主持情况。四是会议决议情况。五是股东签字盖章情况。通过以上审查确保决议符合公司法的有关规定，确保决议程序合法、内容真实，以充分保护股东的合法权益。

（2）关于股权转让合同效力的审查。对公司股权转让合同效力的审查主要涉及两个方面：一是保护优先购买权问题。根据公司法有关股东优先购买权的规定，登记机关在办理涉及股东有优先购买权的股权变更登记时，应审查提交材料是否体现和保护了其他股东的优先购买权，未体现的不能办理股权变更登记。二是遵从章程规定的问题。公司法对有限公司股权转让有遵从章程的规定，因此，登记机关在办理股权变更登记时，应审查所提交材料反映的股权变更行为是否符合公司章程的规定，不符合的不得办理变更登记。

（3）关于股东签字盖章的审查。股东签字盖章是办理登记所提交的各种材料中最常用的法律手续，也是最容易被人利用骗取登记的环节。因此，在登记审查中必须严格核实股东签名盖章。在司法实践中，涉及股东签字盖章的，一般工商登记部门会要求股东人数较少的尽可能全体股东亲自到场签字。尤其是涉及股权转让的，原股东和新股东均须到场。如果实在无法到场，原则上也要求受托人出具原股东的授权委托书和身份证原件。对于以公司名义提出的变更申请，应当加盖公司公章，并出具相关股东会决议等材料。对经观察、询问、比照等仍有疑点的，应要求原股东亲自到场或与其取得直接联系进行确认核实。

登记机关在办理变更登记时，不仅是形式审查，也应当一定程度上结合实质进行变更。具体来说，就是在形式审查的同时尽到审慎审查义务，这种审查的标准低于实质审查的标准，登记机关以其识别能力为限度，在专业范围内审查。主观上，登记机关在履行职责时应负有比一般人更高要求的审慎义务，应当以更加专业化的标准合理预见申请材料中可能存在的法律风险，否则属于存在过错；客观上，登记机关对可能的风险应当采取必要的措施以防止损害结果的发生，应尽合理谨慎之注意义务，通过一定方法和手段如核对笔迹、印章，就疑点询问申请人等，来发现申请材料内容可能存在的真实性问题，否则为失职行为。

第三章

公司章程

第一节　概述

一、公司章程的概念

公司章程是指公司依法制定的，规定公司名称、住所、经营范围、经营管理制度等重大事项的基本文件；或是指公司必备的、规定公司组织及活动的基本规则的书面文件，是以书面形式固定下来的股东的意思表示。公司章程体现了全体股东的意思，是公司的宪法性文件，在公司开展活动时，都应当遵循公司章程的规定。

公司章程是公司的宪法性文件，制定公司章程是设立公司的条件之一。审批机构和登记机关要对公司章程进行审查，以决定是否给予批准或者给予登记。公司没有公司章程，不能获得批准，也不能获得登记。公司章程有违反法律、行政法规的内容的，公司登记机关有权要求公司做相应修改。公司章程一经有关部门批准，并经公司登记机关核准即对外产生法律效力。

二、公司章程的记载事项

公司章程所记载的事项可以分为绝对必要记载事项、相对必要记载事项和任意记载事项。目前，我国公司仅规定了绝对必要记载事项和任意记载事项。绝对必要记载事项即是指《公司法》第二十五条规定的有限责任公司章程应当载明的事项，包括公司名称和住所、公司经营范围、公司注册资本等。

任意记载事项是由公司自行决定是否记载的事项，主要包括公司有自主决定权的一些事项。

（一）绝对必要记载事项

绝对必要记载事项是公司章程必须记载、不可缺少的法定事项，缺少其中任何一项或任何一项记载不合法，整个章程即归于无效。这些事项一般都是涉及公司根本性质的重大事项，其中有些事项是所有公司都必然具有的共通性问题。各国公司法对章程的绝对必要记载事项都做了明确规定，这些事项通常包括公司的名称、住所、宗旨、注册资本和财产责任等。

根据我国公司法的规定，有限责任公司的章程必须载明下列事项：公司名称和住所，公司经营范围，公司注册资本，股东的姓名或名称，股东的出资方式、出资额和出资时间，公司的机构及其产生办法、职权、议事规则，公司法定代表人，股东会会议认为需要规定的其他事项。

（二）相对必要记载事项

相对必要记载事项是法律列举规定的一些事项，由章程制定人自行决定是否予以记载。如果予以记载，则该事项将发生法律效力；如果记载违法，则仅该事项无效；如不予记载，也不影响整个章程的效力。确认相对必要记载事项的目的是使相关条款在公司与发起人、公司与股东、公司与其他第三人之间发生拘束力。有的国家的法律列举了公司章程的相对必要记载事项，一般包括发起人所得的特别利益、设立费用及发起人的报酬、有关非货币资产的出资、公司的期限和分公司的设立等。我国公司法没有规定相对必要记载事项。

（三）任意记载事项

任意记载事项是指法律未予明确规定，是否记载于章程，由章程制定人根据本公司实际情况任意选择记载的事项。公司章程任意记载的事项，只要不违反法律规定、公共秩序和善良风俗，章程制定人就可根据实际需要将其载入公司章程。任意记载事项如不予记载，不影响整个章程的效力；如予以记载，则该事项将发生法律效力，公司及其股东必须遵照执行，不能任意变更；如予变更，也必须遵循修改章程的特别程序。

三、公司章程与公司自治

从公司不完全契约理论的角度来说，公司实质上是出资人通过契约安排而运行的一项制度，但它存在着以下问题：一是契约当事人的理性是有限的，当事人的信息是不完全的，信息传递过程中存在缺陷，会出现信息截留、以偏概全的现象，契约主体地位不可能完全平等。因此，在决定公司章程内容、理解公司章程内容等方面都会不同。二是制定、修改公司章程程序的固有局限性难以保证实质的公平。制定、修改公司章程往往采用"资本多数决""股东多数决"的方式。无论采用哪种方式，都可能导致公司治理中的合理的压迫，少数派股东的利益在完全的私法自治下得不到保护。因此，完全的章程自治存在一定缺陷，公司章程的意思自治必须在强制性规范所划定的范围内进行，一旦超出法定的范围，就会造成上述不利后果。在私法领域中，意思自治是一项重要原则，公法仅能在出现严重不公平、损害社会公共利益、违反法律的强制性的规定等情形时介入。所以，公司自治性的体现，仍是涉及公司立法所遵循和维护的重要原则，而公司章程便是公司自治性的体现。

公司章程的自治性包含了两个层面的意思：一是自治性首先体现为公司章程制定者的意思自治。当事人意思自治是私法的基本原则，可以说，正是由于意思自治精神的存在，当事人才得以充分发挥其创造力，积极参加商事活动，积累更多的财富。二是自治性也意味着公司章程的效力仅在公司成员范围内有效，不具备约束第三人的效力，因为第三人并非公司章程的制定者，也不是公司成员，公司章程对第三人当然不发生效力。因此，公司章程是股东、发起人意思自治的体现，当事人可以通过自由协商，约定相互之间的权利义务关系，是由公司根据自己的经营目的、状况等依法自行制定的。

四、公司章程与股东协议

股东可以在公司章程中约定各自的权利义务，也可以通过股东协议约定各自的权利义务。股东协议是股东之间订立的合同，将与公司组织有关的事项载入其中。在实务中，股东协议和公司章程有明显的不同。

股东订立的股东协议，可能是一个更基本的、内容更广泛的合作协议，它包含公司的设立和内部组织的安排，也包括当事人各方合作的其他安排。它可能存在于公司章程之前，也可能签订于公司章程之后。在内容上，股东协议可以包含与公司组织有关的许多事项，包括股东出资的安排、利润分配、亏损承担、表决权行使、公司董事和监事人选与职权、股东权利行使、股权转让和违约责任等诸多事项。在很多情况下，股东协议，是议程，是股东针对公司事项达成的更为广泛的框架性合作协议。在这份合作协议中，当事人有义务按照约定设立公司，或者修改既有公司的章程，即对公司章程的绝对必要记载事项做出约定。例如，约定公司的注册资本、公司的住所、公司的经营范围、公司机构的设置等，实质上都属于当事人债法上的义务，也就是当事人有义务按照约定的注册资本、住所、经营范围、机构设置等内容，设立一个新的公司，或者修改既有公司的章程，使之符合股东协议的约定。

由于公司章程的制定及修改需要经过股东会的决议，并进行变更登记，股东可以对一些非公司章程绝对必要记载事项，以股东协议的方式进行约定。因此，虽然股东协议和公司章程在很多条款上内容相关，但二者在内容、对公司决议效力的影响、对第三人效力以及公开性和私密性方面均存在差异。股东可根据实际需要选择不同的方式。

第二节　公司章程的效力

所谓公司章程的效力，是指公司章程对哪些人发生效力。根据《公司法》第十一条的规定，公司章程对公司、股东、董事、监事和高级管理人员具有约束力。

一、公司章程的效力范围

公司章程只对公司内部与投资和管理有关的人员发生效力，对于公司的非管理人员和非股东身份职工，及公司外部人员如债权人或者其他任何第三人不发生约束力。因为公司章程之自治规则性质，决定了其仅于公司内部与投资及管理有关之事项发生效力，对于公司空间外人员不发生约束力。简言之，公司章程不能对抗善意第三人。据此，如公司违反公司章程与善意第三人发生交易，并不能导致行为无效。但如第三人或者相对人明知或者应知公司违反章程与其订立合同或者发生交易，则可能基于公司越权行为而由利害关系人主张行为无效。公司章程对公司、股东、董事等的约束力表现不同。

一是公司章程对公司的约束力。公司章程是依法制定的规范公司组织和行为的规则，所以对公司有约束力，公司在经营活动中必须遵守公司章程的规定。

二是公司章程对股东的约束力。公司章程是由股东共同制定的，是股东之间的共同约定，所以对股东有约束力，股东必须遵守公司章程的规定。即使是后加入公司的股东，如果没有对公司章程提出修改意见，也表明其认可公司章程的内容，亦应当遵守公司章程的规定。当然，对于股东的效力，是基于股东的意思表示做出的，人民法院在判断全体股东一致同意条款是否具备法律效力时，会依据订立一致同意条款时全体股东意思表示是否自由、真实展开。只要全体股东一致同意条款系各股东共同制定，为全体股东的真实意思表示，且属当事人意思自治的范畴，就应当具有法律效力。

三是公司章程对董事、监事的约束力。公司的董事、监事是由股东会（股东大会）选举产生的，是被委托、推选来负责公司经营管理事务的，所以其有义务遵守公司章程的规定，受公司章程的约束。

四是公司章程对高级管理人员的约束力。高级管理人员包括公司的经理、副经理、财务负责人以及上市公司董事会秘书和公司章程规定的其他人员，这些人员由公司董事会聘任，负责公司日常的经营管理事务，所以必须受公司章程的约束，遵守公司章程的规定。

二、公司章程的生效条件

公司章程是由设立公司的股东制定并对公司、股东、公司经营管理人员具有约束力的，调整公司内部组织关系和经营行为的自治规则。它的时间效力是指公司章程的生效时间和失效时间。由于各国和地区的公司体制，特别是设立体制不尽相同，因此各国对公司章程的生效时间的规定并没有统一的模式。就我国公司法的规定而言，公司章程除须根据法律的规定记载必要事项外，其他事项均为股东的意思表示，因此对股东各方都具有法律约束力，即公司章程由全体股东签字时即成立。公司章程工商登记中的公司章程具有公示作用，可以对抗第三人，没有经过公示的公司章程不具有对抗第三人的效力。公司章程于公司终止时失效，公司出现解散事由时，公司法人资格并未消灭，公司章程并不因此而失效。在清算过程中，公司的能力、股东的权利以及高级管理人员的行为都要受到公司章程相应的限制。

三、新加入股东与原公司章程条款

新股东加入时公司章程的条款已经形成，新股东应当对原公司章程条款进行仔细研究，并对其中限制股东权利的一些条款及时提出相应的修改意见，以保障自己的权利。如果公司章程限制股东权利的条款产生于股东取得股权前，则该条款原则上有效。股东加入公司之前公司章程已经存在，则等于公司已经告诉当事人它是以公司章程的规定为存在和运营规则的，并且相关当事人加入公司后要受章程条款的约束，同时公司法也明文规定了公司章程对公司股东具有约束力，在这种情况下股东仍然自愿加入公司取得股权，表示他已明示或默示同意了公司章程的规定。股东加入公司时公司章程是客观而确定的，股东也是基于自由意志决定加入公司。虽然对股东加入公司就表示他已经同意并接受有关公司法及公司章程中的所有条款，而且还会同意并接受未来公司法及公司章程的各种修正案，还是仅仅同意了公司章程的既有内容尚有争议；但是股东加入公司至少意味着其对既有公司章程内容的承认，这是毫无疑问的。如果股东加入公司而不承认既有公司章程的规定，其不但违反了自由的本意，而且导致公司根本无法有效运转，因为公司章程是确定公司权利义务的基本法律文件，是公司实行内部管理和对外经济交往的基本法律依据，公司章程对公司成立及运营具有十分重要的意义。

在实际经济生活中，股东在受让股权前未必阅读公司章程，但是市场经济本身具有风险性，他本该保持必要的谨慎，通过自己的行为去阅读公司章程以获得相关信息，但如果其不行为，则责任自负，法律推定其已经默示同意。股东对其加入公司时已存在的公司章程规定的内容不得主张显失公平。因为公司章程的既定内容在其加入公司时是清楚而确定的，股东如果认为不公平，完全可以不加入公司从而不受相关条款的约束。

四、公司章程条款无效

公司章程是公司设立人依法订立的规定公司组织及活动原则的文件，是公司活动的行为准则，也是确定股东权利、义务的依据。其外在表现形式为记载公司组织及行动的基本自治规则的书面文件。公司作为社团法人，通过经营活动获取利润是其设立的根本目的。当事人是自身利益的最佳判断者，属于私法范畴的公司法不应对当事人的合法自主经营活动横加干涉。虽然，公司法条文大多为任意性规范，但也有强制性规范，公司章程的意思自治必须在强制性规范所划定的范围内进行。随着商业的繁荣与商事关系的日趋复杂化，私法自治原则也在一定范围内受到限制，当事人滥用意思自治原则时，国家对公司章程有必要进行必要的司法干预。

公司章程是由原始股东或者发起人拟订、全体股东签名或者创立大会决议通过之后生效的公司自治文件。公司章程剥夺股东权利，股东可以公司为被告就公司章程的制定过程存在瑕疵，或者公司章程中的某些条款违反法律强制性规定，依法提起公司章程或者章程条款撤销之诉。

案例：八大处总公司与治政工贸公司确认公司章程无效纠纷上诉案[①]

治政工贸公司系由八大处总公司、金瑞公司、金瑞众和公司、威尔德广告公司四方共同出资设立的有限责任公司。其中，八大处总公司的出资额为人民币3000万元，包括净资产1200万元、实物资产1800万元，占股份总额的40%。根据各方之间的协议，1800万元的实物资产是指八大处总公司所有的相关集体土地、房产。

本案中，治政工贸公司并非乡镇企业，根据我国当时的土地管理法律法规

---

① （2012）石民初字第3085号，（2013）一中民终字第2695号。

的规定，其不能使用集体所有土地、房产。因此，公司章程中关于八大处总公司将集体土地、房产投入治政工贸公司的规定因违反法律的强制性规定而无效。

公司章程是公司成立的制度基础，起着规范公司与有关各方权利义务关系的作用，系公司的宪法。本案涉及的公司章程，对公司名称、住所、经营范围、注册资本及股东名称、出资方式及出资额等进行约定，并由全部原始股东签字通过。从公司章程的制定方式来看，公司章程是公司发起人对公司设立的相关事项进行协商并达成合意、体现发起人的共同意思表示的股东之间的协议。公司章程与买卖合同、借款合同等契约性协议最大的区别在于其目的是创设一个社会经济秩序中的主体。公司章程被确认无效或部分无效后，可能会因公司设立基础的坍塌而引起公司的存亡问题。

公司章程是申请公司设立登记的必备文件，公司在修改公司章程时，应当将修改后的公司章程或公司章程修正案提交给原公司登记机关。因此，公司章程被人民法院确认无效后，公司也应当向原公司登记机关申请撤销被确认无效的公司章程登记或备案。那么，公司章程被确认无效后是否具有溯及力，关于这一点公司法并没有做出明确的规定。根据《最高人民法院关于适用〈中华人民共和国公司法〉若干问题的规定（四）》（以下简称《公司法司法解释（四）》）第六条的规定，股东会或者股东大会、董事会决议被人民法院判决确认无效或者撤销的，公司依据该决议与善意相对人形成的民事法律关系不受影响。公司章程是由股东会或股东大会通过的，当股东会或股东大会决议确认无效后，公司章程即被确认无效，基于该公司章程与善意相对人形成的民事法律关系，不能受到该公司章程被确认为无效的影响。

案例：周某诉裕昌投资控股集团有限公司等公司决议效力确认纠纷案[①]

裕昌投资控股集团有限公司（以下简称裕昌公司）（甲方）与周某（乙方）

---

① （2014）鲁商初字第23号。

协议约定：甲方同意乙方为裕昌公司董事和高级顾问，并给予乙方该公司10%的股份；甲方协调与当地政府及有关部门的关系，在建设和经营江北汽车园项目中，甲方对乙方的上述工作和活动给予积极的支持，提供所需必要条件。乙方参加公司董事会会议，共同研究确定重大事项，乙方所进行的活动应在股东一致认可的权限范围内进行，并对公司董事会负责等。在签署本协议的同时，甲方三位股权人按照给予乙方的股份，分别签订股份出让协议，并在所注册的工商部门登记备案。

裕昌公司股东吕某一与周某签订股权转让协议约定：经全体股东同意，甲方将其在公司的75万元股权，依法转让给乙方。公司原股东同意放弃优先购买权。2007年5月18日，裕昌公司股东会决议内容为：全体股东一致同意公司注册资本、实收资本变更为3000万元。股东出资额、出资方式、出资时间变更为：吕某一2325万元、吕某二300万元、张某300万元、周某75万元，出资方式为货币，出资时间为2007年5月18日。股东吕某一、吕某二、张某、周某在决议下方签字按手印。后查明，股东会决议之上的周某签字均非周某本人的签字。2007年5月22日，裕昌公司变更工商登记：注册资本由1500万元变更为3000万元，并根据上述股东会决议内容进行了相应的变更。

根据《公司法》第四条的规定，公司股东依法享有资产收益、参与重大决策和选择管理者等权利。因此，股东享有股权，主要体现为资产收益权及参与公司重大决策和选择管理者的权利。另《公司法》第四十二条规定，股东会会议由股东按照出资比例行使表决权。股东参与公司重大决策的权利主要表现为通过参加股东会行使表决权。吕某一及裕昌公司其他被告股东在本案股东会会议召开时明知周某未参加会议，不可能在股东会决议上签字，仍表决通过了相关股东会决议，应视为裕昌公司各股东恶意串通，判定股东会决议无效。公司股东会决议被确认无效后，对公司内部关系具有溯及力，公司内部法律关系应回归到决议做出之前的状态。裕昌公司应当自法院判决生效后，向公司登记机关申请变更登记至2007年5月18日股东会决议做出之前的状态。

第三章
公司章程

因此，公司章程被确认无效后，应以被确认无效的公司章程之前的有效的公司章程或公司章程相关条款为准。如果没有之前的公司章程，应当另行制定公司章程。

案例：宋某诉大华公司股东资格确认纠纷案[①]

大华公司成立于1990年4月5日。2004年5月，大华公司由国有企业改制为有限责任公司，宋某系大华公司员工，出资2万元成为大华公司的自然人股东。大华公司章程第三章"注册资本和股份"第十四条规定"公司股权不向公司以外的任何团体和个人出售、转让。公司改制一年后，经董事会批准后可在公司内部赠与、转让和继承。持股人死亡或退休经董事会批准后方可继承、转让或由企业收购，持股人若辞职、调离或被辞退、解除劳动合同的，人走股留，所持股份由企业收购……"，第十三章"股东认为需要规定的其他事项"第六十六条规定"本章程由全体股东共同认可，自公司设立之日起生效"。该公司章程经大华公司全体股东签名通过。

2006年6月3日，宋某向公司提出解除劳动合同申请，并申请退出其所持有的公司的2万元股份。2006年8月28日，经大华公司法定代表人赵某同意，宋某领到退出股金款2万元整。2007年1月8日，大华公司召开2006年度股东大会，大会应到股东107人，实到股东104人，代表股权占公司股份总数的93%，会议审议通过了宋某等三位股东退股的申请并决议"其股份暂由公司收购保管，不得参与红利分配"。后宋某以大华公司的回购行为违反法律规定，未履行法定程序且公司法规定股东不得抽逃出资等，请求依法确认其具有大华公司的股东资格。

第一，大华公司章程第十四条规定："公司股权不向公司以外的任何团体和个人出售、转让。公司改制一年后，经董事会批准后可在公司内部赠与、转

[①]（2014）陕民二申字第00215号。

让和继承。持股人死亡或退休经董事会批准后方可继承、转让或由企业收购，持股人若辞职、调离或被辞退、解除劳动合同的，人走股留，所持股份由企业收购。"依照《公司法》第二十五条第二款"股东应当在公司章程上签名、盖章"的规定，有限公司章程系公司设立时全体股东一致同意并对公司及全体股东产生约束力的规则性文件，宋某在公司章程上签名的行为，应视为其对前述规定的认可和同意，该章程对大华公司及宋某均产生约束力。

第二，基于有限责任公司封闭性和人合性的特点，由公司章程对公司股东转让股权做出某些限制性规定，系公司自治的体现。在本案中，大华公司进行企业改制时，宋某之所以成为大华公司的股东，其原因在于宋某与大华公司具有劳动合同关系，如果宋某与大华公司没有建立劳动合同关系，宋某则没有成为大华公司股东的可能性。同理，大华公司章程将是否与公司具有劳动合同关系作为取得股东身份的依据继而做出"人走股留"的规定，符合有限责任公司封闭性和人合性的特点，亦系公司自治原则的体现，不违反公司法的禁止性规定。

第三，大华公司章程第十四条关于股权转让的规定，属于对股东转让股权的限制性规定而非禁止性规定，宋某依法转让股权的权利没有被公司章程所禁止，大华公司章程不存在侵害宋某股权转让权利的情形。综上，本案一、二审法院均认定大华公司章程不违反公司法的禁止性规定。

另外，关于用异议股东回购的问题。《公司法》第七十四条所规定的异议股东回购请求权具有法定的行使条件，即只有在"（一）公司连续五年不向股东分配利润，而公司该五年连续盈利，并且符合本法规定的分配利润条件的；（二）公司合并、分立、转让主要财产的；（三）公司章程规定的营业期限届满或者章程规定的其他解散事由出现，股东会会议通过决议修改章程使公司存续的"三种情形下，异议股东有权要求公司回购其股权，对应的是公司是否应当履行回购异议股东股权的法定义务的问题。

在本案中，宋某于2006年6月3日向大华公司提出解除劳动合同申请并于同日手书"退股申请"，提出"本人要求全额退股，年终盈利与亏损与我无关"，该"退股申请"应视为其真实意思表示。大华公司于 2006 年 8 月 28 日退还其全额股金款 2 万元，并于 2007 年 1 月 8 日召开股东大会审议通过了宋某等三位股东的退股申请，大华公司基于宋某的退股申请，依照公司章程的规定回购宋某的股权，程序并无不当。

国有企业改制为有限责任公司，其初始章程对股权转让进行限制，明确约定公司回购条款，只要不违反公司法等法律的强制性规定，可认定为有效。有限责任公司可以按照初始章程约定，支付合理对价回购股东股权。

当公司章程条款与法律规定存在冲突时，股东可依公司法的相关规定，向人民法院申请确认依据该章程做出的相关股东会决议、董事会决议无效，或申请撤销相关决议。此外，在公司章程制定时，如存在欺诈或程序严重违法等情形，股东也可据此主张公司章程或相关条款无效。公司章程的规定并未违反法律的强制性规定的，不应当认定公司章程或相关条款无效。

第三节　公司章程的变更

一、变更的原则

公司章程规定公司的目的、资本、发起人、组织机构与活动方式等基本问题，是公司股东赖以组合、登记注册部门赖以核准登记、债权人以及其他社会公众赖以了解公司的基本依据。公司章程一旦生效便对公司、股东、董事、经理等公司管理人员产生确定的拘束力，不能随意变更；但是公司作为营利团体，只有及时适应企业环境的不断变迁，才能提高其适应营利性。因此，各国法律都明文允许可以变更公司章程。公司章程进行变更时，应当遵循一定的原则。

（一）合法性原则

公司章程的变更必须遵守公司法和其他法律、法规的规定，不能违背法律的强制性规定。公司章程作为公司的自治法，它的效力级别低于法律。即公司章程不能与强制性的法律相抵触，否则章程无效。因此，公司章程的变更同样不能违反法律的强制性规定，也不能规避法律义务。同时，公司章程的变更还应遵守一般的法律原则，如不得违背社会的公序良俗、不得损害公共利益等。如英国公司法规定，公司细则之修改须符合公司法和其他有关法令的规定，并应受习惯法的约束。

（二）不损害股东利益原则

公司章程是股东之间平等互利、共同一致的意思表示。有限责任公司股东以其出资额对公司享有权利、承担义务。各国都在公司法中对公司股东的基本权利直接做出规定。同时，为了弥补"资本多数决"原则产生的大小股东利益失衡的缺陷，还规定了股东代表诉讼制度等。公司章程可以根据本公司的具体情况对股东权利做出限制或扩张性规定，但是这些规定不能与公司法中股东基本权利的规定相违背，不能违反股东平等原则。公司章程变更时很可能会影响股东的利益，如公司资本的增减等，许多国家的公司法都规定，如果变更公司章程会损害某类股东的利益，必须经全体股东大会决议，以平等地维护不同股东的利益。

因此，不损害股东利益包括两个方面：一是大多数原则，二是少数股东保护原则。股东利益最大化是公司的基本目的。大多数原则是指章程修改做出决议必须经多数表决权通过。公司章程的修改体现和保护占多数股份的股东的利益，可以激发人们的投资热情。少数股东利益保护原则是指公司章程的变更应考虑保护少数股东的利益。例如，股东对股东会做出修改公司章程的决议投反对票时，该股东可以请求公司收购其股份；股东对股东会违法修改公司章程的行为，可以诉请人民法院确认公司章程无效。

（三）不得损害债权人利益原则

公司债权人的合法权益受到保护，公司章程的修改不得损害债权人利益。民商事法不允许一方的获利建立在他方利益受损的基础上，否则违背民商事法的公平理念。在商事交易中务必兼顾他人利益和社会公共利益，在与他人利益和社会公共利益的平衡中实现自己的利益。不得损害债权人利益原则主要包括：公司章程变更前的通知义务、公司章程异议登记制度以及公司章程变更之后的登记制度。公司章程变更前的通知义务是指股东会的决议事项会引起公司章程修改，公司应尽快通知债权人。《公司法》第一百七十七条规定："公司需要减少注册资本时，必须编制资产负债表及财产清单。公司应当自做出减少注册资本决议之日起十日内通知债权人，并于三十日内在报纸上公告。债权人自接到通知书之日起三十日内，未接到通知书的自公告之日起四十五日内，有权要求公司清偿债务或者提供相应的担保。"

二、变更的程序

公司章程的变更，涉及股东、债权人等多方利益，应当按照一定的程序变更，而这种程序制度的安排，也是最大限度地平衡公司自治与其他利害关系人之间的利益。

（一）提议修改公司章程

一般由董事会提出修改建议。董事会是公司经营的决策机构，对公司经营情况以及章程的执行和变化情况较为了解,能够对公司章程的修改提出具有积极意义的建议。根据《公司法》第四十六条的规定,董事会召集股东会会议;但是修改公司章程事关公司发展的大局,不得以会间的临时动议提出。如果董事会怠于提出修改公司章程的提议,股东可以提出修改提议,并且在董事会不主持和召集股东会会议的情况下,股东可以自行召集和主持临时股东会会议。有限责任公司代表 1/10 以上表决权的股东可以提议召开以及召集和主持临时股东会;股份有限公司单独或者合计持有公司 10% 以上股份的股东,可以提议召开以及召集和主持临时股东大会。

(二)将修改公司章程的提议通知股东

公司章程修改属于股东会会议审议事项。有限责任公司应当于会议召开 15 日前通知全体股东,但如果公司章程就此另有约定的,应当按照公司章程的约定提前通知。负责通知义务的主体一般是董事会,但是在监事会或者股东召集和主持股东会时,则由其通知。

(三)股东会决议

一般情况下,修改公司章程需要经股东会决议。公司章程修改属于股东会的法定职权。我国《公司法》第三十七条规定了股东会修改公司章程的职权。有限责任公司章程修改须经代表 2/3 以上表决权的股东通过。股东会是公司的权力机关,公司的重大决策都由其做出。公司章程是公司自治的体现,是全体股东的意思表示,对其内容的修改应当经股东会表决通过。

(四)公司章程变更登记

公司章程变更后,公司董事会应向工商行政管理机关申请变更登记。公司变更登记事项涉及公司章程的,应当向公司登记机关提交由公司法定代表人签署的修改后的公司章程或者公司章程修正案。公司章程修改未涉及登记事项的，公司应将修改的公司章程或者公司章程修正案送公司登记机关备案。

在司法实践中，公司股东能否对公司章程条款的效力提出审查要求？公司章程如果存在欠缺或瑕疵，可以由当事人协议补充或根据法律规定予以补救，而不应导致公司章程无效或解散公司。值得注意的是，民事案件案由是人民法院将诉讼争议所包含的法律关系进行概括，这说明民事案件案由的确定是以对应实体法的规定为前提条件，诉权的存在不能脱离实体法上权利义务的规定。

公司章程的作用主要是补充或者排除公司法的适用，尊重公司当事人根据公司特征、经营需要确定公司章程的具体条款。商事审判特别是公司纠纷审判，强调公司的具体性和稳定性。股东签署公司章程的行为不同于传统意义上的单一性合同订立行为，公司章程的签订是否有违反程序或者股东意思表示不真实、不自愿情形，并不能简单地依据合同法规则来判断其效力。因为公司章程或者章程条款的效力被否定，不仅使业已进行的合同行为变得更为复杂，并加重股东责任；而且有损于债权人利益，影响社会经济稳定。商事审判特别是公司纠纷审判，强调遵循内部救济穷尽原则。公司章程的签订本身就是公司股东的一种商业判断，人民法院在介入公司内部法律关系判断公司章程条款效力时，应当审慎而为，给公司自治留有足够的空间。总之，当股东提出对公司章程及章程条款效力进行审查的诉求时，人民法院应当受理。

第四节 公司的经营范围

一、经营范围

根据公司法的规定，经营范围是公司章程的绝对必要记载事项，也是公司设立时必须登记公示的内容。此外，公司的营业执照也记载着经营范围。公司要改变经营范围，就要修改章程并变更登记，同时要换发营业执照。[①] 公司从事经营活动，应当有明确的行业、经营项目的种类，并依法经过登记，有些还需要依法经过批准。公司营业执照载明公司的经营范围，有利于公司依法开展业务活动，有利于相对交易人了解公司的生产经营情况，有利于行政机关依法实施监督管理。

一般来说，公司的经营活动应当是在经营范围之内，但在商事活动中，公司为了把握机会，在与他人签订合同时，有时来不及修改公司章程、变更经营范围，这时就产生了经营范围与经营活动不一致的情形。20世纪八、九十年代，大量原本合法的合同都因超越经营范围而被宣告无效，当事人甚至还受到各种处罚。显然这样是不利于经济发展的，即"本来合法的和有益的交易仅仅因为超越了经营范围而被宣告无效，又造成了两大不公正：第一，合同纠纷得不到公正处理，违约一方不用承担违约责任。第二，来打官司就被抓住，抓住就宣

[①] 《公司法》第七条规定："依法设立的公司，由公司登记机关发给公司营业执照。公司营业执照签发日期为公司成立日期。公司营业执照应当载明公司的名称、住所、注册资本、经营范围、法定代表人姓名等事项。公司营业执照记载的事项发生变更的，公司应当依法办理变更登记，由公司登记机关换发营业执照。"

告无效"。①

2005年《公司法》修订时,从原《公司法》第十一条中删除了"公司应当在登记的经营范围内从事经营活动"的内容。对于一般的超出公司经营范围的行为,司法实践中认定是有效的,但对于"国家限制经营、特许经营以及法律、行政法规禁止经营"的情形,司法实践中仍存在一定的争议。《最高人民法院关于适用＜中华人民共和国合同法＞若干问题的解释(一)》(以下简称《合同法解释(一)》)第十条规定:"当事人超越经营范围订立合同,人民法院不因此认定合同无效。但违反国家限制经营、特许经营以及法律、行政法规禁止经营规定的除外。"根据上述司法解释的规定,违反国家限制经营、特许经营以及法律、行政法规禁止经营规定订立的合同应当认定为无效。

根据《企业经营范围登记管理规定》第四条的规定:"企业申请登记的经营范围中属于法律、行政法规或者国务院决定规定在登记前须经批准的经营项目(以下称前置许可经营项目)的,应当在申请登记前报经有关部门批准后,凭审批机关的批准文件、证件向企业登记机关申请登记。企业申请登记的经营范围中属于法律、行政法规或者国务院决定等规定在登记后须经批准的经营项目(以下称后置许可经营项目)的,依法经企业登记机关核准登记后,应当报经有关部门批准方可开展后置许可经营项目的经营活动。"从上述规定来看,经营范围属于法律、行政法规或者国务院决定等规定的许可经营项目,应当在核准登记后,报有关部门批准方可开展经营活动。从该条内容来看,许可经营与"国家限制经营"是一个问题的两种不同提法,其内涵是相同的。

《企业经营范围登记管理规定》第十三条规定:"企业申请的经营范围中有下列情形的,企业登记机关不予登记:(一)属于前置许可经营项目,不能提交审批机关的批准文件、证件的;(二)法律、行政法规或者国务院决定规定特定行业的企业只能从事经过批准的项目而企业申请其他项目的;(三)法律、

---

① 朱锦清:《公司法学》,清华大学出版社,2019年版,第223页。

行政法规或者国务院决定等规定禁止企业经营的。"从该规定来看，界定什么是"法律、行政法规禁止经营的"依据是法律、行政法规"有明文规定"禁止经营的情形。例如，国家禁止人体器官买卖、毒品买卖、枪支买卖等。这里要注意一点，《合同法解释（一）》第十条规定的是"法律、行政法规禁止经营"，删去了《企业经营范围登记管理规定》第十三条规定的"国务院决定等规定禁止企业经营的"的情形，国务院决定禁止企业经营的，不再是合同无效的理由。

因此，公司超越许可经营范围所签订合同的效力认定主要分为以下几种情形：一是该行为系《民法典·总则编》第一百五十三条所规定的，违反法律、行政法规的强制性规定的民事法律行为无效；但是该强制性规定不导致民事法律行为无效的除外。二是除《民法典·总则编》第一百五十三条的规定之外，公司超越一般的经营范围的行为应认定为有效。三是当事人所签订的合同违反国家限制经营、特许经营以及法律、行政法规禁止经营规定的，应当认定为无效。

案例：艾某与联合典当行合同纠纷案[①]

2007年11月1日，艾某与联合典当行签订借款协议约定，艾某从联合典当行借款人民币100万元，以自有现金人民币112.40万元作抵押，抵押期限自2007年11月1日至2008年4月30日；联合典当行将上述两笔资金合并放置于典当行专门开设的资金账户中，艾某利用上述资金进行证券投资，风险由艾某自负；艾某须在联合典当行开设的账户内运作资金，且只能投资经我国证监会批准交易的证券（ST股票、权证除外），联合典当行对专用账户内资金运作情况进行监督；抵押期内，艾某应确保账户内资产不低于150万元，否则艾某须在第二个工作日中午前补足，艾某未予补足的，联合典当行有权平仓，并在弥补联合典当行资金损失及利息收入后，将剩余资金归还艾某；艾某须确保在

---

① 一审：（2010）长民二（商）初字第414号。二审：（2011）沪一中民六（商）终字第115号。

抵押到期后归还联合典当行本金 100 万元及收益 14.40 万元（每月出资金额的 2.4%），合计 114.40 万元，超额收益归艾某所有。

签订诉争协议后，艾某利用协议项下证券资金账户进行了股票交易，但当该账户资金不足 150 万元且艾某未予补足时，联合典当行并未按约行使平仓权。至 2010 年 7 月 29 日，资金账户内股票市值为 53.85 万元，资金余额为 3.13 万元，总资产为 56.99 万元，账户资产亏损总额为 155.41 万元。双方因资金亏损责任承担发生争执。

一审法院认为，本案合同约定及履行符合典当法律关系的基本要件，联合典当行与艾某之间成立典当关系。但因双方在当金和当物的交付环节存在瑕疵，且联合典当行出借款项供艾某从事证券投资的行为已超出了典当行的特许经营范围，故本案当事人设定的典当行为应认定为无效。由于双方对合同无效均存在过错，应对损失各自承担相应的责任。鉴于联合典当行未按约定平仓线及时平仓，导致损失扩大，故判令 150 万元平仓线以上的损失部分计 62.4 万元（212.4 万元减去 150 万元）由艾某承担，150 万元平仓线以下的损失部分计 93.01 万元（150 万元减去剩余资产 56.99 万元）由联合典当行承担。此外，因典当法律关系无效。

二审法院认为，涉案协议的内容反映了艾某向联合典当行提供股票作为质押，获得联合典当行当金，并向联合典当行缴纳综合费用的意思表示。签订协议后，联合典当行出具了当票，将当金划入约定账户，艾某亦缴纳了部分综合费用，上述行为符合典当法律关系的基本（构成）要件，双方当事人之间系典当关系。但联合典当行出借资金供艾某投资股票的行为实为变相融资融券，超出了典当行的特许经营范围，应认定为无效。一审法院对本案诉争法律关系性质及效力的认定无误。

典当行业实行特许经营，根据商务部和公安部联合发布的《典当管理办法》第二十五条的规定，经批准，典当行可以经营下列业务：动产质押典当业务，财产权利质押典当业务，房地产（外省、自治区、直辖市的房地产或者未取得商品房预售许可证的在建工程除外）抵押典当业务，限额内绝当物品的变卖，鉴定评估及咨询服务，商务部依法批准的其他典当业务。典当行并非金融机构，其提供资金的业务应当是基于典当而产生，不能以股票为质押提供资金。

另外，企业间的借贷行为是否有效？企业间借贷合同，是指以非金融机构之企业法人或非法人组织为主体，以一方向另一方支付货币，并在约定期限内归还本金及利息为内容之合同。从20世纪80年代我国开放市场经济开始，金融行政部门即坚决禁止企业间借贷行为，而司法实践亦遵从金融行政部门政策，否认企业间借贷合同效力。2015年6月，最高人民法院通过《关于审理民间借贷案件适用法律若干问题的规定》（法释〔2015〕18号），该规定第一条将法人和其他组织之间以及它们相互之间之融资行为纳入民间借贷范畴，第十一条进一步认可为生产、经营需要所订立之企业间借贷合同之效力。因此，对于非特许经营的企业，其与其他企业或组织之间的借贷合同应当认定为有效。对于特许经营企业，其超出经营范围的合同的效力认定问题，当然也不宜一概认定为无效，要根据超过经营范围的合同的性质，包括合同是否为关于国家限制经营的内容等因素综合判定。

二、经营范围的变更申请

公司变更经营范围时，应当依法向工商行政管理部门提出申请，工商行政管理部门不得随意不予登记。但在实践中存在工商行政管理部门依据地方政府文件规定不予办理的情形。人民法院经审查认为该规范性文件相关内容违反上位法规定，存在限制市场公平竞争等违法情形的，该规范性文件不作为认定被诉行政行为合法的依据。市场经营主体起诉要求市场管理部门办理变更登记的，人民法院应予支持。

案例：鸿润超市诉市场监督管理局不予变更经营范围登记案[1]

2015年2月5日，鸿润超市向市场监督管理局提交个体工商户变更登记申请书，申请在原个体工商户营业执照核准的经营范围内增加蔬菜零售项目，并提供了相关变更登记所需材料。2015年2月6日，市场监督管理局向鸿润超市出具了（2015）第0206001号个体工商户变更登记受理通知书。经对申请材料进行审查，并赴丹阳市鸿润超市经营场所实地调查核实，认定其经营场所距丹阳市珥陵农贸市场不足200米。市场监督管理局认为鸿润超市的申请不符合丹阳市人民政府丹政办发〔2012〕29号《关于转发市商务局〈丹阳市菜市场建设规范〉的通知》中"菜市场周边200米范围内不得设置与菜市场经营类同的农副产品经销网点"的规定，遂于2015年2月16日做出个体工商户变更登记驳回通知书，决定对鸿润超市的变更申请不予登记。

根据《行政诉讼法》第六十三条第一款、第三款的规定，人民法院审理行政案件，以法律和行政法规、地方性法规为依据，参照规章。《个体工商户条例》第四条规定："国家对个体工商户实行市场平等准入、公平待遇的原则。申请办理个体工商户登记，申请登记的经营范围不属于法律、行政法规禁止进入的行业的，登记机关应当依法予以登记。"

本案中，鸿润超市申请变更登记增加的经营项目为蔬菜零售，不属于法律、行政法规禁止进入的行业，市场监督管理局依法应当予以登记。但市场监督管理局却适用丹阳市人民政府丹政办发〔2012〕29号规范性文件中关于"菜市场周边200米范围内不得设置与菜市场经营类同的农副产品经销网点"的规定，以申请人经营场所距珥陵农贸市场不足200米为由，对申请人的申请做出不予登记行为。由于丹阳市人民政府的上述规定与商务部《标准化菜市场设置与管理规范》有关场地环境之选址要求第三款"以菜市场外墙为界，直线距离1公里以内，无有毒有害等污染源，无生产或贮存易燃、易爆、有毒等危险品的场

---

[1] 北大法宝公报案例。

所"的规定不一致,与商建发〔2014〕60号《商务部等13部门关于进一步加强农产品市场体系建设的指导意见》第(七)项"积极发展菜市场、便民菜店、平价商店、社区电商直通车等多种零售业态"的指导意见不相符,也违反了《个体工商户条例》关于对个体工商户实行市场平等准入、公平待遇的原则。丹政办发〔2012〕29号规范性文件不能作为认定被诉登记行为合法的依据。

第五节 公司对外担保

《公司法》第十六条规定:"公司向其他企业投资或者为他人提供担保,依照公司章程的规定,由董事会或者股东会、股东大会决议;公司章程对投资或者担保的总额及单项投资或者担保的数额有限额规定的,不得超过规定的限额。公司为公司股东或者实际控制人提供担保的,必须经股东会或者股东大会决议。前款规定的股东或者受前款规定的实际控制人支配的股东,不得参加前款规定事项的表决。该项表决由出席会议的其他股东所持表决权的过半数通过。"在公司对外担保问题上,公司法条文明确指出,公司对外担保应按照公司章程的规定,由公司章程规定的机关做出决议,并受章程规定担保总额及单项担保数额限额的约束。由于法律本身具有极强的公示性,不仅公司应遵守,其用意也在于要求与担保行为有关的其他各方遵守此规定。

一、公司提供担保的要求

公司作为市场经济主体,可以为他人提供担保。担保是指以保证、抵押、质押、留置以及定金的方式确保债务履行的一种法律制度。公司提供担保的方式，主要是保证、抵押、质押。保证是指保证人和债权人约定，当债务人不履行债务时，由保证人按照约定履行主合同的义务或者承担责任的行为。抵押是指债务人或者第三人不转移抵押财产的占有，将抵押财产作为债权的担保；当债务人不履行债务时，债权人有权依照担保法的规定以抵押财产折价或者以拍卖、变卖该财产的价款优先受偿。质押是指债务人或者第三人将其动产移交债权人占有，或者将其财产权利交由债权人控制，将该动产或者财产权利作为债权的担保；债务人不履行债务时，债权人有权依照担保法的规定以该动产或者财产权利折价，或者以拍卖、变卖该动产或者财产权利的价款优先受偿。

公司为他人提供担保，就要承担相应的责任，就会对公司和股东的利益产生影响。因此，有必要对公司为他人提供担保做出严格的限制。

第一，公司提供担保须由董事会或者股东会、股东大会做出决议。在实践中，公司因担保问题出现过许多纠纷，为促使公司规范担保行为，《公司法》第十六条对公司为他人提供担保问题进行了规范：一是应当在公司章程中做出明确规定。二是应当按照公司章程的规定由董事会或者股东会、股东大会做出决议。

第二，公司提供担保不得突破规定的限额。公司为他人提供担保，还必须遵守公司章程规定的限额。公司章程对担保总额及单项担保的数额有限额规定的，董事会或者股东会、股东大会在做出担保决议时，不得超过规定的限额。

有的公司并未在公司章程中规定对外担保的决策机关，此时公司董事会做出的对外担保决议的效力或有争议。公司对外担保虽然不具有持续性，但在公司的日常经营活动中，出于各种原因，难免需要对外提供担保。但如果一定要求由股东会对外提供担保，亦会增加公司的运营成本。鉴于此，在《公司法》明文提示股东应当在公司章程中规定公司对外担保决策机关的情形下，公司股东竟然无所作为，应当由其承担由此带来的风险。

二、公司为股东或实际控制人提供担保的要求

为了防止少数股东损害公司和其他股东的利益,《公司法》第十六条第二款规定,公司为公司股东或者实际控制人提供担保的,必须经股东会或者股东大会决议。所谓实际控制人,是指虽然不是公司的股东,但通过投资关系、协议或者其他安排,能够实际支配公司行为的人。因此,公司为股东或实际控制人提供担保应当满足以下条件。

一是公司可以为股东或实际控制人提供担保。公司可以根据具体情况以公司资产为本公司股东或者实际控制人提供担保。

二是公司为股东或实际控制人提供担保必须经股东会或者股东大会决议。法律没有禁止公司为本公司股东或者实际控制人提供担保,但是公司为本公司股东或者实际控制人提供担保的,必须由股东会或者股东大会做出决议,否则担保无效。需要注意的是,公司为他人提供担保,公司章程可以根据实际经营的需要,将决策权授予股东会;而公司为股东或实际控制人提供担保,是法律特别规定必须经股东会或者股东大会决议,公司章程不得对此做出相反的规定。

三是股东会或者股东大会决议为股东或实际控制人提供担保的要求。公司为股东或实际控制人提供担保,必须经股东会或者股东大会决议。在决议表决时,该股东或者受该实际控制人支配的股东,不得参加表决。这样规定主要是为了维护股东大会决议的公正性,避免表决事项所涉及的股东,特别是控股股东滥用"资本多数决"的原则,以公司决议的方式谋求与公司利益不符的股东或实际控制人自己的利益,损害公司和其他股东的利益。公司违反这一规定,强行表决的,股东可以根据《公司法》第二十二条的规定,向人民法院提起决议无效之诉。同时,在排除上述股东的表决权后,决议的表决由出席会议的其他股东所持表决权的过半数通过,方为有效。

三、公司违规担保的效力

目前，法院认定公司对外担保效力还存在分歧，主要争议在于对《公司法》第十六条的不同理解，从而衍生出债权人是否应当履行审查义务及审查标准等问题。公司未经法定或公司章程规定程序做出的对外担保是否有效，法院侧重于从维护交易安全的角度认定为有效。法院认定公司对外担保有效的裁判理由是否充分、裁判结果是否取得良好效果，须加以分析与辨别，从法院审理的典型案例中可窥探出法院裁判的思路及存在的误区。

《公司法》第十六条属于强制性规定，但是并不能由此简单地认为公司违规提供的担保无效。从司法实践来看，审判实务也认为对违反法律强制性规定的行为应当区别对待。《公司法》第十六条是公司内部决策程序，规定公司董事、股东、实际控制人的特殊义务，但是并不直接约束公司相对人。现行公司法下，公司违规提供担保的，只要担保债权人不知道也不应当知道公司担保违反规则的，该担保行为即为有效。

首先，债权人审查公司对外担保是否经过董事会或股东会决议，因为《公司法》明文规定公司对外担保必须由公司董事会或股东会决议，法律的规定任何人都应知道。

其次，债权人要求公司提供对外担保必须经董事会或股东会决议，公司章程规定的对外担保机关可能是股东会而非公司董事会，担保债权人对此应当知道。

最后，债权人应当审查公司对外担保的数额是否超过了公司章程规定的限额，但是该种审查仅限于合理范围内，即仅审查公司对自己提供的担保以及自己已知的公司担保是否超出了公司章程规定的限额。不过，担保债权人无须审查关联股东是否在公司做出对外担保决议时依法进行了回避，因为债权人根本不具备审查能力，责令债权人承担该种义务既违反了效率原则又有失公平，不具可行性。

　　债权人审查公司决议是否经公司董事会或股东会做出时，只要公司提供了董事会或股东会的对外担保决议，并且加盖了公司印章和公司法定代表人签名即可。公司审查公司对外担保决议是否符合公司章程时，必须到公司登记机关核实公司提供的公司章程是否与公司登记机关登记的公司章程内容一致。

　　在实践中，就涉及债权人审查担保人的担保决议时的审查标准如何界定的问题，为了实现妥当的自我保护，建议债权人在与担保公司签订担保合同时认真审查担保公司的公司章程以及相关决议。倘若公司章程规定了对外担保限额或者决策程序，债权人只要审查一下公司章程和相关决议即可。当然，债权人审查债务人的公司章程时，应当要求债务人公司提供最新的公司章程，并要求其承诺所提交的公司章程的真实性和合法性。

　　那么债权人在履行审查义务时，仅对决议文件的真实性和合法性进行合理审慎的审查即可，而不需要超越具有普通伦理观念和智商的商人在同等近似情况下应当具备的审慎和质权。倘若债权人对决议文件进行了必要而合理的审查，但未发现决议文件虚假或者无效的事实，则债权人据此与担保公司签订的担保合同应当解释为有效。

　　法律只保护善意相对人。尽管法律对于越权行为的规制，已经逐渐从溯及第三人转移到制约内部人，但是法律所保护的仍旧是善意的第三人。因为恶意相对人，其本身并不善良，法律对于违背基本道德要求的人是不予保护的。在认定善意相对人时，所谓善意，就是对别人都能预见到的预见到，如果别人都能预见到而唯独自己预见不到，即可推定相对人不是善意的。具体到公司对外担保问题上，认定的关键在于是否赋予相对人审查义务，是实质性审查义务还是形式性审查义务。

　　有观点认为，不应该赋予相对人审查义务。因为随着推定通知理论和越权理论的废弃，公司章程的公开行为本身不构成第三人知道的证据，不得以公司章程对抗第三人。实务中，第三人并非能够轻而易举地查询公司章程的有关内容，此时仍然想当然地认为公司章程属于第三人可随时知晓的范围，无疑是对第三人的法律歧视。实际上，上述观点是公司治理构造中内部行为与外部行为区分的必然结果，但2005年《公司法》第十六条的颁布，彻底颠覆了上述观点的存在基础。《公司法》第十六条对公司对外担保规定从完全的公司意思自治，转变为法律的明示，这属于典型的内部行为外部化。从风险控制的角度来看，既然对外担保纠纷不断并且已然成为审判难点，那么相对人为保证自己的财产安全，承担审查义务也是合理的。更为重要的是，担保债权人作为公司法定代表人的直接接洽者，公司章程或内部决议文件的审查动机与行为无疑会对公司法定代表人的越权动机与行为产生一定程度的约束力，如担保债权人可以明确要求担保公司一定提供有关对外担保的公司章程或者决议文件，并以此作为订立担保合同或发放贷款的前置性程序。如此一来，公司法定代表人越权的可能性就会大幅降低。

《公司法》第十六条通过对公司对外担保的决策机构和程序做出规定，将规范的对象从内部转化为全体，实际达到了内部及外部一体遵循的立法效果。因此，相对人不得以不知道法律规定或者对法律规定有误解而主张免责，故而产生相对人的审查义务，相对人只需要审查确定决议机关以及决议文件，至于是否实际召开相关会议以及决议程序是否为真，或者说决议材料的签字是否为真，不属于相对人的审查范围。

如果采取实质审查主义，则是将本属于公司法定代表人以及股东的公司利益保护义务赋予相对人，有违诉讼效率原则。

还有一种观点主张最低限度的注意义务，认为只要担保权人在接受担保时审查了担保人的公司决议即可，无论该决议是由股东会做出的还是由董事会做出的，担保权人均已尽注意义务。此种最低限度的注意义务，从其实际效果来看，相当于未规定相对人的审查义务，并不能从根本上达到规范公司担保、降低滥保的目的，并不可取。

实际上，相对人形式审查义务的认定属于实体法范畴，其在诉讼中落地需要程序法的同时适用。一般而言，民事诉讼坚持"谁主张谁举证"这种通过改变当事人程序性权利义务配置进而改变当事人实体权利义务的间接调整方式，然而也存在谁推定、谁举证责任倒置等改变证明责任的情况，公司对外担保案件恰恰属于改变证明责任的典型代表。《民法典》明确了对善意相对人的保护，《公司法》第十六条的公示公信效力使相对人应当知道公司对外担保存在决策机构和程序，在具体的诉讼中相对人就需要证明自己已经履行了形式审查义务，否则就应当承担不利后果。这里需要注意的是，相对人承担的证明责任专指结果意义上的证明责任，因为《最高人民法院关于民事诉讼证据的若干规定》第九条明确规定，根据法律规定能推定出的另一事实无须举证，这里提供担保的公司甚至只需要主张此观点即可。这种举证证明自己的善意，可以简单地表现为向担保人提出查看决策机构决议，并初步持有或者审查了担保人的相关决议，至于此决议是否按照正当程序召开、签字印章是否为真在所不问。

案例：农村商业银行吴淞支行诉创宏公司等公司对外担保案[①]

2006年4月21日，宝艺公司与农村商业银行吴淞支行（以下简称农商银行吴淞支行）签订《上海农村商业银行借款合同》。合同约定：宝艺公司向农商银行吴淞支行借款200万元作为公司的流动资金，借款期限为自2006年4月21日至2007年4月20日。借款年利率为6.696%（如遇到中国人民银行利率调整则执行调整利率）。借款按季结息，结息日为每个季度的20日。违约责任中规定借款人未按照合同约定期限足额归还借款本金的，农商银行吴淞支行可以立即要求收回借款，对于逾期借款从逾期之日起按日利率万分之二点五计收罚息，并按照中国人民银行规定对借款人应付未付的利息计收复利，同时要求借款人承担为实现债权而支出的所有费用，包括但不限于律师费、

[①] 一审判决书：上海市宝山区人民法院(2007)宝民二(商)初字第1274号民事判决书。二审判决书：上海市第二中级人民法院(2008)沪二中民三(商)终字第182号民事判决书。

诉讼费、保全费等。

当日，农商银行吴淞支行与创宏公司签订《上海农村商业银行保证合同》。该合同由创宏公司盖公章及其法定代表人张某签字，约定：由创宏公司为宝艺公司的上述借款承担连带保证责任，保证期间为借款到期日后2年。保证范围为借款本金、利息、罚息、复利、违约金及贷款人实现债权的费用等。同日，吴某向农商银行吴淞支行出具《上海农村商业银行个人保证担保函》，自愿以全部个人家庭财产和收入为宝艺公司的借款承担连带保证责任，保证期间为借款到期日后2年；保证范围为借款本金、利息、罚息、复利、违约金及贷款人实现债权的费用等。

合同签订后，农商银行吴淞支行按约发放了200万元贷款，但是借款到期后，宝艺公司并未归还该笔借款及利息，创宏公司和吴某也未按约履行保证义务。吴某因涉嫌犯罪现羁押于上海市宝山区看守所。创宏公司股东为上海创宏建筑工程有限公司及姚某，法定代表人为张某。公司章程第二十五条第二款规定："董事、经理不得以公司资产为公司的股东或者其他个人债务提供担保……"农商银行吴淞支行多次催讨无果，遂诉至法院，要求宝艺公司归还借款200万元、支付利息16.89万元（计算至2007年9月20日），要求创宏公司及吴某对于宝艺公司的上述债务承担连带清偿责任。

审理中，农商银行吴淞支行补充提交了一份2006年4月17日创宏公司股东会所做决议，内容是股东同意为宝艺公司向农商银行吴淞支行借款提供担保。创宏公司认为，该股东会决议不真实，股东创宏建筑公司签章与实际不一致，姚某及张某签名不真实，故申请对印鉴和签字的真实性和形成时间进行鉴定。

法院根据上述事实和证据认为，农商银行吴淞支行与宝艺公司签订的借款合同及吴某向农商银行吴淞支行出具的、经农商银行吴淞支行接受的个人保证担保函，均具有法律效力，依法应予保护。农商银行吴淞支行向宝艺公司发放贷款后，宝艺公司未按照合同约定归还借款本息显属违约，农商银行吴淞支行有权按照合同的约定要求宝艺公司归还借款本金、利息、罚息及未付利息部分的复利。现农商银行吴淞支行就利息（含复利）要求计算至 2007 年 9 月 20 日，符合合同约定，故予以支持。吴某应依约承担连带保证责任。

就创宏公司与农商银行吴淞支行签订的保证合同的效力而言，根据公司法的规定，公司向其他企业投资或者为他人提供担保，依照公司章程的规定，由董事会或者股东会、股东大会决议。农商银行吴淞支行与创宏公司签订的保证合同由创宏公司盖章及法定代表人签名，签订保证合同时农商银行吴淞支行亦获得创宏公司相关股东会决议，已从形式上满足了公司法的前述规定。创宏公司辩称该保证违反其公司章程规定，且农商银行吴淞支行存在重大过错，但本案中的保证合同系创宏公司法定代表人代表公司与农商银行吴淞支行签订并加盖了创宏公司的公章，在没有证据证明农商银行吴淞支行在订立保证合同时知道或者应当知道创宏公司的法定代表人的这一代表行为系违反公司章程的越权行为，该代表行为应认定为有效，故法院认定保证合同有效，创宏公司应按照约定承担连带保证责任。因此，即使对农商银行吴淞支行提交的创宏公司股东会决议进行鉴定，且鉴定后反映创宏公司股东会决议上的印鉴、签名不真实，也不影响创宏公司提供担保的效力，故法院认为创宏公司申请对决议上印鉴、签名的真伪做鉴定已无必要。

在本案中，债权人已向担保人要求其提供同意担保的股东会决议，已履行了相应的审查义务，至于此决议是否按照正当程序召开、签字印章的真实性等问题，已超出了债权人审查的范围。因此，没有必要就股东会决议的真伪进行鉴定，更不应当影响担保合同的效力。但如果债权人没有审查股东会是否有关于提供担保的决议，担保合同的效力就会受到影响。

案例：吴某与天利公司等借款合同纠纷再审申请案——
公司对外担保合同中相对人负有形式审查义务 [①]

天利公司设立于 2010 年 9 月 29 日，注册资本为 2000 万元，原股东为戴某、朱某，各占 50% 的股份，法定代表人为戴某。2012 年 8 月 15 日，戴某将在天利公司 50% 的股权全部转让给季某，现天利公司的股东为季某、朱某，法定代表人为季某。2013 年 4 月 10 日，天利公司股东朱某向泰州市公安局报案称：天利公司的公章由会计徐某保管，天利公司对公章的使用有规定，必须经戴某和他两人同意方可使用。现收到法院的相关证据中借贷合同上所加盖的天利公司公章，是戴某私自刻制，他并不知道该担保事宜，为此天利公司已向公安机关报案。

法院经审理认为，天利公司为戴某向吴某借款提供担保的行为合法有效，依法应承担连带责任。理由是：首先，根据《公司法》第十六条第二款的规定，戴某作为天利公司的法定代表人，未经公司股东会决议，擅自以公司的名义为其个人债务提供担保，违反上述法律规定，但上述法律规定系对公司内部的约束，法律并未明确违反该规定必然导致担保合同无效。其次，天利公司提供担保时，戴某系天利公司法定代表人，其在借贷合同中担保人处加盖天利公司的公章，并以天利公司法定代表人的身份签名，作为借款合同中的出借人吴某，对戴某持有的天利公司公章及享有相应权限具有合理信赖，已履行形式审查义务。最后，天利公司提供担保的行为未经公司股东会决议，该担保属于越权担保。越权担保合同属于效力待定合同，而非无效合同。由于戴某在该合同上签名和加盖公章的行为符合法律规定的表见代表的构成要件，应确认该代表行为有效。

戴某的担保行为属于越权担保，且吴某知道或者应当知道戴某已超越代表权限，故该代表行为对天利公司不生效力，其法律后果应由吴某自行承担。理由是：首先，根据已经查明的事实，天利公司公司章程没有对担保做出规定，

[①] (2013)扬民初字第 0015 号，(2014)苏民终字第 0009 号，(2014)民申字第 1876 号。

故天利公司对外担保应由公司权力机构即股东会决定。戴某代表天利公司为其本人借款提供担保，另一股东朱某并不知情，公司没有形成股东会决议，该行为属于越权担保。其次，《公司法》第十六条第二款规定，为股东提供担保，必须经股东会或股东大会决议。法律一经公布即具有公开宣示效力，担保权人理应知晓并遵守，不得以不知法律有规定或宣称对法律有不同理解而免于适用该法律。天利公司提供担保未经股东会决议，理应成为担保权人吴某应当知道的内容。最后，吴某未能证明自己查阅天利公司公司章程，仅以法定代表人签字和天利公司公章就信赖天利公司的担保行为，属于未尽慎重注意义务，不属于法律保护的善意相对人。

最高人民法院经审理认为，《公司法》第十六条第二款具有公示作用，吴某应当知道。因为法律有明确的规定，吴某应当知道天利公司为戴某的债务提供担保须经天利公司股东会决议，而其并未要求戴某出具天利公司的股东会决议，吴某显然负有过错，因而其不能被认定为善意第三人。担保合同对天利公司不产生拘束力并无不当。

此外，公司对外提供担保，还会受到《民法典·物权编》的相关限制。

一是担保人具有担保资格。担保人首先必须是具有民事权利能力和民事行为能力的自然人、法人或其他组织，并且应具有代为清偿债务的能力。对公司而言，其不具备民事权利能力的分支机构、职能部门不具有主体资格，一般情况下，不能对外提供担保。同时，如果公司章程明确规定公司不能对外提供担保，或者对公司担保附加了限制性规定，公司不能违反公司章程的规定对外提供担保。

二是担保的财产是合法的。担保人必须对担保财产具有处分权，在法律上允许该财产作为担保物。担保人以自己无权处分或法律禁止作为担保物的财产提供担保的，该担保无效。因此，公司对外提供担保，必须以公司具有合法权属的资产提供担保。

案例：林某章与林某明等民间借贷纠纷上诉案——
公司对其法定代表人对外担保行为之责任 [①]

2006年2月19日，林某明因需用资金向林某章借款12.6万元，未约定借款期限和利率。2007年1月15日，林某明又向林某章借款96万元，约定月利息按2%计算，未约定借款期限。借款同日，林某明均出具借条一张给林某章收执。2007年3月15日，以林某章为甲方，与林某明等共同作为乙方签订土地使用权转让协议，约定将乙平工贸公司竞拍所得址在漳浦县绥安镇原弹簧钢板厂的一块约640平方米土地的土地使用权（该地块尚未办理土地使用权转让的相关手续），以120万元转让给甲方林某章所有，乙方负责将土地证、准建证等手续办至甲方林某章名下，办证的费用由乙方承担，转让金在乙方交付土地证时一次性付清等事项。林某章与林某明等分别在土地使用权转让协议书上签字。

2013年3月3日，乙平工贸公司以担保抵押人名义出具借款抵押担保书给林某章收执，确认乙平工贸公司将公司竞买的址在漳浦县绥安镇原弹簧钢板厂约640平方米地块的土地使用权作为林某明向林某章借款的抵押担保。林某明若不能还清向林某章的借款，公司愿将上述土地变卖优先偿还林某章的借款。乙平工贸公司的登记股东、法定代表人在该担保书上签字确认。

后林某明未归还借款本息，林某章起诉至法院。林某章与林某明之间的借贷行为成立并生效，双方债权债务关系明确，应予确认，林某明负有还款义务。

本案涉及乙平工贸公司是否应承担连带清偿责任，能否对址在漳浦县绥安镇原弹簧钢板厂地块的土地使用权享有变卖或拍卖价款优先受偿权。《民法典·总则编》第六十一条第二款规定："法定代表人以法人名义从事的民事活动，其法律后果由法人承受。"《民法典》第六十一条是对《民法通则》第四十三条的修改。根据法人实在说的理论逻辑，法人的法定代表人和法人是一个人格，为同一主体，法定代表人以法人的名义实施的行为，后果当然由法人承受。因此，

[①] 一审：（2016）闽0623民初399号。二审：（2017）闽06民终1485号。

公司法定代表人对外抵押担保行为的法律后果依法应由公司承担民事责任。

本案中，乙平工贸公司以涉案土地使用权为本案借款提供抵押担保，并出具借款抵押担保书，该担保书虽然没有公司盖章，但系以公司名义做出，且有公司法定代表人及登记全体股东的签名，根据上述法律规定，乙平工贸公司法定代表人在涉案担保书上签名的行为，视为乙平工贸公司订立该合同，相应的合同权利义务应由乙平工贸公司享有并承担，且根据《公司法》第十六条"公司向其他企业投资或者为他人提供担保，依照公司章程的规定，由董事会或者股东会、股东大会决议"的规定，乙平工贸公司的登记股东均在担保书上签字确认，应视为已经全体股东同意。乙平工贸公司经拍卖取得涉案土地，并已按拍卖价款缴清相关费用，根据《民法典·物权编》第二百二十九条"因人民法院、仲裁机构的法律文书或者人民政府的征收决定等，导致物权设立、变更、转让或者消灭的，自法律文书或者征收决定等生效时发生效力"，以及《民法典·物权编》第二百一十五条"当事人之间订立有关设立、变更、转让和消灭不动产物权的合同，除法律另有规定或者当事人另有约定外，自合同成立时生效；未办理物权登记的，不影响合同效力"的规定，乙平工贸公司已经通过拍卖程序取得土地使用权，是否办理权属登记手续，不影响其享有涉案土地使用权。该抵押担保行为系双方当事人的真实意思表示，且未违反法律法规禁止性规定，该借款抵押担保书应当认定为合法有效。因此，乙平工贸公司应对其法人代表的对外担保行为依法或者依约承担民事责任。

第四章

公司资本制度

第四章 公司资本制度

第一节 公司资本

一、注册资本

注册资本,是指公司章程所记载的股东认缴的全部资本,而非股东实际缴纳的资本。一家有限责任公司章程记载的注册资本是 10 万元,股东 A 和股东 B 分别认缴 5 万元,但公司设立时,都只实际缴纳了 3 万元。此时,这家公司的注册资本仍然是 10 万元,而非 6 万元。为了更好地适应我国经济社会的发展,2013 年《公司法》将公司注册资本由公司注册资本实缴制改为公司注册资本认缴制,使我国的公司资本制度从不完全认缴制转变为完全认缴制。2013 年修订后的《公司法》规定,公司的注册资本由公司章程进行规定,股东根据公司章程的规定,认缴出资。对法定最低注册资本的取消,并不意味着公司可以没有注册资本,即便是注册资本只有 1 元,仍然要记载于公司章程并依法登记。

2013 年《公司法》中放宽了对于公司注册资本的限制,同时删去了验资程序,赋予公司章程自治。但不是所有的行业均可实行认缴制,银行业金融机构、期货公司、基金管理公司、保险专业代理机构、保险经纪人、直销企业、对外劳务合作企业、融资性担保公司、劳务派遣企业、典当行、小额贷款公司和保险资产管理公司,仍然实行注册资本实缴登记制。

在注册资本认缴制下,公司享有公司自治,即公司享有对股东未到期的出资债权,以最大限度地平衡注册资本的担保功能和使用价值;但并不是说在认缴制下,债权人不能请求股东在其未认缴范围内对公司不能清偿的债务承担补充责任。《公司法司法解释（三）》第十三条第二款规定："公司债权人请求未履行或者未全面履行出资义务的股东在未出资本息范围内对公司债务不能清偿的部分承担补充赔偿责任的，人民法院应予支持；未履行或者未全面履行出资义务的股东已经承担上述责任，其他债权人提出相同请求的，人民法院不予支持。"上述司法解释第十八条规定："有限责任公司的股东未履行或者未全面履行出资义务即转让股权，受让人对此知道或者应当知道，公司请求该股东履行出资义务、受让人对此承担连带责任的，人民法院应予支持；公司债权人依照本规定第十三条第二款向该股东提起诉讼，同时请求前述受让人对此承担连带责任的，人民法院应予支持。受让人根据前款规定承担责任后，向该未履行或者未全面履行出资义务的股东追偿的，人民法院应予支持；但是当事人另有约定的除外。"

案例：姚某诉王某等追偿权纠纷案[①]

2014年1月29日，天普绿化公司与中行海陵支行签订《流动资金借款合同》，约定发放贷款400万元。同日，金算盘公司与中行海陵支行签订《最高额保证合同》，为债权人中行海陵支行与债务人天普绿化公司之间签署《授信额度协议》及依据该协议已经和将要签署的单项协议提供最高额连带保证责任，保证范围为最高债权本金400万元及所发生的利息、违约金、损害赔偿金、实现债权的费用等其他所有应付费用。

2014年1月29日，天普绿化公司与金算盘公司、泰州市海陵区麒麟社区居民委员会签订协议，约定天普绿化公司以海陵区××街道××村西侧××26.67公顷的林地租赁使用权及林地上3万株林木为金算盘公司向中行海陵支行借款400万元的担保提供反担保，但未办理抵押登记。

上述贷款到期后，金算盘公司先后多次代偿，其中本金400万元，利息

---

① （2017）苏12民终2636号。

10.15万元。2015年4月2日，金算盘公司将扣除天普绿化公司的担保保证金81.95万元后的债权328.20万元及相应权利转让给王某，并于2015年4月8日向主债务人及全部反担保人邮寄债权转让通知。另查明，天普绿化公司于2014年7月15日修改公司章程，增加注册资本1500万元，沈某、姚某应于2016年6月30日前分别认缴增资725万元、775万元，沈某至今未履行其认缴增资义务。

一审法院认为，天普绿化公司在贷款期满后未按约还款，金算盘公司作为连带责任保证人代偿借款本息410.15万元，扣除天普绿化公司81.95万元担保保证金，实际代偿328.20万元，其依法取得向天普绿化公司追偿的权利。金算盘公司将上述债权及相应权利一并转让给王某，债权转让合同具有无因性，不以支付对价为生效条件，并于2015年4月8日向主债务人及全部反担保人邮寄债权转让通知，债权转让人和受让人已尽到通知义务，故王某依法取得债权。由于天普绿化公司在金算盘公司履行代偿责任后仍未归还代偿本息，造成债权人利息损失，王某主张自2015年4月1日起按同期银行贷款利率计算利息损失，不违反法律规定，一审法院依法予以支持。

该案审理的法律依据是《公司法司法解释（三）》第十三条第二款规定，公司债权人请求未履行或者未全面履行出资义务的股东在未出资本息范围内对公司债务不能清偿的部分承担补充赔偿责任的，人民法院应予支持。沈某、姚某依法应对涉案债务承担补充赔偿责任。

注册资本实缴登记制属于原《公司法》规定的注册资本登记制度，公司成立时营业执照上的注册资本是多少，该公司就需要在银行验资账户上存储相应数额的资金，即登记的注册资本和股东实缴的总资本相符。实缴制需要占用公司的资金，所以在一定程度上增加了企业运营成本。现行《公司法》已将公司注册资本实缴制修改为公司注册资本认缴制。公司注册资本认缴制作为一项新的公司注册资本登记制度，规定公司股东或发起人在公司章程中可自主约定自己所认缴的出资额、出资方式、出资期限等内容，公司在申请注册登记时，先拟订并承诺注册资金为多少，但并不一定真的将该资金缴纳到企业银行账户，更不需要专门的验资机构证明该资金实际是否到位。

公司注册资本认缴制不需要占用公司资金，可以有效地提高资本运营效率，降低企业运营成本。例如，现在注册一个注册资本为100万元的公司，不需要到银行开户，也不需要将这100万元存到银行，直接到工商行政管理局办理登记就行了。不过，这100万元还是要交的，只是不用马上就交，在公司章程记载的2年、5年或者10年等相关年限内交清即可。

注册资本认缴制大大释放了注册公司的红利，具体包括以下六个方面的内容。

一是允许自主约定注册资本总额，取消有限责任公司最低注册资本3万元、一人有限责任公司最低注册资本10万元、股份有限公司最低注册资本500万元的限制，理论上公司全体股东（发起人）可以申办"一元钱公司"。

二是允许自主约定首次出资比例，取消首期出资额至少需达到认缴注册资本总额的20%的规定，理论上公司设立时全体股东（发起人）均可以"零首付"。

三是允许自主约定出资方式和货币出资比例，不再限制公司全体股东（发起人）的货币出资金额占注册资本的比例。

四是允许自主约定出资期限，不再规定公司全体股东（发起人）缴纳出资的期限。

五是实行注册资本认缴登记制度。公司实收资本不再作为工商登记事项，公司登记时无须提交验资报告。

六是实行年度报告制度。不再执行企业年度检验制度，实行企业年度报告公示制度。

当然，公司注册资本认缴制释放了注册公司的红利，但并不是认缴得越多越好。有限责任公司的股东以其认缴的出资额为限对公司承担责任，股东需要按照其认缴的出资额承担有限责任，即注册资本的大小依然决定了这家公司的资金实力和可以对外承担民事责任的能力。所以，注册资本认缴制并非意味着股东仅在实缴资本范围内承担责任，而是按照认缴额度来承担法律责任，在企业分红环节，往往会按照实际缴纳资本份额来分配利润。任何企业的企业主在进行公司注册登记时，一定要根据自身实际情况确定注册资本。

二、验资

《公司法》第二十六条规定："有限责任公司的注册资本为在公司登记机关登记的全体股东认缴的出资额。法律、行政法规以及国务院决定对有限责任公司注册资本实缴、注册资本最低限额另有规定的，从其规定。"除非有法律、行政法规以及国务院决定对有限责任公司注册资本实缴、注册资本最低限额另有规定的，从其规定验资，其他公司不用验资。需要验资的公司有募集设立的股份有限公司、商业银行、外资银行、金融资产管理公司、信托公司、金融租赁公司、证券公司和保险资产管理公司等。

三、股东出资证明书

股东出资证明书是指有限责任公司签发给股东的，证明其已履行出资义务、享有股东权利的法律文书，是投资人成为有限责任公司股东，并依法享有股东权利和承担股东义务的法律凭证。根据《公司法》第三十一条第一款的规定，签发出资证明书的时间为"有限责任公司成立后"。向股东签发股东出资证明书是公司的法定义务。《公司法》第三十一条第二款明确了出资证明书应当记载的内容，包括公司名称，公司成立日期，公司的注册资本、股东的姓名或者名称、缴纳的出资额和出资日期，出资证明书的编号和核发日期。其中，核发日期方便确定股东依法享有股东权利和承担股东义务的起始时间。

《公司法》第三十一条第三款对出资证明书的形式要件进行了规定，即出资证明书应当由公司盖章。只有经过公司盖章以后，出资证明书才能产生法律效力。没有公司盖章的出资证明书，因不具备法定的形式要件，不能产生法律效力。

四、公司注册资本认缴制

《公司注册资本登记管理规定》第九条规定："公司的注册资本由公司章程规定,登记机关按照公司章程规定予以登记。"该条是关于公司资本制的规定。公司资本是一个非常复杂的概念,与经济学、会计学、法律意义上的资本概念,有着不同的含义。从严格的法律意义上来说,公司资本仅指股权资本而言,是一定的、不变的、计算上的数额,是为公司设立及存在所必须具备的、观念上的财产总额,即公司成立时由公司章程所确定的、由股东出资所构成的公司财产的总和。关于公司资本制度的设计,应当遵循公司资本原则的宗旨。

（一）公司资本原则

公司资本原则是在公司债权人与股东利益关系出现失衡,尤其是公司债权人的风险加大的特定历史背景下,为了均衡地保护公司及其投资者与债权人的利益而创设的,其首要目标在于平衡有限责任制度对股东有利但对债权人难免保护不周的缺憾,以实现股东与债权人之间的利益平衡。但公司真正能担保债权人债权的并非抽象的资本,而是公司的实际财产。注册资本构成公司具有独立人格的存在基础和为公司的最初经营提供了必要的初始资产。在公司成立登记时注册资本须被予以登记和公示,以对第三人产生公示和公信效力。

股东通过缴纳自己所认缴的注册资本份额,严格遵守自己与公司在人格上相互独立、在财产上相互分离的分离原则,进而承担有限责任。资本确定原则和资本维持原则,是基于股东按照出资协议的约定履行出资义务,当股东未依约履行出资义务时,其有悖于诚信。因为股东在公司登记时向社会公示了公司的注册资本和公司作为独立法人的诞生,公示之后股东应当履行在公司章程中承诺的出资义务,并在缴纳后不再抽回,以及不以任何非法方式侵蚀公司法人的独立财产,始终保持公司法人的独立财产与其私人财产的相互分离。目前,我国实行的是注册资本认缴制,有利于提高公司制度运行效率、促进市场经济活跃,但客观上也加大了交易风险,所以必须将资本维持的重心转移到公司经营阶段,防止资本流失,保护债权人的利益,以维系效率和安全之间的平衡。因此,坚持资本维持原则和取消最低注册资本限额之间并不冲突,注册资本认缴制下必须坚持资本维持原则。坚持资本维持原则能够最大限度地保护债权人利益,维护交易安全。

资本维持原则是指公司存续过程中,应当经常保持与其注册资本相当的资产,以保证公司的经营能力和偿债能力,维护债权人的利益。资本是公司对外交往的一般担保和从事生产经营活动的物质基础,公司拥有足够的现实财产,可在一定程度上减少股东有限责任给债权人带来的交易风险。公司资本不仅是公司赖以生存的物质基础,也是公司对债权人的一种"保证"。公司在经营活动中,盈利或亏损以及财产的无形耗损都将使公司的实有财产价值高于或者低于公司在登记机关登记注册的资本数额,使公司资本维持成为一个变数。当公司的实际财产价值低于其资本时,就必然使公司无法按其资本数额来承担财产责任。为防止因公司资本的减少而危害债权人的利益,也为了防止股东对盈利分配的过度要求、确保公司本身业务活动的正常开展,各国公司法都确认了资本维持原则。

一般而言,在公司成立时,公司资本即代表了公司的实有财产,但这一财产并非恒量,尤其在公司的存续过程中,它可能因公司经营的盈余、亏损或财产本身的无形损耗而在价值量上发生变动,当公司实有财产的价值高于其向外明示的公司资本的价值时,其偿债能力增强,对社会交易安全自然有利。其实有财产价值大大低于公司资本价值时,必然使公司无法按照其所标示的价值承担责任,从而对交易安全和债权人利益构成威胁。同时,由于股东往往对盈余分配有着无限扩张的偏好,如果法律对盈余分配没有一定的限制,股东在短期求利动机的驱动下，就可能蚕食公司资本。

资本维持原则的内容包括对维持注册资本数额的公司资产的保护和对所提取的盈余公积数额的资产的保护。前者是指公司向股东支付的财产不能侵蚀注册资本所需的公司资产。也就是说，在公司解散前向股东可以分配的只能是公司的经营盈余，即公司净资产中扣除用于维持注册资本数额所需资产后的剩余资产。后者是指公司在年终向股东分配股利之前，必须按照法律和公司章程的规定首先提取盈余公积金，这是为了保证公司以此实现自我资本的积累和壮大。这样，公司资本和相应的公司资产的积累和壮大不再单纯依靠程序复杂的增加注册资本的方式来实现，所以通过提取盈余公积金方式所形成的相应公司资产数额也应当受到保护，而不能再被分配到股东手中。因而，对整个公司净资产进而对整个公司资产的保护，也即自有资本维持原则。由于公司为具有独立人格的法人，故公司的净资产乃至全部资产属于公司本身所有，非经合法程序不得被移转到股东手上。由此，对公司注册资本的维持自然应当随着公司的经营发展而被扩展到对整个公司自有资本的维持和保护，这样整个公司资产也就受到了保护。

（二）注册资本认缴制下股权受让人应当承担公司章程约定的出资义务

有限责任公司的股东未履行或者未全面履行出资义务，是指股东未按公司章程约定的或法律规定的期限出资或未全部出资的行为；而在注册资本认缴制下，公司法及其解释并未对认缴资本未全部缴纳情况下的股权转让进行限制，股东出资的义务由公司章程规制，在公司章程规定的出资期限等出资时间点未到达前，不存在股东未履行或者未全面履行出资义务的行为。鉴于公司实缴资本在工商登记部门都有披露和公示，股权受让人明知转让方转让的是注册资本认缴制下的股权，却仍然与转让方签订股权转让协议并愿意受让该股权，应当视为其自愿承受相应的后果。在转让方不存在恶意隐瞒、恶意欺诈等过错的情况下,该股权转让协议有效。按照公司章程的约定出资是股东最主要的义务,故股权受让人应当承担公司章程约定的出资义务。

(三)注册资本认缴制下股东出资义务加速到期的认定

公司资本维持原则的目的在于保障债权人的利益,其价值在于防范所有权人滥用公司有限责任,最终实现公司健康运作,从而间接保证市场有序地发展。无论从何种角度理解该原则,其都表明一种内涵,即公司须保持与其在登记机关登记注册具有的公示意义。债权人的信赖意义在于注册资本的实质财产,且该财产是公司实质拥有的非债务性的资产。

在注册资本认缴制下,股东按照公司章程的规定和股东协议的约定履行出资义务,当上述约定没有到期时,股东并不需要履行出资义务,但基于公司章程,其是可以参与经营管理、享有股东权利的。在此期间,债权人请求股东在未认缴范围内对公司不能清偿的债务承担补充责任时,并不能当然得到法院的支持。在该出资期限届满前,非依法定事由,公司、其他股东及债权人均无权予以干涉,其实质则在于维护当事人意思自治。在不损害债权人合法权益的前提下,股东在何种期限内以何种比例出资,均为公司和股东的内部事务,应当予以充分的尊重和保护。因此,在公司不能清偿到期债务时,单个或部分债权人起诉请求股东以其承诺认缴但未届出资期限的出资承担清偿责任的,人民法院一般不应支持。司法裁判表明,法院不再简单、当然地认为股东与公司交易等行为构成抽逃出资,而是从交易公允性的角度对公司债权人利益加以保护。这种司法趋势,体现了法院对公司自主经营决策权的尊重,也彰显了鼓励交易的观念。

在公司章程规定或股东协议约定的缴纳出资的日期前,股东享有期限利益。股东期限利益是现行《公司法》所允许的,股东通过内部出资协议的约定以及外部出资期限的公示而享有的法定利益应当予以保护。对未到期出资的加速到期,本质是对股东期限利益的一种剥夺。在注册资本认缴制度已经成为公司资本制度新常态的现实情况下,如果允许在公司不能清偿到期债务的情况下，债权人在将公司作为被告提起诉讼时，直接以认缴期限尚未届满的股东为被告提起共同诉讼，那么，任何债权人都可以在公司不能清偿债务时，直接将公司和股东作为共同被告提起诉讼。若允许债权人提起此类诉讼，注册资本认缴制则形同虚设，认缴的股东时刻都有被要求在认缴额内承担责任的风险，将会使投资者选择公司作为投资途径的风险和成本增加，也降低了资本制度改革的效用。

此外，加速到期并不一定能使公司有能力清偿现有债务，也不能使公司全部债权人的利益得到充分保护，加速到期情形下的公司债务得以清偿的实质，只是公司个别债权人利益相对于全体债权人得到了不平等的保护。也就是说，公司资本制度的本质是为全体债权人提供保障，在公司债务不能清偿时，公司资本作为责任财产为全体债权人提供平等的受偿机制。公司是否有能力清偿到期债务，并不是加速到期所能实现的目标，加速到期只能使个别债权人从本该全体债权人平等受偿的责任财产中提前受偿，有悖于公司资本制度的初衷。

无论是注册资本实缴制还是认缴制，均应以股东有限责任为基础。公司资本制度的核心在于公司资本的维持与公司债权人保护的平衡。在注册资本认缴制下，在公司不能清偿到期债务已经损及债权人利益时，股东出资是否应当加速到期，其实质在于合理地寻找并确定股东的期限利益与债权人的债权利益的边界。也就是说，在公司不能清偿到期债务已经损及债权人利益时，是否还应当将股东的期限利益作为首要价值目标予以保护是一个值得研究的问题。

2013年《公司法》对于股东认缴期限尚未到期、公司不能清偿到期债务时是否可以加速到期未做出规定。《最高人民法院关于适用〈中华人民共和国公司法〉若干问题的规定（二）》（以下简称《公司法司法解释（二）》）第二十二条规定："公司解散时，股东尚未缴纳的出资均应作为清算财产。股东尚未缴纳的出资，包括到期应缴未缴的出资，以及依照《公司法》第二十六条和第八十条的规定分期缴纳尚未届满缴纳期限的出资。公司财产不足以清偿债务时，债权人主张未缴出资股东，以及公司设立时的其他股东或者发起人在未缴出资范围内对公司债务承担连带清偿责任的,人民法院应依法予以支持。"《中华人民共和国企业破产法》(以下简称《企业破产法》)第三十五条明确规定:"人民法院受理破产申请后,债务人的出资人尚未完全履行出资义务的,管理人应当要求该出资人缴纳所认缴的出资,而不受出资期限的限制。"《公司法司法解释(二)》和《企业破产法》对关于企业解散和破产时可以适用股东出资义务加速到期做出明确规定,但在时间上均先于2013年《公司法》中认缴制出资方式的规定。

最高人民法院于2019年11月8日印发的《全国法院民商事审判工作会议纪要》(法〔2019〕254号)第六条中规定:"在注册资本认缴制下,股东依法享有期限利益。债权人以公司不能清偿到期债务为由,请求未届出资期限的股东在未出资范围内对公司不能清偿的债务承担补充赔偿责任的,人民法院不予支持,但是下列情形除外:①公司作为被执行人的案件,人民法院穷尽执行措施无财产可供执行,已具备破产原因,但不申请破产的;②在公司债务产生后,公司股东(大)会决议或以其他方式延长股东出资期限的。"

《全国法院民商事审判工作会议纪要》规定了两种例外情形。一种情形是,公司作为被执行人的案件,因穷尽执行措施无财产可供执行,已具备破产原因,但不申请破产的。在有生效判决,经公司债权人申请执行的情况下,如果穷尽执行措施公司还无财产可供执行,已具备破产原因,但不申请破产的,其结果与《企业破产法》第二条规定的公司资产不足以清偿全部债务或者明显缺乏清偿能力完全相同,故这种情形下比照《企业破产法》第三十五条的规定,股东未届期限的认缴出资,加速到期。最高人民法院认为,这样的规定,对解决执行难有好处,且不会增加很多案件。需要注意的是,虽然标准是"已具备破产原因,但不申请破产的"股东出资应当加速到期,但在这种情形下,加速到期的财产归公司债权人,而不像破产那样归公司。实际上在这种情形下,就公司个别债权人利益和整体债权人利益的平衡方面,考虑到毕竟不是"破产程序",所以倾向于个别债权人,但并不妨碍其他债权人申请公司破产,也不妨碍公司自身申请破产。一旦申请破产,那么未届出资期限的股东应当将其出资加速到期,归入债务人的财产,实现所有债权人公平清偿。

另一种情形是,在公司债务产生后,公司股东会决议延长股东的出资期限,以逃避公司不能履行债务时其股东将被要求补足出资的义务。这种情形下,公司股东会延长股东出资的行为,实质上就是公司放弃即将到期的对股东的债权,损害公司债权人的利益,公司债权人有权请求撤销该决议。

案例:任某诉薛某等民间借贷、保证合同纠纷案 [①]

川友公司原有注册资本为1000万元,其中股东程某实缴400万元,股东林某实缴600万元。2014年9月18日,川友公司将注册资本由1000万元增加至5000万元,程某认缴出资额为2000万元,林某认缴出资额为3000万元,出资方式为货币,出资时间为当天。同年10月8日,川友公司更名为中铁公司。同年11月1日,林某与自任法定代表人的潮汐公司签订股权转让协议,将其持有的中铁公司5%的股权以250万元的价格转让给潮汐公司。同日,中铁公司召开临时股东会会议,对该股权转让协议予以确认。2014年12月9日至2015年5月18日,薛某通过其个人银行账户汇入中铁公司款项共计4887.55万元。

2015年,任某与薛某分别签订借款金额为880万元、70万元的借款合同各一份。该两份合同约定的内容大体一致:借款期限均为15天;任某在合同签订后择日将款项汇至薛某指定的中铁公司银行账户,中铁公司为两笔借款提供连带责任保证。后任某分别将借款转入中铁公司银行账户。

2016年,程某、林某分别与薛某签订股权转让协议、潮汐公司与薛某独资设立的川环公司签订股权转让协议。该三份股权转让协议约定:程某、林某分别将持有中铁公司40%、55%的股权以2000万元、2750万元的价格转让给薛某,潮汐公司将持有中铁公司5%的股份以250万元的价格转让给川环公司。同日,

---

[①] 一审:(2017)闽0504民初1045号。二审:(2018)闽05民终2230号。

中铁公司召开临时股东会议，全体股东均同意上述股权转让。股权转让后，薛某认缴出资4750万元，占中铁公司注册资本的95%，川环公司认缴出资250万元，占注册资本的5%。2017年2月20日，川环公司的企业类型由自然人独资变更为自然人投资或控股的有限责任公司。

2017年5月15日，任某诉诸法院请求判令：薛某偿还借款、利息以及律师费，中铁公司和川环公司承担连带责任，程某、林某和潮汐公司分别在未依法出资的范围内承担连带责任。

本案涉及公司的债权人对未履行出资义务的股东直接行使补充赔偿责任的问题。公司的财产独立于股东个人的财产，股东以其认缴的出资额为限对公司承担有限责任。股东对自己的债务负责、公司对自己的债务负责，一般情况下，公司债权人不能就公司债务直接要求公司股东承担清偿责任。《公司法司法解释（三）》第十三条第二款规定："公司债权人请求未履行或者未全面履行出资义务的股东在未出资本息范围内对公司债务不能清偿的部分承担补充赔偿责任的，人民法院应予支持；未履行或者未全面履行出资义务的股东已经承担上述责任，其他债权人提出相同请求的，人民法院不予支持。"应当先由公司承担赔偿责任，未出资股东只在公司不能清偿债务前提下才须承担责任，仅以股东以未履行或未全面履行出资义务的本息范围为限对公司债务承担责任。

本案涉及已届出资期未出资股东的补充责任问题，但如果是请求未届出资期限的股东在未出资范围内对公司不能清偿的债务承担补充赔偿责任的，人民法院是不予支持的。

案例：胜星程公司诉三达公司等票据追索权纠纷案——股东出资义务加速到期的限制[①]

胜星程公司与三达公司系买卖合同关系，三达公司拖欠胜星程公司货款。

---

① （2017）津0110民初4742号，（2018）津02民终805号，（2018）津民申1238号，（2018）津02民再38号。

2016年12月，三达公司交付胜星程公司两张商业承兑汇票，金额分别为100万元、50万元，用以给付拖欠的货款。上述两张商业承兑汇票记载付款人为五洲公司，收款人为炳耀公司，后炳耀公司经上述汇票背书转让给三达公司，三达公司背书转让给胜星程公司。胜星程公司收到上述票据后，将票面金额为50万元的商业承兑汇票背书给永强公司，用于偿还所欠永强公司的货款。

2017年5月26日，胜星程公司及永强公司分别向银行提示付款，银行以账户余额不足为由拒付。永强公司将所持汇票及拒收手续退还给胜星程公司，并签署协议约定，胜星程公司在6个月内分期给付50万元货款，永强公司将该票据及银行通知书一并退还胜星程公司，由胜星程公司行使票据权利，永强公司对该票据不主张任何权利。随后，胜星程公司向永强公司陆续支付了票面款项50万元，永强公司收到款项后向胜星程公司出具收据予以确认。

五洲公司系2015年8月3日注册成立，注册资本为58000万元，股东为中基公司与中城建公司。其中，中基公司认缴出资额为52200万元，于2035年12月31日前缴足；中城建公司认缴出资额为5800万元，于2035年12月31日前缴足。2016年8月1日，中基公司与国润公司达成股权转让协议，约定将其在五洲公司占有的86%的股权转让给国润公司，并办理了股权变更登记。变更后，中基公司的认缴出资额为2320万元，于2035年12月31日前缴足；中城建公司的认缴出资额为5800万元，于2035年12月31日前缴足；国润公司的认缴出资额为49880万元，于2035年12月31日前缴足。

胜星程公司起诉请求，三达公司、炳耀公司、五洲公司连带给付票面金额共计150万元及自2017年5月21日起至实际给付之日止的利息，五洲公司股东国润公司、中城建公司、中基公司对上述债务承担补充给付责任。

胜星程公司作为合法持票人，选择向出票人五洲公司，背书人炳耀公司、三达公司行使追索权，系其对自身权利的处分，符合票据法之相关规定。根据《公司法司法解释（三）》第十三条第二款的规定，股东承担补充赔偿责任的前提，是股东未履行或者未全面履行出资义务，而判断股东是否履行出资义务是依据其认缴承诺而言的，若股东未违背认缴承诺，就不存在未履行或者未全面履行出资义务的情形，债权人无权要求股东承担补充赔偿责任。现中基公司、中城建公司的认缴出资期限尚未届满，中基公司、中城建公司对五洲公司的涉诉债务在未出资范围内承担补充给付责任是不恰当的。

（四）"揭开公司面纱"

对传统公司法的资本制度进行变革后，如何保护债权人利益，是公司注册资本制度改革必须面对的一个问题。公司人格理论的意义在于，承认公司是独立的主体，享有与自然人一样的人格，从而使得公司可以独立承担有限责任。"揭开公司面纱"就是指在特定条件下，公司的独立人格遭到否认，使股东直接对公司债务承担责任。"揭开公司面纱"是普通法系国家处理人格否认时运用的重要方法，并为大陆法系所继受。我国公司法亦引进了这种制度，《公司法》第二十条第一款至第三款规定："公司股东应当遵守法律、行政法规和公司章程，依法行使股东权利，不得滥用股东权利损害公司或者其他股东的利益，不得滥用公司法人独立地位和股东有限责任损害公司债权人的利益。公司股东滥用股东权利给公司或者其他股东造成损失的，应当依法承担赔偿责任。公司股东滥用公司法人独立地位和股东有限责任，逃避债务，严重损害公司债权人利益的，应当对公司债务承担连带责任。"在股东投资不充分或者只有名义投资或抽逃资本，或者发生欺诈等现象时，则应否认公司的独立人格，使股东直接向公司债权人履行法律义务、承担法律责任。

注册资本认缴制下，股东未足额出资是指股东违反公司设立协议或者公司章程约定，未缴纳（未足额缴纳）约定的出资金额、未交付（未足额交付）约定的实物或者未办理约定的财产所有权转移手续。股东没有足额出资，损害了公司债权人的利益。此时，债权人基于此特殊原因，可以要求股东承担损害赔偿责任。公司债务不能清偿时，股东在未出资本息范围内承担补充赔偿责任。即股东滥用公司法人独立地位和股东有限责任，逃避债务，严重损害公司债权人利益的，应当对公司债务承担连带责任。基于此，债权人只有在此种特殊情况下，才可以突破公司独立法人制度和有限责任制度，否定公司法人独立人格。换言之，"揭开公司面纱"这一制度不可滥用，因为如果有限责任制度不能得到维护，不能有效捍卫公司独立法人人格这一根本原则，不仅会减少投资，社会经济和稳定也会受到影响。因此，债权人不能以"揭开公司面纱"的方式，要求股东提前缴纳股东原本依据公司章程可以不缴纳的未到期出资。

五、分期缴纳出资

股东出资义务是指按期足额缴纳其所认缴的出资额的义务，而分期缴纳出资的股东是在按照法律规定行使公司法赋予的分期出资的权利，履行自身的出资义务，不存在出资不实或抽逃出资等出资瑕疵的情形，只不过是分期进行缴纳而已。此外，在公司章程中，记载有股东分几期缴纳出资的信息；在营业执照上，公司的注册资本和实缴资本也均有注明。分期缴纳出资的股东在规定的期限内出资到位，即应视为履行了相应的出资义务，即可取得股东资格，同时享有股权转让的权利。虽股东可以分期缴纳出资，但应当按期足额缴纳所认缴的出资额。股东没有按照公司章程规定的时间，或者没有按照公司章程规定的出资金额出资，都属于股东没有按照公司章程的规定履行出资义务，须承担相应的违约责任。因股东不按期缴纳出资，违反了其与公司之间关于缴纳出资的协议，构成违约。不能因此免除或者减轻其按照公司章程规定应当履行缴纳出资义务的责任，相反，股东必须继续履行足额缴纳公司章程中规定的自己所认缴出资额的义务。公司可以以自己的名义提起诉讼，在法律规定的特殊情况下，其他股东可以提起股东派生诉讼。除向公司承担相应的责任外，因股东违反了其与其他股东之间关于缴纳出资的投资协议等合同内容，已经履行缴纳出资义务的股东有权要求违约股东承担违约责任。该股东亦应向其他股东承担违约责任。

我国公司法允许股东分期缴纳出资，规定股东可在公司章程中约定分期缴纳，缴纳完首期出资后，经办理股权登记，取得股东资格。那么，仅缴纳首期出资的股东，是否可以转让其股权？对此公司法并没有做出明确的规定。《公司法》第七十二条第一款概括性地规定有限责任公司的股东之间可以相互转让其全部或者部分股权；第二款规定了股东向股东以外的人转让股权的要求及程序。应当说，股东在缴完首期出资，取得股东资格后，享有资产收益、参与重大决策和选择管理者等权利，因此，当然地包括了转让股权的权利。

当未履行完全部出资义务的股东转让股权时，受让人是否可以要求分期缴纳出资由股东承担补缴的义务？从合同角度分析，出让人转让股权，受让人支付对价、取得股权，只要股权转让系双方当事人真实意思表示，符合法律规定和公司章程约定，不违反强制性法律法规之规定，股权转让协议应当认定为有效。根据转让人与受让人股权转让协议的约定，如果协议中明确约定由受让人补足出资的，受让人不得再请求转让人承担补缴责任。否则，受让人可以基于合同的违约责任要求转让人承担相应的违约赔偿，而不应当要求转让人承担补缴责任。因受让人受让股权后，取得股东资格，享有股东的权利和义务。故在没有相反约定的情况下，受让人不但取得了基于股东身份而产生的股利分配请求权、剩余财产分配请求权、新股优先认购权、知情权、表决权等一系列权利，也承继了出让股东的义务，包括应当缴纳剩余出资的义务，以确保公司注册资本到位，此为公司资本充实原则的必然要求，也是股东对其他按期足额缴纳出资的股东的契约义务。

案例：帝仓公司等与刘某股权转让纠纷上诉案[1]

2008年4月8日，刘某与四名案外人共同出资设立帝仓公司。根据公司章程的约定，公司的注册资本为人民币180万元，刘某认缴出资额为30.60万元，分三期缴足，除2008年4月2日足额缴纳首期出资款6.12万元外，另外两期

---

[1] （2010）松民二（商）重字第4号，（2011）沪一中民四（商）终字第363号。

出资款均未缴纳。2008年11月10日，刘某及其他四名股东与姚某、张某订立关于帝仓公司转让协议一份，约定将刘某等人持有的帝仓公司的全部股权转让给姚某、张某，转让款为5万元。2008年11月14日，姚某、张某接管公司，但未办理股权及与股权转让相关的变更登记手续，并且尚有3万元股权转让款未付。刘某等五人遂将姚某、张某诉至法院，要求该两人配合办理帝仓公司股权变更登记及与股权转让相关的变更登记手续，并支付股权转让款3万元。

法院经审理认为，张某、姚某作为股权的受让方，在受让股权时应当尽到必要的注意义务，张某、姚某既未对股权转让协议的效力提出异议，也未与刘某等人进行协商，推定张某、姚某与刘某等人之间对后续的出资义务已经达成合意。根据股权转让协议的约定，刘某等人将股权全部转让给张某、姚某，同时将公司的资产以及相关的债权债务等一并转让，转让款仅为5万元。因此，仍由刘某等原股东承担后续的出资义务显然有悖常理，故有理由相信刘某等人与张某、姚某已经达成合意，由张某、姚某承担刘某等人的后续出资义务，且帝仓公司也是股权转让协议的签约方，应当视为其已经同意该转让协议。

从双方支付的对价来看，出资人刘某等人在首期出资到位后，将注册资本为180万元的公司股权，以5万元的价格转让给姚某、张某，受让人对于公司的注册资本状况是可知晓的，理应认识到在接受股权后将要承担后续出资的义务，而出资人刘某等不存在欺诈等情形，故受让人无权要求出资人补缴剩余出资。

六、公司资本要求

（一）必须依法提取和使用公积金

公积金又称储备金，是公司为了巩固自身的财产基础、提高公司的信用和预防意外亏损，依照法律和公司章程的规定，在公司资本以外积存的资金。

《公司法》第一百六十六条规定，公司分配当年税后利润时，应当提取利润的百分之十列入公司法定公积金。公司法定公积金累计额为公司注册资本的百分之五十以上的，可以不再提取。公司的法定公积金不足以弥补以前年度亏损的，在依照前款规定提取法定公积金之前，应当先用当年利润弥补亏损。公司从税后利润中提取法定公积金后，经股东会或者股东大会决议，还可以从税后利润中提取任意公积金。公司弥补亏损和提取公积金后所余税后利润，有限责任公司依照《公司法》第三十四条的规定分配。股东会、股东大会或者董事会违反前款规定，在公司弥补亏损和提取法定公积金之前向股东分配利润的，股东必须将违反规定分配的利润退还公司。

公积金旨在增强公司自身财产能力、扩大生产经营和预防意外亏损，不能作为股利分配的部分所得或收益。依据公积金提取的来源，分为盈余公积金和资本公积金；依据公积金的提取是否基于法律的强制性规定，分为法定公积金和任意（盈余）公积金。法定公积金包括法定盈余公积金和法定资本公积金，《公司法》第一百六十六条所称的法定公积金是指法定盈余公积金。

有限责任公司弥补亏损和提取公积金后所余税后利润，按照股东的出资比例分配。如果有限责任公司股东一致同意不按出资比例分配的，可以不按出资比例分配。也就是说，公司法在这方面的规定不是强制性的，公司章程可以更改。当然，如果股东没有一致同意或公司章程没有做出规定时应按本法的规定执行。需要指出的是：一是股东会或者董事会确定分配原则时，不能违反公司法有关弥补亏损或提取公积金的强制性规定，如果违反规定进行分配的，股东应将分配的利润退还给公司；二是公司持有的本公司的股份不得分配利润。

需要说明的是，是否分配利润属于股东会的职权，一般情况下公司法不会干预。因此，依据《公司法司法解释（四）》的规定，股东提交载明具体分配方案的股东会或者股东大会的有效决议，请求公司分配利润，公司拒绝分配利润且其关于无法执行决议的抗辩理由不成立的，人民法院应当判决公司按照决议载明的具体分配方案向股东分配利润。股东未提交载明具体分配方案的股东会或者股东大会决议，请求公司分配利润的，人民法院应当驳回其诉讼请求，但违反法律规定滥用股东权利导致公司不分配利润，给其他股东造成损失的除外。

另外，《公司法》第一百六十八条规定："公司的公积金用于弥补公司的亏损、扩大公司生产经营或者转为增加公司资本，但是资本公积金不得用于弥补公司的亏损。法定公积金转为资本时，所留存的该项公积金不得少于转增前公司注册资本的百分之二十五。"包括法定公积金和任意公积金在内的公积金有以下用途：一是弥补公司亏损。公司有了亏损，必须弥补才能维持公司正常的生产经营活动和稳定健康的发展。为此，公司法规定，公积金的用途之一是弥补亏损。根据2005年修订后的《公司法》的规定，资本公积金不得用于弥补公司亏损。二是扩大公司生产经营。公司要发展就需要不断扩大经营的范围和规模，在不增加公司资本的前提下，用公司的公积金扩大追加投资，是一条重要的途径。三是增加公司的资本。公司可以通过股东会会议的特别决议或者全体股东的决定将公积金的一部分扩充为公司的资本。需要说明的是，法定公积金转为资本时，所留存的该项公积金不得少于转增前公司注册资本的百分之二十五，这项限定适用于有限责任公司和股份有限公司。

（二）公司对外投资的限制

《公司法》第十五条规定："公司可以向其他企业投资；但是除法律另有规定外，不得成为对所投资企业的债务承担连带责任的出资人。"公司可以向其他企业投资。这是因为公司是法人，享有自主经营的权利，能够自行承担责任。运用自己的财产进行投资是公司发展的正常要求，法律是允许的。按照这条规定，公司不仅可以向其他有限责任公司或者股份有限公司投资，也可以向公司以外的其他企业投资。一般来说，公司对外投资只能承担有限责任，除法律另有规定外，不得成为对所投资企业的债务承担无限连带责任的出资人。这样规定主要是考虑公司对外投资有营利的机会，也有风险：对外投资失败，如果允许投资的公司承担无限责任，有可能直接导致公司的破产或利益受到重大损失，进而损害公司股东和债权人的利益，直接危害社会经济秩序的稳定。

在我国现阶段一些公司信誉不佳、公司经营情况不透明、信息不畅通的情况下，为了保护债权人的利益、维护市场秩序，不宜允许公司对所投资企业债务承担无限责任。同时，考虑到将来可能会有需要进一步研究的特殊情况，在该条中规定"除法律另有规定外"这一限制条件。比如，在《合伙企业法》中就做出公司可以作为合伙人的例外规定。

第二节　股东出资

股东可以采取多种方式出资，包括货币出资和非货币出资。非货币出资包括有形资产和无形资产。非货币出资包括知识产权（知识产权允许出资的有商标权、专利技术、非专利技术、计算机著作权和土地使用权，无形资产的价值通过权威的资产评估机构出具的价值评估报告来认定）、土地使用权、土地承包权、采矿权、探矿权、企业承包经营权、企业租赁权以及股权、债权等无形资产。此外，法律、行政法规还对不得作为出资的财产进行了规定，如股东的劳务、信用、自然人姓名、商誉、特许经营权或者设定担保的财产等不得作价出资。[①] 其中，"非货币资产"必须具有合法性、可转让性和可评估性。合法性是指依法可以用于出资，可转让性是指可以进行交易、转让，可评估性是指可以评估确定价值并以此作价。

---

① 《公司注册资本登记管理规定》第五条第二款规定："股东或者发起人不得以劳务、信用、自然人姓名、商誉、特许经营权或者设定担保的财产等作价出资。"

一、货币出资

货币具有支付、结算等功能。公司设立时需要一定数量的货币来支付设立时的开支和生产经营费用。股东可以用货币进行出资，我国的法定货币为人民币。股东以货币出资的，应当将货币出资足额存入有限责任公司在银行开设的账户。公司法中对于货币的来源并没有做出具体的规定，即使是通过不合法的渠道取得的现金，公司的设立同样具有一样的效果。至于货币的非法来源责任，则是另一种法律关系的问题。如果是以非法所得出资，比如以贪污、受贿、侵占、挪用等违法犯罪所得的货币出资后取得股权的，对违法犯罪行为予以追究、处罚时，应当采取拍卖或者变卖的方式处置其股权。

二、实物出资

《公司法》第二十七条规定，股东可以以实物出资。用于出资的实物，主要有房屋、土地、机器设备等可以通过估价对其价值进行评估和计算的有形资产。实物出资作为与货币出资并列的一种出资方式，在公司的设立中发挥着重要的作用。在实践中，能够用于出资的实物，往往能够满足公司生产经营需要，能够为公司带来实际利用价值。以实物出资的标的物，一般来说，具备确定性、现存性、评估可能性、可转让性和对公司有益性几个条件。由于实物出资与现金出资相比具有非直观性与评估的复杂性，需要通过评估、公示、审查、承认与变更等一系列措施与制度的有机结合来加强监督，通过程序的公正来确保出资实物价值确定的客观公正。

用于出资实物的确定性、现存性指的是该实物是确定、现实存在的，不能是可能存在的。如不能用委托他人加工的某种还未加工成的物出资，因该"加工物"不一定能加工成约定的物,具有不确定性,且不是现实存在的。

用于出资的物具有评估可能性和对公司的有益性。法律并没有明确规定哪些实物可以出资,根据公司自治原则,在判定实物能否用于出资时,不能考虑其是否能用于所设公司生产经营活动,而更应当侧重于其是否可以评估作价。因此,所谓"有益性"并不是指能用于公司的生产经营活动,而是指不损害公司利益。

用于出资的实物具有可转让性,股东取得股权是以牺牲其对出资财产的所有权,将其持有的财产的所有权转让给公司为代价的。因此,股东向公司出资的财产必须具备可转让性,使其出资的财产的所有权归属于公司,由公司对该出资财产独立享有所有权。但股东将无处分权的财产用于出资,对于该出资行为的效力应当如何认定?当事人之间对于该出资行为效力产生争议的,人民法院可以参照《民法典·物权编》的规定进行判定。该法第三百一十一条规定,无处分权人将不动产或者动产转让给受让人的,所有权人有权追回。除法律另有规定外,符合下列情形的,受让人取得该不动产或者动产的所有权:①受让人受让该不动产或者动产时是善意。②以合理的价格转让。③转让的不动产或者动产依照法律规定应当登记的已经登记,不需要登记的已经交付给受让人。如果公司受让该财产时是善意的,所有权人不得追回,股东的出资是有效的。

三、国有土地使用权、集体土地使用权等他物权

土地使用权是指国有土地和集体土地,依法明确给单位或者给个人使用的权利。国有土地使用权、集体土地使用权作价出资,是权利人以一定年期的国有土地使用权作价,作为出资投入公司。

首先,无论是国有土地使用权还是集体土地使用权,都是他物权,其之所以可以出资,是基于法律的规定。根据《公司法司法解释(三)》第八条的规定,出资人以划拨土地使用权出资,或者以设定权利负担的土地使用权出资,公司、

其他股东或者公司债权人主张认定出资人未履行出资义务的,人民法院应当责令当事人在指定的合理期间内办理土地变更手续或者解除权利负担;逾期未办理或者未解除的,人民法院应当认定出资人未依法全面履行出资义务。以上述土地使用权出资的,应当符合一定的条件。

其次,以国有土地使用权、集体土地使用权等他物权出资,应当依法评估作价。《公司法司法解释(三)》第九条规定:"出资人以非货币财产出资,未依法评估作价,公司、其他股东或者公司债权人请求认定出资人未履行出资义务的,人民法院应当委托具有合法资格的评估机构对该财产评估作价。评估确定的价额显著低于公司章程所定价额的,人民法院应当认定出资人未依法全面履行出资义务。"因为企业的出资会成为法人的财产,财产应当具有一定的价值,而这两种他物权是具有这种价值的。

最后,以国有土地使用权、集体土地使用权等他物权出资应当依法登记。公司法司法解释(三)》第十条规定:"出资人以房屋、土地使用权或者需要办理权属登记的知识产权等财产出资,已经交付公司使用但未办理权属变更手续,公司、其他股东或者公司债权人主张认定出资人未履行出资义务的,人民法院应当责令当事人在指定的合理期间内办理权属变更手续;在前述期间内办理了权属变更手续的,人民法院应当认定其已经履行了出资义务;出资人主张自其实际交付财产给公司使用时享有相应股东权利的,人民法院应予支持。出资人以前款规定的财产出资,已经办理权属变更手续但未交付给公司使用,公司或者其他股东主张其向公司交付,并在实际交付之前不享有相应股东权利的,人民法院应予支持。"

案例:华德公司等诉东北制药等合同纠纷案[1]

东北制药(甲方)与华德公司(乙方)、双清公司(丙方)共同签署了《合

---

[1] (2016)内03民初2号。

作协议书》，约定甲、乙、丙三方共同出资入股东药乌海化工。2010年7月15日，华德公司与东北制药、双清公司三方签订《合作协议书（补充）》，约定甲方以技术作价入股，乙方、丙方以现金出资。后东药乌海化工与东北制药签署了一份技术转让协议，该协议约定东北制药以丙炔醇技术使用权作价，技术转让后东北制药仍享有该项技术的使用权。东北制药派技术人员参与了东药乌海化工丙炔醇项目的厂房技术布局、前期基建的技术指导、设备采购等环节，并委派技术人员在东药乌海化工任职参与该项目的管理。

东北制药用以出资的丙炔醇安全生产技术为非货币财产，该技术应完全转移权属和完整交付，才满足公司法对于非货币财产的出资要求。实践中，专利技术出资应依法办理财产权转移变更登记，非专利技术的出资通常以技术转让协议的方式进行，并将该技术转让协议向公司登记机关备案，已达到权属转移公示的目的。东药乌海化工与东北制药签署了一份技术转让协议，该协议约定：丙炔醇单项技术价值为4129.149万元，东药乌海化工与东北制药双方经充分协议，同意该项技术使用权作价4000万元由东北制药转让给东药乌海化工，用于东北制药向东药乌海化工出资。该项技术转让给东药乌海化工后，东北制药仍享有该项技术的使用权。从该协议内容分析，东北制药以作价4000万元的技术使用权出资；东北制药出资后，仍享有该项技术的使用权。

根据《公司法》第二十七条规定，股东可以用实物、知识产权、土地使用权等可以用货币估价并可以依法转让的非货币财产作价出资。对作为出资的非货币财产应当评估作价，核实财产，不得高估或者低估作价。《公司登记管理条例》第十四条规定，股东不得以劳务、信用、自然人姓名、商誉、特许经营权或者设定担保的财产等作价出资。《商业特许经营管理条例》第三条规定，商业特许经营是指拥有注册商标、企业标志、专利、专有技术等经营资源的企业（以下称特许人），以合同形式将其拥有的经营资源许可其他经营者（以下称被特许人）使用，被特许人按照合同约定在统一的经营模式下开展经营，并向特许人支付特许经营费用的经营活动。东药乌海化工与东北制药签订的技术转让协议约定东北制药以丙炔醇安全生产技术使用权出资，违反了以技术使用权出资的上述行政法规的禁止性规定，东北制药出资的技术应是丙炔醇安全生产技术的所有权，才符合公司法中股东出资的有关规定。东药乌海化工与东北制药签订的技术转让协议不能有效证明东北制药履行了技术出资的合同义务，东北制药辩称该协议证实东北制药履行了出资义务的理由不成立。

虽然《民法典·物权编》中删除了《中华人民共和国物权法》（以下简称《物权法》）第五条中规定的"物权的种类和内容，由法律规定"，但《民法典·总则编》第一百一十六条规定："物权的种类和内容，由法律规定。"该条是关于物权法定原则的规定，物权法定原则是物权的一项基本原则，也是《物权法》区别于《债权法》和《合同法》的重要标志。物权只能依据法律设定，禁止当事人自由创设物权或变更物权的种类、内容、效力和公示方法。物权包括所有权、用益物权和担保物权。其中，根据《民法典·物权编》第三分编"用益物权"的规定，用益物权包括土地承包经营权、建设用地使用权、宅基地使用权、居住权和地役权。本案中，技术的使用权并不是他物权，不是公司法等相关法律所规定的可以出资的他物权。最终，不能认定东北制药履行了出资义务。

四、债权出资

《公司法》第二十七条并没有明确债权是否可以作为出资财产，但是明确了非货币财产可以作为出资财产的两个条件：一是可以用货币估值，二是可以依法转让。债权作为非货币财产，应当可以满足上述两个条件。此外，根据《公司登记管理条例》的规定，股东的出资方式应当符合《公司法》第二十七条的规定，但股东不得以劳务、信用、自然人姓名、商誉、特许经营权或者设定担保的财产等作价出资，也没有明确债权不可以作为出资的财产。

债权出资与一般物出资最大的差异就在于债权本身是一种期待性的财产，这种财产的现实性依赖于债权的实现。因此，债权出资在出资时只是将一种期待权和请求权注入公司资本，法人财产的真正充实并非当期。债权出资的非当期性就给公司资本的注入和使用带来了诸多复杂的问题。其优势在于：一是以债权出资可以改善公司的财务状况，二是以债转股的方式可以帮助企业解决资金困难。但企业在允许债权出资时，应当注意债权的真实性，以防止对公司股东及债权人的利益造成损害。

根据《公司注册资本登记管理规定》第七条第一款、第二款的规定，债权人可以将其依法享有的、对在中国境内设立的且符合下列情形之一公司的债权，转为公司股权：①债权人已经履行债权所对应的合同义务，且不违反法律、行政法规、国务院决定或者公司章程的禁止性规定。②经人民法院生效裁判或者仲裁机构裁决确认。③公司破产重整或者和解期间，列入经人民法院批准的重整计划或者裁定认可的和解协议。同时，该条明确规定："债权转为公司股权的，公司应当增加注册资本。"由此可见，债权作为出资方式仅限于公司增加注册资本之情形，不适用于公司设立时的出资。若允许公司债权不设限地转为公司股权，则意味着获得债转股的债权人之债权先于其他债权得到了满足，同时使得其他债权人无法享有该债转股部分的注册资本之权利保障，违背了公司设立注册资本的目的，侵害了其他债权人的利益。

案例：唐某等诉万达公司等股东资格确认纠纷案[①]

2010年9月10日，本案第三人朱某、李某作为股东发起设立万达公司，并进行了工商注册登记，注册资本为9000万元，其中朱某出资5400万元，持股比例为60%，李某出资3600万元，持股比例为40%，李某任董事长、法定代表人，营业期限为自公司注册成立之日起30年。2014年4月18日，万达公司进行了公司变更登记，注册资本变更为28800万元，其中朱某出资17280万元，持股比例为60%，李某出资11520万元，持股比例为40%。

---

① （2017）鲁08民终3503号。

2013年11月27日和11月28日,2014年3月3日、3月14日和4月28日,唐某通过其本人和金穗粮油公司账户分别向万达公司借款100万元、100万元、100万元、600万元和50万元,共计950万元。2014年11月25日,唐某与万达公司签订了一份协议,主要约定:唐某以万达公司欠其借款本金950万元作为股本,入股万达公司;股本比率为1:1.4,即1.4元现金就可购买到万达公司原始投资股份1元整(注:原始股份为9294.2857万股,包括无形资产在内);自签署本协议之日起,唐某即成为万达公司股东,有权参加召开的所有股东大会,有选举权和被选举权,新老股东享受同等的权利和义务。同日,万达公司增补唐某为监事。2014年12月16日,万达公司召开董事会、监事会会议,成立以唐某等三人为核心的债务协调领导小组和以李某为组长、唐某等四人为组员的融资外联小组,唐某任财务监理职务。

2014年12月21日和2015年1月1日,唐某又通过金穗粮油公司和超宁粮油公司的账户分别向万达公司借款100万元和490.5万元,共计590.5万元。2015年1月15日,唐某与万达公司签订了一份协议,约定唐某自愿将万达公司所借本人现金600万元作为入股万达公司的股金。2015年8月12日,唐某代表万达公司下发了《万达公司关于召开全体股东会议的通知》。唐某以其向万达公司出资1550万元为由,向一审法院提起股东资格确认之诉,要求依法确认其在万达公司的股东资格。另查明,2015年5月29日和2016年1月11日,第三人李某将其持有的股权分别出质给盐矿铝业公司和盐矿国际公司5760万元和5760万元,梁山县人民法院于2016年1月11日以(2016)鲁0832财保1号民事裁定书冻结了李某的股权100万元。2015年10月16日和2015年12月16日,梁山县人民法院和淄博市临淄区人民法院分别冻结了朱某的股权2800万元和17280万元。

一审法院认为,唐某与万达公司之间存在合法的债权债务关系。自2013年11月27日至2015年1月1日,万达公司因经营困难多次向唐某借款,唐某通过其本人、金穗粮油公司和超宁粮油的账户向万达公司借出现金共计1540.5万元,有转款记录12份为凭,事实清楚,证据确实、充分,应当予以认定。2014年11月25日和2015年1月15日,唐某与万达公司签订两份协议的实质内容是唐某以对万达公司享有的债权1550万元转为万达公司的股权。根据2011年11月23日国家工商行政管理总局公布的《公司债权转股权登记管理办法》(以下简称《办法》)第二条"本办法所称债权转股权,是指债权人以其依法享有的对在中国境内设立的有限责任公司或者股份有限公司(以下统称公司)的债权,转为公司股权,增加公司注册资本的行为"的规定可知,债权转股权只适用于公司设立之后的增资,不适用于公司设立,故唐某依据《公司法司法解释(三)》第二十二条的规定关于"已经依法向公司出资或者认缴出资,且不违反法律法规强制性规定的,即确认享有公司股权"的抗辩,本院不予支持。根据《公司法》第二十七条和《办法》第七条、第八条、第九条、第十条的规定,债权转股权,应当履行债权评估、经依法设立的验资机构验资并出具验资证明、向公司登记机关申请办理注册资本和实收资本的变更登记等一系列法律程序。根据《山东省高级人民法院关于审理公司纠纷案件若干问题的意见(试行)》(鲁高法发〔2007〕3号)第30条"出资人按照发起人协议或投资协议向公司出资后,未签署公司章程,其出资额亦未构成公司注册资本的组成部分,出资人要求确认股东资格的,人民法院不予支持"的规定可知,虽然在唐某、万达公司双方的协议签订后,唐某在万达公司担任了相应的职务,但从实体上唐某对万达公司的债权没有构成万达公司注册资本的组成部分或者改变万达公司注册资本的结构,更没有对万达公司的注册资本产生实质性影响。因此,唐某主张的债转股不符合法律程序,也没有在实体上改变万达公司注册资本的结构,故该债转股不符合法律规定,而唐某主张的确认其为万达公司的股东没有法律依据,本院不予支持。

二审法院认为,本案的争议焦点问题是唐某能否取得万达公司的股东资格。本院认为,唐某享有万达公司的股东资格。理由:第一,唐某和万达公司之间存在合法的债权债务关系,自2013年11月27日至2015年1月1日,万达公司向唐某借款共计1540.5万元，有转账记录12份为凭，事实清楚，证据充分，应认定唐某对万达公司享有合法债权，且2014年11月25日、2015年1月15日唐某与万达公司签订的两份协议亦能证明唐某在万达公司存在1550万元的合法债权。第二，2014年11月25日、2015年1月15日，唐某与万达公司签订的两份协议实际上是债权人与债务人双方自愿达成的债权转股权协议，其实质内容是唐某以对万达公司享有的债权1550万元转为万达公司的股权。根据《最高人民法院关于审理与企业改制相关的民事纠纷案件若干问题的规定》第十四条"债权人与债务人自愿达成债权转股权协议，且不违反法律和行政法规强制性规定的，人民法院在审理相关的民事纠纷案件中，应当确认债权转股权协议有效"的规定，该两份协议不违反法律和行政法规的强制性规定，应当认定为有效协议。虽然债权转为股权后，未依法在工商部门办理变更登记手续，但不影响债转股的法律效力。第三，本案中，万达公司是以股抵债，即用股权来抵偿债权（务），由唐某以1∶1.4的股本比率购买万达公司的股权，转由唐某享有并使其成为万达公司的股东，而其债权同时消灭。上诉人唐某以债权转股权的方式向万达公司出资的行为符合《公司法司法解释（三）》第二十二条"当事人之间对股权归属发生争议，一方请求人民法院确认其享有股权的，应当证明以下事实之一：（一）已经依法向公司出资或者认缴出资，且不违反法律法规强制性规定"及国家工商行政管理总局公布的《公司注册资本登记管理规定》第七条"债权人可以将其依法享有的对在中国境内设立的公司的债权，转为公司股权。转为公司股权的债权应当符合下列情形之一：（一）债权人已经履行债权所对应的合同义务，且不违反法律、行政法规、国务院决定或者公司章程的禁止性规定"的规定。唐某与万达公司签订债转股协议的目的无论是以股抵债还是增资扩股，均不影响其万达公司股东身份的认定。第四，唐某、万达公司双方的债转股协议签订后，万达公司增补唐某为公司监事，让其实际参与公司管理，负责公司财务监理的行为表明万达公司及其原股东对唐某股东身份的认可。综上，本院充分考虑当事人的真实意思表示及公司自治原则，结合相关法律规定，综合认定唐某为万达公司的股东，其在万达公司股权的起始时间应以双方协议约定的时间为准，即2014年11月25日。另，国家工商行政管理总局公布的《公司债权转股权登记管理办法》已经失效，不应再作为法律依据引用；《山东省高级人民法院关于审理公司纠纷案件若干问题的意见（试行）》（鲁高法发〔2007〕3号）第30条不适用于本案。一审法院适用法律错误，应予改判。

本案一审、二审裁判的结果不同，主要原因在于适用的法律依据不同。根据《公司注册资本登记管理规定》第七条的规定，在认定债转股问题上，应当依据该规定，对符合其所列条件的，认定债权人的股东身份。本案中，唐某与万达公司之间有合法的债权债务关系，两者在自愿的基础上签订了债转股协议，在不违背法律规定的情况下，应当尊重当事人的选择。

五、股权出资

在未办理工商登记或股东名册变更前，股权归属是否发生变动。在此情况下，原公司及其股东既已同意某一股东用股权出资，在原公司与接受出资的公司之间，可以按照各方确认的时间作为股权变动的时间，一旦确认，原公司不得以未办理工商登记或股东名册变更手续为由对抗接受出资的公司。如果双方没有确认股权变动的时间，为操作便利，应以原公司做出同意某一股东向另一公司出资的决议时为股权归属变动时间。

（一）股权出资的条件

出资人以其他公司股权出资，符合下列条件的，人民法院应当认定出资人已履行出资义务：①出资的股权由出资人合法持有并依法可以转让。②出资的股权无权利瑕疵或者权利负担。③出资人已履行关于股权转让的法定手续。④出资的股权已依法进行了价值评估。股权出资不符合前述①②③项的规定，公司、其他股东或者公司债权人请求认定出资人未履行出资义务的，人民法院应当责令该出资人在指定的合理期间内采取补正措施，以符合上述条件；逾期未补正的，人民法院应当认定其未依法全面履行出资义务。股权出资不符合前述④项的规定，公司、其他股东或者公司债权人请求认定出资人未履行出资义务的，人民法院应当按照《公司法司法解释（三）》第九条的规定处理。

（二）以股权出资，出资一方应当承担的义务

以股权出资，出资一方应承担以下义务。

第一，出资股东原所在公司经营信息的披露。当某公司接受一股东的股权出资时，不仅接受出资的公司要进行登记、公告，而且出资股东所在的原公司也应当承担信息披露义务。

第二，接受出资的公司董事、经理、监事的审查义务。由于较其他出资形式而言，股权的价值变化更加具有不确定性，当一个公司的注册资本主要是股权出资时，接受股权出资的公司实际财产（净资产）数量就会在很大程度上取决于本公司经营状况以外的不确定因素，一旦股权价值因某种因素影响而大幅贬值，接受股权出资的公司实际财产数量就会短期内大幅减少，公司将面临难以控制的巨大风险，而这种风险一旦出现，损失的不仅仅是公司股东的利益，还有债权人的利益，因此，从坚持企业维持原则、保障公司经营稳定的角度出发，应当对股权出资在公司总资本中所占的比例有所限制。

六、知识产权出资

根据我国现行法律的规定，可作为出资的知识产权具有两个方面的特征："可以用货币估价并依法转让，法律、行政法规规定不得作为出资的财产除外。"因此，并不是所有的知识产权都可以作为公司的资本，比如地理标志权，该项权利

具有非独占性，任何经营个体都无权将该标志作为其个人财产据为己有。[①]虽然地理标志权具有财产性，但是不具有能够转让的法律特性。

出资分为货币出资和非货币出资两大类。股东以非货币财产出资，必须依法进行评估。股东可以用实物、知识产权、土地使用权等非货币财产出资。但为了确定公司注册资本总额，同时为了确定各股东出资在公司全部注册资本中所占的比例，以明确其各自取得收益、承担风险责任的依据，对于以非货币财产出资的，必须评估作价、核实财产。评估作价、核实财产，必须依法进行，不得高估作价，也不得低估作价。

案例：青海威德公司与北京威德公司等增资纠纷案[②]

2002年10月30日，青海威德公司在工商行政管理局登记成立，企业类型为有限责任公司。受北京威德公司委托，2009年11月27日，北京大正评估公司对北京威德公司拥有的"一种以菊芋或菊苣为原料制造菊粉的新方法"发明专利及相关全套工业生产技术、"红菊芋"注册商标、"wede"注册商标三项无形资产做出168号评估报告。至评估基准日2009年9月30日，上述三项无形资产的评估价值为人民币1300万元，评估结论使用有效期为自评估基准日起一年。2010年4月9日，青海威德公司做出股东会决议，同意北京威德公司以上述三项无形资产向青海威德公司增资，并以评估结果1300万元认定增资数额。嗣后，完成了无形资产的增资并依法变更工商登记。2014年12月30日，国家工商行政管理总局商标评审委员会做出商评字（2014）第0000115544号商标无效宣告请求裁定书，宣告"红菊芋"商标无效并进行了公告。2016年2月25日，国家知识产权局专利复审委员会做出第27799号无效宣告请求审查决定书，宣告03119619.5号发明专利权（"一种以菊芋或菊苣为原料制造菊粉的新方法"

---

① 地理标志权是一定区域内从事与地理标志相关经营的全体经营者的共有权利。
② （2019）最高法民终959号。

发明专利）无效并进行了公告。"wede"注册商标仍在有效期内。

法院经审理认为，本案争议的焦点是北京威德公司增资是否到位。

第一，北京威德公司以其所有的知识产权等非货币财产向青海威德公司增资，委托北京大正评估公司进行了评估作价，并在168号评估报告有效期内进行了增资。青海威德公司对此次增资召开股东会会议，全体股东认可168号评估报告结果，同意以评估价值作为增资数额，并办理了财产权转移，依法进行了工商变更登记，增资行为已经完成。公司法及其司法解释对公司股东的出资方式、出资评估和非货币财产作价出资的比例做了明确规定。北京威德公司的出资方式、出资评估符合法律规定，出资比例不违反法律规定的限制条件，故北京威德公司已完成的增资行为不违反法律法规的规定。

资产评估是指评估机构及其评估专业人员根据委托对不动产、动产、无形资产、企业价值、资产损失或者其他经济权益进行评定、估算，并出具评估报告的专业服务行为。在这类行为中，行为人表示的并不是某项意思，而是一种事实或者情况，评估行为所发生的法律后果是基于法律规定，而非基于当事人的意思表示。评估报告是评估行为的结论，而非民事法律行为。本案评估采取的评估方法为收益现值法，收益预测分析是无形资产评估的基础，而任何预测都建立在一定假设条件下，报告中的假设条件由此产生，并非评估报告所附的生效条件。评估报告的有效期是应用评估报告的时间界限，也非评估报告所附的期限。青海威德公司主张168号评估报告所附假设条件未成就，评估结论并未生效的意见不能成立。

第二，《中华人民共和国专利法》（以下简称《专利法》）第四十七条第二款规定："宣告专利无效的决定，对在宣告专利权无效前人民法院做出并已执行的专利侵权的判决、调解书，已经履行或者强制执行的专利侵权纠纷处理决定，以及已经履行的专利实施许可合同和专利转让合同，不具有追溯力；但是因专利权人的恶意给他人造成的损失，应当给予赔偿。"《中华人民共和国商标法》（以下简称《商标法》）第四十七条第二款规定："宣告注册商标无效的决定或者裁定，对宣告无效前人民法院做出并已执行的商标侵权案件的判决、裁定、调解书和工商行政管理部门做出并已执行的商标侵权案件的处理决定，以及已经履行的商标转让或者使用许可合同不具有追溯力；但是因商标注册人的恶意给他人造成的损失，应当给予赔偿。"据此，专利或者注册商标被宣告无效，对宣告无效前已经履行的专利或者商标转让不具有追溯力，除非证明权利人存在主观恶意。北京威德公司的专利权和商标权已通过增资方式完成了向青海威德公司的转让，北京威德公司由此获得相应的股东资格和股东权利，其转让出资义务已经履行完毕。青海威德公司未提交证据证明北京威德公司在上述无形资产出资时存在主观恶意。专利和注册商标被宣告无效存在多种可能，不能以此证明权利人存在主观恶意。青海威德公司以专利和注册商标被宣告无效来证明北京威德公司存在主观恶意的意见不能成立。

第三，《公司法司法解释（三）》第十五条规定，出资人以符合法定条件的非货币财产出资后，因市场变化或者其他客观因素导致出资财产贬值，该出资人不承担补足出资责任，除非当事人另有约定。北京威德公司以注册商标、专利权出资时，双方并无因无形资产贬值需承担补足出资的约定。故即使专利和注册商标被宣告无效可能导致北京威德公司的出资贬值，青海威德公司也无权要求北京威德公司补足出资。青海威德公司关于专利、商标被宣告无效不属于客观因素的意见不能成立。

根据《公司法》第二十七条的规定，股东可以用知识产权等可以用货币估价并可以依法转让的非货币财产作价出资，对作为出资的非货币财产应当评估作价，核实财产，不得高估或者低估作价。《公司法司法解释（三）》第十五条亦规定，出资人以符合法定条件的非货币财产出资后，因市场变化或者其他客观因素导致出资财产贬值，该出资人不承担补足出资责任，除非当事人另有约定。据此，出资人以知识产权出资的，知识产权的价值由出资时所做评估确定，出资人不对其后因市场变化或其他客观因素导致的贬值承担责任，除非当事人另有约定。

本案中，北京威德公司于 2010 年委托北京大正评估公司对其所有的知识产权价值进行了评估，并据此增资入股至青海威德公司，双方未做其他约定。随后，青海威德公司召开股东会会议，决议同意北京威德公司以知识产权评估作价 1300 万元入股青海威德公司，并履行了股东变更工商登记手续。上述事实表明，北京威德公司的出资严格遵循了公司法对知识产权出资的要求。青海威德公司未能提交证据证明本案评估存在违法情形或者北京威德公司在评估时存在违法情形，现以涉案两项知识产权被确认无效，要求北京威德公司承担补足出资和赔偿损失的责任，缺乏事实和法律依据。

由于实物、知识产权、土地使用权等的财产形态各异，其评估作价的方法、要求、规则以及主管部门等也都有区别。例如，国有资产的评估，应当依照《国有资产评估管理办法》的规定，委托持有国务院或者省、自治区、直辖市人民政府国有资产管理行政主管部门颁发的国有资产评估资格证书的资产评估公司、会计师事务所、审计事务所、财务咨询公司以及经国务院或者省、自治区、直辖市人民政府国有资产管理行政主管部门认可的临时评估机构进行国有资产评估。又如，对专利资产的评估，应当委托从事专利资产评估业务的评估机构进行专利资产评估，并提交专利管理机关出具的有效专利证明文件；如果不能提交有效证明文件，应按专利管理的有关规定，到所在地的省、自治区、直辖市专利管理机关或主管部委的专利管理机关办理确权手续等。

七、劳务出资

我国公司法理论界的通说认为，劳务不得出资。以货币或其他形式的财产出资仍是现代公司法的基础，劳务并不能成为现代公司股东的出资形式。目前，大陆法系普遍禁止劳务出资，英美法系国家则一定程度上允许劳务出资。比较特殊的大陆法系国家是法国，其禁止劳务出资的政策已经松动。对于有限公司，该国原来不允许劳务技艺出资，但 2001 年后已经允许出资。

案例：励某与海华冶化公司等股东资格确认纠纷上诉案[①]

海华冶化有限公司于2001年5月9日成立，股东为三人：刘某一及案外人刘某二、刘某三，三人分别占公司股份的95%、3%、2%。2008年9月26日，励某、海华冶化公司签订了合作协议及补充协议，约定励某在一定期限内完成相应的工作后即拥有海华冶化公司58%的股权。

在本案中，合作协议及补充协议中均以励某完成一定工作之劳务向海华公司出资，其出资不符合国家工商行政管理总局发布的《公司注册资本登记管理规定》第五条第二款之规定："股东或者发起人不得以劳务、信用、自然人姓名、商誉、特许经营权或者设定担保的财产等作价出资。"励某以其劳务出资违反了法律法规的强制性规定，无法确认其享有海华公司的股权暨无法确认其拥有海华公司的股东身份。

八、特例：农村土地经营权出资

对于中国而言，由于农地与历史的特殊性，农地类型与权利体系十分复杂，因地域、历史传统和习惯的不同而可能完全不同，制定法体系下的权利内容与实现也完全不同。尤其是近年来在农村土地构建"三权分置"的基础上，如何促进农村土地经营权流转等问题成为必须面对的问题。《中华人民共和国农村土地承包法》第三十六条规定："承包方可以自主决定依法采取出租（转包）、入股或者其他方式向他人流转土地经营权，并向发包方备案。"该法第三十八条规定："土地经营权流转应当遵循以下原则：（一）依法、自愿、有偿，任何组织和个人不得强迫或者阻碍土地经营权流转；（二）不得改变土地所有权的性质和土地的农业用途，不得破坏农业综合生产能力和农业生态环境；（三）流转期限不得超过承包期的剩余期限；（四）受让方须有农

[①] （2017）陕05民终213号民事判决书。

业经营能力或者资质；（五）在同等条件下，本集体经济组织成员享有优先权。"从以上规定可以看出，入股土地不能改变土地的性质和用途。

2018年12月24日，农业农村部、国家发展和改革委员会、财政部、中国人民银行、国家税务总局、国家市场监督管理总局联合印发了《开展土地经营权入股发展农业产业化经营试点的指导意见》（以下简称《指导意见》），明确土地经营权入股发展农业产业化经营的基本原则、重点任务、政策保障等。《指导意见》关于土地经营权入股具体提出下列意见：一是鼓励地方创新土地经营权入股的实现形式。采取列举法指明了创新方式，如农户的土地经营权可以依法直接对公司和农民专业合作社出资，还可以先出资设立农民专业合作社，再由农民专业合作社以土地经营权出资设立（入股）公司。二是解决土地股份组织登记问题。明确以土地经营权入股公司，注册资本实行认缴登记制，由申请人对入股的注册资本数额、合法性、真实性负责（法律法规规定实缴的，按照注册资本实缴登记的有关规定执行）；允许农民以土地经营权作价出资加入农民专业合作社，依法予以登记，由申请成员对土地经营权的合法性负责。这一政策为土地经营权入股的公司、农民专业合作社在工商登记注册层面进一步扫清了障碍。三是将土地经营权入股发展农业产业化经营与脱贫攻坚结合起来。探索建立公司、农民专业合作社与农户特别是贫困户的紧密利益联结机制。贫困地区可引导农民以土地经营权入股公司、农民专业合作社，结合扶贫资金发展农业产业的同时，还可吸纳部分农民就地就业，有效帮助农民脱贫致富，带动农业产业扶贫。

土地经营权入股便于土地集中连片，实现规模化经营、标准化生产等，但土地经营权入股发展农业产业化经营必须准确把握基本原则：落实三权分置，严守政策底线；遵循市场规律，发挥政府作用；因地制宜推进，循序渐进发展；强化风险管控，维护农民利益。

土地经营权可以作价入股，有利于盘活农村土地，但并不是所有的经营权都可以作价出资，如特许经营权出资为现行立法所禁止。《公司登记管理条例》

第十四条明确规定:"股东不得以劳务、信用、自然人姓名、商誉、特许经营权或者设定担保的财产等作价出资。"根据这一规定,燃气特许经营权就不能作为股东出资方式。但《财政部关于印发〈政府和社会资本合作项目财政管理暂行办法〉的通知》(财金〔2016〕92号)第三十一条规定:"PPP项目中涉及特许经营权授予或转让的,应由项目实施机构根据特许经营权未来带来的收入状况,参照市场同类标准,通过竞争性程序确定特许经营权的价值,以合理价值折价入股、授予或转让。"在PPP项目中,又允许以特许经营权出资,所以结合《公司法》《公司登记管理条例》及上述通知,只有在PPP项目中,特许经营权可以用于出资,其他领域中,应当谨慎约定以特许经营权出资,以免造成不必要的损失。

第三节 公司减资和增资

一、公司减资

公司注册资本减少是指公司依法对已经注册的资本通过一定的程序进行削减的法律行为,简称减资。减资依公司净资产流出与否,分为实质性减资和形式性减资。实质性减资是指减少注册资本的同时,将一定金额返还给股东,从而也减少了净资产的减资形式,实际上使股东优先于债权人获得了保护。形式性减资是指只减少注册资本额,注销部分股份,不将公司净资产流出的减资形式;这种减资形式不产生资金的流动,往往是亏损企业的行为,旨在使公司的注册资本与净资产水准接近。减资虽然可能危及社会交易安全,却有其合理性。一方面,公司运营过程中可能存在预定资本过多的情况,从而造成资本过剩,闲置过多的资本显然有悖于效率原则，因此，如果允许减少注册资本，投资者就有机会将有限的资源转入能产生更多利润的领域，从而能够避免资源的浪费；另一方面，公司的营业可能出现严重亏损，公司资本已经不能真实反映公司的实际资产，公司注销部分股份，而不返还股东，由股东承担公司的亏损，使得公司的注册资本与净资产水准相符，有利于昭示公司的真正信用状况，反而有利于交易的安全。公司减资，无论是否造成剩余资本少于法定标准的情况，都必须符合法律规定。为了切实贯彻资本确定原则，确保交易安全，保护股东和债权人利益，减资要从法律上严加控制。按照资本不变原则，公司的资本是不允许减少的。《公司法》第一百七十七条规定："公司需要减少注册资本时，必须编制资产负债表及财产清单。公司应当自做出减少注册资本决议之日起十日内通知债权人，并于三十日内在报纸上公告。债权人自接到通知书之日起三十日内，未接到通知书的自公告之日起四十五日内，有权要求公司清偿债务或者提供相应的担保。"

（一）减资的法定程序

公司的减资，原则上来说是不允许的，尤其是实行法定资本制的国家，资本维持原则一般不允许减少注册资本，但也不是说绝对禁止。世界上大多数国家对减少注册资本采取认可的态度，只是要求比较严格，限制性的规定较多。根据《公司法》第一百七十七条的规定，公司减少注册资本有以下几个程序。

（1）编制资产负债表和财产清单。公司减资无论是对公司股东还是公司债权人，影响都很大，公司法通过设定一定的程序，使股东和债权人的利益在公司减资过程中能够最大限度地得到保障。但股东和公司债权人要求公司清偿债务或提供担保，都需要先了解公司的经营状况。因此，《公司法》第一百七十七条规定，公司减资时，必须编制资产负债表、财产清单。

（2）股东会做出减资决议。公司减资，往往伴随着股权结构的变动和股东利益的调整，在公司不依股东持股比例减资尤其是在注销的情况下，股东的股权比例会发生重大变化，因此公司减资直接引发公司股东之间的利益冲突。为了保证公司减资能够体现绝大多数股东的意志，根据《公司法》第四十三条、第六十六条和第一百零三条的规定，就有限责任公司而言，应当由股东会做出特别决议，即经代表2/3以上表决权的股东通过才能进行。如果是国有独资公司，必须由国有资产监督管理机构决定。股东会决议的内容包括减资后的公司注册资本，减资后的股东利益、债权人利益安排，有关修改章程的事项，股东出资及其比例的变化，等等。

（3）向债权人通知和公告。公司应当自做出减少注册资本决议之日起10日内通知债权人，并于30日内在报纸上公告。公司减少注册资本，对公司债权人的利益是有影响的，公司法规定了通知公司债权人的相关程序，以保护公司债权人的利益。

（4）减资登记。公司减资以后，应当到公司登记机关办理变更登记手续，公司减资只有进行登记后，才能得到法律上的承认。

（二）公司减资对债权人的保护

公司减资分为实质性减资和形式性减资。实质性减资是指减少注册资本的同时，将一定金额返还给股东，从而减少公司的净资产。形式性减资只减少注册资本额、注销部分股份，不减少公司净资产；这种减资往往是亏损企业的行为，目的是使公司的注册资本与净资产水平保持相当。公司的实质性减资，导致公司净资产减少，等同于股东优先于债权人回收所投入的资本；公司的形式性减资，也会减少应当保留在公司的财产数额，同样会导致公司责任财产的减少。因此，公司减资时一定要注重保护债权人的利益。根据《公司法》第一百七十七条的规定，债权人自接到通知书之日起三十日内，未接到通知书的自公告之日起四十五日内，有权要求公司清偿债务或者提供相应的担保。如果债权人在此期间没有对公司主张权利，公司可以将其视为债权人没有提出要求。

为保护中小股东和债权人的利益，对违反法定程序的减资，公司股东可以提起诉讼确认减资行为无效或撤销公司减资决议，债权人有权要求公司清偿债务或者提供相应的担保。因公司减资纠纷提起的诉讼，原则上以《民事诉讼法》中管辖的相关规定为基础，但要综合考虑公司所在地等因素来确定管辖法院。公司减资纠纷在类型上主要分为两类：一类是公司股东提起诉讼，请求确认公司的减资行为无效或者撤销公司的减资决议；另一类是公司债权人提起诉讼，要求减资的公司清偿债务或者提供相应的担保。

案例：曹某与实友公司等公司减资纠纷上诉案[1]

实友公司是2012年3月设立的有限责任公司，设立时公司注册资本为1000万元。其中，何某、石某分别认缴出资200万元，设立时各自均实缴40万元，其余160万元出资时间均为2014年3月5日。2012年3月19日，实友公司出具百人股东会入会须知，内容包括：因有限责任公司股东人数不得超过50人，故分阶段吸纳百人股东会会员。第一阶段先成立实友公司，待百人股东会发起股东到40人时，另行成立股份有限公司。实友公司是该另行成立的股份有限公司的全资子公司，实友公司的股东也是该公司的股东。2012年8月31日，实友公司向曹某出具百人股东会资格证明和百人股东会投资确认书，确认收到曹某缴纳的100万元股权投资款。2014年2月21日，实友公司股东会做出决议：减少注册资本至200万元，何某、石某分别减少认缴出资160万元。2014年4月8日，实友公司股东会做出决议：变更注册资本为200万元，何某、石某分别出资40万元。同日，何某、石某等出具债务清偿及担保情况说明，内容为：实友公司于2014年2月21日在《法制晚报》上刊登了减资公告，公司注册资本由1000万元减至200万元；截至2014年4月7日，无债权人提出债权清偿要求及相应的担保请求。

---

[1] 一审：（2017）京0105民初4769号。二审：（2017）京03民终13422号。

2014年7月2日,实友公司召开百人股东会会议,形成百人股东会决议,内容包括:公司变更为股份有限公司,原公司资产折合股本200万元;何某、石某等原股东之外的百人股东会成员,于即日起15日内决定是否成为公司变更而成的股份有限公司的正式股东。在15日内未予回复的,视为决定成为正式股东。曹某参加了该次会议,对表决事项表示同意。2015年11月10日,曹某向实友公司出具律师函,以实友公司收取曹某投资款,但百人股东会未依法成立,公司反而减资,曹某亦未成为实友公司股东,实友公司违背收取投资款之目的为由,要求实友公司返还投资款并解除股权投资合作关系。

另,实友公司、石某提交的实友公司专项审计报告显示:公司的主要资金来源是投资人的投资,绝大部分作为"其他应付款—暂借款"处理,其中200万元登记为实收资本。截至2014年4月30日,公司出资人为53人。附件股东出资明细显示:股东曹某,出资金额100万元,会计科目为"其他应付款—暂存款"。曹某和何某、石某均认可实友公司未变更为股份有限公司,未成立股份有限公司。实友公司、石某称因实友公司账目有些问题,目前正在着手将百人股东会成员转到百川汇公司,由百川汇公司变更为股份有限公司。

一审法院认为,曹某向实友公司支付100万元是为了成为股份有限公司百人股东会成员,而非仅为了成为实友公司股东。实友公司未按承诺进行股权登记、成立股份有限公司,亦未在公司对企业名称、经营范围、注册资本进行变更时及时向曹某告知。百人股东会决议规定如不愿成为实友公司变更而成的股份有限公司股东应在15日内回复,曹某对该决议表示同意,亦未在规定时间内进行回复,应视为其决定成为正式股东。但会议召开后,实友公司既未提供办理变更为股份有限公司的相关材料,又表示公司账目出现问题,已经着手将实友公司的股东转至其他公司,将其他公司变更为股份有限公司。此事并未征得曹某的同意,意味着实友公司将不再履行决议中的有关内容。曹某向实友公司发出律师函,双方之间的股权投资合作关系已解除,实友公司应向曹某返还100万元并支付利息。实友公司减资后,曹某仍表示同意作为实友公司变更的股份有限公司的股东，因当时合同尚未解除，在公司减资时曹某尚未成为公司的债权人，曹某以实友公司减资未通知曹某为由要求石某、何某承担补充赔偿责任的主张没有依据。

二审法院认为，根据案件事实，曹某与实友公司的债权债务在实友公司减资前已经形成，曹某应为实友公司能有效联系的已知债权人。实友公司做出减少注册资本的决议并称同日在报纸上刊登减资公告，但并未提供证据证明就减资事宜通知曹某，其行为违反《公司法》关于减少注册资本应通知债权人之法定程序，亦使曹某丧失了在实友公司减资前要求其清偿债务或提供担保的权利。石某、何某为实友公司设立时的股东，各认缴200万元出资，设立时各实缴40万元，各剩余160万元出资未按期缴纳。实友公司进行减资的工商变更登记无法排除石某、何某所应承担的未全面履行出资义务之责任，曹某有权请求其二人在未出资范围内对实友公司债务不能清偿的部分承担补充赔偿责任。二审法院据此改判实友公司返还曹某投资款100万元并给付利息，石某、何某各自在减少出资的160万元范围内对实友公司返还投资款及给付利息承担补充赔偿责任。

在司法实践中，存在发起人欲成立目标公司，但在目标公司尚不具备成立条件前，先成立准关联公司，通过准关联公司吸收投资，待该公司具备一定规模后再行成立目标公司，由目标公司吸收准关联公司，从而将准关联公司的投资人纳入目标公司股东范围的情形。在该种情形下，发起人和投资人、目标公司和准关联公司之间存在多种法律关系，因目标公司不能如期成立发生纠纷后，如何认定上述主体之间的法律关系，成为审判实践中的难点问题。

与此同时，在上述情形下，项目发起人会利用其与投资人、目标公司与准关联公司之间关系复杂交织的特点，在吸收投资时进行若干安排，吸收投资后又利用控制准关联公司的便利条件，通过减资程序减少或抽回准关联公司的注册资本，使投资人在目标公司未能成立时，无法获得投资款的足额返还。

本案中，曹某的投资应视为公司债权，曹某则应视为实友公司可有效联系的已知债权人。曹某对实友公司的减资程序并未知悉，曹某表示同意作为实友公司变更的股份公司股东的时间晚于实友公司减少注册资本的工商变更登记时间，并不当然意味着曹某同意实友公司的减资行为，并在此基础上认可成为约定中的股份有限公司的股东。同时，根据《公司法》第一百七十七条的规定，"通知债权人"与"在报纸上公告"属于并列适用之义务，减资主体应同时履行。实友公司作为曹某的债务人，在公司减资决议做出当天即登报公告，却未履行通知债权人曹某的义务，其行为违反《公司法》关于减少注册资本应通知债权人的法定程序。

对于公司来说，出资是公司取得独立人格、得以正常运营的物质保障；对于股东来说，出资是股东承担有限责任的必要条件以及享有权利与承担义务的重要依据；对于债权人来说，出资直接关系到债权人承担风险损失的底线。资本充实义务是公司股东按期足额缴纳认缴出资的法定义务，《公司法》第二十八条规定："股东应当按期足额缴纳公司章程中规定的各自所认缴的出资额。"《公司法司法解释（三）》第十三条第二款规定："公司债权人请求未履行或者未全面履行出资义务的股东在未出资本息范围内对公司债务不能清偿的部分承担补充赔偿责任的，人民法院应予支持。"未履行资本充实义务的股东，应当向公司债权人承担民事责任。

二、公司增资

公司增资是指公司为扩大经营规模、拓宽业务、提高公司的资信程度而依法增加注册资本的行为。《公司法》第一百七十八条规定："有限责任公司增加注册资本时，股东认缴新增资本的出资，依照本法设立有限责任公司缴纳出资的有关规定执行。"公司增资分为两种情况：①企业被动增资——公司注册时先到注册资本的20%，在注册后两年内补齐剩余的80%注册资本；②企业主动增资——企业实到资本和注册资本一致的，企业通过增资扩大注册资本。有限责任公司股东认缴新增资本的出资，按照公司法设立有限责任公司缴纳出资的有关规定执行。股东可以用货币出资,也可以用法律、行政法规规定没有禁止作为出资的实物、知识产权、土地使用权等可以用货币估价并可以依法转让的非货币财产作价出资。对作为出资的非货币财产应当评估作价、核实财产,不得高估或者低估作价。以货币出资的,要依法定要求存入公司账户,以实物、工业产权、非专利技术、土地使用权出资的,依法办理财产转移手续。增加注册资本后要相应地修改公司章程并进行公司章程的变更登记。

因公司注册资本增加而产生的纠纷是新增资本认购纠纷,该案是有限责任公司新增资本认购产生的纠纷。实践中,新增资本认购纠纷可能发生在新出资人与公司之间,也可能发生在原股东与公司之间,大致有以下两种类型。

(一)股东或者公司之外的其他人起诉要求确认公司股权

按照公司法的规定在满足下列条件时,人民法院应当判令公司向公司登记机关办理相应的变更登记,确认出资人享有公司股权:①公司股东会关于增加公司注册资本的决议合法有效。②公司股东会决议新增资本总额已经全部安排认缴。③有限责任公司原告股东主张认缴的份额符合《公司法》第三十五条的规定。

(二)因行使优先认股权产生的纠纷

对于有限责任公司,公司新增资本时,股东有权优先按照实缴的出资比例认缴出资,但是全体股东约定不按照出资比例分取红利或者不按照出资比例优先认缴出资的除外。如果公司违反这一约定,权利受到损害的股东有权针对公司提起诉讼。因新增资本认购纠纷提起的诉讼,原则上以《民事诉讼法》中管辖的相关规定为基础,但要综合考虑公司所在地等因素来确定管辖法院。

该案由与股东出资纠纷不同,应注意区分,股东出资纠纷规范的是股东违反出资义务的各种情形;而新增资本认购纠纷规范的是公司新增注册资本时,除股东出资纠纷之外的相关纠纷。

案例：孙某与杨某、廊坊愉景房地产开发有限公司公司增资纠纷案 [①]

2011年1月3日，孙某（乙方）与杨某（甲方）签订《投资入股协议书》，约定"一、乙方以货币方式投资入股愉景房地产开发有限公司（以下简称目标公司）"，占目标公司股份比例的35%，乙方投入的资金超出其在目标公司实收资本部分即人民币7591万元计入目标公司"资本公积"账户，此部分资金为目标公司全体股东（包括现有和将来入股的股东）所享有。同日，孙某（乙方）与杨某（甲方）又签订《投资入股补充协议》，约定：鉴于双方签订的《投资入股协议书》，乙方以货币方式投资入股目标公司，占目标公司股份比例的35%。

本案中，从《投资入股协议书》的内容来看，其涉及目标公司增资以及目标公司同意孙某出资入股等事宜，应由目标公司和孙某协商订立。杨某当时虽为目标公司持股70%的控股股东，但并非目标公司的法定代表人，也没有证据证明目标公司授权杨某对外签订《投资入股协议书》。因此，杨某订立《投资入股协议书》的行为应属无权代表。目标公司知悉杨某擅自同孙某签订《投资入股协议书》后，未予否定，相反却多次收受孙某支付的投资款并出具收据。目标公司的此种积极行为，应视为对杨某无权代表行为的追认。因此，杨某行为的法律后果应由目标公司承担。《投资入股协议书》解除后，目标公司作为合同相对人，应返还孙某支付的投资款。

[①] 最高人民法院民事判决书，（2015）民二终字第191号。本案涉及股权转让协议、投资协议、借款协议等内容，各方之间的汇款情况也较为复杂，这里仅就与公司增资有关的部分进行分析。

案例：黎某和、黎某见与国信公司等公司增资纠纷案。[1]

鑫祥公司成立于2004年2月23日，是一家经营非标准碳素制品加工、销售等业务的公司。2011年1月4日，鑫祥公司股东黎某和、黎某见、邹某、黎某满召开股东会会议并形成决议：一致同意鑫祥公司在原注册资本1200万元的基础上增加注册资本1102万元。2011年1月19日，鑫祥公司（甲方）与黎某和、黎某见、邹某、黎某满（乙方）及国信公司、佳恒公司（丙方）三方签订《增资扩股协议》，协议约定：甲方本次增加注册资本1102万元，由增资方按协议约定进行认购。国信公司认缴注册资本190万元，占注册资本的8.25%，佳恒公司认缴110万元，占注册资本的4.78%。同日，三方签订《补充协议》，约定：乙方承诺甲方2011年、2012年、2013年利润分别为1750万元、4000万元和6000万元，当年实现目标任务的80%视同完成业绩承诺，不再对增资方进行补偿。甲方当年实现利润的30%以上用于各股东分配。如果2011年度甲方净利润低于1400万元，则由乙方分别向增资方进行补偿。如果2012年度甲方净利润低于3200万元，则由乙方分别向增资方进行补偿。如果2013年度甲方净利润低于4800万元，则由乙方分别向增资方进行补偿。如果在上述期限内甲方实现提前上市，则上述承诺的利润保证条款不再执行。乙方向增资方承诺，如果甲方未能在2014年9月30日前直接或间接在境内或境外上市，则增资方有权要求乙方回购其持有的全部甲方股份。

2015年8月1日，黎某和向各股东发出关于原创股东与投资人《股权投资补充协议》实施的议案，议案称：《股权投资补充协议》中关于业绩承诺与补偿条款的约定为乙方承诺甲方2011年、2012年、2013年利润分别为1750万元、4000万元和6000万元，而上述三年的业绩分别为－521.99万元、－2130.91万元、－2301.58万元。鑫祥公司连续三年不仅未盈利，反而发生亏损，没有达到协议约定的业绩。鑫祥公司及其股东也没有按照业绩承诺与补偿条款给国信

---

[1] 一审：（2016）湘06民初87号。二审：（2017）湘民终502号。

公司、佳恒公司补偿回报，鑫祥公司也未在2014年9月30日前直接或间接在境内或境外上市。国信公司、佳恒公司多次要求原创股东按协议约定回购自己在鑫祥公司的股份，均未获同意。

一审法院认为，由鑫祥公司按持股比例支付国信公司、佳恒公司股份回购款。二审法院驳回上诉，维持原判。

本案中，国信公司、佳恒公司分别对鑫祥公司先后进行了两次增资，在第一次增资时对于投资收益双方在《补充协议》中做了明确的约定。第二次增资时间是在签订《补充协议》之后，没有对第二次投资收益做出新的约定。作为同一投资人在对同一公司进行投资收取投资收益，在对第二次投资收益没有进行重新约定时，该投资收益应当以在此之前（第一次）双方商定和既定的约定来认定。

根据《补充协议》的约定，鑫祥公司的股东对于国信公司和佳恒公司向鑫祥公司投资应收取的投资收益，分别以鑫祥公司年度实现利润和鑫祥公司是否上市两种情形做出不同的约定。根据黎某和于2015年8月1日向鑫祥公司股东及投资人发出的《关于原创股东与投资人〈股权投资补充协议〉实施的议案》的内容和鑫祥公司的现状来看，原约定中鑫祥公司年度实现利润目标及公司于2014年9月30日前上市两种情况均未实现。根据《补充协议》的约定，若鑫祥公司未能在2014年9月30日前上市，国信公司和佳恒公司有权要求鑫祥公司上述股东回购其持有的全部股权，股权回购价按保证增资方的年投资收益率不低于15%或增资方股权对应的净资产两者之中的最大者确定。现国信公司和佳恒公司请求黎某和、黎某见等股东按其投资额年收益率15%回购股权，符合合同的约定。《股权投资补充协议》关于股权回购的约定并未违反法律的强制性规定，应当认定为有效，各方应按协议的约定履行义务。

第五章
股东权益保障与股东义务

第一节 股东

一、概述

（一）股东

股东是指持有公司股份或向公司出资者，并按照其出资比例享有权利、承担义务。根据公司法的规定，有限责任公司成立后，应当向股东签发出资证明书，并置备股东名册，记载股东的姓名或者名称及住所、股东的出资额、出资证明书编号等事项。有限责任公司股东依法转让其出资后，应由公司将受让人的姓名或者名称、住所，以受让的出资额记载于股东名册。如未办理上述手续，其转让对公司不发生法律效力。

在股东与公司之间，股东作为出资者按其出资数额（股东另有约定的除外），享有所有者权益并参与公司的重大决策、选择管理者等。在股东之间，股东地位一律平等，原则上同股同权、同股同利，但公司章程可做其他约定。

（二）股东的分类

公司股东按不同的标准，可以做出以下分类。

1. 实际出资人和名义股东

以出资的实际情况与登记记载是否一致来分，公司股东可分为实际出资人和名义股东。实际出资人是指虽然实际出资，但在公司章程、股东名册和工商登记等材料中并未记载其为投资者的出资人，实际出资人又称为隐名投资人。名义股东，又叫显名股东，是指正常状态下，出资情况与登记状态一致的股东，也包括不实际出资，但接受实际出资人的委托，为实际出资人的利益，在工商部门登记为股东的受托人。

2. 机构股东和个人股东

以股东主体身份来分，公司股东可分为机构股东和个人股东。机构股东是指享有股东权的主体是法人或其他组织。机构股东包括各类公司、各类全民和集体所有制企业、各类非营利法人和基金等机构和组织。个人股东是指一般的自然人股东。

3. 创始股东与一般股东

以获得股东资格的时间和条件等来分，公司股东可分为创始股东与一般股东。创始股东是指为组织、设立公司签署设立协议或者在公司章程上签字盖章、认缴出资，并对公司设立承担相应责任的人。创始股东也叫原始股东。一般股东是指因出资、继承、接受赠与而取得公司出资或者股权，并因而享有股东权利、承担股东义务的人。

4. 控股股东与非控股股东

以股东持股的数量与影响力来分，公司股东可分为控股股东与非控股股东。控股股东又分绝对控股股东与相对控股股东。控股股东是指其出资额占有限责任公司资本总额50%或依其出资额所享有的表决权已足以对股东会的决议产生重大影响的股东。非控股股东是指控股股东之外的，出资额占有限责任公司资本总额50%以下或依其出资额所享有的表决权不足以对股东会的决议产生重大影响的股东。

二、实际出资人显名的条件

随着公司制度不断发展,实践中大量出现公司登记股东与实际出资人之间签订协议进行股权代持的情况,股权登记在名义股东名下,实际出资人基于一定情形的出现,要求确认其为公司股东。关于实际出资人要求显名的问题,涉及《公司法司法解释(三)》第二十四条规定和《全国法院民商事审判工作会议纪要》(法〔2019〕254号)第二十八条的规定。

《公司法司法解释(三)》第二十四条规定:"有限责任公司的实际出资人与名义出资人订立合同,约定由实际出资人出资并享有投资权益,以名义出资人为名义股东,实际出资人与名义股东对该合同效力发生争议的,如无《合同法》第五十二条规定的情形,人民法院应当认定该合同有效。前款规定的实际出资人与名义股东因投资权益的归属发生争议,实际出资人以其实际履行了出资义务为由向名义股东主张权利的,人民法院应予支持。名义股东以公司股东名册记载、公司登记机关登记为由否认实际出资人权利的,人民法院不予支持。实际出资人未经公司其他股东半数以上同意,请求公司变更股东、签发出资证明书、记载于股东名册、记载于公司章程并办理公司登记机关登记的,人民法院不予支持。"

《全国法院民商事审判工作会议纪要》(法〔2019〕254号)第二十八条规定:"实际出资人能够提供证据证明有限责任公司过半数的其他股东知道其实际出资的事实,且对其实际行使股东权利未曾提出异议的,对实际出资人提出的登记为公司股东的请求,人民法院依法予以支持。公司以实际出资人的请求不符合《公司法司法解释(三)》第二十四条的规定为由抗辩的,人民法院不予支持。"

因此,在确定实际出资人显名条件时,关键是如何理解"公司其他股东半数以上同意"。一种观点认为,"公司其他股东半数以上同意"仅指其他股东明示的同意，需要公司其他股东半数以上做出明确的意思表示认可实际出资人的股东身份，实际出资人方可主张登记为公司股东。另一种观点认为，"公司其他股东半数以上同意"既包括明示的同意，也包括默示的同意，即公司其他股东半数以上在知晓实际出资人存在，且实际行使股东权利的情况下，未曾提出过异议，即可推定为其认可实际出资人的股东身份，实际出资人即符合登记为公司股东的要件。

《全国法院民商事审判工作会议纪要》（法〔2019〕254号）第二十八条倾向于认定"公司其他股东半数以上同意"既包括明示的同意，也包括默示的同意。一般来说，在股东做出明确意思表示同意时，将实际出资人登记为公司股东时，往往会有股东会决议、股东同意函等书面文件予以证明，实际出资人提供证明半数以上其他股东同意将其登记为公司股东的证据即可。

因此，在确定实际出资人显明条件时，主要问题是默示同意的认定。可以根据实际出资人是否参与公司的经营管理这一具体情况进行认定。当实际出资人完全没有参与公司实际经营，半数以上其他股东无法从公司日常经营活动中知悉其作为实际出资人的事实，除非该实际出资人能够举证证明明确告知了半数以上其他股东自己作为实际出资人的身份，或者其与半数以上其他股东签订的协议文本中确认了这一事实，否则应视为半数以上其他股东不知晓实际出资人的真实身份。当实际出资人参与公司的经营管理，考虑有限责任公司的人合性，股东必然对公司的经营管理密切关注，未注意到实际出资人参与公司管理实为小概率事件。此种情形下，只要实际出资人证明自己以实际出资人的名义参与公司重要经营管理（如担任或指派人员担任公司董事、法定代表人、财务负责人等）超过一定的合理期限，就应推定公司半数以上其他股东知晓实际出资人实际出资的事实。

案例：秦某等诉新洁环保公司股东资格确认纠纷案[①]

新洁环保公司成立于 2009 年 8 月 21 日，发起人为陈某，后股权转让给韩某。2015 年 3 月 27 日，韩某将全部股权转让给秦某和第三人戎某。其中秦某占有 170 万元股权，第三人戎某占有 150 万元股权。2016 年 5 月 16 日秦某与第三人戎某签订了股权转让协议，将自己的 170 万元股权转让给第三人戎某，并于 2016 年 5 月 17 日在工商局进行了变更登记。但秦某称其于 2015 年 3 月 27 日和 2016 年 5 月 16 日分别与第三人戎某签订了股权代持协议，以证明其系新洁环保公司的股权所有人。

法院经审理认为，秦某所举证据仅能证明其向新洁环保公司汇款和与韩某达成股权转让合意的事实，并不能证明秦某和戎某二人是名义股东和实际出资人的关系。虽然一审中秦某以其与戎某签订的股权代持协议，来证明二人是名义股东和实际出资人关系的事实，但该事实与已生效的山东省禹城市人民法院（2016）鲁 1482 财保 694 号民事裁定所确认新洁环保公司实际出资人为陈某的事实相矛盾。股权代持协议仅是当事人之间的一种约定，其效力不能对抗已生效的司法机关文书的效力。秦某若对已生效的裁定有异议，可采取其他法律途径进行救济。通过这个案例可以看出，实际出资人要想证明自己的股权、保护自己的权利，应当留好相应的证据。仅以代持协议主张显名的，实践中很难得到支持。

案例：北京中数公司等诉刘某等股权转让合同纠纷案[②]

2013 年 7 月 1 日，刘某龙、连某、徐某、刘某签订了一份《合作购买抚州海峡钢铁公司股份的合同》，合同主要约定如下：交易所出让股份 49%，由刘某龙、连某、徐某、刘某共同购买；由各方根据交易所经营的需要按"韬丰盛隆"

[①] （2017）鲁 14 民终 2380 号。
[②] 江西省抚州市中级人民法院民事判决书，(2017) 赣 10 民终 306 号。

与交易所签订的合同要求，本合同各方按股份比例出资；本合同所述股份以"韬丰盛隆"的名义购买，以后嗣机转到各自名下。

2013年11月29日，抚州海峡钢铁公司召开股东会会议并形成决议，决议新增罗某为公司股东，占股90%，全体股东一致通过股东会决议并签名。同年12月9日在工商行政管理部门办理了公司股东变更登记，公司登记股东变更为周某、李某、罗某，各股东持有公司股权分别为9%、1%、90%。因个人股份额超出登记要求，为了登记需要，公司决定将公司个人持股转为法人持股，同年12月10日，罗某与北京中数公司签订了股权转让协议，协议约定罗某将其名下持有的抚州海峡钢铁公司股权中的19%转让给北京中数公司，同日就该股权转让事宜召开了股东会会议，全体股东一致通过决议内容并签名、加盖了公章。同日，抚州海峡钢铁公司召开股东会会议并形成决议，全体股东一致同意罗某将其持有的公司股权分别转让给北京普天众力公司、北京中数公司、北京世纪金图公司、九江勤诚公司及南城远大公司。同年12月11日在工商行政管理部门办理了股东变更登记，北京普天众力公司、北京中数公司、北京世纪金图公司、九江勤诚公司及南城远大公司均成为抚州海峡钢铁公司的登记股东，其中北京中数公司持有抚州海峡公司股权19%。北京普天众力公司、九江勤诚公司及南城远大公司2016年1月16日的证明证实刘某的股份在其中。

2015年2月28日，抚州海峡钢铁公司更名为抚州海峡公司。2015年6月10日，抚州海峡公司海峡交易所股字〔2015〕2号股东会文件记载的抚州海峡公司股东名录如下：刘某龙占股29%、连某占股15%、李某占股20%、徐某占股15%、娄某占股3%、任某占股6%、刘某占股7%、周某占股2.5%、万某占股2.5%，刘某龙、连某、刘某、李某均由其本人签字确认，其余股东分别由他人代签确认，抚州海峡公司也加盖了公章。同日，抚州海峡公司出具了一份海峡交易所股字〔2015〕8号股份确认函，确认刘某持有抚州海峡公司股份为7%。2015年抚州海峡公司股东应分配明细表显示刘某在该公司股东名册，并获得了分红。

2015年12月24日，抚州海峡公司召开了第一次临时股东会会议并形成决议，决议记载股东北京中数公司、李某等指派代表刘某龙、李某、徐某、连某等参加会议，由法定代表人刘某龙主持，全体股东一致通过决议。除周某外，股东一致同意将自自己持有的抚州海峡公司股权全部转让给赢联公司及其指定的第三人，相应的权利义务一并转让，其他股东放弃优先购买权，刘某龙、连某、李某、徐某、娄某在原股东签字处签了名，万某、刘某、任某等在现股东签字处签了名。

2015年12月24日，出让方（甲方）北京中数公司、受让方（乙方）赢联公司、（丙方）抚州海峡公司订立了一份股权转让协议，约定北京中数公司将持有的抚州海峡公司2.5%的股权（认缴出资250万元）转让给赢联公司，本协议生效后两个工作日内，赢联公司向北京中数公司支付50%的股权转让金125万元，北京中数公司收到赢联公司50%的股权转让金后一个工作日内把对抚州海峡公司的全部管理权及资料移交给赢联公司，北京中数公司向赢联公司完成对抚州海峡公司的管理权和资料移交后三个工作日内，北京中数公司与赢联公司双方在银行设立共管账户，赢联公司将剩余的股权转让金125万元存入共管账户，待抚州海峡公司股权转让获得行政主管部门审批并完成股权变更工商登记后，剩余股权转让金由共管账户转入北京中数公司指定账户。协议还约定赢联公司逾期支付股权转让金，应按每天千分之一向北京中数公司支付违约金。刘某在协议落款甲方处签了名，赢联公司、抚州海峡公司分别在协议落款乙方、丙方处加盖了公司公章。北京中数公司并未在上述协议书上签字盖章确认，刘某以股权实际所有人身份签了名。此外，北京中数公司与赢联公司为此签订了一份资金监管协议书，约定北京中数公司在工商银行抚州临川支行开立一个监管账户，在监管期间，监管账户内的监管资金所产生的利息归北京中数公司所有，协议签署后的两个工作日内，赢联公司将950万元的监管资金汇入监管账户，工商银行临川支行将该账户设置为950万元的额度冻结，并向北京中数公司出具资金到账通知，赢联公司资金进入监管账户后，工商银行临川支行即时履行监管义务。

北京中数公司在2015年12月31日与赢联公司、抚州海峡公司另行订立了一份股权转让协议，约定北京中数公司将持有的抚州海峡公司19%的股权（认缴出资1900万元）转让给赢联公司，本协议生效后两个工作日内，赢联公司向北京中数公司支付50%的股权转让金950万元，另950万元在本次股权转让获得行政主管部门审批并完成股权变更工商登记后，由甲乙双方以甲方名义设立的共管账户转入北京中数公司指定账户。协议还约定赢联公司逾期支付股权转让金，应按每天千分之一向北京中数公司支付违约金。北京中数公司、抚州海峡公司、赢联公司在协议上加盖了公司公章。

赢联公司2016年1月4日按约向北京中数公司支付了第一期股权转让金950万元，另950万元股权转让金赢联公司已在2016年1月18日转入北京中数公司与赢联公司在银行设立的共管账户中。2016年1月21日抚州海峡公司变更工商登记，现赢联公司占抚州海峡公司股份的40%，出资4000万元。

2015年12月24日，抚州海峡公司的股东和赢联公司董事长张某在公司小会议室召开了关于各股东转让自己的股份给赢联公司的洽谈会，参加的股东有刘某龙、徐某、连某、李某、娄某、任某、刘某、万某，会上参会股东一致同意将自己的股份全部转让给赢联公司，会后各自与赢联公司签订了股权转让协议，其中包括北京中数公司名下的三个人的股权任某6%、刘某2.5%、万某2.5%，任某、刘某、万某在股权转让协议书上签字并按手印。

2015年6月10日，抚州海峡公司海峡交易所股字〔2015〕2号股东会文件记载的抚州海峡公司股东名录如下：刘某龙占股29%、连某占股15%、李某占股20%、徐某占股15%、娄某占股3%、任某占股6%、刘某占股7%。2015年12月24日，抚州海峡公司召开了第一次临时股东会会议并形成决议，决议中刘某、万某、任某等以现股东身份签了名，可以看出刘某系抚州海峡公司的股东，其股东身份已记载于抚州海峡公司股东名册。刘某的股东身份虽没有在工商行政管理部门登记，但其实际参与了抚州海峡公司的投资活动，并以股东身份实际参加了公司股东会会议，行使了表决权，并参与了分红，故刘某实际上属于抚州海峡公司的实际出资人，拥有该公司的股份。

根据《公司法司法解释（三）》第二十二条的规定，当事人之间对股权归属发生争议，一方请求人民法院确认其享有股权的，应当证明以下事实：已经依法向公司出资或者认缴出资，且不违反法律法规强制性规定；已经受让或者以其他形式继受公司股权，且不违反法律法规强制性规定。故当事人应提供取得股权的实质性证据，证明已经依法向公司出资或者认缴出资，即通过出资、认缴出资方式或者受让方式依法原始取得或者继受取得股权。

从抚州海峡公司股东演变过程来看，公司成立初期均是由自然人股东构成，实际投资人也是自然人股东，到2013年7月根据上级文件规定，自然人持股不能超过10%，法人持股不能小于90%，在这种情况下，自然人股东同意以融资的方式增加注册资本，融资费按比例承担，并各自找法人股东代持，公司的实际出资人是自然人股东，法人股东未出任何投资款，实际是名义股东。刘某实际缴纳了公司投资款，是抚州海峡公司的实际出资人，并实际参与了公司的股东会，就公司事务行使相关管理和决策权利，也从公司分得了红利，且抚州海峡公司的股份确认函和股东名录也明确了刘某的公司股东身份，据此认定刘某是抚州海峡公司的实际隐名股东。

代持股关系应当基于委托关系形成，委托关系为双方法律行为，需双方当事人有建立委托关系的共同意思表示，签订委托合同或者代持股协议，对未签订合同但双方当事人有事实行为的，也可以依法认定存在委托代持股关系，并以此法律关系确定双方当事人的民事权利和义务。本案中，刘某虽与北京中数公司未签订代持股协议，但从本案查明的事实来看，刘某对抚州海峡公司进行了实际投资，并享有公司2.5%的股权，北京中数公司、北京世纪金图公司、北京普天众力公司、南城远大公司、九江勤诚公司只是为抚州海峡公司自然人股东代持股权，未实际投资，是名义股东。本案与上一个案件的最大区别在于，刘某作为实际出资人，实际参与了公司的经营管理，且其他股东也知晓其作为实际出资人的身份，其作为实际出资人的利益最终得到保障。

实际出资人作为实际的投资者,其显名需符合一定的条件,实际出资人在决定隐名时,应当注意保护好自己的利益。

一是采用书面协议明确名义股东和实际出资人之间的权利义务关系。隐名股东和显名股东之间的书面协议是确认双方权利义务的重要依据和基础。在诉讼中,书面协议是保护实际出资人合法权益的有力证据。在类似协议中,从保护实际出资人的角度出发,应当明确实际出资人是股东;实际出资人可以随时要求名义股东将股权变更至自己或第三人名下;如果拟成立公司没有成立,应当返还投资款;名义股东应将因持有股权所享有的利益如公司利润等支付给实际出资人;未经实际出资人同意,名义股东不能将所持有的股权转让给第三人,并就此约定违约责任。

二是争取与其他股东及公司签订书面协议,明确各方对股权代持的知悉和同意。实际出资人和名义股东之间的协议只在双方之间形成债权债务关系,不能满足"与其他股东达成设立公司或继续经营公司的合意"的实质要件。因此,仅有实际出资人和名义股东之间的协议通常不能产生确认实际出资人享有股权的法律效果。实际出资人应当争取同项目公司及其他股东签订书面协议,明确各方对股权代持知悉和同意,使公司内部各当事人均认可隐名投资人的实际股东地位。

三是积极参与公司管理,充分行使股东权利。实际出资人在进行出资并设立公司后,应当积极参加公司的经营管理,委派管理人员或其他人员,参与公司的经营决策。这样做不仅可以掌握公司的经营状况,预防可能发生的风险,而且一旦发生诉讼,实际出资人可据此主张已实际行使股东权利,从而争取有利的诉讼地位和判决。

四是关注名义股东持股情况,及时办理股权变更登记手续。隐名投资行为的隐蔽性,决定了其时刻受名义股东的制约。因此,必须时刻关注名义股东的资产和纠纷状况。在条件允许的情况下,应保持对名义股东一定程度的控制力。要注意防止名义股东违反协议将股权转让或做其他处分,或因其自身原因导致股权被人民法院冻结甚至执行。在商业条件允许时，应及时办理股权变更登记手续，尽快消除不确定性带来的法律风险。

三、实际出资人股东资格认定与第三人权利保护

在隐名出资情况下，股权转让效力形态存在问题的是以下两种情况：一是名义股东未经实际出资人同意而进行股权转让。二是实际出资人直接转让股权而名义股东主张股东权利。

（一）名义股东未经实际出资人同意转让股权

名义股东未经实际出资人同意而进行股权转让，股权转让协议的相对方（第三人）利益如何得到保障？根据第三人的情况，分为第三人善意和第三人非善意的情形。在第三人善意的情形下，因实际出资人故意营造名义股东为公司股东的外观特征，使得投资主体的形式主体与实质主体相分离，进而股权与实际投资人在外在形式上相分离，而与名义股东在外在形式上相符。对于第三人而言，基于外观主义和公司登记信息的公示、公信力，第三人有充分理由信赖名义股东即为公司股东，当然有权对外转让股权。从维护交易安全的角度来讲，应当维护和保护善意第三人的利益。此时股权转让协议有效，实际出资人只能基于违约或者侵权要求名义股东承担相应的损害赔偿责任，而不能基于名义股东无权处分侵害其利益而主张股权转让无效。

第三人在与名义股东进行股权交易时非善意，是指第三人在与名义股东进行股权交易之前就已经知悉所涉及的隐名出资情况，而仍与名义股东交易。在这种情况下，股权转让的效力形态应该视该公司态度而有所区别，如果公司对隐名出资事实及实际出资人资格予以确认，股权转让的效力就基于名义股东的无权处分行为而处于待定状态；如果公司对隐名出资事实及实际出资人资格不予确认，则第三人有理由继续信赖登记信息而确认名义股东的转让方主体适格，

相应地，股权转让亦应有效。

（二）实际出资人直接转让股权而名义股东主张权利

在实际出资人直接转让股权而名义股东主张权利的情形下，第三人往往是确信实际出资人是适格的转让主体而与其进行股权交易，这种情形下，股权转让的效力应根据公司是否知悉隐名出资情况并认可隐名出资人的股东资格而定。

如果公司知悉隐名出资情况并认可隐名出资人的股东资格，实际出资人可引其与名义股东的约定为抗辩，也可基于公司对其股东资格的认定对抗名义股东。此时，第三人有充分的理由不再倚重对外公示的登记信息，而确信隐名投资人的股东资格，第三人与实际出资人直接进行的股权交易是有效的。

如果公司并不知悉隐名出资情况及对实际出资人的股东资格不予认可，尽管实际出资人与名义股东之间存在隐名出资的契约安排，但是该种契约只在转让方与受让方之间有效，不能对抗公司，因此，公司所认可的股东只是名义股东。在实际出资人转让股权而名义股东亦主张股东权利时，实际出资人并不能完成股权转让行为，其只能先请求显名，当人民法院对其显名的诉讼请求予以支持时，再行转让股权。此时，与实际出资人签订股权转让协议的第三人，可以基于双方签订的股权转让协议约定要求实际出资人承担违约责任。

四、瑕疵出资情形下实际出资人的责任

对于实际出资人未如实缴纳出资，应当由谁作为出资不实的责任承担主体的问题，实践中有以下几种观点：第一种观点认为，应由名义股东承担出资补足的义务，此观点主要是基于实际出资人否认说理论和公司章程、股东名册登记的公示公信效力，认为股东对公司承担的出资义务属于法定义务，此种义务的发生依据只应当是公司章程或股东名册等文件对股东姓名或名称的记载。第二种观点认为，应由实际出资人承担出资补足义务，此种观点主要从法律关系

的实质认定和公司章程、股东名册登记只具有公示效力,无公信效力的角度出发,认为实际出资人在公司中已实际行使股东权利,由其承担相应的足额出资义务符合权利义务相一致的原则。第三种观点认为,应由名义股东和实际出资人共同承担出资补足义务。股东负有保证公司资本充实的义务,与股东基于瑕疵出资对公司其他股东所产生的违约关系不同,基于公司资本充实的考虑,名义股东和实际出资人共同承担出资补足义务是合理的。

在处理显隐股东的内部关系时,应当以实际出资人与名义股东双方的投资协议为基础,原则上谁出资、谁享有投资权益、谁承担民事责任。在涉及外部第三人时,以公示公信的外观主义和形式主义为原则,名义股东不能以非实际出资人为由而拒绝履行出资义务。因此,隐名投资出资瑕疵的民事责任主体应该为显隐股东双方,外部第三人可以向实际出资人主张承担出资瑕疵责任,也可以向名义股东主张承担出资瑕疵责任。

五、股东资格的确认

《公司法》第三十二条规定:"有限责任公司应当置备股东名册,记载下列事项:(一)股东的姓名或者名称及住所;(二)股东的出资额;(三)出资证明书编号。记载于股东名册的股东,可以依股东名册主张行使股东权利。公司应当将股东的姓名或者名称向公司登记机关登记;登记事项发生变更的,应当办理变更登记。未经登记或者变更登记的,不得对抗第三人。"股东名册,是指有限责任公司依照法律规定,对本公司股东及其出资情况进行登记的法律文书。股东名册是法律规定有限责任公司必须置备的文本。因此,置备股东名册,是有限责任公司成立后必须履行的一项法定义务。

(一)股东名册的作用

股东名册具有如下重要作用。

（1）股东名册是公司查询股东状况的重要依据。公司的股东会由股东组成，股东是公司存续的基础。股东状况的好坏，直接或者间接地反映了公司的情况。公司登记机关、公司主管机关、公司的投资者、公司的债权人等，可以通过查阅股东名册了解股东的状况，进而了解公司的情况，以此来决定是否对公司进行投资、交易或者参与监督管理。因此，公司应当制作股东名册，并根据股东实际的变化情况对股东名册进行变更。

（2）股东名册是公司开展正常活动的基础，记载了股东的情况。公司召开股东会或者开展其他活动时，可以凭股东名册通知股东参加或者将有关文件送达股东，有利于公司活动的开展，即公司对股东名册上记载的股东依法履行了通告、公告等必须履行的义务后，就可以免除相关责任。

（3）公司置备股东名册，在出现股东转让其出资情形时，可依股东名册的记载来确定谁是对公司享有权利并承担义务的股东。

（二）股东名册的法定记载事项

置备股东名册是公司股东的法定义务。股东名册不能任意记载，其记载内容有法定要求。根据《公司法》第三十二条的规定，股东名册应当记载以下事项。

（1）股东的姓名或者名称及住所。股东为自然人的，应当记载该自然人户口簿或者身份证上登记的姓名、住址；股东为法人的，应当记载该法人营业执照上登记的名称、地址。

（2）股东的出资额。股东名册必须载明股东的出资额，并应当与公司章程规定的股东出资额保持一致。

（3）出资证明书编号。股东名册应当记载公司成立后签发给股东的出资证明书编号。股东名册陈列于公司，供相关人员查询。

（三）股东名册的法律效力

股东名册作为公司的法定置备文件，具有特定的法律效力。

首先，在股东名册上记载为股东的，推定为公司股东。通常情况下确定股东资格，可以依据股东原始取得股权的出资证明书，继受取得股权的证据，包括股权转让合同、赠与合同、遗嘱、夫妻财产分割协议、共有财产分割协议等。《公司法》第七十三条规定："依照本法第七十一条、第七十二条转让股权后，公司应当注销原股东的出资证明书，向新股东签发出资证明书，并相应修改公司章程和股东名册中有关股东及其出资额的记载。对公司章程的该项修改不需再由股东会表决。"有限责任公司不仅在其成立后向原始股东签发出资证明书，而且在其存续期间也要对继受取得股权的新股东签发出资证明书。同时，有限责任公司应当向股东签发股东名册，股东名册对股东资格的确认具有推定的证明力。在册股东可以据此向公司主张股权；依法取得股权的未在册股东有权请求公司变更股东名册、修改公司章程，登录自己的姓名或名称。

其次，凡未记载于股东名册的人，均不能视为公司股东；公司只将股东名册上记载的股东视为股东，股东依据股东名册主张自己的股东权利。具体表现为《公司法》第三十二条第二款的规定，记载于股东名册的股东，可以依股东名册主张行使股东权利。股东作为公司的投资人、出资者，依法拥有股东会表决权、利润分配权等股东权利。股东可以凭出资证明书等文件主张行使自己的股东权利，也可以依据股东名册主张行使自己的股东权利。当出资证明书等的记载与股东名册的记载不一致时，应当以股东名册的记载为准，即为股东名册的确定效力、推定效力，即实质上的权利人在尚未完成股东名册登记或者股东名册上的股东名义变更前，不能对抗公司。

最后，只在公司登记机关办理变更登记，并不意味着取得股东资格。股东资格的认定，应当以公司置备的股东名册为准。公司登记只是具有对外公示的法律效力。因此，对于第三人来说，公司登记是法律认定的标准。股东不能以公司登记为依据决定自己的股东权利，只有在完成股东名册登记或者进行股东名册的名义变更后，股东才能成为对公司行使股东权利的人，也就是说，公司只以股东名册上记载的股东为本公司的股东，根据股东名册确定各股东的出资比例。

（四）股东名册的公示

根据公司法的规定，公司应当将股东的姓名或者名称向公司登记机关登记；登记事项发生变更的，应当办理变更登记。未经登记或者变更登记的，不得对抗第三人。股东名册记载的事项，应当与公司登记的事项相一致。公司股东名册一经登记，便产生公示的效力，对外具有公信力，公司和股东以外的第三人可以凭借股东名册主张权利。股东进行股权转让后，若公司只变更了股东名册，未办理变更登记，就会出现股东名册记载与公司登记记载不一致的情况。若发生股权转让情形，公司应当及时办理变更登记，保持股东名册与公司登记之间的一致性。没有办理变更登记的，不得对抗第三人，即第三人通过受让出资等方式成为公司股东并记载于股东名册后，如果没有在公司登记机关办理相关登记的，不能主张该第三人的股东资格无效。

因股东名册记载引发的纠纷，按照公司法的规定，股东名册是有限责任公司必须置备的文件，是指公司依法置备的记载股东及其持股情况的簿册。对于有限责任公司而言，股东名册必须记载股东的姓名或名称、持股数量等内容；当股东转让股权或者发生其他应当变更股东名册记载的事项时，公司应当予以变更，否则，即可能产生股东名册记载纠纷。由于股东名册记载纠纷直接关系到股东资格的确认与股权的行使，与股东利益密切相关，实践中存在大量此类纠纷。

股东名册记载纠纷主要包括以下两种类型。

（1）因转让方股东怠于履行变更登记义务产生的纠纷。一般来讲，股东名册变更登记必须由转让方股东向公司提出申请，由公司进行变更登记；如果转让方股东懈怠或者因为过失未向公司申请变更登记，此时即可能产生股东名册记载纠纷。

（2）因公司不履行记载义务引发的纠纷。股东名册由公司置备和保管，并由公司负责办理登记事宜。因此，当公司因为懈怠或者过失而未变更股东名册时，就可能产生股东名册记载纠纷。

案例：王某与吕某等股权确认纠纷上诉案[1]

1997年11月，申德厂成立。根据工商登记资料，该厂系吕某的个人独资企业，注册资本为100万元。但根据盖有王某、吕某名章，无落款日期的合作办厂协议，以及申德厂于1999年8月提交税务机关的税务登记表，该厂系王某、吕某共同出资100万元设立，其中王某出资60万元、吕某出资40万元，企业经营权益与风险责任按上述出资比例承受。另王某与王某一（吕某的配偶、王某的兄弟）于1997年11月1日也签署了一份合作办厂协议，除将出资人吕某变更为王某一外，其他内容与前述协议相同。2001年9月，申德公司成立。根据工商登记资料，该公司注册资本为50万元，股东为吕某、王某，两人分别出资30万元、20万元，公司的经营期限为四年。该公司申请设立手续均由吕某委托私营经济城下属的企业登记代理事务所代办，吕某、王某两人均未亲自签署公司章程，注册资本50万元由其他单位垫资。验资完毕、公司成立后，验资款即归还垫资单位。在申德公司经营期间，没有股东分配利润的记录。2004年3月18日、4月7日，吕某以法定代表人名义向王某一出具两份委托书，委托王某一全权处理申德厂、申德公司一切事务。同年4月7日，王某、王某一签署合伙办厂补充协议和重大事项商定意见。后一份文件载明：申德公司是申德厂的投资企业，投资人享有的股份根据1997年11月双方签订的申德厂合作办厂协议承续，即王某一投资40%、王某投资60%。鉴于申德公司已经运转，双方商定王某一为代理董事长、王某为总经理。2005年9月、11月，在申德公司章程约定的经营期限即将届满之际，王某致函吕某，要求按申德公司章程规定进行清算和按股权比例分配盈余。同年12月，申德公司以歇业为由，向税务机关申请注销税务登记获准。2006年1月，王某向法院起诉，请求确认其享有申德公司

---

[1] (2006)沪二中民三（商）初字第20号，(2006)沪高民二（商）终字第20号。

60%的股权份额。

一审法院经审理认为，申德公司的工商登记文件不是确认股权份额的唯一依据，若有证据证明登记事项与事实不符，不能仅凭登记文件对争议事实做出认定。申德公司的工商登记手续系由股东一方委托代理机构办理，注册资金系由私营经济城垫资，验资证明不能作为确认股权份额的有效依据。2004年4月7日签订的合伙办厂补充协议和重大事项商定意见，依法应视为双方当事人的真实意思表示。吕某本人虽未签署上述文件，但是从王某一与吕某系夫妻关系，王某一实际上始终参与公司的经营管理，以及吕某于签约当日书面授权王某一全权处理公司事务等一系列事实分析，理应将王某一、吕某视为在申德公司享有股东权利的一方。上述文件中有关王某、王某一投资比例的记载，在申德公司内部对股东双方具有法律约束力。王某要求确认其享有申德公司60%股权的诉请，可予支持。

二审法院经审理认为，申德公司股东在公司设立时并无实际的出资行为，公司章程关于股东出资金额的约定与事实不符，不应当以经过工商登记备案的公司章程作为确定双方出资比例的依据。原审将王某一、吕某夫妻两人视为享有申德公司股东权益的共同关联一方，并无不当。重大事项商定意见确认王某一的投资为40%，应理解为王某一和吕某作为共同一方在公司中的股东权益。该份文件虽未经登记，不产生对抗第三人的效力，但不影响对股东投资比例的确认。据此，二审判决驳回上诉，维持原判。

本案是一起有限责任公司股东提起的股东权确权诉讼。这类案件是公司内部纠纷，一般发生在股东与股东、实际出资人与名义股东、股东与公司之间。本案中，以两方股东在公司中所占的股东权比例为讼争焦点，即当公司的内部约定与工商登记不一致时，股权如何确认。对一个规范的有限责任公司而言，股东所签署的公司章程、公司的股东名册、公司签发的出资证明书，三者对于股东所持股权的记载内容应当一致。因此，三者都是确认股权的有效证据。然而在实践中，一些有限责任公司并不完全依照公司法的规定签署、置备上述文件。

有的公司虽然签署并向工商部门报备公司章程，但不签发出资证明书或置备股东名册；有的公司内部订立的出资协议与章程有不同记载，也不签发出资证明书和置备股东名册；有的公司虽然有出资证明书和股东名册，但其记载内容与所报备的公司章程不一致；有的公司的出资证明书与股东名册的记载不一致。上述情形下，极易发生股东权纠纷。

本案中，公司没有置备股东名册，但股东之间有类同于发起人协议的内部约定，而且该协议约定关于各股东所持股权的记载与公司登记机关存档的公司章程记载不一致。在这种情况下，如何确认双方股东的股权呢？当公司章程、出资证明书、股东名册和发起人协议记载不一致时，如何确定股东资格？

1.关于公司章程的效力问题

有限责任公司的股东姓名（名称）是公司章程的必要记载事项，当股东发生变更时，需修改公司章程。因此，公司章程关于股东及其持股比例的记载，对于确定有限责任公司的股东资格和股权比例具有极高的证明力。由于公司章程是工商登记必须提交的文件之一，公司章程对于股权的证明作用便转化为工商登记对于股东的证明作用；但工商登记并不是指为股东创设了股权，而是证明股东是公司的股东，而且这种证明功能主要体现于公司的外部关系中。公司之外的第三人，可以基于公司章程记载的股东，来判断公司的经营能力；但是在公司内部关系中，如果发生公司章程的记载与出资证明书、股东名册不一致时，公司章程对于股权的证明作用就会受到影响。也就是说，在内部关系中，公司章程的证明力是要小于出资证明书和股东名册的。

2.关于出资证明书的效力问题

出资证明书是有限责任公司的投资人证明自己已履行出资缴付义务的法律文件，也是投资人向公司申请将自己记入股东名册的重要依据。关于出资证明书对于确定有限责任公司的股权起到什么作用，学界存在一定的分歧。有学者认为，出资证明书只是证明持有人出资行为的证据，并不具有证明股东资格的功能。但多数学者认为，出资证明书是一种权利证书，具有证明股东资格的效力。既然公司法规定有限责任公司成立后应当向股东签发出资证明书，那么出资证明书一经签发并为股东所持有，它无疑应成为证明股权的重要证据，特别是在没有置备股东名册的公司中，出资证明书对于确定出资证明书持有人的股东权，显得尤为重要。因此，作为权利证书的出资证明书，在判断股东资格的过程中，效力是高于仅具有证明功能的公司章程的。

3.关于股东名册的效力问题

《公司法》第三十三条第二款规定："记载于股东名册的股东，可以依股东名册主张行使股东权利。"这一规定表明，股东名册对于有限责任公司股权的确定，在法律上被赋予推定的效力。具体而言：①股东名册在公司内部对于股权的确立具有最高证明力，若不存在足以推翻的反证时，公司以股东名册上记载的股东为股东，股东也是依据股东名册上的记载行使股东权利的。②股东名册对公司和股东具有约束力，各股东之间股权份额的确定以股东名册的记载为依据，股东向公司行使权利时以股东名册的记载为依据，公司依据股东名册履行职责后可以免责。③鉴于目前工商登记不强令要求将股东名册报备、登记的现状，未经登记或有效公示的股东名册对外不发生效力。

4.关于发起人协议的效力问题

在实践中，发起人协议在确定股权过程中发挥怎样的作用？一些发起人股东在启动设立程序之初订立共同投资协议，即发起人协议。该协议是发起人订立的确定各发起人之间有关设立公司的权利义务的书面文件，其内容由发起人协商确定，一般包括发起人的基本情况、拟设立公司的名称、住所、注册资本、经营范围，发起人的投资数额与方式，发起人的权利义务，等等。发起人协议旨在明晰和规范发起人在公司设立阶段的权利义务，公司成立后，发起人协议对公司成员不再具有约束力，其在证明股东资格中发挥的作用是低于公司章程的。在处理有限责任公司内部关系的案件中，当发起人协议与公司章程不一致时，对于股权的确认，原则上应当以公司章程为依据，但有特殊情况的除外。如公司注册登记是委托的中介机构代理，作为公司登记必备文件之一的公司章程，一般也是由代理机构人员签署，但公司章程的重要事项和特殊事项根据股东中直接委托方的意思制定，从而导致股东之间对于公司登记的后果产生纠纷。这时，需要结合发起人协议来综合判断出资人的真实意思。

综上，关于股权的司法认定，可以发生在公司内部关系和公司外部关系两个方面。在公司处理内部事务时，以股东名册为依据；公司外部关系的处理以公司登记机关的登记作为识别股权的标准。

案例：锦阳春公司等诉莫某股东资格确认、股东名册记载纠纷案[1]

张某、吴某系锦阳春公司的股东，分别持有被告公司49%、51%的股权。2015年10月28日，张某向吴某发出《股权转让通知书》，称将转让其持有的锦阳春公司9%的股权，如吴某有意愿购买，需及时与其联系。吴某于2015年11月11日回复称，不同意张某提出的股权转让事宜。2015年12月6日，张某向吴某发出《关于股权转让再次通知书》，表明拟将持有锦阳春公司9%的股权9万元（占公司注册资本的9%），转让给莫某等人，告知吴某如再不购买，则视为同意转让。2015年12月10日，吴某向张某发出《关于股权转让再次通知的回复》，载明："……首先坚持原回复二点意见：①股东架构只能是两人，章程有约定，不同意更改章程。②沭阳锦阳春酒店管理有限公司目前债权债务尚未清理完毕，无法进行股权转让。其次在债权债务清理完毕的基础上，本人同意购买你的股份，包括买断你的全部股份。"2015年12月15日，莫某（受让方）与张某（出让方）签订《股权转让协议书》，约定出让方将其持有的锦阳春公司的股权1万元（占公司注册资本的1%）以人民币9万元的价格转让给受让方。同日，莫某通过网上银行向张某转账9万元。2016年3月4日，莫某

---

[1] 江苏省宿迁市中级人民法院民事判决书，(2017)苏13民终3269号。

以 EMS 形式向锦阳春公司发出通知，告知锦阳春公司上述股权转让事宜，并要求锦阳春公司将其登记于股东名册、办理变更公司手续。锦阳春公司拒绝签收该快递。

有限责任公司的股东之间可以相互转让其全部或者部分股权。股东向股东以外的人转让股权，应当经其他股东过半数同意。股东应就其股权转让事项书面通知其他股东征求同意，其他股东自接到书面通知之日起满 30 日未答复的，视为同意转让。其他股东半数以上不同意转让的，不同意的股东应当购买该转让的股权；不购买的，视为同意转让。经股东同意转让的股权，在同等条件下，其他股东有优先购买权。两个以上股东主张行使优先购买权的，协商确定各自的购买比例；协商不成的，按照转让时各自的出资比例行使优先购买权。公司章程对股权转让另有规定的，从其规定。

本案中，锦阳春公司仅有张某、吴某两名股东，张某转让案涉股权，应当经过吴某同意。2015 年 12 月 6 日，张某向吴某发出通知书，告知其转让股权的份额、价格及吴某行使优先购买权的时间，符合上述法律规定的书面通知义务。2015 年 12 月 10 日，吴某回复张某，其不同意张某向莫某转让股权，但又不同意购买案涉股权。根据法律规定，吴某不同意张某转让股权，其应购买该转让的股权，且其在同等条件下享有优先购买权；但是吴某是附条件同意购买案涉股权，拒绝在同等条件下购买股权，视为放弃优先购买的权利。所以，张某有权按照 2015 年 12 月 6 日通知中载明的条件向莫某转让案涉股权。莫某与张某于 2015 年 12 月 15 日签订的股权转让协议书约定的转让条件与 2015 年 12 月 6 日通知中载明的条件一致。因此，张某向莫某转让案涉股权，不违反法律规定，合法有效。

《公司法司法解释（三）》第二十三条规定："当事人依法履行出资义务或者依法继受取得股权后，公司未根据《公司法》第三十一条、第三十二条的规定签发出资证明书、记载于股东名册并办理公司登记机关登记，当事人请求公司履行上述义务的，人民法院应予支持"。据此规定，莫某有权要求锦阳春公司将其登记于股东名册并办理公司登记机关登记。

请求变更公司登记纠纷是股东对于公司登记中记载的事项请求予以变更而产生的纠纷。按照公司法的规定，有限责任公司应当对股东的姓名或者名称及其出资额向公司登记机关登记；登记事项发生变更的，应当办理变更登记，未经登记或者变更登记的，不得对抗第三人。因此，当有限责任公司股东转让股权或者发生其他应当变更股东的姓名或者名称及其出资额的情形时，公司应当向公司登记机关申请变更登记，否则，不得对抗第三人，进而影响相应股东的利益。

（五）股东资格确认纠纷

股东资格确认纠纷是指股东与股东之间或者股东与公司之间就股东资格是否存在，或者具体的股权持有数额、比例等发生争议而引起的纠纷。股东资格确认纠纷大致包括以下三种类型：①股东与公司之间的股东资格确认纠纷。实践中，可能股东与他人之间不存在股权归属争议，但公司不承认股东享有股东资格。比如，隐名出资中公司拒绝实际出资人行使股权，或者股权转让后公司拒绝受让人行使股权，此时即产生纠纷。②股东与股东之间因出资产生的股东资格确认纠纷。这里通常是指实际出资人出资的情况，即实际出资人与名义股东之间签订出资协议，实际出资人以他人名义出资，由他人作为名义股东，但实际出资资金源于该实际出资人，名义股东不享有实际权利，一切权利归实际出资人所有。③股东与股东之间因股权转让产生的股东资格确认纠纷。依据《公司法》的规定，有限责任公司股东的姓名或名称须记载于股东名册及公司章程，持有记名股票的股东姓名或名称应记载于股东名册。因此，当有限责任公司股东转让股权时，应按照上述规定做相应的变更登记。

实践中，股权转让双方可能因为过失或者其他原因，在股权转让过程中没有履行法定的变更登记手续，或者没有交付股票或出资证明书。如果未变更登记，就可能发生股东资格确认纠纷。股东资格确认纠纷的诉讼，原则上由公司住所地人民法院管辖。公司住所地是指公司主要办事机构所在地。公司办事机构不明确的,由其注册地人民法院管辖。

第二节 股东权利

《公司法》第三十三条规定:"股东有权查阅、复制公司章程、股东会会议记录、董事会会议决议、监事会会议决议和财务会计报告。股东可以要求查阅公司会计账簿。股东要求查阅公司会计账簿的,应当向公司提出书面请求,说明目的。公司有合理根据认为股东查阅会计账簿有不正当目的,可能损害公司合法利益的,可以拒绝提供查阅,并应当自股东提出书面请求之日起十五日内书面答复股东并说明理由。公司拒绝提供查阅的,股东可以请求人民法院要求公司提供查阅。"《公司法》第三十四条规定:"股东按照实缴的出资比例分取红利;公司新增资本时,股东有权优先按照实缴的出资比例认缴出资。但是全体股东约定不按照出资比例分取红利或者不按照出资比例优先认缴出资的除外。"根据上述法条的规定,股东的权利包括以下几个方面。

一、股东知情权

股东知情权是指公司股东对公司经营管理等重要情况或信息真实了解和掌握的权利,其主要功能在于解决股东与管理层之间的信息不对称问题,以便于监督管理层、降低代理成本,以利于维护股东的合法权益。股东知情权作为股东的一项固有权利,是股东依法行使资产收益、参与重大决策和选择管理者等权利的基础性权利,也是股东参与公司治理的工具。对此,《公司法司法解释(四)》

第七条至第十一条对股东知情权相关问题进一步做了明确规定。

（一）股东行使知情权的依据

股东作为公司的投资人、出资者，是公司财产的所有权人。股东有权决定公司如何开展生产经营活动，如何对重大事务做出决策，如何运用公司财产进行生产经营，公司盈余如何分配，等等。因此，股东有权了解公司的一切情况，特别是公司经营决策和公司财产使用的情况，即股东对公司事务享有知情权。公司的内部机构必须尊重股东的知情权，保障股东知情权得到切实的维护和实现。

股东行使知情权时，应当具有股东身份。《公司法司法解释（四）》第七条规定："股东依据《公司法》第三十三条、第九十七条或者公司章程的规定，起诉请求查阅或者复制公司特定文件材料的，人民法院应当依法予以受理。公司有证据证明前述规定的原告在起诉时不具有公司股东资格的，人民法院应当驳回起诉，但原告有初步证据证明在持股期间其合法权益受到损害，请求依法查阅或者复制其持股期间的公司特定文件材料的除外。"

上述条款从股东与原创股东两个层面对股东身份进行了规定：一是股东依据《公司法》第三十三条、第九十七条或者公司章程的规定，起诉请求查阅或者复制公司特定文件材料的，人民法院应当依法予以受理。二是公司有证据证明原告在起诉时不具有公司股东资格的，人民法院应当驳回起诉。在第一种情形中，股东依法或依章程行使股东知情权，公司章程可以对股东知情权的行使范围、时间、地点等进行限定；但根据《公司法司法解释（四）》第九条的特别规定，公司不得以公司章程、股东之间的协议剥夺股东知情权，当公司章程导致股东无法行使知情权时，此项规定是无效的。在第二种情形中，如公司原股东有初步证据证明在持股期间其合法权益受到损害，请求依法查阅或者复制其持股期间的公司特定文件材料的，人民法院应当依法予以受理。

（二）股东知情权的具体内容

股东知情权的具体内容如下。

（1）查阅、复制公司章程。公司章程是公司组织和行为的基本规则，是全体股东共同制定或者认可的。公司内部组织成员必须将公司章程作为组织管理的行为准则。由于公司章程不是每个股东人手一册，而是由公司统一置备，所以股东有权查阅、复制公司章程。

（2）查阅、复制股东会会议决议。公司股东会由全体股东组成，股东会是公司的权力机构。召开股东会会议时，需要将会议中所议事项及决议做成会议记录，出席会议的股东应当在会议记录上签名确认。股东会会议记录是关于公司重大经营决策的记录，是公司日常经营活动的依据。股东想了解公司的经营方针、发展计划和重要人事任免等情况，就需要查阅、复制股东会会议记录，以便更好地行使股东经营决策权。

（3）查阅、复制董事会会议决议。有限责任公司董事会是受股东会委托管理经营公司的决策机构，由股东会选举产生，并对股东会负责。董事会举行董事会会议时，也会将所议事项的决定做成会议记录，并由出席会议的董事在记录上签名确认。公司日常生产经营活动均可以通过董事会会议来具体体现，股东想要了解公司的生产经营状况，就需要查阅、复制董事会会议记录。

（4）查阅、复制监事会会议决议。有限责任公司监事会是公司的日常监督机构，对股东会负责。监事会的主要职权包括检查公司财务，对董事、高级管理人员执行公司职务时违反法律、行政法规或者公司章程、股东会决议的行为进行监督，要求董事和经理纠正其损害公司利益的行为，提议召开临时股东会会议，向股东会提出议案，对董事、高级管理人员提起诉讼等。监事会将所议事项的决定做成会议记录，出席会议的监事在记录上签名。监事会会议决议是监事会开展监督工作的具体体现，股东要了解监事会的工作情况，就需要查阅、复制监事会会议决议。

（5）查阅、复制财务会计报告、会计账簿等。公司的财务状况和经营成效可以通过公司财务会计报告来全面反映。根据《会计法》及相关法律、行政法规的规定，有限责任公司应当于每一会计年度终了时依法编制财务会计报告。财务会计报告由会计报表及财务情况说明书及会计报表附注等有关文件组成，具体包括资产负债表、损益表、现金流量表等。公司应当按照公司章程的规定，向股东定期进行财务报告。通过查阅和复制财务会计报告，股东能全面了解公司财产的实际使用情况，监督管理公司的经营活动。

会计账簿包括总账、明细账、日记账和其他辅助性账簿。根据法律规定，各单位发生的各项经济业务事项应当在依法设置的会计账簿上统一登记、核算，不得违反法律和国家统一的会计制度的规定私设会计账簿登记、核算。各单位应当定期将会计账簿记录与实物、款项及有关资料相互核对，保证会计账簿记录与实物及款项的实有数额相符、会计账簿记录与会计凭证的有关内容相符、会计账簿之间相对应的记录相符、会计账簿记录与会计报表的有关内容相符。会计账簿应当按照连续编号的页码顺序登记。因此，会计账簿是公司日常经济活动的直接记载，是编制公司财务会计报告的基础资料。

股东查阅的范围是否包括会计凭证，根据《中华人民共和国会计法》（以下简称《会计法》）第九条的规定："各单位必须根据实际发生的经济业务事项进行会计核算，填制会计凭证，登记会计账簿，编制财务会计报告。任何单位不得以虚假的经济业务事项或者资料进行会计核算。"该法第十五条规定："会计账簿登记，必须以经过审核的会计凭证为依据，并符合有关法律、行政法规和国家统一的会计制度的规定。会计账簿包括总账、明细账、日记账和其他辅助性账簿。会计账簿应当按照连续编号的页码顺序登记。会计账簿记录发生错误或者隔页、缺号、跳行的，应当按照国家统一的会计制度规定的方法更正，并由会计人员和会计机构负责人（会计主管人员）在更正处盖章。使用电子计算机进行会计核算的，其会计账簿的登记、更正，应当符合国家统一的会计制度的规定。"因此，从会计专业语义来讲，会计账簿不包含会计凭证。

股东应先提出书面请求、说明目的。通常情况下，股东不具有专业的财务会计知识，而公司会计账簿属于专业性的书面材料，且一般内容多且细。所以要求查阅的股东应慎重其事，正式书面请求，说明目的。股东只能查阅与其查阅目的相关的公司账簿。虽然会计账簿相比财务会计报告而言提供了进一步的财务信息，但很多关键的信息只有会计凭证才能提供，如果无法查阅会计凭证，小股东知情权的实质目的很可能落空，因此股东能否查阅会计凭证一度是司法实践中的热点问题。

《公司法》第三十三条第二款虽然未明确将公司会计凭证写入条款，但根据目前法院的实践审判，一致认为公司的具体经营活动只有通过查阅原始凭证才能知晓，不查阅原始凭证，中小股东可能无法准确了解公司真正的经营状况。因此，股东可查阅的范围包括公司的会计凭证。需要注意的是，股东对公司会计账簿和会计凭证只有查阅权没有复制权。

股东可以自行查阅，也可以委托专业人员查阅。股东知情权是一个权利体系，由财务会计报告查阅权、账簿查阅权和检查人选任请求权三项权利组成。从日常生活经验分析可知，财务会计报告、会计账簿、会计凭证具有高度的专业性，不具有专业知识的股东查阅上述资料时难以看懂。设立股东知情权的立法目的和价值取向是保护中小股东的实体性权利，而该权利的行使是通过查阅会计账簿及相应的会计凭证了解公司真实的信息。因此，股东依据人民法院生效判决查阅公司文件材料的，在该股东在场的情况下，可以由会计师、律师等依法或者依据执业行为规范负有保密义务的中介机构执业人员辅助进行。

第五章
股东权益保障与股东义务

案例：张某等与甲公司股东知情权纠纷案——
股东知情权的行使因对象不同而范围不同[①]

甲公司设立于 2005 年，发起人为 8 名自然人，其中张某持股 65%，另 7 人分别持有 5% 的股权，张某任该公司法定代表人，负责公司的日常经营管理。小股东中王某等 5 人未在公司担任职务。2013 年开始，股东之间矛盾初显。自 2014 年 6 月起，甲公司未再召开股东会会议。2015 年 5 月，王某等 5 位小股东向甲公司提交行使股东知情权的函件，要求查阅、复制甲公司包括会计账簿及原始凭证在内的财务资料。对此，甲公司书面回复表示，王某等人要求查阅、复制会计账簿及原始凭证没有法律依据，且没有说明目的，不予同意。

股东查阅、复制公司财务会计报告的知情权，并无限制性条件或前置程序，王某等 5 人作为甲公司股东，有权查阅、复制公司财务会计报告。王某等 5 人要求查阅会计账簿时已明确表明目的是了解公司实际经营管理情况、会计核算情况、公司利润分配情况等，结合甲公司已较长时间未召开股东会会议、王某等人尚有部分红利未领取等事实，应视为该 5 人已完成目的正当性的一般性说明义务。在此情形下，甲公司如拒绝查阅，应当证明王某等人行使知情权有不正当目的，其举证不能，故无权拒绝查阅。王某等 5 人要求查阅的原始凭证虽未列于《公司法》第三十三条中，但是根据会计准则，会计凭证是编制会计账簿的依据，应当作为会计账簿的附件入账备查，公司的具体经营活动、真实的财务状况只有通过查阅原始凭证才能知晓，且股东查阅会计账簿时一并查阅原始凭证不会过分加重公司义务。王某等 5 人要求复制会计账簿、原始会计凭证的主张，缺乏法律依据，不应支持。

股东查阅会计账簿时，可以一并查阅会计凭证。一方面，根据《会计法》的规定，会计账簿登记必须以经过审核的会计凭证为依据。因此，会计凭证是会计账簿的源泉，可以视为会计账簿的附件。另一方面，虽然《公司法》第

[①] 江苏法院公司审判十大案例。参考网站，北大法宝。

三十三条第二款在规定股东可以查阅公司会计账簿时，对于能否一并查阅原始会计凭证未予明确；但是基于原始会计凭证才是公司经营情况最真实的反映，如果将小股东查阅权的范围仅限于会计账簿，将难以确保通过会计账簿可以了解公司的真实经营情况，在会计账簿虚假记载大量存在的情况下，会造成股东知情权落空。

（三）股东查阅会计账簿的限制性规定

股东通过查阅会计账簿了解公司的真实经营信息，但也涉及公司的商业秘密。因此，股东查阅会计账簿必须具有正当目的。公司有合理根据认为股东查阅会计账簿有不正当目的，可能损害公司合法利益的，可以拒绝提供查阅，并应当自股东提出书面请求之日起15日内书面答复股东并说明理由。公司拒绝提供查阅的，股东可以请求人民法院要求公司提供查阅。

关于股东不正当目的的认定，《公司法司法解释（四）》第八条明确规定股东的下列情形，应当认定为不正当目的：一是股东自营或者为他人经营与公司主营业务有实质性竞争关系业务的，但公司章程另有规定或者全体股东另有约定的除外。在此种情形中，只要股东与公司存在竞争关系，就可推定其查阅的目的不正当。二是股东为了向他人通报有关信息查阅公司会计账簿，可能损害公司合法利益的。三是股东在向公司提出查阅请求之日前的3年内，曾通过查阅公司会计账簿，向他人通报有关信息损害公司合法利益的。四是股东有不正当目的的其他情形。

案例：郭某、陈某等与江苏向荣电气有限公司股东知情权纠纷[①]

江苏向荣电气有限公司（以下简称向荣公司）成立于2011年3月17日，现股东为向荣集团有限公司、蔡某、蒋某及陈某、周某、郭某、××仙等，其

[①] （2018）苏11民终2404号。

中蒋某为法定代表人,也为控股股东,出资额为7029万元,现占股70.29%。2018年3月5日,陈某、周某、郭某、××仙及案外人股东王某邮寄"请求查阅公司财务账簿的申请"给向荣公司,要求了解向荣公司的经营状况、财务状况,查阅公司自成立之日起至2017年12月31日期间的股东会会议决议、董事会会议决议、财务会计报告、会计账簿和会计凭证。向荣公司于2018年3月18日书面回复:"请股东持股权凭证原件与蒋某确认,是否为本人亲自签名,申请是否为本人真实意思表示。上述情况确认后,公司才能决定是否同意查阅,如同意,请与蒋某确定查阅时间、地点及文件名录。"后陈某等与向荣公司确认,要求查阅、复制会计账簿,向荣公司拒绝查阅。陈某等诉至法院。一审另查明陈某现为安赫公司的员工、凯芙公司的股东,周某为威腾公司的员工,郭某现任西杰公司、西杰电气公司、西杰机电公司的执行董事,××仙目前无正式工作。凯芙公司、西杰电气公司与向荣公司在主营业务上存在实质性竞争关系。

一审法院认为,股东有权查阅、复制公司章程、股东会会议决议、董事会会议决议、监事会会议决议和财务会计报告。陈某等作为向荣公司的股东,依法应享有上述权利,故对陈某等要求查阅、复制自公司成立之日起至2017年12月31日止的股东会会议决议、董事会会议决议和财务会计报告的请求予以支持。《公司法》第三十三条第二款规定:"股东可以要求查阅公司会计账簿。股东要求查阅公司会计账簿的,应当向公司提出书面请求,说明目的。公司有合理根据认为股东查阅会计账簿有不正当目的,可能损害公司合法利益的,可以拒绝提供查阅,并应当自股东提出书面请求之日起十五日内书面答复股东并说明理由。"陈某等以了解公司经营状况、财务状况为目的,书面请求查阅自公司成立之日起至2017年12月31日止的会计账簿以及相关原始凭证,向荣公司在收到书面请求后未明确答复是否同意查阅并说明理由,且未提供证据证明周某、××仙查询会计账簿有不正当目的并可能损害公司合法利益,故对周某、××仙要求查阅自公司成立之日起至2017年12月31日止的会计账簿的请求予以支持。

因陈某系与向荣公司确有实质性竞争关系公司的股东,郭某系与向荣公司有实质性竞争关系公司的执行董事。股东自营或者为他人经营与公司主营业务有实质性竞争关系的业务，认定为股东有不正当目的，故陈某、郭某不能查阅向荣公司会计账簿和会计凭证。

《公司法司法解释（四）》第八条中"股东自营或者为他人经营与公司主营业务有实质性竞争关系业务的"的规定，强调股东与公司之间的竞争关系，即股东自己经营的业务与公司主要业务有竞争关系，或股东为他人经营的业务与公司主营业务有竞争关系。股东自营能不能理解为股东作为投资人的就是股东自营？股东投资的公司有控股与非控股之分，上述司法解释强调的是股东自营，应当理解为股东控股的或实际参与经营的，而如果仅是投资且非控股，并不参与投资公司的经营，不能理解为股东自营的业务与公司主营业务之间存在竞争关系。

（四）股东行使知情权不当的赔偿责任

《公司法司法解释（四）》第十一条规定："股东行使知情权后泄露公司商业秘密导致公司合法利益受到损害，公司请求该股东赔偿相关损失的，人民法院应当予以支持。根据本规定第十条辅助股东查阅公司文件材料的会计师、律师等泄露公司商业秘密导致公司合法利益受到损害，公司请求其赔偿相关损失的，人民法院应当予以支持。"该条对股东和股东委托的专业人员的保密责任做了规定，股东行使知情权后泄露公司商业秘密导致公司合法利益受到损害的，股东应当赔偿相关损失。辅助股东查阅公司文件材料的会计师、律师等泄露公司商业秘密导致公司合法利益受到损害的，也应当赔偿相关损失。因此，无论是股东自行查阅还是委托专业人员查阅，对查阅过程中所知晓的公司商业秘密均应予以保密，否则给公司造成利益损失的，须承担相应的损失赔偿责任。

（五）股东知情权的司法救济

《公司法》第三十三条第二款规定，公司拒绝提供查阅的，股东可以请求人民法院要求公司提供查询。股东向人民法院寻求司法救济前，必须是股东向公司提出书面申请，公司拒绝后，才能向人民法院提起诉讼。这一前置条件设定的目的在于既保障股东在其查阅权受侵犯时有相应的救济途径，也防止股东滥用诉权，维护公司正常的经营。根据《公司法司法解释（四）》第十二条的规定，因公司董事、高级管理人员等未依法履行职责，导致公司未依法制作或者保存公司法第三十三条、第九十七条规定的公司文件材料，给股东造成损失的，股东可以向人民法院请求负有相应责任的公司董事、高级管理人员承担民事赔偿责任。同时，司法判决也应当明确股东行使查阅或复制公司特定文件材料的时间、地点等内容。根据《公司法司法解释（四）》第十条的规定，司法判决支持原告诉讼请求的，应当在判决书中明确查阅或复制公司特定文件材料的时间、地点和特定文件材料的名录。

股东在向人民法院提起股东知情权诉讼时，应当以公司或控股股东为被告。股东知情权诉讼中，当事人可以将公司列为被告，也可以将控股股东列为共同被告。在举证责任的分配上，股东应当证明已向公司提出书面请求，公司应当证明股东行使知情权的目的是否正当。

案例：佳华公司诉佳华学院股东知情权纠纷案[①]

2010年4月，佳华公司出资设立了佳华学院，占100%的出资份额。2012年9月，佳华公司与唐某、赵某、王某订立《资产、开办资金转让暨共同办学合同》，就设立上海佳华机动车驾驶培训基地、转让及交换出资股份等事宜达成协议。2012年10月15日，佳华学院董事会通过《董事会决议》，约定唐某等人持有

---

① 《最高人民法院公报》2019年第2期（总第268期），第44-48页。

佳华学院90%的出资份额、佳华公司持有佳华学院10%的出资份额。后因上海佳华机动车驾驶培训基地终止申办等，双方发生纠纷。佳华公司遂向上海市浦东新区人民法院提起诉讼，2015年6月24日上海市浦东新区人民法院做出（2015）浦民二（商）初字第62号判决，确认佳华公司共持有佳华学院50%的出资份额，上述判决已生效。2015年11月中旬，佳华公司发函给佳华学院要求提供财务、董事会会议决议、监事会会议决议等材料，因佳华学院未回复，佳华公司向人民法院提起诉讼。另，佳华学院系法人型民办非企业单位，发证机关为上海市奉贤区民政局，业务主管单位为上海市奉贤区教育局。2010年4月9日，佳华学院章程约定"学院实行董事会领导下的院长负责制，决策机构是董事会等"。

  本案中，作为民办学校的佳华学院是否可以参照公司法的规定，其出资人享有知情权。对此问题一、二审法院持不同观点。一审法院认为，佳华学院系法人型民办非企业单位，非公司法调整的范畴，且学院章程也未约定举办者享有查阅、复制董事会会议决议、监事会会议决议、财务会计报告、会计账簿等权利。故佳华公司提出的诉请，没有相应的章程约定及法律依据，难以支持。二审法院认为，佳华公司作为佳华学院的举办者，要求查阅、复制佳华学院自2010年4月成立至今的章程（含章程修正案）、董事会会议决议、监事会会议决议和财务会计报告（包括但不限于资产负债表、损益表、财务状况变动表、财务状况说明表、利润分配表、纳税申报表），并不违反法律的禁止性规定，应当予以支持。

  知情权是举办者参与学院的办学和管理活动的基础，否则举办者根本无法行使参与办学和管理的权利。虽然民办学校并非营利法人，但举办者的合法权益，未脱离民事权利范畴。学校章程、董事会会议决议、监事会会议决议及财务会计报告和会计账簿等资料是记录和反映学校的组织与活动、资产与财务管理等内容的重要载体。举办者只有在获取学校办学和管理活动信息的基础上，才可能参与学校的重大决策及行使监督权。因此，举办者要求查阅、复制民办学校的章程、董事会会议决议、监事会会议决议和财务会计报告及查阅会计账簿的权利均为知情权所涵盖,应当予以保护。

案例:倪某诉东门公司股东知情权纠纷案——股东知情权与公司商业秘密的平衡保护[①]

2000年10月16日,东门公司由福清市百货批发公司改制设立,企业类型为有限责任公司,倪某成为东门公司股东,出资额为3万元,持股比例为0.276%。2018年2月28日,倪某与其他四名股东联名向东门公司提交查阅会计账簿等文件的申请,查阅的主要目的是查账,要求查阅、复制公司自2011年起至2018年1月31日止的公司章程、股东会会议决议、董事会会议决议、财务会计报告以及查阅会计账簿等,3月12日东门公司做出复函,定于3月24日、25日上午9时在公司会议厅安排倪某等五位股东查阅会计账簿等有关文件。倪某认为,在查阅期间,东门公司仅提供临时制作的财务报表、租赁合同复印件,年份、资料不完整,且均未盖章确认,亦未制作提供查阅文件的目录清单,遂以东门公司侵犯其知情权为由提起诉讼。倪某诉请判令东门公司提供2000年10月16日起至判决生效之日止的公司财务会计报告(包括资产负债表、损益表、利润分配表、财务状况变动表、财务情况说明书和审计报告等)、股东会会议记录及决议、董事会会议记录及决议、会计账簿(含总账、明细账、日记账、其他辅助性账簿)和会计凭证(含记账凭证、相关原始凭证及作为原始凭证附件入账备查的有关资料)供倪某查阅与复制;请求判决确认倪某查阅与复制前述材料时,在倪某在场情况下,可由倪某委托的会计师等依法或者依据执业行为规范负有保密义务的中介机构执业人员辅助进行。

法院经审理认为:①东门公司应于判决发生法律效力之日起七日内将公司自2000年10月16日起至判决生效之日止的股东会会议决议、董事会会议决议

[①] (2018)闽01民终7296号。

和财务会计报告（含会计报表、会计报表附注和财务情况说明书，会计报表包括资产负债表、利润表、现金流量表及相关附表）提供给倪某查阅、复制。②东门公司应于判决发生法律效力之日起七日内将公司自2011年1月1日起至判决生效之日止的会计账簿（含总账、明细账、日记账、其他辅助性账簿）提供给倪某查阅。③倪某查阅或复制本判决第一项、第二项确定的文件材料的地点为东门公司主要营业地，查阅或复制的期限为10日；在倪某在场的情况下，可以由会计师等依法或者依据执业行为规范负有保密义务的中介机构执业人员辅助进行。

本案中，人民法院驳回了倪某等要求查阅董事会会议记录及决议的诉请。理由是，根据倪某等2018年2月28日提交的《关于查阅公司会计账簿等文件的申请书》的记载，倪某要求查阅公司相关文件的主要目的在于查账，而董事会会议记录与公司账目并不存在密切关联，而且其目前并未对某份董事会决议提出质疑，未对其要求查阅董事会会议记录给出合理的理由，故对其要求查阅、复制董事会会议记录的诉请不予支持。

本案适用《公司法》第三十三条、《公司法司法解释（四）》第七条以及《会计法》的相关规定，以严格审查股东查阅目的为前提，在股东有合理理由和初步证据怀疑会计报表真实性，且公司无法举证证明股东查阅原始会计凭证存在主观恶意或将有损公司利益的情形下，认定股东有权申请查阅会计凭证；而董事会会议记录与其查阅目的无关，则直接认定其无权查阅。这一做法较好地协调了股东与公司之间的关系，实现了保障股东知情权与保护公司商业秘密之间的平衡，有利于促进公司健康、有序地发展。

股东知情权是指股东享有了解和掌握公司经营管理等重要信息的权利，是股东依法行使资产收益、参与重大决策和选择管理者等权利的重要基础。《公司法》第三十三条对有限责任公司股东的查阅范围采取了列举式的规定方式，但未对董事会会议记录、会计凭证等涉及公司商业秘密的档案材料做出规定。股东申请查阅董事会会议记录、会计凭证时，法院应当以严格审查股东查阅目的为前提，结合股东查阅理由以及双方提供的证据,判断股东是否有权申请查阅上述材料。

二、股东分红权

股东分红权,即股东的股利分配请求权,是指股东基于其公司股东的资格和地位所享有的请求公司向自己分红的权利。股利分配请求权的性质可从抽象意义与具体意义两个层面来探讨。抽象的股利分配请求权是指股东基于其公司股东的资格和地位而享有的一种股东权权能。获取股利是股东投资的主要目的,也是公司作为营利法人的本质要求。因此,抽象的股利分配请求权是股东所享有的一种固有权,不容公司章程或公司治理机构予以剥夺或限制。具体的股利分配请求权,又称股利金额支付请求权,是指当公司存有可资分红的利润时,股东根据股东大会分派股利的决议而享有的请求公司按其持股类别和比例向其支付特定股利金额的权利。股东投资公司的最终目的就是从公司获取利润报酬。公司的利润,在缴纳各种税款及依法提取法定公积金、法定公益金之后的盈余,就是可以向股东分配的红利。

(一)股东分红比例

根据《公司法》第三十四条的规定,公司章程或全体股东可以约定不按照出资比例分取红利或者不按照比例优先认缴出资。这表明,全体股东可以在公司章程或者股东协议中约定其他的分红方案或认股方案。如何向股东分配利润及如何实现优先认购权的决定权在股东手中,由股东根据具体情况做出决定。需要进一步说明的是,通过公司章程改变公司法规定的不按照出资比例分取红利,必须经全体股东约定,而不得采取多数决的方式。

当然,股东可约定出资比例和持股比例不一致。公司设立时,由设立的其中一方全部出资,但出资方只持有部分股权的约定是有效的,即在公司注册资本符合法定要求的情况下,法律并未禁止股东内部对各自的实际出资数额和股权比例做出约定,各股东实际出资数额和持有股权比例应属于公司股东意思自治的范畴。

(二)已经转让股权的当事人是否能够要求分配股利

司法实践中,在审理此类案件时,重点在于审查当事人在签订股权转让协议时,公司股东会或股东大会是否已经就股利分配形成决议,即股利分配的比例是否已确定,转让方在股权转让合同中并未将此权利一并转让给受让人,且在合同签订的过程中转让人对受让人并无欺诈行为,同时转让方对于该种股利分配请求权的行使尚未超过诉讼时效期间的,则已经转让股权的当事人要求分配股利的,对其请求应当予以支持。如果股东在转让股份以前,股东会或者股东大会尚未对股利分配做出决议,则该种权利在股权转让时还未形成现实性的权利,应当与股份一并转让,所以此时原告主张分配股权转让合同签订前的利益不应当得到法院的支持,而不论在股权转让以前公司是否已经实际存在可供分配的利润。

(三)股东分红纠纷

股东因分红权的行使而提出的诉讼主要涉及以下几个方面:一是公司提取任意公积金不合理。如果某公司已提取巨额的法定公积金和任意公积金,而公司在近期内的维持与发展所需要的资金需求量并不大,则公司再提取巨额任意公积金,而不分派或只分派微薄股利,就构成过分提取任意公积金的行为。如果任意公积金之提取是为了实现某种不切实际的经营目标,此种提取亦不具备绝对必要性。如对股东长远利益与公司利益的维护需要股东牺牲10%的近期利益,公司就不能苛求股东牺牲20%的近期利益。二是公司提取任意公积金不符合股东平等原则。无论是大股东还是小股东,均应按其各自的持股比例一同接受公司提取任意公积金所导致的利益或不利益，大股东不得以其他任何途径从公司获得其余股东所不能获得的财产。

股东能够证明公司推行低分红或者不分红的政策不具有必要性、合理性与平等性时，法院可依法判令公司分配股利。当公司管理层或控股股东滥用权利通过关联交易和高薪回报变相分红，甚至滥用公司利益最大化的帽子，故意过分提取公积金、恶毒压迫小股东时，受害股东有权向法院提出强制公司分派股利之诉。《公司法》第三十四条规定："股东按照实缴的出资比例分取红利；公司新增资本时，股东有权优先按照实缴的出资比例认缴出资。但是全体股东约定不按照出资比例分取红利或者不按照出资比例优先认缴出资的除外。"

公司法强调私法自治，但公司决议又体现了资本多数决原则。因此，就涉及股东能否请求强制公司分配利润的问题。实际经济生活中，股东围绕公司分配股利发生争议的现象屡见不鲜，股东往往最后求助于法院。对于股东大会已经决议分配利润而公司未予执行，或者公司章程规定了具体分配条件和分配数额或比例的情形，法院容易处理。然而，对于公司虽然符合公司法规定的分配利润条件但是股东大会并未决议、公司章程亦未有明文规定的情形如何处理，理论学界和审判实务界都存在截然对立的观点，有人认为应当保护中小股东利益，强制公司分配利润，有人认为应当尊重公司自治，法院不宜直接裁判。

公司股东围绕利润分配发生争议，主要表现为两种情形：一是公司股东的投资偏好不同，在追求长期利益和短期利益时存在分歧。二是公司的控股股东压迫小股东，自己通过职务薪酬或关联交易从公司获利而使小股东分文不得。在第一种情形中，不同股东的诉求皆具有正当性，法院不宜强制干预，毕竟资本多数决是公司运作的基本原则，在不涉及公平的情形下，公司自治更能促进经济效益的提高，也更为符合私法自治的基本原则。

在第二种情形下，公司成为控股股东压迫中小股东的工具，法律应当积极干预以实现公平正义。《公司法》第七十四条规定，公司连续五年不向股东分配利润，而公司该五年连续盈利，并且符合本法规定的分配利润条件的，对股东会该项决议投反对票的股东可以请求公司按照合理的价格收购其股权。该条规定为中小股东退出公司提供了途径，使中小股东能够通过退出保护自身的利益。公司收购股权是股东转让股权的一种特殊方式，由于收购者是本公司，其性质就不单纯是股权的转让，而是股东撤回投资退出公司的行为。有限责任公司是兼具资合性与人合性的公司，它不仅依靠股东的出资来保证公司的设立和运营，也需要依靠股东的共同努力来经营管理公司。有限责任公司设立以后，其股东不得随意退出公司。当有些有限责任公司的控股股东或代表多数表决权的股东利用股东会决议的方式，长期不向股东分配利润，使中小股东合理期待的利益落空或者蒙受额外风险的威胁时，法律应当为中小股东提供救济的途径。

案例：白某等与兴泰公司股利分配纠纷上诉案——司法不应干涉公司的股利分配自治权 [①]

兴泰公司成立于2004年2月18日，注册资本为685万元。白某、李某、谢某均为兴泰公司的原始股东。其中，白某实物折价出资205.50万元、持股30%，李某实物折价出资137万元、持股20%，谢某实物折价出资274万元、持股40%，又谢某实物折价出资68.50万元、持股10%。《兴泰公司章程》第十七条约定："公司不设董事会，只设一名执行董事，执行董事谢某为公司的法定代表人"，"执行董事对股东会负责，行使以下职权：负责召集股东会，并向股东会报告工作；执行股东会决议；决定公司的经营计划和投资方案；拟订公司的年度财务预算方案、决算方案；制定公司的利润分配方案和弥补亏损方案的权利；拟订公司增加或者减少注册资本的方案；拟订公司合并、分立、变更公司形式、解散的方案"。

白某等认为兴泰公司自开办以来，发展良好，盈利总计在600万元以上，但公司执行董事谢某不依法履行职责，几年来既不通报公司账务，也不按照公

---

① （2011）安民初字第2510号，（2011）泉民终字第1987号。

司章程约定，制订公司的利润分配方案，合理分配股东应得红利，经多次交涉未果。请求法院判决兴泰公司支付应分配股利。

本案中，兴泰公司的公司章程第十七条、第十八条约定，"公司不设董事会，只设一名执行董事""执行董事有制定公司的利润分配方案和弥补亏损方案的权利"。《公司法》第四十六条第（五）项对董事会职权规定"制定公司的利润分配方案和弥补亏损方案"，兴泰公司的公司章程第十七条规定不设董事会，只设一名执行董事，同时约定执行董事职权为"制定公司的利润分配方案和弥补亏损方案"。《公司法》第四条规定："公司股东依法享有资产收益、参与重大决策和选择管理者等权利。"《公司法》第三十四条规定："股东按照实缴的出资比例分取红利；公司新增资本时，股东有权优先按照实缴的出资比例认缴出资。但是全体股东约定不按照出资比例分取红利或者不按照出资比例优先认缴出资的除外。"因此，根据公司法的上述规定和兴泰公司公司章程的规定，只有在兴泰公司的执行董事制定公司的利润分配方案和弥补亏损方案，且由股东会审议批准利润分配方案的情况下，股东才具有实际参与股利分配的权利。

关于股东能否直接起诉公司要求司法干预，强制公司分配股利的问题，公司法对此未做出明确规定。公司股利是否分配以及分配的数额，原则上属于公司自治和股东自治的范围，司法权不能干预股东会的这一权利。股利分配不仅取决于公司是否有可资分配的利润，更为关键的是股利分配方案是否能得到股东会的批准通过。应当说，公司有可资分配的利润存在是公司股利分配的前提，而股利分配方案得到股东会的批准通过，更是公司股利分配的决定性条件。即使当股东会无法通过利润分配方案时，股东也不能请求法院强制公司分配股利。

当然，根据《公司法》第二十二条的规定，如果有关股利分配的股东会议或董事会决议违反法律、行政法规或公司章程的规定，或者存在程序上的瑕疵，股东可以向人民法院提起无效确认之诉或者撤销之诉。如股东会违反章程的规定过分提取公积金，而不分配股利或者很少分配股利并以其作为压榨小股东的手段，受害股东可以申请法院对该决议予以撤销。此外，股东可以依法行使退股权，要求公司按照合理的价格收购其股权。对于股东会通过了股利分配方案，而公司董事会拒不执行该分配方案的，股东可以直接以公司为被告提起给付之诉。因为一旦分配方案得以通过，便在股东和公司之间直接产生了具体的债权债务关系，股东对此当然可以通过诉讼，请求人民法院给予司法上的强制性干预解决。

本案中，白某、李某应当先证明兴泰公司有可资分配的利润存在，但公司的执行董事却不履行董事职责，不提出股利分配方案，且不依法召开股东会会议批准通过的事实。否则，其所提出的分配股利的诉讼请求无法得到支持。

案例：吴某诉百汇物业公司股东分红纠纷案[①]

1997年，山西省临汾市国营色织厂改制变更为百汇物业公司，有300多人入股。吴某也在1997年11月4日投资3000元入股百汇物业公司。后在工商登记时为了符合公司法相关规定，将公司原内部登记的300多名股东分到了13个基金会，由13个基金会组成百汇物业公司。吴某被划分到百汇物业公司下岗职工合股基金会名下。后吴某认为其作为百汇物业公司的股东，百汇物业公司仅给其发放过2000年的福利及待遇，之后未能再享受到任何待遇，遂起诉至一审法院，请求百汇物业公司按规定每月为其发放股东分红份额。

法院经审理后认为，吴某在原色织厂改制时缴纳了入股资金，上诉人百汇物业公司也将其纳入了入股股东名册之中，后在工商登记时为了符合公司法的相关规定，上诉人百汇物业公司将公司原内部登记的300多名股东分到了13个基金会名下，由13个基金会作为股东组成百汇物业公司，吴某被划分到原审第三人百汇物业公司下岗职工合股基金会中，吴某应当享有与百汇物业公司股东的权利义务。另因吴某未提供百汇物业公司股东大会就股东分红做出决议及百

---

① （2014）临民终字第321号。

汇物业公司有可以分配利润的证据,且上诉人百汇物业公司予以否认,故对上诉人吴某主张上诉人百汇物业公司每月给上诉人吴某发放股金分红份额的诉讼请求,不予支持。

通过上述两个案件可以看出,股东提起分红之诉,必须提供相应的证据证明公司可以分红,如股东大会已经决议分配利润而公司未予执行,或者公司章程规定了具体分配条件和分配数额或比例。

(四)特例:股权的增值在继承时能否作为自然人股东的遗产

公司的财产与公司成员的财产是严格分开的,公司的财产权利是法人财产权,其具有独立的人格,股东享有股权是以其对公司的出资为表现,但股东对其出资不具有直接支配权,只是根据出资比例享有分红和参与公司事务等权利。不论股东出资如何增值,均不能作为股东个人的收入,出资人在公司的出资及增值只有在公司清算时,才能对剩余财产按出资比例进行分配。

三、股东退股权

股东退股权,又名异议股东股份收买请求权,是指股东会做出严重影响股东利害关系的决议(如公司营业转让的决议、为限制股份转让而变更章程的决议、公司合并的决议、股份公司转化为有限责任公司的决议和公司宗旨变更的决议)时,股东有权请求公司购回自己的股份。该制度最早源于美国,并被加拿大、意大利、德国、西班牙、日本、韩国等立法所确认。

确认股东的退股权对维护作为"持不同政见者"的中小股东的权益至关重要。现代公司的股东会运作往往实行资本多数决原则。资本多数决的实质是,谁的持股比例高,谁的发言权大。换言之,公司的事务是由有资本的控股股东来决定,而不是小股东说了算。但严格贯彻资本多数决原则的结果是,小股东的投资预期有可能因为股东会的决议而发生突然变化。因此，在特定情形下，股东可以行使退股权，以维护自己的利益。这三种情形分别如下。

一是公司连续五年不向股东分配利润，而公司该五年连续盈利，并且符合公司法规定的分配利润的条件。在该情形下，股东要求分配利润的主张是合法的，但持有公司多数表决权的其他股东却通过股东会决议的形式阻碍了前者分配利润的合理利益的实现。投反对票的股东为防止利益的损失，可以提出退股。

二是公司合并、分立、转让主要财产。在该情形下，公司现有赖以开展生产经营活动的主要财产出现变化，未来的发展充满不确定性甚至可能产生风险；尽管股东会按照资本多数决原则形成了合法的决议，但与代表少数表决权的股东的意愿相反，改变了其在设立公司时的合理利益期待，应允许其退出公司。

三是公司章程规定的营业期限届满或公司章程规定的其他解散事由出现，股东会会议通过修改章程使公司存续。章程规定的营业期限届满或公司章程规定的其他解散事由出现时，公司本应解散，股东可以退出经营。持有公司多数表决权的其他股东通过股东会决议修改公司章程，决定公司存续，已与公司章程订立时股东的意愿产生重大差异，应允许对此决议投反对票的股东退出公司，不能要求少数表决权股东违背自己意愿被强迫面对公司继续经营的风险。

股东行使退股权并非抽逃出资，抽逃出资指的是股东在公司成立时先缴付出资，在公司成立后故意又将出资资金的全部或部分抽回的一种违法行为。此行为的违法性在于使公司资本发生非正常减少，从而使公司清偿债务的能力降低，严重危及公司债权人的合法利益。股东退股在于对"持不同政见者"的中小股东权益的保护，允许"持不同政见者"在特定情形下退出公司的经营。

案例：陈某田与黄桷垭供销公司、南岸供销公司等退股纠纷案[①]

黄桷垭供销社于1961年11月21日分别向社员陈某田、陈某明、刘某、陈某荣发行了面值3元的股票各一张。2004年4月19日，黄桷垭供销社改制为黄桷垭供销公司。陈某田曾向重庆市南岸区信访办信访有关涉案股票退股事宜，重庆市南岸区信访办告知由南岸供销社处理，但南岸供销社回复黄桷垭供销公司可以按原股票面值进行清退，陈某田没有同意。

一审法院认为，陈某田提起诉讼的依据是1961年黄桷垭供销社发行的股票，该股票是我国在特定历史时期参加供销合作社的社员入股而缴纳的股金凭证，入股退股皆在人民政府的管理下依据当时人民政府的相应规定执行。经过数十年，我国社会生活各方面都发生了巨大的变化，也产生了包括本案纠纷在内的诸多历史遗留问题，人民政府也针对相应的历史遗留问题出台了许多政策规定，并依据相应规定对历史遗留问题进行了处理。本案中，信访部门即针对陈某田的诉求明确要求南岸供销社按规定予以妥善处理解决。就供销社社员股金问题，国务院、商业部、中国人民银行均出台过相应的通知予以解决，重庆市南岸区政府针对本辖区的社员股金也出台过通知予以处理。

本案属于特定历史时期的退股问题，对于此类问题，其本质上仍是民事纠纷，但因国务院、商业部、中国人民银行就此类问题出台过相应的通知，可以根据上述部门的通知予以解决，而非通过司法途径解决。

四、请求提起诉讼和单独提起诉讼的权利

当董事、高级管理人员违反法律、行政法规或者公司章程的规定，损害股东利益时，股东可以向人民法院提起诉讼。对董事、高级管理人员具有法律禁止的特定情形的，有限责任公司的股东，可以书面请求监事会或者不设监事会的有

[①] （2017）渝05民终5964号。

限责任公司的监事向人民法院提起诉讼；监事有法律规定的情形的，前述股东可以书面请求董事会或者不设董事会的有限责任公司的执行董事向人民法院提起诉讼，如果监事会、不设监事会的有限责任公司的监事，或者董事会、执行董事收到股东书面请求后拒绝提起诉讼，或者自收到请求之日起 30 日内未提起诉讼，或者情况紧急、不立即提起诉讼将使公司利益受到难以弥补的损害的，上述股东有权为公司的利益以自己的名义直接向人民法院提起诉讼。对他人侵犯公司合法权益，给公司造成损失的，上述股东也可以依法向人民法院提起诉讼。法律赋予股东请求提起诉讼和单独提起诉讼的权利，人民法院对股东的合法诉讼，应予支持。

五、提案权

有限责任公司的股东可以向董事会提交议案，交由股东会讨论表决。提案的内容应当属于股东会或股东大会的议事范围，并有明确议题和具体决议事项。有限责任公司的股东会或者股份有限公司股东大会不得否定股东的提案权。至于股东做出何种提案，由股东自行决定。

六、依法转让出资的权利

股东出资后就不允许再抽回出资。股东要想退出公司，除符合法定情形外，只能将自己的出资或股份转让给他人，不转让是没办法退出的。有限责任公司股东将出资转让给公司股东以外的第三人，公司股东享有优先受让权。这主要是由有限责任公司的人合性特征所决定的。

七、选举权与被选举权

股东作为公司的投资者，其投资设立公司的目的在于获取一定的利益，而公司的管理者对于公司的发展至关重要，公司法规定了股东有选举权和被选举权。股东通过选举权或被选举权的行使，选定最能带领公司发展的管理者，以实现其投资者权益。公司章程一般会对股东选举权的行使做出具体的约定，股东有权根据公司章程的规定，选举自己信任的、符合公司法规定的公司董事和监事的任职资格的董事或监事。同时，股东本人符合公司法规定的公司董事和监事的任职资格，也有权被选举为公司的董事或监事。

八、强制司法解散的权利

在公司股东人数有限、各方股东委任的董事人数基本相当或相同的情况下，如果股东或董事之间发生了激烈的矛盾和冲突，并采取完全对抗的态度，那么任何一方可能都无法形成公司法和公司章程所要求的表决多数，决议的通过近乎不可能，公司陷入僵局。公司僵局造成公司经营管理发生严重困难，如继续存续会使股东利益受到重大损失，通过其他途径又不能解决，持有公司全部股东表决权 1/10 以上的股东，可以请求人民法院解散公司，人民法院对这类起诉应立案受理。

九、股东的表决权

股东的表决权是指股东按其持有的股份对公司事务进行表决的权利，是股东基于投资人的法律地位对公司的有关事项表示自己同意、不同意或放弃发表意见的权利。股东的表决权系基于股东地位而享有的权利，除非依据法律规定，公司章程或股东大会决议不能剥夺或限制股东的表决权。但因公司的意思表示是由股东共同行使表决权形成的，股东通过行使表决权是否能实现利益取决于与该股东利益诉求一致的股东是否占多数。当与大多数股东利益一致时，可以实现其利益诉求；不一致时，就难以实现。

（一）股东表决权行使的原则

股东依出资额享有权益，股东对公司事务的决定支配权力与其对公司投资额的多少成正比。《公司法》第四十二条规定："股东会会议由股东按照出资比例行使表决权，但是公司章程另有规定的除外。"股东原则上以认缴的出资比例为基数。也就是说，股东的表决权，应当根据股东对公司认缴的出资以及该出资在公司注册资本中所占比例的多少，来表达自己对公司事务的意志。认缴出资多的股东，表决权就多一些，反之就少一些。公司章程可以根据具体情况，对股东不以出资比例行使表决权进行特别约定。公司章程可以赋予在公司发展、经营决策等方面具有独到的见解的股东更多的表决权，以促进公司的发展。

（二）股东认缴的出资未届履行期限，对未缴纳的部分的出资是否享有以及如何行使表决权

《公司法》第三十四条规定"股东按照实缴的出资比例分取红利"，未实际缴纳出资的股东的分红权受到限制。但公司法并未就股东未缴纳出资的部分如何行使表决权的问题做出明确规定。《公司法》第四十二条明确股东按照出资比例行使表决权，同时给予公司章程做出特别约定的权利。在确定股东认缴的出资未届履行期限，对未缴纳部分的出资是否享有以及如何行使表决权的问题，应当根据公司章程来确定。公司章程没有规定的，应当按照认缴出资的比例确定。如果股东会做出不按认缴出资比例而按实际出资比例或者其他标准确定表决权的决议，股东请求确认决议无效的，人民法院应当审查该决议是否符合修改公司章程所要求的表决程序，即必须经代表 2/3 以上表决权的股东通过。符合表决程序的，人民法院不予支持；反之，则依法予以支持。

（三）抽逃出资股东的表决权

股东权利是股东基于其资格而对公司享有的权利，那么抽逃出资股东的表

决权是否应当受到限制？股东行使表决权，主要涉及分红和参与公司的经营管理两个方面，抽逃出资股东的表决权的行使应当区分对待。

在股东分红方面，股东投资的目的之一是获得盈利，公司从事经营活动的过程是资本运转的过程，公司利润也是资本运营的结果。对于抽逃出资的股东来说，如果不对其红利分配请求权加以限制，在实质上其就可以较少的投资获取较大的收益，其投入与收益显然是不成比例的，更是对其他股东红利分配请求权的一种变相侵害。为此，应该对股东权利中的经济性权利进行限制，以恢复股东之间利益状态的平衡。在抽逃出资的股东转让股份前，应当责令其返还抽逃的出资，以充实公司的责任财产基础。另外，在公司增资时对于抽逃出资的股东也应当限制其优先购买权。

在参与公司经营管理方面，涉及股东出席股东会权利、股东会提案权、股东知情权等，这些权利的行使更多的是为了满足股东对公司经营状况进行监督的民主需要，且这些监督往往有利于公司的发展，因此，对此类股东权利不宜予以限制。对于股东会上的表决权、选举权与被选举权、提议召开临时股东会会议的权利、股东会的召集和主持权等管理性权利，鉴于股东会是公司的最高权力机关，它决定公司的投资方针和经营计划，选举更换非职工代表担任的董事、监事，修改公司章程，甚至解散公司，从而对公司施加影响，其对公司的存在及经营运作有着重大的意义。特别是股东的表决权，通过表决可以以决议的方式将股东个人意志提升为公司团体意志，从而对公司及其机关都具有拘束力，并且具有执行力，是对公司施加影响的最为有效的手段之一。对抽逃出资股东的此类权利应当予以限制。

案例：鑫荣公司等与中川公司股东表决权纠纷上诉案 [①]

2006年4月28日，原荣昌总公司（甲方）与原告鑫荣公司（丁方）、荣

[①] （2010）荣法民初字第2997号，（2011）渝五中法民终字第1989号。

昌二公司（乙方）、旭立公司（丙方，原名为安北公司）签订协议书。协议书载明：（一）在甲方的基础上，甲、乙、丙、丁四方共同出资，联合组建国家一级建筑施工企业——中川公司。……（八）上述注册资金待中介机构验资和工商部门注册后，中川公司在四方商定的时间内借给甲、乙、丙、丁方使用机械设备、周转材料，若工商部门查验注册资金，必须在商定时间内归还给中川公司查验。（九）成立后的中川公司机构设置：由甲、乙、丙、丁方各委派五、三、三、三位代表组成股东代表大会，由股东代表大会选举产生董事会。

2006年6月1日，原荣昌总公司改制成立中川公司，有11名自然人股东。2006年7月4日，中川公司召开股东会会议修改公司章程，注册资本增至5010万元，增加法人股东3名，即原告鑫荣公司、荣昌二公司和旭立公司。

2006年7月20日，被告中川公司和原告鑫荣公司、荣昌二公司、旭立公司签订会议纪要：（一）同意荣昌二公司、旭立公司、鑫荣公司退出投入升一级企业的全部注册资金中的货币资金，但分别预留10万元作为升一级企业经费。（二）各公司投入升一级企业注册资金中的机械设备和周转材料由各公司随时自行保管使用。

2009年12月31日，中川公司召开甲方第四届股东大会暨董事会、监事会换届选举大会。同日，中川公司又召开甲方第四届董事会第一次会议，选举聂某为中川公司董事长。该次会议原告荣昌二公司和旭立公司到场列席，但不行使表决权；鑫荣公司未到场。截至鑫荣公司起诉之日，此次选举产生的董事、监事尚未办理工商变更登记。中川公司认为，鑫荣公司、荣昌二公司、旭立公司的出资不实，该三原告已不是中川公司的股东，所以未让该三原告在股东会上行使表决权。即使三原告的股东身份存在，由于其出资不实，表决权也应受到限制。

法院经审理认为，中川公司系依法成立的有限责任公司。鑫荣公司、荣昌二公司和旭立公司在增资入股时，其实物出资虽经验资和工商登记，但一直由鑫荣公司、荣昌二公司和旭立公司占有使用至今，且其并未提供证据已将出资的实物转移登记至被告中川公司，并办理相应的所有权变更手续，故其实物出资不能认定为实缴出资。2006年7月20日，中川公司和鑫荣公司、荣昌二公司、旭立公司签订会议纪要后，中川公司已将货币出资退还给鑫荣公司、荣昌二公司、旭立公司。股东违反出资义务，公司可依据股东实缴的出资比例，对其表决权做出相应限制。故中川公司有权对鑫荣公司、荣昌二公司和旭立公司的表决权予以限制。2009年12月31日的股东会，经到会全体股东口头同意按一人一票进行表决，是有表决权的股东一致意思表示，应予认可。

本案中，即使鑫荣公司、荣昌二公司、旭立公司的股东身份存在，由于其抽逃了出资，且鑫荣公司、荣昌二公司、旭立公司在增资入股时，其实物出资虽经验资和工商登记，但一直由其占有使用。庭审中，鑫荣公司、荣昌二公司和旭立公司也未提供证据证明已将出资的实物转移登记至中川公司并办理相应的所有权变更手续，故其实物出资不能认定为实缴出资。因此，中川公司有权对其表决权予以限制。

十、股东的召集权

股东的召集权是指股东认为有召开股东会会议的必要时，按照法律规定提请董事会召集股东会会议，董事会不同意该提议时，依法召集股东会会议的权利。股东会是公司的最高权力机构，公司其他机构行使的职权，直接或者间接来自股东会。股东会采取定期会议和临时会议两种形式来行使权力。

根据公司法的规定，股东会会议由公司董事根据公司法和公司章程的规定召集，股东会的首次会议应由出资最多的股东召集和主持，只有在董事会和监事会都不召集和主持股东会时，持有法定比例表决权的股东才能召集并主持股东会。股东的召集权包括提议权、召集权和主持权。股东行使召集权应当符合法定条件。《公司法》第四十条第三款规定："董事会或者执行董事不能履行或者不履行召集股东会会议职责的，由监事会或者不设监事会的公司的监事召集和主持；监事会或者监事不召集和主持的，代表十分之一以上表决权的股东可以自行召集和主持。"董事会、监事会对股东召集请求权不予理睬包括明确地拒绝或虽不明确拒绝但迟迟不召开，在这两种情形下，股东都有权召集股东会会议。

实践中，涉及董事会、监事会对股东召集请求权不予理睬的"一定期间"如何确定的问题，一旦董事会不履行或者不能履行股东会会议召集职责时，公司可能处于一种非正常状态，若这一时间过长，可能给公司或股东带来难以弥补的损失，可以结合具体的情况，确定在10~15日。

第三节　股东义务

股东的义务是指股东基于股东资格而对公司所承担的作为或者不作为的义务。股东在享有权利的同时，也应当承担相应的义务，包括出资的义务和不得滥用权利的义务。

一、出资的义务

股东必须按照约定的出资标的、数额、时间缴纳出资。根据公司法的规定，股东负有出资义务。股东不履行出资义务或者履行出资义务有瑕疵的，公司法规定了要承担违约责任；对于虚假出资的，公司法规定要责令改正，严重的还要追究其刑事责任。从这些规定可以看出，出资瑕疵、出资不到位并不当然导致股东资格的丧失，相反，对于虚假出资者有关主管部门还要责令其改正，而责令改正的前提就是认定其是股东（尽管其虚假出资或者出资瑕疵，甚至没有出资），正是基于这一点，才应当责令其履行股东的义务——出资。

股东的出资义务有双重性质，一方面，出资是股东之间的合同义务。在有限责任公司，数人相约共同出资成立公司，作为合同一方当事人自当履行对其他当事人的承诺，按约向公司缴纳出资；没有按约履行义务的，应当承担违约责任。另一方面，出资是公司法上的法定义务。公司依法登记成为社会经济活动的一个主体，公司股东即应根据登记的内容履行出资义务，以保障公司资本之真实和充实；没有适当履行法定的出资义务的，有关主管部门可以责令其改正，公司的债权人亦可主张其在出资不足的范围内，承担公司债务。

对这类因为出资瑕疵、出资不到位产生的纠纷进行处理时，应注意坚持一条重要原则——解决资本充实问题，这是处理当事人关于否认出资不到位者股东资格之主张的前提。解决资本充实问题有两个途径：一个是转让股权，即由出资不到位者将相应的股权（因未出资而只是一个空壳）转让给他人，以此确定出资义务人，解决因为否认出资不到位股东资格而产生的出资义务人缺位问题，这是一种积极的方式。另一个是一种消极方式，即履行减资程序，通过公司法规定的减资程序，减少注册资本，使股东的实际出资与注册资本相一致。在通过上述途径之一确保资本充实的前提下，解除当事人之间的出资协议，即解除出资不到位者股东身份，方为顺理成章。

二、不得滥用权利的义务

公司股东应当遵守法律和公司章程，依法行使股东权利，不得滥用股东权利损害公司或者其他股东的利益，不得滥用公司法人独立地位和股东有限责任损害公司债权人的利益。公司股东滥用股东权利给公司或者其他股东造成损失的，应当依法承担赔偿责任。公司股东滥用公司法人独立地位和股东有限责任，逃避债务，严重损害公司债权人利益的，应当对公司债务承担连带责任。

| 有限责任公司法律问题精要与指引

案例：陈某诉联通公司决议效力确认纠纷案[①]

联通公司于 2000 年 12 月 26 日设立。2015 年 5 月联通公司向江阴市市场监督管理局备案的公司章程载明："第六条，联通公司注册资本 19516 万元。第七条，联通公司股东陈某，出资数额 585.48 万元；刘某，出资数额 195.16 万元；六某，出资数额 5464.48 万元；宝昌公司，出资数额 975.80 万元；张某，出资数额 975.80 万元；通干公司，出资数额 8721.76 万元；昌荣公司，出资数额 2597.52 万元。"

2015 年 12 月 25 日，联通公司召开股东会会议，并做出股东会决议，主要内容包括：应到会股东七方，实际到会股东五方，参会股东共代表 96% 的表决权。①修改公司章程；②联通公司注册资本从 19516 万元减至 11516 万元；③公司减资后股东愿意承担减资部分的相应法律责任。六某、宝昌公司、张某、通干公司、昌荣公司同意上述决议并在决议上签字；陈某、刘某未出席会议，亦未签字确认。2015 年 12 月 30 日，联通公司根据 2015 年 12 月 25 日股东会决议在《江阴日报》刊登减资公告。2016 年 3 月 16 日，六某、宝昌公司、张某、通干公司、昌荣公司五名股东在《债务担保说明》上签字，《债务担保说明》主要载明：联通公司七方股东愿意承担减资部分的相应法律责任。

2016 年 3 月 16 日，联通公司召开股东会会议，并做出股东会决议，主要内容包括：联通公司注册资本从 19516 万元减至 11516 万元。股东减资情况为：张某减少出资 588.24 万元，宝昌公司减少出资 588.24 万元，通干公司减少出资 5257.68 万元，昌荣公司减少出资 1565.84 万元。减资后股东的出资情况为：陈某出资 585.48 万元，刘某出资 195.16 万元，六某出资 5464.48 万元，张某出资 387.56 万元，宝昌公司出资 387.56 万元，通干公司出资 3464.08 万元，昌荣公司出资 1031.68 万元。2016 年 4 月 1 日，江阴市市场监督管理局做出准予变更登记通知书，联通公司注册资本由 19516 万元变更为 11516 万元。

---

① （2017）苏 02 民终 1313 号。

2016年3月18日，联通公司召开股东会会议，并做出股东会决议，主要内容包括：应到会股东七方，实际到会股东五方，参会股东共代表93.22%的表决权。①章程修正案；②联通公司注册资本从11516万元减至6245.12万元；③公司减资后股东愿意承担减资部分的相应法律责任。六某、宝昌公司、张某、通干公司、昌荣公司同意上述决议并在决议上签字；陈某、刘某未出席会议，亦未签字确认。2016年4月6日，联通公司根据2016年3月18日股东会决议在《江阴日报》刊登减资公告。2016年5月23日，六某、宝昌公司、张某、通干公司、昌荣公司五名股东在《债务清偿或提供担保的说明》上签字，《债务清偿或提供担保的说明》主要载明：联通公司已对债务予以清偿或提供了相应担保。

2016年5月23日，联通公司召开股东会会议，并做出股东会决议，主要内容包括：联通公司注册资本从11516万元减至6245.12万元。股东减资情况为：张某减少出资387.56万元，宝昌公司减少出资387.56万元，通干公司减少出资3464.08万元，昌荣公司减少出资1031.68万元。减资后股东的出资情况为：陈某出资585.48万元，刘某出资195.16万元，六某出资5464.48万元。2016年5月31日，江阴市市场监督管理局做出公司准予变更登记通知书，联通公司注册资本由11516万元变更为6245.12万元。股东变更为陈某、刘某、六某三方。

联通公司于2015年1月22日、2015年5月13日、2016年3月16日、2016年5月23日备案四份公司章程，上述章程第十一条载明：股东会会议分为定期会议和临时会议。召开股东会会议，应当于会议召开十五日前通知全体股东。上述章程第十三条载明：股东会会议做出修改公司章程、增加或者减少注册资本的决议，以及公司合并、分立、解散或者变更公司形式的决议，必须经代表三分之二以上表决权的股东通过，对于其他事项必须经代表半数以上表决权的股东通过。

联通公司在一审庭审中自认，2015年12月25日、2016年3月16日、2016年3月18日、2016年5月23日四次股东会未通知陈某参加会议，诉争减资款项按等额股本金实际已交付减资股东。陈某经查询工商登记信息知晓联通公司发生减资，于 2016 年 8 月 11 日诉讼至法院。

江苏省江阴市人民法院于 2017 年 1 月 8 日做出（2016）苏 0281 民初 10874 号民事判决：确认江阴联通实业有限公司 2015 年 12 月 25 日股东会决议第二项、2016 年 3 月 16 日股东会决议第三项、2016 年 3 月 18 日股东会决议第二项、2016 年 5 月 23 日股东会决议第二项内容无效。宣判后，联通公司向江苏省无锡市中级人民法院提起上诉。江苏省无锡市中级人民法院于 2017 年 8 月 16 日以同样的事实认定做出（2017）苏 02 民终 1313 号民事判决：驳回上诉，维持原判。

法院经审理认为，根据公司法的规定，股东会的决议内容违反法律、行政法规的无效；股东会的召集程序、表决方式违反法律、行政法规或章程的，或者决议内容违反公司章程的，股东可以自决议做出之日起 60 日内请求法院撤销。本案中，联通公司未通知陈某参加股东会会议，而直接做出关于减资的股东会决议，从形式上看仅仅是召集程序存在瑕疵，但从决议的内容来看，联通公司股东会做出的关于减资的决议已经违反法律，陈某可以请求确认该股东会决议无效。理由如下：①司法规定，股东会会议做出减少注册资本的决议，必须经代表 2/3 以上表决权的股东通过。该规定中"减少注册资本"仅指公司减少注册资本，而并非涵盖减资在股东之间的分配。由于减资存在同比减资和不同比减资两种情况，不同比减资会直接突破公司设立时的股权分配情况，如果只要经代表 2/3 以上表决权的股东通过就可以做出不同比减资的决议，实际上是以多数决的形式改变公司设立时经发起人一致决所形成的股权架构，故对于不同比减资，应由全体股东一致同意，除非全体股东另有约定。②在联通公司对部分股东进行减资，而未对陈某进行减资的情况下，不同比减资导致陈某持有的联通公司股权从 3% 增加至 9.375%，而从联通公司提供的资产负债表、损益表来看，联通公司的经营显示为亏损状态，故陈某持股比例的增加在实质上增加了陈某作为股东所承担的风险，损害了陈某的股东利益。③股东应当遵守法律、行政法规和公司章程，依法行使股东权利，不得滥用股东权利损害公司或者其他股东的利益；而联通公司召开的四次股东会均未通知陈某参加，并且利用大股东的优势地位，以多数决的形式通过了不同比减资的决议，直接剥夺了陈某作为小股东的知情权、参与重大决策权等程序权利，也在一定程度上损害了陈某作为股东的实质利益。

因此，对于公司的大股东利用其优势地位，在召开关于减资的股东会会议时，屡次故意不通知小股东，并通过多次股东会决议对除小股东之外其余股东予以减资，并在公司支付对价完毕后办理工商变更登记，该类股东会决议属于违反《公司法》第二十条规定的情形，应认定为无效。《公司法》第二十条规定："公司股东应当遵守法律、行政法规和公司章程，依法行使股东权利，不得滥用股东权利损害公司或者其他股东的利益，不得滥用公司法人独立地位和股东有限责任损害公司债权人的利益。公司股东滥用股东权利给公司或者其他股东造成损失的，应当依法承担赔偿责任。公司股东滥用公司法人独立地位和股东有限责任，逃避债务，严重损害公司债权人利益的，应当对公司债务承担连带责任。"

三、因股东不履行出资义务而产生的纠纷

股东出资纠纷，是指公司股东在公司设立或者增加资本时，根据法律法规、认股协议或者公司章程的规定，向公司履行出资义务，取得股权的纠纷。出资是股东对公司的基本义务，也是形成公司财产的基础。如果股东未按规定缴纳出资，或者虚假出资、出资不足、抽逃出资等，即可能引发公司与股东、股东与股东、股东与债权人之间的出资纠纷和诉讼，股东可能被起诉而依法承担继续履行、损害赔偿等违约责任。

基于出资制度在整个公司制度中的重要意义，公司法对于股东出资的数额、期限、方式及其责任等都有所规定，公司法还规定了未履行义务股东或者发起人的补缴差额责任和其他股东或发起人的连带认缴责任。此外，因违反出资义

务而造成公司其他已履行义务的出资人损失的,还须承担损害赔偿责任。

根据最高人民法院发布的《民事案件案由规定》,股东出资纠纷包括以下几种类型。

(一)虚假出资纠纷

虚假出资是指股东认购出资而未实际出资,取得公司股权的情形。虚假出资的具体表现形式包括:以无实际现金流通的虚假银行进账单、对账单骗取验资报告,以虚假的实物出资手续骗取验资报告,以实物、知识产权、土地使用权出资但未办理产权转移手续,等等。

案例:华兴公司诉刘某虚假出资纠纷案[①]

原告华兴公司系由华兴机械公司改制更名而来,被告刘某系公司股东之一。2003年6月24日,原告的前身华兴机械公司股东大会决议借用企业改制应支付给职工的安置补偿金429.11万元增加公司资本金,各股东按原出资比例承担补偿金支付责任,被告刘某认缴8.10万元。

2009年10月22日,华兴机械公司股东会决议增资,被告刘某认缴9.44万元,承诺交付期限为2009年10月。2009年12月24日,华兴机械公司股东会决议增资,被告刘某认缴1.89万元,承诺交付期限为2009年12月。2010年5月8日,华兴机械公司股东会决议增资,被告刘某认缴11.32万元,承诺交付期限为2010年5月。2010年9月16日,华兴机械公司股东会决议增资,被告刘某认缴11.32万元,承诺交付期限为2010年10月。

后管理人在审计原告华兴公司的重整申请时发现,被告于2009年10月23日缴纳出资款9.44万元,2009年12月25日缴纳出资款1.89万元,2010年5月11日缴纳出资款11.32万元,2010年10月15日缴纳出资款11.32万元。上

---

① (2017)苏1084民初5708号。

述四笔出资是先由华兴机械公司将资金汇给与其具有关联关系的欧亿尔公司和蓝宝石公司,再由两公司将款项打入被告个人账户后,由被告缴至原告验资账户。关于原告公司事先打入欧亿尔公司和蓝宝石公司账户,再由欧亿尔公司和蓝宝石公司账户汇入股东个人账户,最后由股东个人账户返还至原告公司账户的事实已被生效的(2016)苏1084民初641号江苏省高邮市人民法院民事判决书予以确认。管理人由此认为被告的上述行为为虚假出资。

法院认为,股东应当按期足额缴纳公司章程中规定的各自所认缴的出资额,这是股东的法定义务。股东出资后,公司的资产独立于股东。本案中,被告刘某在原告前身华兴机械公司增资时所认缴的出资中,2003年6月24日的8.10万元系被告借用公司改制时应支付给职工的安置补偿金缴纳,被告等股东在借用时承诺由股东个人按原出资比例负责清偿,但事实上该款最终是以公司资金陆续支付给了职工。被告并未实际支付。被告于2009年10月23日、2009年12月25日、2010年5月11日、2010年10月15日缴纳的其他四笔出资款共计33.97万元,现有证据证明华兴公司四次增资行为的资金流向,系由华兴公司将资金先汇至欧亿尔公司、蓝宝石公司,再由欧亿尔公司、蓝宝石公司将款项汇入包括被告在内的公司股东的个人账户,最后由公司股东将资金缴至华兴公司账户。结合原告所提供证据,以及(2016)苏1084民初641号江苏省高邮市人民法院民事判决书所认定的事实,已经可以证明被告的出资来源于华兴公司自身。以2010年10月的增资为例,原告公司于2010年10月15日将用于增资的600万元转入欧亿尔公司账户,当日欧亿尔公司即将600万元按23名股东各自的出资比例拆分汇入股东个人账户,被告也于2010年10月15日当天将所转入的资金全部转入验资账户完成出资。整个资金流转过程的时间紧扣,金额完全一致,恰恰证明被告是利用原告企业自有资金出资的事实,而被告并未实际履行出资义务,依法应承担补缴责任。

虚假出资者采用欺诈手段谋求更多的交易机会,不利于保护公司债权人的利益和交易安全,立法上对此类行为做出否定性评价。立法者在鼓励投资和保护公司债权人、交易安全两者之间进行平衡，根据特定时期的经济、社会发展程度做出相应的调整。在修改公司法及相关配套法律的基础上，对《中华人民共和国刑法》（以下简称《刑法》）第一百五十八条、第一百五十九条关于虚报注册资本罪、虚假出资罪的规定也进行了相应的调整，2014年通过的《关于〈中华人民共和国刑法〉第一百五十八条、第一百五十九条的解释》，对虚报注册资本罪、虚假出资罪、抽逃出资罪的适用范围做出立法解释："《刑法》第一百五十八条、第一百五十九条的规定，只适用于依法实行注册资本实缴登记制的公司。"适用注册资本认缴制的公司不再适用《刑法》第一百五十八条、第一百五十九条的规定。

（二）出资不足纠纷

出资不足是指在约定的期限内，股东仅仅履行了部分出资义务或者未能补足出资的情形。出资不足的具体表现形式包括：货币出资只履行了部分出资义务，作为出资的实物、知识产权、土地使用权的实际价额显著低于公司章程所定价额。出资不足的股东，应当补缴出资或向其他股东承担违约责任。

案例：姚某诉王某等追偿权纠纷案[①]

天普绿化公司与中行海陵支行签订《流动资金借款合同》，约定发放贷款400万元。同日，金算盘公司与中行海陵支行签订的《最高额保证合同》，为债权人中行海陵支行与债务人天普绿化公司之间签署的《授信额度协议》及依据该协议已经和将要签署的单项协议提供最高额连带保证责任。姚某为天普绿化公司股东，后天普绿化公司修改公司章程，增加注册资本1500万元，姚某应于2016年6月30日前认缴增资775万元，但其并未履行该项义务。天普绿化公司在贷款期满后未按约还款，金算盘公司作为连带责任保证人代偿借款，依

[①] （2017）苏12民终2636号。

法取得向天普绿化公司行使追偿的权利。金算盘公司将上述债权及相应权利一并转让给王某。

本案中，姚某作为天普绿化公司的股东，其应当依法全面履行出资义务。王某作为债权的受让人，其要求天普绿化公司偿还代偿款以及要求姚某在未出资本息范围内，根据《公司法司法解释（三）》第十三条的规定，对天普绿化公司的债务中不能清偿的部分承担补充赔偿责任。

公司设立时的股东或者发起人未足额缴纳货币出资或股款，或者以实物等出资时未按约定出资，或者公司成立后发现其实际价额显著低于所定价额的，公司有权以设立时的股东或者发起人为被告提起补足差额的给付之诉，并有权要求设立时的股东承担连带责任。

案例：杨某、博士伦公司再审民事判决书[1]

博士伦公司与明视达公司订立买卖合同，后发生纠纷。法院依法做出判决，判令明视达公司于判决生效之日起十日内向博士伦公司支付货款100万元，并支付利息30万元。该判决生效后，被执行人明视达公司未在法定期限内自动履行义务。博士伦公司向法院申请强制执行，在执行过程中查明明视达公司无财产可供清偿债务。

明视达公司的法定代表人为杨某，1998年明视达公司增加其注册资本，杨某应增资170万元但未实际履行增资义务。后追加杨某为被执行人。法院认为，杨某应在增加注册资本170万元不实的范围内对博士伦公司承担责任。公司债权人请求未履行或者未全面履行出资义务的股东在未出资本息范围内对公司债务不能清偿的部分承担补充赔偿责任。本案中，明视达公司对生效判决确定的到期债务未能及时履行，杨某应在增资不实的170万元范围内对博士伦公司承担责任并无不当。

---

[1] （2017）豫民再339号。

（三）逾期出资纠纷

逾期出资是指股东没有近期缴足出资的情形。公司法允许注册资本分期缴纳，规定了首次出资的最低限额。实践中，经常发生的纠纷是股东首次出资符合法律规定及约定，但未按照规定的时间履行首期出资之后的分期出资义务。

适用注册资本认缴制的公司，股东逾期出资的，根据《公司法司法解释（三）》第十三条、第十九条和第二十条的规定，股东在未出资范围内对公司债务不能清偿的部分承担补充赔偿责任。股东仅需承担逾期出资的民事责任，无须承担逾期出资的行政、刑事责任。

适用注册资本实缴制的公司，公司除应当承担民事责任外，还有可能要承担行政责任。如果未履行出资义务，数额巨大、后果严重的，可能涉嫌违反《刑法》第一百五十九条的规定，进而承担相应的刑事责任。《公司注册资本登记管理规定》第十六条规定："法律、行政法规以及国务院决定规定公司注册资本实缴的，其股东或者发起人虚假出资，未交付作为出资的货币或者非货币财产的，由公司登记机关依照《公司登记管理条例》的相关规定予以处理。"《公司登记管理条例》第六十六条规定："公司的发起人、股东虚假出资，未交付或者未按期交付作为出资的货币或者非货币财产的，由公司登记机关责令改正，处以虚假出资金额5%以上15%以下的罚款。"

（四）抽逃出资纠纷

抽逃出资是股东在公司成立后违法将出资收回。抽逃出资的具体形式包括：股东设立公司时，验资后将出资转出，公司并未实际使用出资；公司收购股东的股份，但未按规定处置该股份；公司未弥补亏损、提取法定公积金即先行分配利润；公司制作虚假会计报表进行利润分配；公司利用关联交易转移出资；等等。

公司是以资本为核心的企业组织形式，投资者出资是公司资本形成的基础，因此出资是股东的一项基本义务，抽逃出资行为是违反出资义务的表现之一，而且抽逃出资是比瑕疵出资性质更严重、情节更恶劣的行为，其严重影响了交易安全，给公司及公司债权人的利益带来了重大损害。我国公司法对股东抽逃出资行为未明确定义，但一般认为抽逃出资是指股东已出资，但在出资后非法将与其所缴纳出资相应的出资额部分或全部抽回，从而达到不出资或少出资但保有股东身份目的的行为。根据抽逃出资的概念，构成抽逃出资须符合下列要件：①抽逃出资的主体是公司股东。②抽逃出资股东具有欺诈的故意。③抽逃出资行为是发生在公司成立后，且损害公司权益。④股东实施将其缴纳的出资全部或者部分抽走的行为。随着社会经济的发展，在实践中股东抽逃出资的表现形式复杂多样。为打击抽逃出资行为，《公司法司法解释（三）》第十二条规定："公司成立后，公司、股东或者公司债权人以相关股东的行为符合下列情形之一且损害公司权益为由，请求认定该股东抽逃出资的，人民法院应予支持：（一）制作虚假财务会计报表虚增利润进行分配；（二）通过虚构债权债务关系将其出资转出；（三）利用关联交易将出资转出；（四）其他未经法定程序将出资抽回的行为。"

抽逃出资行为也符合侵权责任的构成要件：第一，股东抽逃出资侵害了公司权益。公司有独立的法人财产，享有法人财产权，股东抽逃出资是对公司法人财产的侵害。第二，股东抽逃出资具有违法性。股东抽逃出资是不实际履行出资义务的表现，违反了公司法的规定，具有违法性。第三，股东抽逃出资的行为与公司法人财产受到损害的结果有因果关系。第四，抽逃出资股东有过错。从抽逃出资的具体表现形式来看，股东主观上一般表现为故意。结合抽逃出资的具体情形，股东抽逃出资承担的责任形式主要为返还出资本息和赔偿损失。股东抽逃出资，不仅应由其返还所抽逃的出资本息，还应赔偿给公司造成的其他损失。《公司法司法解释（三）》第十四条第一款规定："股东抽逃出资，公司或者其他股东请求其向公司返还出资本息、协助抽逃出资的其他股东、董事、高级管理人员或者实际控制人对此承担连带责任的，人民法院应予支持。"

案例：江苏法尔胜与河南龙光买卖合同纠纷案[①]——执行程序中对瑕疵股权转让的处理

河南龙光系于1995年9月8日设立，设立时企业名称为龙光消防公司（2004年4月10日变更为现名称），注册资金为100万元，分别由海南龙光、袁某各出资50万元，均以货币出资。2002年3月16日，河南龙光申请变更注册资金为600万元，即由海南龙光增资500万元。同年3月21日，豫美公司以转账支票的形式将500万元转入河南龙光的银行账户，用途为转款。该款被当作海南龙光的增资款并经会计师事务所有限公司验资后，于次日又被河南龙光以转账支票的形式转入豫美公司的银行账户，用途也为转款。该增资行为已被工商行政管理部门核准。2007年9月26日，河南龙光的法定代表人郭某与海南龙光签订一份股权转让协议，约定海南龙光将其在河南龙光的股份550万元全部转让给郭某，海南龙光从转让之日起不再享有和承担股东的权利和义务，转让前后的债权债务由郭某承担。股东变更行为经工商行政管理部门核准。2010年5月26日，法尔胜公司向法院提交书面申请，认为河南龙光的股东海南龙光在增资时，抽逃注册资金，且原股东海南龙光的权利义务已由新股东郭某承继，申请追加郭某为本案被执行人，在抽逃出资范围内对其承担责任。

法院经审理认为，有限责任公司的注册资本为在公司登记机关登记的全体股东认缴的出资额，股东应当按期足额缴纳公司章程中规定的各自所认缴的出资额。公司成立后，股东不得抽逃出资。海南龙光在增资时，以豫美公司的500万元当作增资款在验资后的次日又转给豫美公司，用途均为转款，应认定海南龙光抽逃注册资金。海南龙光将其在河南龙光的股份转让给郭某，并约定转让前后的债权债务由郭某承担，故郭某应在海南龙光抽逃的500万元注册资金范围内对江苏法尔胜承担责任，江苏法尔胜的申请应予支持。法院遂裁定追加郭某为被执行人，在500万元范围内对江苏法尔胜承担清偿责任。

[①] （2010）澄执字第1235号。

资本充实是公司法的基本要求，股东抽逃出资属于瑕疵出资，是对公司资本充实原则的严重破坏，并会损及公司债权人的利益。特别是在公司作为被执行人且无财产清偿债务时，抽逃出资的股东转让其瑕疵股权，受让人取得该瑕疵股权后由谁来对申请执行人承担责任，公司法及相关法律并没有做出明确规定，在审判实践中亦存在较大争议。

抽逃出资属于瑕疵出资，发起人或股东将出资打入公司账户后，该部分出资就转化为公司财产。本案中，海南龙光在增资时将500万元资金打入河南龙光银行账户，并在验资后的第二天将该500万元转走，属于典型的验资后抽逃出资行为。因此，海南龙光持有的对河南龙光的550万元股权属于瑕疵股权。

另外，本案是否追加郭某为被执行人的前提是海南龙光将瑕疵股权转让给郭某的合同效力问题，即瑕疵股权是否可以转让。依据公司法相关规定，发起人只要于公司成立后，其名字在公司内部记载于公司章程、股东名册，外部记载于公司登记机关，并取得出资证明书，就享有股东资格，可以主张行使股东权利。即瑕疵出资的情形并不影响股权的设立和享有，具备股东的形式要件而不必具备出资的实质要件就可以具备公司股东资格，不能因为其出资瑕疵而轻易地否定抽逃出资股东的股东资格，瑕疵股权仍具有可转让性。此外，股东与公司之间出资义务的履行和股权转让协议合同双方的股权转让关系是两个不同的法律关系，股东抽逃资金并不影响其股权的真实性。因此，股东抽逃出资与否不影响股权转让合同的效力，只要转让协议不具备合同法规定的无效或者可撤销的情形，转让协议就是有效的。本案中，海南龙光将瑕疵股权转让给郭某，不存在转让协议无效或者申请撤销的情形，并且股东变更行为经公司章程明确且经工商行政管理部门核准，瑕疵股权转让协议有效，郭某成为河南龙光的股东。

案例：连麦克轻公司与大连海洋渔业公司追收未缴出资纠纷[①]

大连工程总承包公司、大连市建筑设计研究院系连麦克轻公司原股东，其以库房车间场地和办公室作为出资，但该土地和房屋未办理过户手续，经法院确认，出资未到位金额为人民币134万元。2004年12月20日，大连海洋渔业公司分别与大连工程总承包公司、大连市建筑设计研究院签订《麦克公司股权转让协议》，两单位分别将持有的连麦克轻公司全部股权无偿转让给大连海洋渔业公司。连麦克轻公司向法院起诉，请求大连海洋渔业公司向其补足人民币134万元出资及利息。

大连海洋渔业公司通过股权转让协议承接了大连工程总承包公司、大连市建筑设计研究院的股东权利与义务，因此，根据《公司法》第二十八条的规定："股东应当按期足额缴纳公司章程中规定的各自所认缴的出资额。股东以货币出资的，应当将货币出资足额存入有限责任公司在银行开设的账户；以非货币财产出资的，应当依法办理其财产权的转移手续。"股东不按照前款规定缴纳出资的，除应当向公司足额缴纳外，还应当向已按期足额缴纳出资的股东承担违约责任。股东对公司负有出资义务，其将股权转让后，新股东应对公司履行原股东的出资义务。大连海洋公司应当承担大连工程总承包公司、大连市建筑设计研究院未履行的股东出资义务。

案例：胡某与汤某股权纠纷上诉案[②]

金汇通公司原名称为马迪尔商贸有限公司，系自然人股东苏某、孙某、胡某共同出资组建，注册资本为100万元。其中苏某出资60万元，孙某出资20万元，胡某出资20万元。1998年1月5日取得企业法人营业执照。2003年6月，马迪尔商贸有限公司召开股东会，形成以下决议：①变更公司名称。

---

① 辽宁省大连市中级人民法院（2014）大民三初字第8号民事判决书。
② （2011）郑民四初字第16号，（2011）豫法民二终字第199号。

原名称变更为金汇通公司，名称变更前公司债权债务由名称变更后的公司承担。②变更经营范围。公司经营范围变更为实业投资、股权投资、企业并购、投资顾问。③变更公司注册资本。公司注册资本100万元增加至1500万元，新增注册资本由新进股东汤某全部认缴。公司注册资本变更后，公司股东及出资情况为：苏某出资60万元，孙某出资20万元，胡某出资20万元，汤某出资1400万元。④免去孙某公司董事职务，增选汤某为公司董事，成立新董事会，由苏某、胡某、汤某三位董事组成，由董事会选举董事长和法定代表人。选举胡某为公司董事长、法定代表人，免去苏某的原董事长、法定代表人职务。随后，汤某出资1400万元，公司注册资本实收金额为1500万元。马迪尔商贸有限公司换发了金汇通公司的企业法人营业执照。

2004年10月16日，金汇通公司形成股东会决议：公司注册资本由1500万元变更为5500万元，新增注册资本4000万元由股东胡某全部认缴。注册资本变更后，公司股东出资情况为：苏某出资60万元，孙某出资20万元，胡某出资4020万元，汤某出资1400万元。金汇通公司委托胡某办理公司变更业务。关于胡某增资4000万元的有关情况是：2004年10月18日河南久远会计师事务所有限公司做出豫久远内验字（2004）第186号验资报告，验资报告载明：截至2004年10月18日，金汇通公司已收到股东胡某缴纳的新增注册资本人民币4000万元。胡某于2004年10月18日缴存中国建设银行郑州市金水支行商城路分理处人民币账户4000万元。2004年10月17日至10月30日金汇通公司在中国建设银行郑州市金水支行商城路分理处人民币账户资金往来明细显示：2004年10月18日该账户转入4000万元，2004年10月19日该账户转出4000万元。没有证据表明金汇通公司实际使用了该项资金。

2004年10月18日，金汇通公司向河南省工商行政管理局申请公司变更登记，变更事项为注册资本由1500万元变更为5500万元。河南省工商行政管理局依据金汇通公司提交的相关材料，依法对金汇通公司注册资本进行了变更。

法院经审理认为，根据查明的事实，胡某于2004年10月18日缴存中国建设银行郑州市金水支行商城路分理处人民币账户4000万元，但该款于次日即2004年10月19日转出。该4000万元仅是用于验资，验资后即从该公司账户转出，并未用于公司经营。胡某上诉主张该4000万元增资系用于金汇通公司对河南平正高速公路发展有限公司的投资，而其提交证据中的验资报告显示，金汇通公司于2004年10月14日即已缴入驻马店市人民政府高速公路建设指挥部保证金4250万元，并经全体股东确认为投资款4000万元；故胡某主动汇出的4000万元系用于对河南平正高速公路发展有限公司的投资这一主张不能成立。胡某亦不能提交相应的转款凭证，法院最终认为其提交的现有证据不能证明其增资的4000万元是用于金汇通公司的对外投资。

　　本案是较为典型的抽逃出资的行为，抽逃出资的股东没有充分证据证明公司转出的资金系用于对外投资或其他合法用途，应当认定该转让资金的行为为抽逃出资的行为。

第六章

股东会决议与公司经营秩序

第六章
股东会决议与公司经营秩序

第一节　股东会

一、股东会的组成

《公司法》第三十六条规定："有限责任公司股东会由全体股东组成。股东会是公司的权力机构，依照本法行使职权。"股东会是由股东组成的机构，参加股东会是股东的法定权利，是股东作为投资人的所有者权益的重要体现，公司不得剥夺股东的该项权益。非公司出资者，不能作为公司的股东，当然也不能成为股东会成员。股东可以亲自出席股东会会议行使股东权利，也可以委托他人代为出席股东会会议。股东委托他人出席股东会会议，代其行使股东权利的，应当出具书面委托书，明确委托事项、授权范围等。

从实质意义上讲，股东会是指依照公司法、公司章程的规定而设立的由全体股东组成的决定公司重大问题的公司权力机构。《公司法》第三十六条规定，股东会是公司的权力机构，即表示公司的一切重大问题，由该机构做出决策。所谓权力机构，是指股东会负责公司重要事项的决策，虽然对外并不直接代表公司，对内也不直接从事经营活动，但有权决定公司的重大事项。股东会是公司的权力机构，其他机构由它产生，并对它负责。股东会做出的决定，公司的其他机构，如董事会、监事会等必须执行。董事会、监事会应当执行股东会的决定，行使职权不得与股东会的决定相抵触。

股东会的主要职权是"决定"，而不是"制定"和"执行"，其既区别于执行机构，又区别于监督机构和咨询机构。股东会只负责就公司的重要事项做出决议，集体行使所有者权益。股东会通过会议来行使权力，不设日常办公机构和办公人员，这也是由股东会的权力性质和所有权与经营权相分离的现代公司制度的基本原理所决定的。《公司法》第三十七条对股东会的职权做了明确的规定，划定了具体的范围。

二、股东会的职权

股东会应当依照法律和公司章程的规定行使自己的职权，但股东会的职权也不应被无限地扩大。股东会职权是法定的，不能超越职权，代行公司其他机构如董事会、监事会的职权，否则将难以保证所有权与经营权相分离，不利于公司的长远发展。《公司法》第三十七条规定："股东会行使下列职权：（一）决定公司的经营方针和投资计划；（二）选举和更换非由职工代表担任的董事、监事，决定有关董事、监事的报酬事项；（三）审议批准董事会的报告；（四）审议批准监事会或者监事的报告；（五）审议批准公司的年度财务预算方案、决算方案；（六）审议批准公司的利润分配方案和弥补亏损方案；（七）对公司增加或者减少注册资本做出决议；（八）对发行公司债券做出决议；（九）对公司合并、分立、解散、清算或者变更公司形式做出决议；（十）修改公司章程；（十一）公司章程规定的其他职权。对前款所列事项股东以书面形式一致表示同意的，可以不召开股东会会议，直接做出决定，并由全体股东在决定文件上签名、盖章。"

股东会享有的上述十一项职权，可归纳为六个方面的权利。

一是决定公司的经营方针和投资计划的权利。公司的投资计划和经营方针是公司经营的目标方向和资金运用的长期计划，这样的计划和方针是否可行，能否给公司和股东带来利益，将深刻影响股东的收益预期，决定公司的命运与未来，是公司的重大问题，应由公司股东会来决策。

二是选任董事、监事的权利。股东会有权选举和更换本公司的非由职工代表担任的董事、监事，并可以对不合格的董事、监事予以更换。董事、监事受公司股东会委托或委任，为公司服务，对股东会负责。有关董事、监事的报酬事项，包括数额、支付方式、支付时间等，都由股东会决定。公司高级管理人员的任免及报酬不需由股东会决定。董事、监事是公司内部治理的重要力量，其职责的履行会影响股东利益的实现，股东可以选任能代表其利益的董事参与公司的管理、经营活动。

三是重大事项的审批权。其中包括审议批准工作报告的权利和审批相关经营管理方案的权利。股东会有权对公司董事会、监事会或者监事提出的报告进行审议，并决定是否予以批准。同时，股东会有权对公司的董事会或者执行董事向股东会提出的年度财务预算方案、决算方案、利润分配方案以及弥补亏损方案进行审议，最终决定批准与否。上述方案应由董事会根据公司的经营情况拟订，然后提交股东会进行审议。

四是对公司重要事项形成决议的权利。股东会有权对公司增加或者减少注册资本，发行公司债券，公司合并、分立、变更公司形式、解散和清算等事项做出决议。上述事项与股东的所有者权益有着密切的联系，所以应由股东会做出决议。股东会做出决议以后，董事会、监事会应当认真组织实施。需要进一步说明的是，2013年修改的《公司法》虽然取消了注册资本最低限额规定，但公司增加或减少注册资本的决议，仍然要求由股东会做出，这一点是不同于由董事会决定的授权资本制的。

五是修改公司章程的权利。公司章程是由公司全体股东在公司设立时共同制定的，因此，修改公司章程也应该由全体股东讨论决定，而不能由董事会、监事会修改。股东会修改公司章程，必须经代表2/3以上表决权的股东通过方为有效。

六是公司章程规定的其他职权。除上述职权外，股东会还享有公司章程规定的其他职权。其他职权的具体内容，可在公司章程中进行规定。

股东会行使职权，应当按照法律规定和公司章程规定的议事方式和表决程序进行。一般情况下，股东会应当通过召开股东会会议做出决定的形式，行使自己的职权。全体股东对《公司法》第三十七条第一款所列事项以书面形式一致表示同意的，可以不召开股东会会议，直接做出决定，并由全体股东在决定文件上签名、盖章。需要注意的是，必须是全体股东对所列事项一致表示同意，而且必须是以书面形式表示同意，否则，必须召开股东会会议进行表决。

股东会会议分为定期会议和临时会议。定期会议应当依照公司章程的规定按时召开。代表 1/10 以上表决权的股东、1/3 以上的董事、监事会或者不设监事会的公司的监事提议召开临时会议的，应当召开临时会议。

案例：青松小贷公司与温某确认股东会决议无效纠纷[①]

2011 年 12 月至 2014 年年底，温某担任青松小贷公司总经理。2013 年 1 月 14 日，案外人黄某向青松小贷公司借款 200 万元，温某为该笔借款提供担保，案外人黄某支付利息至 2014 年 12 月 31 日，之后未再还款付息。2015 年 7 月 24 日，青松小贷公司就该笔借款向人民法院起诉债务人黄某和担保人温某。

2016 年 7 月 8 日，青松小贷公司召开股东会会议形成股东会决议，该决议第三条记载："公司股东一致认为温某在担任公司总经理一职期间，须对黄某 200 万元贷款承担连带保证清偿责任。"温某缺席该股东会会议并对此表示不同意。2017 年 1 月 13 日，青松小贷公司召开股东会会议，形成股东会决议，该决议第二条记载："温某承担黄某贷款 200 万元本金 50% 的责任，暂从股本金中扣除，直至黄某清偿完毕则自动解除。"温某出席该次股东会会议，但对此表示不同意，且未在该股东会决议上签名。青松小贷公司的公司章程未做出公司股东及担保贷款欠息超过其股本金的，直接扣减其股本额抵偿贷款及利息的规定。

法院经审理认为，股东会决议实质上系股东各方就公司经营管理等事宜达

[①] 一审：（2017）赣 0729 民初 851 号。二审：（2018）赣 07 民终 935 号。

成的合意，属于契约，应适用合同法及公司法等法律规定。本案中，温某作为青松小贷公司股东，其出资的股份是其合法财产。青松小贷公司在公司章程中未做详细规定且未得到温某同意的情况下召开股东会会议，做出就黄某200万元贷款温某须承担连带保证清偿责任和承担贷款200万元本金50%责任、暂从股本金中扣除，直至黄某清偿完毕则自动解除的两份股东会决议，侵犯了温某的合法财产权益，应认定为恶意串通，损害第三人利益，违反了效力性、强制性的法律、行政法规，属于无效的股东会决议，故对温某要求确认2016年7月8日股东会会议关于温某承担黄某200万元贷款连带保证清偿责任的决议和2017年1月13日股东会会议关于温某承担黄某贷款200万元本金50%责任、暂从股本金中扣除的决议无效的诉求予以支持。

依据《公司法》第三十七条的规定，公司股东会除可以行使公司经营方针和投资计划等法定职权外，还可以行使公司章程规定的其他职权。如果股东会为股东设定义务，该项义务设定是否有效，取决于公司章程如何规定，同时是否违反法律的禁止性规定。公司股东对公司债务承担担保责任，应以股东真实合法的担保意思表示为基础。公司股东会为股东设定合法有效的担保义务，应以公司章程规定或是与当事股东的有效约定为前提。在没有法律规定、公司章程规定和有效约定的情况下，公司股东会或者股东大会为公司股东设定对公司债务的担保义务，所做决议无效。

本案中，根据公司章程的规定，青松小贷公司股东会并未获得除《公司法》第三十七条法定职权以外的其他职权，故青松小贷公司股东会就确认温某为公司债务人黄某借款承担连带清偿责任做出的股东会决议属于超越权限的决议。温某为黄某贷款提供担保，系其个人行为，温某是否承担担保责任取决于温某与黄某之间的担保合同的效力，是另一个法律关系。（2015）龙民二初字第548号民事判决中已确认免除温某在黄某借款一案中的保证责任，温某对黄某的借款本息已没有法定或约定的义务。《民法典·总则编》第一百七十六条规定："民事主体依照法律规定或者按照当事人约定，履行民事义务，承担民事责任。"在没有法律规定或有效约定的情形下，温某无须对黄某承担民事责任。青松小贷公司在无法律依据且未经温某同意的情况下，以公司股东会决议的方式为温某设定连带清偿的义务，违反法律规定，该决议是无效的。股东会不能在没有法律规定或公司章程规定的情况下，为股东设定义务。

三、股东会决议

股东会决议，是股东会就公司事项通过的议案。股东会做出决议应当按照公司法规定的程序做出。对于《公司法》第三十七条所列股东会事项，股东以书面形式一致表示同意的，可以不召开股东会会议，直接做出决定，并由全体股东在决定文件上签名、盖章。《公司法》第四十二条规定："股东会会议由股东按照出资比例行使表决权，但是公司章程另有规定的除外。"该法第四十三条规定："股东会的议事方式和表决程序，除本法有规定的外，由公司章程规定。股东会会议做出修改公司章程、增加或者减少注册资本的决议，以及公司合并、分立、解散或者变更公司形式的决议，必须经代表三分之二以上表决权的股东通过。"股东会和董事会做出决议的行为被拟制为公司的行为。

股东会决议必须内容合法、程序严谨。内容合法是指股东会会议的实体内容应当遵守法律、行政法规中的强制性规定，遵循诚实信用原则和公序良俗原则，控制股东不得滥用表决权损害他人的合法权益。程序严谨是指股东会会议的召集程序、表决方式不仅应当遵守法律、行政法规中的程序规则，而且应当遵守公司章程中的程序规则。

股东会决议内容违反法律、行政法规的无效；股东会会议召集程序、表决方式违反法律、行政法规或者公司章程，或者决议内容违反公司章程的，股东可以自决议做出之日起60日内，请求人民法院撤销。

（一）提起决议无效确认之诉

凡是内容违反法律、行政法规的公司股东会或董事会决议均属无效。倘若股东间或股东与公司就此种决议之效力发生争执，股东有权向人民法院提起股东会或董事会决议无效确认之诉。确认公司决议无效之诉的判决具有对世性，其效力及于第三人，且具有绝对的溯及力。股东或其他利害关系人提起公司决议无效确认之诉时不受《公司法》第二十二条第二款规定的除斥期间的限制。

案例：吴某诉歆珏公司公司决议撤销纠纷案[①]

歆珏公司于2014年12月9日设立，注册资本为人民币50万元，股东为吴某与顾某。其中顾某认缴出资25.5万元，持有51%的股权，吴某认缴出资24.5万元，持有49%的股权。两股东的出资时间均为2024年11月19日。法定代表人为顾某。公司章程第七条规定："公司股东会由全体股东组成，是公司的权力机构，行使下列职权：……（六）审议批准公司的年度财务预算方案、决算方案；（七）审议批准公司的利润分配方案和弥补亏损方案……"该章程第九条规定："股东会会议分为定期会议和临时会议，并应当于会议召开15日以前通知全体股东。定期会议每半年召开一次。"该章程第十一条规定："股东会会议做出修改公司章程、增加或者减少注册资本的决议，以及公司合并、分立、解散或者变更公司形式的决议，必须经代表全体股东2/3以上表决权的股东通过。"该章程第十四条规定："公司股东会的决议内容违反法律、行政法规的无效。股东会的会议召集程序、表决方式违反法律、行政法规或者公司章程，或者决议内容违反公司章程的，股东可以自决议做出之日起60日内，请求人民法院撤销。"该章程第二十八条规定："公司应当依照法律、行政法规和国务院财政主管部门的规定建立本公司的财务、会计制度，并应在每个会计年度终了时制作财务会计报告，委托国家承认的会计师事务所审计并出具书面报告。"该章

[①] （2016）沪0118民初4406号。

程第二十九条规定:"公司利润分配按照《公司法》及有关法律、法规,国务院财政主管部门的规定执行。股东按照出资比例分取红利。"该章程第三十条规定:"公司聘用、解聘承办公司审计业务的会计师事务所由股东会决定。"

2016年1月14日,歆珏公司向吴某寄送通知,以公司运营满一年,按照公司规定须召开第一届全体股东会议为由,要求吴某本人或委托代理人出席股东会会议。2016年2月27日,歆珏公司召开股东会会议,顾某到会,吴某未到会。该次股东会会议形成了《歆珏公司2016年第一次股东会决议》,并以代表公司51%股权的顾某同意、代表公司49%股权的原告弃权的投票表决结果,通过了两项议案。第一项议案为审议通过公司2015年度财务决算报告,第二项议案为审议通过公司利润分配方案及弥补亏损方案,具体方案为:公司不能连续两年盈利的情况下,利润暂不做分配。若连续三年盈利,则在第三年度末提取法定公积金后,按照各股东持股比例分配剩余利润。各股东按照持股比例弥补亏损,顾某承担51%,即9.22万元;原告承担49%,即8.86万元;鉴于亏损部分已由顾某足额垫付,请吴某在2016年4月28日之前,将上述资金足额汇入公司的基本账户。

法院经审理认为,吴某和顾某作为公司股东,合意将出资时间确定为2024年11月19日,应当明知公司缺乏股东出资时的运营成本问题,现两股东并无解决方案,使公司经营困难,甚至有使公司陷入僵局之虞。歆珏公司为此召开股东会会议,形成决议通过弥补亏损方案,但此方面的决议内容须符合法律的规定。歆珏公司公司决议通过的弥补亏损方案并非以企业利润弥补亏损,而是要求公司股东借款给公司以偿还公司债务,其实质是在股东与公司之间形成新的借款关系,此法律行为属于双方间的民事法律行为,借款关系须以借款人和出借人双方的意思表示一致而成立。系争股东会决议中的弥补亏损方案在股东出资义务之外设定了股东的借款义务,在出借人未表示同意的情况下,以借款人单方的意思表示设立了借款关系,侵犯了出借人的财产权利,也有违股东有限责任原则,该决议内容因违反法律而无效。

法院对股东会决议的审理，是合法性审查，只要决议的内容未违反法律、行政法规的规定，则不认为存在无效情形，至于该决议是否有利于公司，以及是否具有合理性，属于商业判断的范畴，不应由法院做出判断，而应由公司做出决定。

案例：施某与环宇公司股东知情权、股东会决议确认无效纠纷上诉案[1]

环宇公司现有注册资本30039.02万元，自然人股东13人，另有职工持股会。施某作为自然人股东之一，出资额为397.54万元，现有出资额为771.20万元，占注册资本的2.57%。2009年7月1日，环宇公司向包括施某在内的全体股东发送了《环宇公司产权改革方案（征求意见稿）》（以下简称《产权改革方案》），称"由于公司长期以来对历史积累的资产没有进行界定，导致产权不清、权责不明，不利于公司的进一步发展……"，对此征求股东意见，并拟提交董事会、股东会审议。原告在收到改革方案的征求意见稿后，于2009年7月8日回复环宇公司，要求环宇公司向股东公开1993年3月至2008年12月期间股本的增量，以便进行结构和要素的分析，并提出其他相关意见。2009年8月17日，环宇公司董事会通知包括施某在内的全体股东，于2009年9月4日召开2009年第五届第四次股东会，审议《产权改革方案》。该次股东会会议如期召开，由代表环宇公司职工持股会的17名代表，以及其他13位自然人股东参加（其中施某委托其代理人参加）。经此30位股东对《产权改革方案》进行审议并表决，28人投同意票，施某投不同意票，另一位自然人股东吕某投弃权票。据此，环宇公司股东会形成决议，决议载明"通过《环宇公司产权改革方案（征求意见稿）》，公司本次产权改革在自愿同意《环宇公司产权改革方案（征求意见稿）》的股东间进行"，并由与会的30位股东或其代理人签字。2009年10月10日，吕某出具承诺函表示同意该产权改革方案。2009年9月30日，环宇公司监事

---

[1] （2010）浙绍商终字第265号。

会对 2009 年第五届第四次股东会的表决情况进行审议，并形成决议。决议认为环宇公司此次产权改革方案系在自愿同意方案的股东间进行，股东会决议表决方式符合法律、行政法规及公司章程规定的程序和条件，等等。

同时查明，《产权改革方案》提出的产权改革总体思路：以目前各股东在 4962.35 万元中持有的股数为基数，考虑股东通过资本和劳动创造等方式为公司发展所做的贡献，通过公司股东大会确定的计算方式，将公司历年累计的增量净资产量化给公司股东。庭审中，环宇公司陈述产权改革方案中的"量化"净资产并非分配公司历年累计的增量净资产，而只是对股东股权进行调整，并且调整的比例是在同意的股东间进行。产权改革方案实施后，环宇公司的注册资本不会发生变化，施某的持股比例亦不会发生变化。

另查明，环宇公司股东之一的职工持股会共有会员 367 人，除一人因个人经济纠纷下落不明、无法联系外，其余会员均同意产权改革方案。因此，理事会授权职工持股会的 17 名代表在参加第五届第四次股东会时对方案投赞成票。

法院经审理认为，法院对股东会决议的审理，是合法性审查，主要是形式意义上的审查，而非实质意义上的审理，只要根据《公司法》第二十二的条规定，决议的内容未违反法律、行政法规的规定，则不认为存在无效情形。

本案所涉股东会决议内容为《产权改革方案》，系公司内部经营事务的处分，其内容是否合理、是否影响公司内部股东间的权益，不属法院就股东会决议是否无效进行审查的范围。本案所涉股东会决议产权改革方案在内容上并不违反法律、行政法规的强制性规定，股东会的召集和召开程序亦不违反《公司法》的相关规定，虽然施某在诉讼过程中提出因公司对注册资本的变更登记使其持股比例下降，但以其原始持股比例亦未达到代表公司 1/3 的表决权；同时即使表决方式违反法律、行政法规或者公司章程的规定，股东也只能提起决议撤销之诉，而非决议无效之诉。

（二）提起决议撤销之诉

股东会会议、董事会会议的召集程序、表决方式不仅应当遵守法律、行政法规中的程序规则，而且应当遵守公司章程中的程序规则。任何股东都可以对违反上述程序严谨原则的决议提出决议撤销之诉。

股东会或者股东大会的会议召集程序、表决方式违反法律、行政法规或者公司章程，或者决议内容违反公司章程的，股东可以自决议做出之日起60日内，请求人民法院撤销。股东依照前款规定提起诉讼的，人民法院可以应公司的请求，要求股东提供相应担保。① 公司根据股东会决议已办理变更登记的，人民法院宣告该决议无效或者撤销该决议后，公司应当向公司登记机关申请撤销变更登记。

1.提起诉讼的条件

召集程序方面有瑕疵，即股东会或者董事会的召集程序有违反法律、行政法规及公司章程，或者虽未违反法律、行政法规及公司章程，却显然有失公正。常见的瑕疵有：未向全体股东发送召集通知；召集通知中未载明召集事由、议题和决议概要；召集人不适格；召集期限过短，股东缺乏充分的时间做出相应的参会准备；等等。

其中，表决程序有瑕疵，如违反了公司章程关于表决代理人仅限于股东或者董事的规定，非股东或非董事的代理人参与了表决，负有说明义务的董事、监事对于股东的质询拒绝做出说明或者说明不充分，由违反法律或公司章程规定的人担任会议主席，等等。

任何股东均可提起决议撤销之诉，无论是否记名、是否有表决权、是否曾

---

① 《公司法》第二十二条规定："公司股东会或者股东大会、董事会的决议内容违反法律、行政法规的无效。股东会或者股东大会、董事会的会议召集程序、表决方式违反法律、行政法规或者公司章程，或者决议内容违反公司章程的，股东可以自决议做出之日起六十日内，请求人民法院撤销。股东依照前款规定提起诉讼的，人民法院可以应公司的请求，要求股东提供相应担保。公司根据股东会或者股东大会、董事会决议已办理变更登记的，人民法院宣告该决议无效或者撤销该决议后，公司应当向公司登记机关申请撤销变更登记。"

亲自出席股东会或者董事会。股东必须从起诉时起至判决生效期间始终具备股东资格。如果在此期间，原告股东将其全部股份转让出去，即丧失原告资格。如果股东在公司决议之时尚未取得股东资格，但出让股份的股东在公司决议之时具有股东资格，且享有公司决议撤销诉权的，则在除斥期间内受让股份成为股东的，可以提起决议撤销之诉。

案例：尹某诉建机公司股东会决议撤销权纠纷案[①]

2008年12月21日，建机公司召开股东大会，通过对建机公司公司章程的修订。公司新章程的注册资本为266.7万元人民币。股东的姓名、出资额、股东权益比分别为：徐某100万元、股东权益比37.50%，冯某90万元、股比33.75%，王某60万元、股比22.50%，郭某9.7万元、股比3.64%，尹某5万元、股比1.875%，张某2万元、股比0.75%。公司章程规定：召开股东会会议，应当于会议召开15日以前通知全体股东。股东会会议由董事会召集，由董事长主持；董事长不能履行职务或不履行职务的，由半数以上的董事共同推举一名董事主持。股东之间可以相互转让其部分或全部出资。股东向股东以外的人转让股权，应当经其他股东过半数同意。股东应就其股权转让事项书面通知其他股东征求其同意。其他股东自接到书面通知之日起满30日未答复的，视为同意转让。其他股东半数以上不同意转让的，不同意的股东应当购买该转让的股权；不购买的，视为同意转让。经股东同意转让的股权，在同等条件下，其他股东有优先购买权。2012年11月19日，建机公司召开股东会会议，股东会决议对公司章程进行修改，并做出公司章程修正案：依据2012年11月19日股东会决议，对2012年11月19日前制定的公司章程（包括章程修正案）做如做下修订。公司章程第四章第七条股东的姓名、认缴及实际缴付的出资额、出资方式、出资时间修订为：冯某认缴出资额90万元，实际缴付出资额90万元；王某认缴

[①] （2013）徐商终字第0570号。

出资额60万元，实际缴付出资额60万元；徐某认缴出资额102万元，实际缴付出资额102万元；郭某认缴出资额9.7万元，实际缴付出资额9.7万元；尹某认缴出资额5万元，实际缴付出资额5万元。合计认缴出资额266.7万元，实际缴付出资额266.7万元。该公司章程修正案经徐州市工商行政管理局备案。

2012年11月24日，建机公司通过EMS向尹某发出召开股东会通知书，内容为："尹某股东：经董事长任某提议，公司决定于2012年12月9日在公司会议室召开全体股东会议。特此通知。"尹某于次日收到该通知。建机公司发现该通知预留开会时间不符合公司章程中"召开股东会会议，应当于会议召开15日以前通知全体股东"的规定，于2012年11月27日又通过EMS向尹某发出召开股东会通知书一份，内容为："尹某：建机公司将于2012年12月16日在公司会议室召开临时股东大会，审议股东徐某转让股权事宜。请你准时参加。"尹某于2012年11月29日收到该通知。建机公司于2012年12月16日在该公司召开临时股东会会议，出席会议的股东有徐某、王某，股东郭某及冯某委托王某出席并表决，当日做出股东会决议，内容为：①同意公司原股东徐某将所持有公司股权出资额为0.5万元以2.5万元人民币的价格转让给任某。②同意公司原股东徐某将所持有公司股权出资额为0.5万元以2.5万元人民币的价格转让给赵某。③同意公司原股东徐某将所持有公司股权出资额为0.5万元以2.5万元人民币的价格转让给宋某。④同意公司原股东徐某将所持有公司股权出资额为0.5万元以2.5万元人民币的价格转让给孟某。⑤同意公司原股东徐某将所持有公司股权出资额为0.5万元以2.5万元人民币的价格转让给申某。⑥原股东若有意购买以上股权，应在一个月内向出让股东徐某提出请求，逾期视为放弃优先购买权。⑦同意就上述变更事项修改公司章程相关条款，附同意通过的公司《章程修正案》。"由于尹某没有参加该次股东会会议，其余股东或股东的代理人均同意决议事项，并在股东会决议上签名。建机公司于2012年12月17日将股东会决议通过EMS邮寄送达尹某。尹某收到股东会决议后，一个月内未行使优先购买权，但认为该股东会决议违反公司法和公司章程的规定，要求法院撤销该股东会决议。

法院经审理认为，建机公司2008年12月21日修订的公司章程规定，"召开股东会会议，应当于会议召开15日以前通知全体股东"，"股东会会议由董事会召集，由董事长主持"，该公司章程内容符合公司法的相关规定。本案中，尹某已经于2012年11月29日收到了建机公司董事会向其邮寄送达的股东会会议通知书，通知程序满足15日前通知的召集程序的要求，且建机公司亦明确向尹某告知了股权对外转让的股东会会议议题，因此，该次股东会通知程序合法有效。尹某接到通知书后届期未参加股东会会议，依法应视为对其股东权利的放弃。建机公司2012年12月16日股东会会议决议除尹某缺席未签名外，公司其他股东或股东的委托代理人均同意决议事项，并在该股东会决议上签名。建机公司2012年12月16日股东会会议表决程序合法。

本案中，建机公司股东会的召集程序和表决程序均合法，不存在撤销的事由，尹某主张撤销股东会决议的理由不成立。

2.股东会决议撤销司法审查的范围

人民法院在审理股东会决议撤销纠纷案件中应当审查：会议召集程序、表决方式是否违反法律、行政法规或者公司章程，以及决议内容是否违反公司章程。在未违反上述规定的前提下，解聘总经理职务的决议所依据的事实是否属实、理由是否成立，不属于司法审查范围。

3.股东会决议被撤销的法律后果

股东会决议被撤销后，视为自始无效，固然不发生表决力占优势地位的股东欲实现的法律效果。如股东根据公司决议分取股利后，倘若股利分配决议被撤销，则公司有权依据不当得利制度向分取股利的股东行使不当得利返还请求权。

四、股东会决议成立但未生效

《公司法司法解释（四）》第五条规定："股东会或者股东大会、董事会决议存在下列情形之一，当事人主张决议不成立的，人民法院应当予以支持：（一）公司未召开会议的，但依据《公司法》第三十七条第二款或者公司章程规定可以不召开股东会或者股东大会而直接做出决定，并由全体股东在决定文件上签名、盖章的除外；（二）会议未对决议事项进行表决的；（三）出席会议的人数或者股东所持表决权不符合公司法或者公司章程规定的；（四）会议的表决结果未达到公司法或者公司章程规定的通过比例的；（五）导致决议不成立的其他情形。"承认了程序上瑕疵导致决议不成立的情形，增加了决议不成立之诉，从而初步建立起我国股东会瑕疵决议效力制度。

遗憾的是，我国公司法理论和实践主要关注了瑕疵股东会决议的效力问题，未涉及股东会决议形式上符合成立要件但并未生效的效力类型，忽视了股东会决议成立与生效两个阶段的细致区分，不利于司法实践中成立但未生效股东会决议的效力裁判及相关法律的统一适用。从一般意义上讲，股东会决议可以列入《民法典·总则编》中决议的范畴，属于民事法律行为，但是民事法律行为效力的一般规则并不能完全满足股东会之商事决议的复杂性、特殊性、涉他性和表达形式的多元性对于效力裁判的要求。股东会决议效力的这种特殊性，反映了商事法律行为与民事法律行为、商法与民法的差异性，需要我们在民事法律行为效力规则的基础上构建更加具体的商事行为效力规则。

民事法律行为的成立与生效是两个不同的阶段，股东会决议作为一种民事法律行为，亦不例外。一般情形下，股东会决议自成立时生效，但当法律另有规定或公司法主体另有约定时，决议自成立时并不立即生效。这种情形在商事实践中通常表现为股东会或公司章程对决议附加生效条件或期限，在生效条件或期限尚未满足时，决议成立但未生效。这种做法，本质上是民事法律行为生效制度在商事活动中的具体运用，符合民商法的基本原理，但由于商事法律行为较为复杂，与民事法律行为在性质以及价值目标上存在一定差异，民法规则并不能完全适用于商事活动，且我国《民法典·总则编》第一百三十四条并没有对法人决议的效力做出具体规定，公司法相关规定也付之阙如，给相关司法实践适用法律带来困难。股东会决议未生效问题在司法实践中呈增长之势，但存在裁判及其裁判依据不一致问题，容易引起相关司法实践的混乱。

案例：奥普译通公司等诉李某公司决议效力确认纠纷案[①]

2003年5月26日，奥普译通公司成立，注册资本50万元，法定代表人为刘某，股东为李某（出资10万元）和刘某（出资40万元）。奥普译通公司于2003年5月21日制定的奥普译通公司公司章程写明，执行董事为公司的法定代表人。

2003年11月5日，奥普译通公司形成《第二届第一次股东会议决议》，载明：实际到会股东二人，代表的股额为100%。会议以电话方式通知股东到会参加会议。全体股东一致同意：①免去刘某执行董事职务并解聘刘某经理职务；②免去李某监事职务；③选举李某为执行董事并聘请为经理；④选举刘某为监事。2003年11月12日，奥普译通公司登记的法定代表人由刘某变更为李某。

2007年1月23日，奥普译通公司的注册资本由50万元增加到500万元，其中，李某出资100万元，刘某出资400万元。奥普译通公司于2007年1月24日修改的奥普译通公司公司章程载明，执行董事为公司的法定代表人。

2007年3月22日，奥普译通公司形成《第二届第二次股东会议决议》，载明：实际到会股东人数二人，代表的股额100%。会议以电话方式通知股东到会参加会议。全体股东一致同意：①选举刘某为执行董事并聘请为经理；②免去刘某的监事职务；③免去李某执行董事职务并解聘李某经理职务；④选举李某为监事。到会股东签字处有刘某签字及"李某"字样。李某于2017年向一

[①] （2018）京02民申46号。

审法院提起诉讼，称该《第二届第二次股东会议决议》中"李某"并非其本人签字。一审法院于 2017 年 10 月 30 日做出（2017）京 0115 民初 15009 号民事判决书，确认上述《第二届第二次股东会议决议》不成立。该一审法院判决已于 2017 年 11 月 15 日发生效力。奥普译通公司于 2007 年 3 月 24 日修改的奥普译通公司公司章程载明，执行董事为公司的法定代表人。

2007 年 3 月 26 日，奥普译通公司依据 2007 年 3 月 22 日的《第二届第二次股东会议决议》，向工商行政管理部门递交《企业变更（改制）登记（备案）申请书》，申请变更法定代表人姓名及经营范围，并申请将奥普译通公司公司章程、经理、监事进行备案。该《企业变更（改制）登记（备案）申请书》落款法定代表人签字处有刘某签字及"李某"字样。一审庭审中，李某称该落款处"李某"并非其本人签字，其也未委托刘某代为签字，刘某认可"李某"是刘某代为签的字。2007 年 3 月 27 日，奥普译通公司登记的法定代表人由李某变更为刘某。

本案中，2007 年 3 月 22 日股东会决议做出时，奥普译通公司的股东为刘某与李某二人。刘某在未通知李某参会即未召开股东会的情况下，于 2007 年 3 月 22 日自行制作奥普译通公司股东会决议文件，并在李某未授权的情况下，代李某在上述决议上签字。根据《公司法司法解释（四）》第五条的规定，除依据《公司法》第三十七条第二款或者公司章程规定可以不召开股东会或者股东大会而直接做出决定，并由全体股东在决定文件上签名、盖章的情况外，公司未召开股东会，当事人主张股东会决议不成立的，人民法院应予以支持。该决议未召开股东会，不具备成立的基本条件。

第二节 控股股东、实际控制人与关联交易

一、控股股东

根据《公司法》第二百一十六条的规定：控股股东是指其出资额占有限责任公司资本总额百分之五十以上或者其持有的股份占股份有限公司股本总额百分之五十以上的股东；出资额或者持有股份的比例虽然不足百分之五十，但依其出资额或者持有的股份所享有的表决权已足以对股东会、股东大会的决议产生重大影响的股东。[①]

公司控股股东对公司过度支配与控制，操纵公司的决策过程，使公司完全丧失独立性、沦为控股股东的工具，严重损害公司债务人的利益，应当否认公司人格，由滥用控制权的股东对公司债务承担连带责任。如：母公司之间或子公司之间进行利益输送的；母子公司或子公司之间进行交易，收益归一方，损失却由另一方承担的；先解散公司，再以原公司场所、设备、人员及相同或者相似的经营目的另设公司，逃避原公司债务的；过度支配与控制的其他情形。

---

① 《公司法》第二百一十六条规定："本法下列用语的含义：（一）高级管理人员是指公司的经理、副经理、财务负责人，上市公司董事会秘书和公司章程规定的其他人员。（二）控股股东是指其出资额占有限责任公司资本总额百分之五十以上或者其持有的股份占股份有限公司股本总额百分之五十以上的股东；出资额或者持有股份的比例虽然不足百分之五十，但依其出资额或者持有的股份所享有的表决权已足以对股东会、股东大会的决议产生重大影响的股东。（三）实际控制人是指虽不是公司的股东，但通过投资关系、协议或者其他安排，能够实际支配公司行为的人。（四）关联关系是指公司控股股东、实际控制人、董事、监事、高级管理人员与其直接或者间接控制的企业之间的关系，以及可能导致公司利益转移的其他关系。但是国家控股的企业之间不仅因为同受国家控股而具有关联关系。"

二、实际控制人

实际控制人是指虽不是公司的股东,但通过投资关系、协议或者其他安排,能够实际支配公司行为的人。简言之,实际控制人就是实际控制公司的自然人、法人或其他组织。

三、关联交易

关联交易是指关联方直接转移资源、劳务或义务的行为,而不论是否收取价款。根据财政部2006年颁布的《企业会计准则第36号——关联方披露》的规定,在企业财务和经营决策中,如果一方控制、共同控制另一方或对另一方施加重大影响,以及两方或两方以上同受一方控制、共同控制或重大影响的,构成关联方。

这里的"控制",是指有权决定一个企业的财务和经营政策,并能据以从该企业的经营活动中获取利益。所谓"重大影响",是指对一个企业的财务和经营政策有参与决策的权利,但并不决定这些政策。参与决策的途径主要包括在董事会或类似的权力机构中派有代表、参与政策的制定过程、互相交换管理人员等。凡以上关联方之间发生转移资源或义务的事项,不论是否收取价款,均视为关联交易。

案例:浩普公司与魏克公司关联交易损害责任纠纷[①]

魏德曼公司为中外合资企业,于1995年12月26日成立。公司注册资本为1000万美元,其中浩普公司出资400万美元,瑞士魏克公司出资600万美元。

---

① (2017)苏12民初9号。

公司章程规定：总经理应直接向董事会负责，将执行董事会的决议，组织和指导合资企业日常的生产、技术、销售、运行、市场经营和管理工作。副总经理将协助总经理工作，并在总经理不在时代替总经理行使管理职权。公司《签字权的规定》的相关内容为：所有与关联公司相关的业务，无论金额大小，都必须由双方业务操作的负责人进行联合签字。没有合适的理由，任何一方不得拒绝联合签字。如果该关联交易符合正常交易规则及国际惯例，拒绝联合签字的理由即被认为不存在。拒绝签字的一方必须陈述充分的理由。公司《合资合同》附件八（《产品出口协议》）规定：出口销售价格将由董事会根据国际实际情况决定，作为惯例将不低于内销价。

1997年10月24日，魏克公司与魏德曼公司董事李某共同成立香港魏德曼公司。公司法定股本为1万港元，其中魏克公司持有9999港元，李某持有1港元。2004年11月30日，泰州市国家税务局第四税务分局向魏德曼公司发出《转让定价应纳税所得额调整通知书》，其主要内容为："经查，你公司从2000年至2002年12月31日止，与香港魏德曼公司的业务往来中，采用转让定价方式销售商品，价格明显偏低，不符合公平交易原则和正常经营常规。根据《中华人民共和国税收征收管理法》第三十六条、《中华人民共和国外商投资企业和外国企业所得税法》第十三条之规定，决定调增你公司2000年度应纳税所得额。"

本案中，魏德曼公司与香港魏德曼公司存在关联交易，该关联交易通过转移公司利润损害了魏德曼公司的利益。泰州税务部门对魏德曼公司关联交易进行查处，魏德曼公司自行调整应纳税所得额并补缴了所得税，从而认定魏德曼公司和魏克公司认可存在转让定价的避税行为。魏克公司与浩普公司在合资伊始签订的《合资合同》附件八（《产品出口协议》）中明确约定："出口销售价格将由董事会根据国际实际情况决定，作为惯例将不低于内销价"。根据本案既有的双方均确认的审计报告、所得税汇算清缴鉴证报告的内容，2010—2014年，魏德曼公司在与香港魏德曼公司的持续关联交易行为过程中，存在以转让定价方式销售商品，销售价格低于内销价的情形。上述关联交易行为已违反《产品出口协议》对于出口销售价格的明确约定，必然影响魏德曼公司的利润收益，损害魏德曼公司利益。

现代公司治理实行所有权和经营权相分离的制度，其中，股权结构与公司治理相关。股权结构分散的公司，公司治理问题主要为公司管理者通过内部操纵获得不当盈利；而股权结构集中的公司，更多地体现为控股股东通过滥用控制权使自身获利。从中国的现实国情来看，非上市公司的股权结构大多体现为"一股独大"，因此应充分关注控股股东控制权的滥用问题。

在诸多控股股东滥用控制权的行为中，滥用关联交易是其主要形态。关联交易本身是中性行为，一方面有利于关联企业之间整合内部资源从而降低交易成本并提升集团整体经营能力，另一方面有可能通过利润操纵行为掏空公司资产从而侵害中小股东的合法权益。当控股股东或实际控制人利用关联交易，侵害到其他股东，特别是中小股东的利益时，中小股东可以请求司法救济。

中小股东可以依据《公司法》第二十条第二款的规定，请求股东滥用股东权利给公司或其他股东造成损失时，承担赔偿责任；也可以依据《公司法》第二十一条的规定，请求利用关联交易的控股股东对给公司造成的损失承担赔偿责任。

第三节　公司独立人格否认与混同

《公司法》第三条规定："公司是企业法人，有独立的法人财产，享有法人财产权。公司以其全部财产对公司的债务承担责任。有限责任公司的股东以其认缴的出资额为限对公司承担责任，股份有限公司的股东以其认购的股份为限对公司承担责任。"公司的股东对公司承担有限责任。股东对公司债务所承担的责任，体现为股东对公司的出资，股东必须以其全部投资，而且只能以其全部的投资为限，对公司债务承担责任。这是因为，股东出资后，该出资即形成公司财产，由公司享有法人财产权，股东对该出资即丧失占有、使用、收益和处分的权利。同时，股东对公司的出资，往往只是股东全部财产的一部分，与股东没有投入公司的其他财产是严格分开的。因此，有限责任公司的股东以其认缴的出资额为限对公司承担责任。

一、公司独立人格否认

人格是指民事主体在法律上的地位。法人与自然人是具有独立人格的两大民事主体。公司作为法人，具有独立的人格，这是公司法人制度最基本的特征。公司的独立人格体现在公司有独立的权利能力和行为能力，有独立的财产，能独立承担民事责任。公司的有限责任是指股东对公司债务的责任仅限于其对公司的投资。公司的债权人只能向公司主张偿还，公司也仅就其全部财产对债权人承担责任。不管是合同债务还是侵权债务，公司债权人都不得向公司的股东请求偿付，即使公司破产，股东也不对公司剩余未清偿的债务负责。股东不得滥用公司法人独立地位和股东有限责任损害公司债权人的利益。公司法为保护和鼓励投资，同时保证公司经营的灵活性和高效性，创制了股东有限责任和公司独立法人地位的制度。对股东而言，股东依约定足额出资后，即享受有限责任的待遇，不再对公司的债务承担责任。股东通过公司权力机关依法定程序行使其权利，不直接插手公司的经营。公司则独立地运用股东投入公司中的财产从事经营、创造利润。公司在经营活动中，与债权人独立地发生债权债务关系，承担由此产生的民事责任。

实际经济生活中，有的公司的股东通过各种途径控制公司，为赚取高额利润或逃避债务，常常擅自挪用公司的财产，或者与自己的财产、账目、业务混同。有的股东为达到非法目的，设立一个壳公司从事违法活动，实际控制该公司，但又以有限责任为掩护逃避责任。在上述情形下，公司实际上已失去了独立地位，该独立法人地位被股东滥用了。同时，股东利用上述方式逃避其应承担的责任，也滥用了其有限责任的待遇，而公司的债权人将面临极大的交易风险。面对这一现实问题，一些国家在维护公司股东有限责任的基本原则的同时，本着权利和义务相一致的原则，为切实保护债权人的利益、维护正常的交易秩序，创制了公司法人人格否认制度。我国公司法也确认了上述制度，《公司法》第二十条规定："公司股东滥用公司法人独立地位和股东有限责任，逃避债务，严重损害公司债权人利益的,应当对公司债务承担连带责任。"当符合法定条件，认定股东滥用公司法人独立地位和有限责任时，可以将公司股东和公司视为一体，追究股东和公司共同的法律责任。

否认公司独立人格，由滥用公司法人独立地位和股东有限责任的股东对公司债务承担连带责任，是股东有限责任的例外情形，旨在矫正有限责任制度在特定法律事实发生时对债权人保护的失衡现象。在审判实践中，要准确把握《公司法》第二十条第三款规定的精神，决定是否否认公司独立人格。

1. 严重损害了公司债权人的利益

我国的公司法人独立人格否认制度主要适用于股东滥用公司法人独立地位和股东有限责任，逃避债务的行为，即股东有逃避债务的主观恶意和具体行为，应当有严重损害公司债权人利益的后果。只有在股东实施了滥用公司法人独立地位及股东有限责任的行为，且该行为严重损害了公司债权人利益的情况下，才能适用。损害债权人利益，主要是指股东滥用权利使公司财产不足以清偿公司债权人的债权。

2. 滥用公司法人独立地位的股东承担连带责任

只有实施了滥用公司法人独立地位和股东有限责任行为的股东才对公司债务承担连带清偿责任，而其他股东不应承担此责任。

3. 在个案中否认公司独立人格

坚持有限责任这一公司制度的基石，适用公司法应当维护股东的有限责任，由公司依法独立承担民事责任。因此，公司独立人格否认不是全面、彻底、永久地否定公司的独立法人资格，而是在具体案件中依据特定法律事实、法律关系，突破股东对公司债务不承担责任的一般规定，例外地判令其承担连带责任。法院在个案中否认公司独立人格的判决的既判力仅仅约束该诉讼的各方当事人，不当然适用于涉及该公司的其他诉讼，不影响公司独立法人资格的存续。如果其他债权人提起公司独立人格否认诉讼，已生效判决认定的事实可以作为证据使用。

在制定《公司法》第二十条的过程中，曾有过不同意见，主要集中在两个方面：第一，是否应在公司法中确立法人人格否认制度，是否对股东在此情形下应当承担的责任做出明确规定；第二，是否应当在法律中规定具体认定公司股东滥用公司法人独立地位和股东有限责任的标准。

就第一个问题，有意见认为，其他国家一般不在成文法中明确规定公司法人人格否认制度，只在司法审判中以判例形式运用，且使用时非常谨慎，担心我国公司法确立这一制度后，该制度会因我国的司法审判水平参差不齐而被滥用，动摇公司有限责任这一基石，不利于公司的正常、有序发展。对此，经过认真研究，多数意见认为，虽然不少国家没有明确的成文法规定，但在司法实践中已广泛运用这一制度，有较成熟的经验，许多国家在其司法文书中对这一制度的适用范围、掌握的标准均有明确的阐述。有些国家对股东滥用权利应当承担民事责任做出规定，如美国示范公司法规定，股东对公司行为有个人责任的，应当承担责任。阿根廷公司法规定，公司的行为脱离公司的目的，或者把公司作为破坏法律和公共秩序或侵害第三人权利的手段而加以利用的，直接参与该行为的股东或者控制方，对于其行为所产生的损害承担连带责任。这一制度符合中国的实际需要，有利于解决公司实践中存在的问题，并且我国在司法审判实践中已经开始运用这一原则。因此，应当在公司法中建立这一制度，并明确规定股东对公司承担的责任。

关于第二个问题，理论界有不同的意见：第一种意见认为，应当直接追究股东的责任；第二种意见认为，应当先追究公司责任，股东承担补充清偿责任；第三种意见认为，基于公司已失去法人人格的现实，应当追究股东和公司的共同责任，国外的审判实践多数采用这种意见。经过研究，公司法采用上述第三种意见，规定股东滥用法人独立地位和股东有限责任，对公司债务承担连带责任。就第二个问题，许多部门、地方和专家建议在法律中明确规定股东滥用公司法人独立地位和股东有限责任的具体行为，防止司法审判实践中对这一原则的滥用。

二、公司人格混同

股东滥用公司法人独立地位和股东有限责任的，应当对公司债务承担连带责任。我国公司实践的时间不长，由于各方面的原因，一些公司虽然有健全的组织机构，但所有权和经营权并未完全分离。加之缺乏商业诚信，股东利用公司法人独立地位侵占公司财产、逃避债务、损害债权人利益的情况比较严重。公司法在进一步放宽公司设立和有关管制的同时，有必要引进公司法人人格否认制度，防止股东滥用公司法人独立地位和股东有限责任获取非法利益，以保护债权人，维护正常的交易秩序。

（一）认定是否构成公司人格混同时，应当综合考虑的因素

司法实践中股东滥用公司法人独立地位和股东有限责任的表现形式多样，在法律中难以一一列举，法律只做原则性规定，由最高人民法院根据审判实践的情况做出具体规定较为稳妥。因此，《公司法》第二十条并未列举确定股东滥用公司法人独立地位和股东有限责任的具体标准。认定公司人格与股东人格

是否存在混同，最根本的判断标准是公司是否具有独立的意思和独立财产，最主要的表现是公司的财产与股东的财产混同且无法区分。

（1）股东无偿使用公司资金或者财产，不做财务记载的。

（2）股东用公司的资金偿还股东的债务，或者将公司的资金供关联公司无偿使用、不做财务记载的。

（3）公司账簿与股东账簿不分，致使公司财产与股东财产无法区分的。

（4）股东自身收益与公司盈利不加区分，致使双方利益不清的；若公司与股东或者公司的关联公司的业务并不分离，从经营过程无法判断业务的真正归属，或者相互之间经营的收益不加区分、任意配置，也应认定为公司法人人格混同。

（5）公司的财产记载于股东名下，由股东占有、使用的。

（6）公司的组织机构混同。若具有公司管理人员相同、工作人员相同或任意调动、同一场所办公等情形，可认定为公司的组织机构混同。一般情形下，组织机构混同会导致公司的财产、业务、利益分配的混同。

在出现公司人格混同的情况下，往往会同时出现以下混同：公司业务和股东业务混同；公司员工与股东员工混同，特别是财务人员混同；公司住所与股东住所混同。人民法院在审理案件时，关键要审查是否构成公司人格混同，而不要求同时具备其他方面的混同，其他方面的混同往往只是公司人格混同的补强。若公司与股东或者关联公司之间拥有相同财产，相互之间的资产可以任意转移，或者公司财产没有记录或记录不实，公司账簿与股东或关联公司账簿混同使用，无法认定公司的财产，影响了公司对外承担债务责任的物质基础，则可认定为公司法人人格混同。

第六章
股东会决议与公司经营秩序

案例：冯某诉盛港公司、淮港公司委托合同纠纷案[①]

2001年9月28日，淮港机械厂（甲方）与冯某（乙方）签订协议一份，约定：甲方委托乙方从事产品、配件销售。2006年6月18日，淮港机械厂名称变更为"淮港起重机械有限公司"（以下简称淮港公司）。淮港公司为法人独资的有限公司，发起人为港务公司，法定代表人为孙某，住所地为淮安市港口路5-1号，经营范围为10吨及以下吨位固定式起重机、带式输送机械、抓斗、人力三轮车制造、本公司产品售后服务。2007年12月14日，淮港公司被淮安工商行政管理局吊销营业执照。

盛港公司设立于2006年11月30日，法定代表人为孙某（与淮港公司法定代表人为同一人），股东为魏某、王某、孙某，住所地为淮安市港口路5号，经营范围为港口起重机、抓斗、皮带机、人力三轮车制造（经环境保护验收后方可运营）、安装、维修、销售。在盛港公司工商局档案中有港务公司于2006年11月12日出具的证明1份，载明："本公司位于淮安市港口路5号的厂房、办公用房及土地无偿提供给淮安市盛港起重机械有限公司使用。"2008年8月28日，盛港公司出具变更证明一份，写明："原淮港公司于2007年12月1日更名为盛港公司，特此证明。"该证明上盖有淮港公司和盛港公司的公章。盛港公司的网页简介上也写明：盛港公司前身为淮安市淮港起重机械厂，创建于1987年。

冯某与淮港机械厂于2001年9月28日签订协议，后淮港机械厂名称变更为"淮港起重机械有限公司"，上述协议对淮港公司及变更后的公司均具有约束力，其应当按照协议约定履行责任。

从法律形式上看，淮港公司和盛港公司是两家独立的公司，一般而言，根据公司人格独立性和合同的相对性，冯某与淮港公司之间订立的委托协议对盛港公司没有法律约束力；但是从盛港公司的工商档案可以看出，淮港公司的股

[①] （2012）淮中商终字第0038号。

东港务公司在盛港公司登记设立时,把原淮港公司的厂房、办公用房及土地均无偿提供给盛港公司使用,淮港公司则被吊销营业执照,停止生产经营,其对外业务被盛港公司承继,淮港公司的法定代表人同时是盛港公司的法定代表人兼股东,盛港公司在经营活动中,产品生产是使用原淮港公司的设备,办公用房、土地均为原淮港公司的住所地,对外网页简介也自称其前身是淮港机械厂即淮港公司,已足以造成与公司交易的对象无法判断自己的交易伙伴是淮港公司还是盛港公司的问题。所以淮港公司与盛港公司虽然在法律形式上相互独立,但两公司已构成了人格混同,故原淮港公司的债权债务盛港公司也应当承担。

启动公司人格否认诉讼的案件,主要是在资本不足的情形下适用。法院通常也将资本不足作为公司人格否认的充分理由。因为不管是在公司设立时还是在它持续经营中,如果股东投入的资本不足以应对生意中固有的一般性风险,那么当公司资产不够清偿由此产生的债务时,股东就应当承担个人责任。还有一种情形就是主体混同,往往是公司与股东混为同一主体,违背了公司作为一个独立主体的法律期望,这种情形下公司的债务当然应当由股东负连带责任。这种情形一般来说是公司已经成立,但公司与股东,或者母公司与子公司之间的界限不是很清晰,具体表现是股东不遵守公司章程或母公司对子公司的过分控制。

案例:徐工机械公司诉川交机械公司等债务纠纷案[①]

川交机械公司成立于1999年,股东为公路桥梁工程总公司二公司、王某、倪某、杨某等。2001年,股东变更为王某、李某、倪某。2008年,股东再次变更为王某、倪某。瑞路公司成立于2004年,股东为王某、李某、倪某。2007年,股东变更为王某、倪某。川交工贸公司成立于2005年,股东为吴某、张某、凌某、过某、汤某、武某和郭某,何某2007年入股。2008年,股东变更为张某(占

---

① (2011)苏商终字第0107号。

90%股份)、吴某(占10%股份),其中张某系王某之妻。在公司人员方面,三个公司经理均为王某,财务负责人均为凌某,出纳会计均为卢某,工商手续经办人均为张某。三个公司的管理人员存在交叉任职的情形,如过某兼任川交工贸公司副总经理和川交机械公司销售部经理,且免去过某川交工贸公司副总经理职务的决定系由川交机械公司做出;吴某既是川交工贸公司的法定代表人,又是川交机械公司的综合部行政经理。在公司业务方面,三个公司在工商行政管理部门登记的经营范围均涉及工程机械且部分重合,其中川交工贸公司的经营范围被川交机械公司的经营范围完全覆盖,川交机械公司系徐工机械公司在四川地区的唯一经销商,但三个公司均从事相关业务,且相互之间存在共用统一格式的《销售部业务手册》《二级经销协议》和结算账户的情形。三个公司在对外宣传中区分不明。2008年12月4日重庆市公证处出具的公证书记载:通过互联网查询,川交工贸公司、瑞路公司在相关网站上共同招聘员工,所留电话号码、传真号码等联系方式相同。川交工贸公司、瑞路公司的招聘信息,包括大量关于川交机械公司的发展历程、主营业务、企业精神的宣传内容。部分川交工贸公司的招聘信息中,公司简介全部为对瑞路公司的介绍。在公司财务方面,三个公司共用结算账户,凌某、卢某、汤某、过某的银行卡中曾发生高达亿元的往来,资金的来源包括三个公司的款项,对外支付的依据仅为王某的签字;在川交工贸公司向其客户开具的收据中,有的加盖其财务专用章,有的加盖瑞路公司财务专用章。在与徐工机械公司均签订合同、有业务往来的情况下,三个公司于2005年8月共同向徐工机械公司出具说明,称因川交机械公司业务扩张而注册了另外两个公司,要求所有债权债务、销售量均计算在川交工贸公司名下,并表示今后尽量以川交工贸公司的名义进行业务往来。2006年12月,川交工贸公司、瑞路公司共同向徐工机械公司出具申请,以统一核算为由要求将2006年度的业绩、账务均计算至川交工贸公司名下。

法院经审理认为,川交工贸公司于判决生效后10日内向徐工机械公司支付货款及逾期付款利息,川交机械公司、瑞路公司对川交工贸公司的上述债务承担连带清偿责任。

本案涉及的焦点问题是，川交机械公司、瑞路公司与川交工贸公司是否人格混同，应否对川交工贸公司的债务承担连带清偿责任。首先，三个公司人员混同。三个公司的经理、财务负责人、出纳会计、工商手续经办人均相同，其他管理人员亦存在交叉任职的情形，川交工贸公司的人事任免存在由川交机械公司决定的情形。其次，三个公司业务混同。三个公司实际经营中均涉及工程机械相关业务，经销过程中存在共用销售手册、经销协议的情形；对外进行宣传时信息混同。最后，三个公司财务混同。三个公司使用共同账户，以王某的签字作为具体用款依据，对其中的资金及支配无法证明已做区分；三个公司与徐工机械公司之间的债权债务、业绩、账务及返利均计算在川交工贸公司名下。因此，三个公司之间表征人格的因素（人员、业务、财务等）高度混同，导致各自财产无法区分，已丧失独立人格，构成人格混同。川交机械公司、瑞路公司应当对川交工贸公司的债务承担连带清偿责任。

（二）我国公司法人人格混同的主要类型

公司法人人格独立和股东有限责任是公司法人制度的两大基石，对于推动投资增长和迅速积累资本起到巨大作用。但公司制度在具体的运作过程中常被滥用，成为法人股东、个人股东等民事主体逃避义务、牟取非法利益的工具，出现诸如公司资本不实而空壳运转、设立数个公司转移资产逃避债务等情况。目前，我国公司法人人格混同主要有以下几种类型。

（1）母公司滥用对于子公司的控制关系，引起母公司与子公司的法人人格混同。母、子公司是指公司之间存在控股关系、控制关系而使各具法人地位的公司连为一体的公司集团。母、子公司的投资模式因有利于降低经营风险而被广泛采用，但在经营过程中，母公司常会利用其控制地位，任意指挥子公司的经营活动，调动子公司的财产，调整子公司的经营利润，侵犯子公司的独立法人人格，导致母、子公司法人人格混同。

（2）控股股东滥用资本多数决规则，导致公司与控股股东人格混同。在公司的运作过程中，控股股东利用其资本占据表决优势，在关联交易中任意转移公司的财产、利润，使公司意志和股东意志合二为一，公司丧失其法人人格独立于股东的特性。

（3）相互投资引起公司法人人格混同。在相互持股的情况下，一方持有的对方的一部分股份，很可能是对方出资给自己的财产，若这部分股份达到了控股的程度，则表面上相互独立的两个公司，实际上是一个有机整体。

（4）法人组织机构等方面的混同导致不同公司的法人人格混同。相互之间不具有控股关系且均具有独立法人人格的公司，因具有某种程度上的关联关系，如同一投资者组建数个公司，也有可能出现组织机构、财产、经营等方面的混同。"一套人马，两块牌子"是这种混同的典型代表。这种混同，使得不同的公司可以相互任意转移财产、逃避债务，损害了债权人的合法权益。

第七章

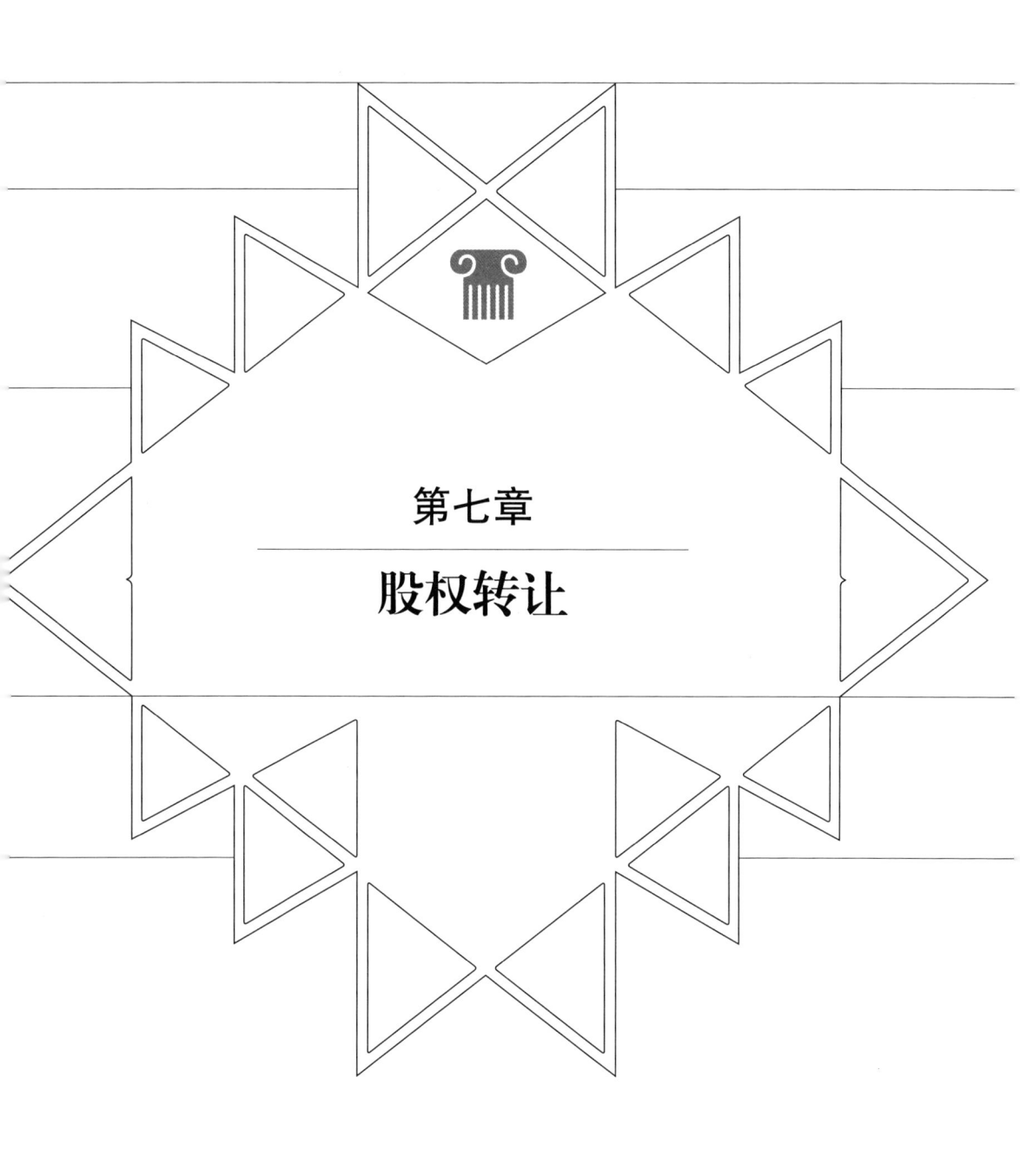

股权转让

第一节　股权转让概述

一、股权

《民法典·总则编》第一百二十五条规定："民事主体依法享有股权和其他投资性权利。"股权依法受到法律的保护。

（一）概念

股权是股东基于其出资行为而享有的从公司获取经济利益和参与公司经营管理的各项权利的总称。股东因出资而对公司享有股权，股权包括共益权和自益权两项权能，自益权和共益权结合在一起构成股权完整的权利体系。股东的自益权主要是财产权，收益是股东对公司投资的主要预期利益，是股东向公司投资的基本动机，收益是股东的终极目的；而股东的共益权主要为管理权，共益权是确保股东获得财产利益的手段，其目的是最大限度地追求财产权益，是自益权的体现和保障。

（二）股权的性质

关于股权的性质，学界历来有所有权说、债权说、社员权说、独立的民事权利说几种说法。

1. 股权不是物权

股权与物权的区别主要体现在以下几个方面：①在社会关系上不同。股权是法人与其成员之间的关系，不是物权权利人对财产的排他性支配。②在权利的实现方式上不同。股权有很多权能须依赖公司的意思表示才能实现，物权的权利人实现物权无须依赖他人的意思表示即可实现。③在权利内容上不同。股权兼具财产利益与人身利益，物权仅包括财产利益。

2. 股权不是债权

股权是一种综合性权利，是投资人由于向公司投资而享有的权利。债权是财产权，是典型的相对权，只在债权人和债务人之间发生效力，原则上债权人和债务人之间的债务关系不能对抗第三人。

3. 股权是社员权

中国学界通常也认为股权是一种社员权，是股东基于其社员资格而享有的权利，包括若干财产性质的请求权和共同管理公司的若干权利。

在第五章第二节，已就股权的内容进行了具体分析，本章内容侧重于股权转让涉及的法律问题。

（三）公司法人财产权与股东股权

公司对其全部财产享有独立支配的权利，使法人摆脱了对出资者意志的直接依附，成为具备独立人格的法律主体，称为公司法人的财产权。公司投资者对其投资于公司的资本拥有原始产权，随着公司的成立，其投入公司的资本由公司享有法人财产权，作为其产权的交换，投资者获得了价值形态的股权而丧失了实物形态的资本的所有权。股东的股权，即对虚拟资本的占有、处分权，以及凭借持有的股份对公司运营大政方针享有的相应的表决权、监督权、按期分红的权利。

公司作为独立的法人，享有独立的人格，对公司财产享有独立的法人财产权，已为我国学界所公认，公司法对此亦有明文规定。目前，公司法对于资产收购后责任之归属并无明文规定。然而，在中国企业改制的实践中，出现了大量改制企业试图通过转移资产逃废债务的情况。为保护债权人利益，最高人民法院在司法实践中发展出了所谓"债务随企业财产变动原则"（以下简称"债随物走原则"），也就是在《最高人民法院关于审理与企业改制相关的民事纠纷案件若干问题的规定》（法释〔2003〕1号）中针对企业改制有特殊规定，该规定第七条规定："企业以其优质财产与他人组建新公司，可将债务留在原企业，债权人以新设公司和原企业作为共同被告提起诉讼主张债权的，新设公司应当在所接收的财产范围内与原企业共同承担连带责任。"该条规定规范了企业假借改制之名逃废债权之情形。"债随物走原则"是对传统企业法理论的突破。有学者认为，尽管法官出于公正的理念近乎本能地发展出了该原则，却未能令人信服地说明该原则的理论基础，导致在适用中存在相当的混乱。此外，此等规定限于"企业改制"，对于资产收购的情形是否适用可能仍有疑义。然而，有学者认为，可扩大第七条恶意逃债的适用范围至资产收购之欺诈交易。

案例：圣鑫公司诉大连一建买卖合同纠纷案[①]

大连经销处与大连一建买卖合同纠纷一案，执行依据为2003年11月17日做出的（2003）西民合初字第1700号民事判决书。因大连一建不能履行生效判决书确定的义务，大连经销处向法院申请追加圣鑫公司为被执行人。圣鑫公司依据2003年12月大连市城乡建设委员会大建发〔2003〕260号《关于同意组建大连圣鑫建设集团有限公司的批复》，由19名自然人以货币出资共同组建成立。该文件批复：经资产评估核准从被执行人大连一建剥离资产1804.97万元投入圣鑫公司，并相应承继了债务（内欠职工各种费用）993.37万元，净资

[①] （2018）辽02执复48号。

产 811.60 万元作为预留职工和相关人员的安置费转为圣鑫公司的资本公积金，专款专用。圣鑫公司按照批复文件应接收安置原大连一建 74 名职工、106 名退休人员、177 名 20 世纪 60 年代精简人员、376 名职工遗属。大连一建未注销。2017 年 7 月 7 日，大连永通会计师事务所有限公司出具的审计报告载明："经审计，截至 2017 年 2 月 28 日，圣鑫公司共偿还职工债务和发放安置费 1792.87 万元。2010 年 3 月 12 日，圣鑫公司代被执行人向案外人王某还款 100 万元。"

圣鑫公司是由大连一建改制后由 19 个自然人组建成立，并非分立、合并产生；大连一建也未注销。圣鑫公司在组建成立时从被执行人大连一建剥离资产 1804.97 万元，按照大连市城乡建设委员会大建发〔2003〕260 号批复已经累计偿还 1792.87 万元，代大连一建偿还债务 100 万元，从被执行人大连一建处剥离的资产已经没有剩余。

（2014）西执字第 1046 号执行裁定书中载明："经查，第三人圣鑫公司是以等额资产承担等额债务的形式，由大连一建改制而成，第三人应在接收大连一建的资产 1804.97 万元范围内对大连一建的债务承担连带责任。"最高人民法院（2009）民申字第 1485 号民事裁定认为，圣鑫公司是以等额资产承担等额债务的形式，由大连一建改制而成立，改制时圣鑫公司承担的是大连一建欠职工的各种费用及预留大连一建职工和相关人员的安置费，对大连一建所欠的对外债务，双方没有协商。根据上述事实，依据《最高人民法院关于审理与企业改制相关的民事纠纷案件若干问题的规定》第七条的规定，确立圣鑫公司应当在接收大连一建的资产范围内对大连一建的债务承担连带责任。

公司对其财产享有独立的法人财产权，股东出资后，相应的财产权即归属公司享有，股东享有的只是股权。公司的法人财产权和股东股权虽然存在关联，但是有着本质上的不同，公司的就是公司的，股东的就是股东的，债务既然是股东的，就应当执行股东的财产，即对其公司享有的股权，而绝对不能执行公司的财产，否则就构成对公司法人财产权的侵权，既侵害公司的合法权益，也侵犯公司其他股东和债权人的利益。或许有人认为，不执行公司相应的财产，就是对原企业债权人保护不周。然而，股东的股权也是财产权，具有很强的经济价值，强制执行股东的股权一般能够满足债权人的利益诉求；即使有时不能满足，也没有任何理由将债权人的利益保护置于公司其他股东和债权人利益之上，因为即使公司是出资人的全资子公司，也有自己独立的经济活动，有自己的交易相对人和债权人，执行了公司财产必然损害其正当信赖和经济利益。

公司对公司财产享有法人财产权，股东交付的出资在实际交付或办理登记后即转移给公司，公司可以展开经营活动并对外承担民事责任。然而，股东尚未交付的出资是否构成公司财产可能引发争议。股东未缴纳出资有两种情形：一是公司章程规定股东分期缴纳出资情形下股东的缴纳期限尚未届至；二是瑕疵出资，即根据公司法和公司章程规定股东应缴纳出资而未缴纳，具体包括出资不及时和出资不足额两种情形。无论上述何种情形，根据公司法和公司章程的规定，公司均有权请求股东完全缴纳出资，即时请求股东缴付出资，但这是债权的履行问题，并不影响债权的成立。因此，股东尚未缴付的出资虽然财产权利并未转移，但是公司享有对股东的债权请求权，该种请求权构成公司财产权的一部分，也正是这个意义上，我们强调公司法人财产权是一种综合性权利而非法人所有权。

二、股权转让合同

股权转让是公司股东依法将自己的股东权益有偿转让给他人，使他人取得股权的民事法律行为。股权转让是股东行使股权经常而普遍采用的方式，我国公司法规定股东有权通过法定方式转让其全部出资或者部分出资。股权转让成为企业募集资本、产权流动重组、资源优化配置的重要形式，由此引发的纠纷在公司诉讼中最为常见。

股东进行股权转让时，需要与受让人签订股权转让合同。股权转让合同，是当事人以转让股权为目的而达成的关于转让人交付股权并收取价金,受让人支付价金并取得股权的意思表示。由于股权转让合同标的的特殊性,股权转让合同涉及的法律关系主体并不仅限于合同的当事人,同时包括目标公司及其所有股东等。股权转让合同所涉及的法律关系主体与普通的买卖合同不同,股权转让合同涉及众多利害关系主体。

(一)股权转让合同的生效条件

股权转让合同涉及的标的比较复杂,为了平衡和保护相关法律关系主体的合法权益,保障资本市场的有序运作,我国的法律法规对股权转让合同的生效条件做出规定。股权转让合同应当满足以下条件。

1. 主体适格

股权转让合同的转让人必须是股东,也就是说,转让人必须在取得股东资格后才能转让股权。股东资格是出资人基于出资而获得的法律地位,不具有股东资格的主要情形是转让人没有依法取得公司股东的资格,或者转让人的公司股东资格因故丧失。不具有股东资格,其转让出资无效。出资并不等于取得股东资格,只有履行了出资行为,且公司依法成立,出资人才依法取得股东资格。

2. 受让人适格

公司法对股东资格并没有限制性规定,但其他法律有对某一群体禁止从事营利性活动的相应的限制性规定。《中华人民共和国公务员法》第五十九条规定,公务员不得违反有关规定从事或者参与营利性活动,在企业或者其他营利性组织中兼任职务。

除此之外,理论界有关于未成年人是否能成为公司股东的相关探讨。基于未成年人的行为可以由其法定代理人代为进行,行为能力不能成为考量民事主体取得股东资格的基本要件。股东资格的取得意味着一种新的法律关系的产生,而导致法律关系产生、变化和消灭的原因是法律事实。法律事实包括自然事实和行为事实两大类。虽然未成年人在行为能力上有缺陷，但其可以通过自然事实和其他行为事实取得股东资格。从总体上看，未成年人可由自己或通过其法定代理人取得公司股东资格，具体方式主要包括受赠、继承、购买股份、作为发起人设立公司四种。所以，行为能力不能成为限制未成年人取得股东资格的限制性条件。

3. 标的合法

标的合法是指转让的股权没有违反法律的禁止性规定。公司原则上不得收购本公司股份。公司取得自己的股份，等于向股东支付抽逃的股本金，违反公司资本维持原则，损害公司和公司债权人的利益。公司实践中，应当禁止或者限制子公司取得母公司的股份的后果与公司收购本公司股份相同。

4. 意思表示真实

合同是一种双方民事行为，当事人双方意思表示达成一致即可成立，而意思表示真实是合同生效要件而非成立要件。意思表示不真实是指：意思与表示不一致，如重大误解；意思表示不自由，如受到欺诈、胁迫等。股权转让合同中的欺诈，是指转让人故意虚构或者隐瞒重要事实，诱使受让人对股权的真实价格做出错误判断而与其签订合同。如受让人隐瞒公司重大债务、隐瞒担保之债、隐瞒出资不实或者抽逃出资等，足以对股权价格产生重大影响的，受让人可以请求宣告合同无效或者撤销合同。

5. 不违反法律的规定

有限责任公司的股东自愿向他人转让其股权，既可以向该公司的其他股东转让股权，也可以向该公司股东以外的人转让股权。考虑到转让股权很有可能影响其他股东在公司的权益,《公司法》第七十一条[①]对这两种不同情形特别是向股东以外的人转让股权的程序做了规定,并规定了其他股东的优先购买权。当然,公司章程对股权转让另有规定的,从其规定。

(二)股权转让合同被确认无效或被撤销的法律后果

有效的民事法律行为能实现行为人所期望的法律效果,被确认无效、被撤销的民事法律行为尽管不能实现行为人预期的法律效果,但并非不发生任何法律效果。被确认无效或被撤销的股权转让合同发生如下法律后果。

1. 返还财产

《民法典·总则编》第一百五十七条规定:"民事法律行为无效、被撤销或者确定不发生效力后,行为人因该行为取得的财产,应当予以返还;不能返还或者没有必要返还的,应当折价补偿。有过错的一方应当赔偿对方由此所受到的损失;各方都有过错的,应当各自承担相应的责任。法律另有规定的,依照其规定。"无论是转让方还是受让方,都应将其从对方取得的财产予以返还,从而将合同双方当事人之间的利益关系恢复到无效合同缔结前的状态。公司有义务协助转让方办理股权回转的相关手续,如变更股东名册、修改公司章程、办理变更登记等。

2. 赔偿损失

无论是转让方还是受让方,对由于自己的过错而给对方造成的实际损失,包括直接财产损失与间接财产损失,都应当承担赔偿责任。赔偿的范围为返还

[①] 《公司法》第七十一条规定:"有限责任公司的股东之间可以相互转让其全部或者部分股权。股东向股东以外的人转让股权,应当经其他股东过半数同意。股东应就其股权转让事项书面通知其他股东征求同意,其他股东自接到书面通知之日起满三十日未答复的,视为同意转让。其他股东半数以上不同意转让的,不同意的股东应当购买该转让的股权;不购买的,视为同意转让。经股东同意转让的股权,在同等条件下,其他股东有优先购买权。两个以上股东主张行使优先购买权的,协商确定各自的购买比例;协商不成的,按照转让时各自的出资比例行使优先购买权。公司章程对股权转让另有规定的,从其规定。"

财产不足以弥补的损失。

受让方向转让方赔偿损失的范围不包括公司利益直接受损、转让方作为股东利益间接受损的部分。受让方在实际经营管理公司期间不法侵害公司合法权益的行为不仅导致公司利益直接受损，而且导致股东利益间接受损。在这种情况下，如果公司遭受的损害获得了赔偿，转让方不能就此对受让方股东主张损害赔偿，只能敦促公司对受让方股东提起损害赔偿之诉；公司怠于或者拒绝对其提起诉讼时，转让方在恢复股东资格以后可以依法提起股东代表诉讼。

三、股权转让变更登记

转让方与受让方签订股权转让合同后，需要到工商行政管理部门进行股权变更登记。

（一）股权转让变更登记与股权转让合同生效

根据《民法典》的规定，民事法律行为的成立与生效一般同时发生，而先成立、后生效的合同主要是法律法规规定应当办理批准、登记等手续生效的合同，附生效条件的合同，附生效期限的合同。

根据《公司法》第三十二条的规定，有限责任公司应当置备股东名册，记载下列事项：股东的姓名或者名称及住所、股东的出资额、出资证明书编号。记载于股东名册的股东，可以依股东名册主张行使股东权利。公司应当将股东的姓名或者名称向公司登记机关登记；登记事项发生变更的，应当办理变更登记。未经登记或者变更登记的，不得对抗第三人。

公司法对于普通的股权转让合同并无办理批准、登记手续后才能生效的规定。因此，登记不是股权转让合同生效的要件。从另一个角度来讲，公司法虽然规定股权转让应当进行登记，但是并未规定未经登记不能生效。因此，股权变更登记与股权转让行为的效力无关。

股权转让合同签订后，只要没有违反法律的规定即生效。股权转让合同生效后，需要双方实际履行合同，即双方将转让的事实通知公司，进而变更股东名册、修改公司章程、变更工商登记等。《公司登记管理条例》第三十五条规定："公司登记事项变更涉及分公司登记事项变更的，应当自公司变更登记之日起30日内申请分公司变更登记。"

（二）公司内部登记生效主义

只要公司将受让方载入股东名册或公司向新股东签发出资证明书，股权转让就会在公司内部生效。公司是否在公司登记机关办理股东变更登记原则上并不影响股权的变动效力。

《公司法》第七十三条规定："依照本法第七十一条、第七十二条转让股权后，公司应当注销原股东的出资证明书，向新股东签发出资证明书，并相应修改公司章程和股东名册中有关股东及其出资额的记载。对公司章程的该项修改不需再由股东会表决。"股权转让所在公司根据《公司法》第七十三条的规定，应当协助受让方办理公司内部的变更登记手续。如公司怠于或者拒绝办理内部变更登记手续，受让方有权对其提起诉讼，请求法院责令公司继续履行法定协助义务。受让方因此受让受到损失的，有权请求公司予以赔偿。如果股权转让合同当事人没有告知公司股权转让合同生效的事实，公司有权推定记载于原有股东名册上的老股东有资格对公司主张股权。

（三）公司登记外部对抗主义

公司登记机关的股权变更登记行为具有对抗第三人的效力。股权变动信息经由公司登记机关披露给社会公众以后，应当推定社会公众知道或者应当知道这些披露信息。如股权转让合同成立，且股权交付后，公司怠于前往公司登记机关办理股权转让登记手续,则合同自身的效力和股权交付的效力并不因此而受影响,只不过股权转让双方不能凭转让合同或者公司股东名册对抗第三人而已。

股权转让登记包括以下三种情形:①虽已办理外部登记,但未办理内部登记;②虽已办理内部登记,但未办理外部登记;③内部登记与外部登记均未办理。第一种情形下,受让人可以对抗第三人,但尚未有效取得股权,受让人有权依据股权转让合同要求公司补办内部登记手续、变更股东名册,从而有效取得股权。第二种情形下,受让人已经有效取得股权,甚至已在事实上行使股东的权利,但尚未取得对抗第三人的效力。第三人有权依据生效的股权转让合同追究转让方的违约责任。第三种情形下,受让人不仅没取得股权,而且无力对抗任何善意第三人。转让人仍然有可能将其股权再转让给第三人,并请求公司将第三人的姓名或者名称记载于公司股东名册和公司登记机关。此时,第三人作为法律上承认的股东有权行使原股东享有的诸项权利,并把虽已交付股权转让价款且在事实上行使股东权利,但尚未从法律上取得股权的受让方扫地出门。

案例:龙元公司和联华合纤公司与公司有关的纠纷[①]

2002年4月10日,因案外人海泉公司无力清偿龙元公司到期债务,法院(1999)沪二中执字第1298号民事裁定书裁定:将海泉公司持有的联海公司11.5%的股权以408.10万元的价格抵偿给龙元公司,原海泉公司在联海公司11.5%的股权归龙元公司所有。但之后一直未办理股权变更工商登记。2007年2月13日,联海公司将其两处房产为联华合纤公司向民生银行的借款提供抵押担保。嗣后,由于联华合纤公司未按期还款,经法院委托拍卖,上述抵押房产最终以1872万元的价格用于偿还联华合纤公司欠民生银行的部分债务。2011年9月20日,龙元公司以股东身份要求联海公司董事陈某向联华合纤公司主

---

① (2012)黄浦民二(商)初字第434号,(2012)沪二中民四(商)终字第1121号。

张债权。其间，联海公司曾于 2011 年 9 月 1 日向法院提起诉讼，要求联华合纤公司偿还 1872 万元。9 月 27 日联海公司又以无诉讼必要为由撤回了对联华合纤公司的起诉。

法院经审理认为，股东资格的确认并不以工商部门备案登记作为必要要件，工商部门备案登记仅起到对抗公司外部善意第三人之作用。

本案中，龙元公司通过法院裁定书受让了海泉公司对联海公司的股权但未变更股东名册与工商登记，在这种情况下，龙元公司是否具备联海公司的股东资格？公司法和司法解释均未明确规定有限责任公司股权变动的生效要件，审判实践中也存在不同的做法。

《公司法》第七十三条规定："依照本法第七十一、七十二条转让股权后，公司应当注销原股东的出资证明书，向新股东签发出资证明书，并相应修改公司章程和股东名册中有关股东及其出资额的记载。"这一规定并没有明确股权变动生效的要件。没有记载于股东名册的股东，只是不能依据股东名册主张行使股东权利而已。应当认为，股东名册具有股权推定效力，是认定股权归属的表面证据，可以被相反证据推翻。在股东名册没有记载但公司知悉股权发生变动的情况下，股权受让方可对公司享有股东资格，请求公司变更股东名册，公司不能以股东名册对抗股权受让方。法院的职能就是适用法律对纠纷进行裁判，由于我国法律对股权转让过程中股东优先购买权的保护有充分的规定，法院适用法律对股权变动做出的裁判已经充分保护了公司的人合性及其他股东的权益。不管是从法理上进行分析，还是根据法律规定，法院生效裁判文书都能直接产生股权变动的效力。当然，因法院裁判生效股权变动就发生效力，会导致股东名册或工商部门登记的股权与真实的股权不一致。为避免第三人信赖登记簿的记载而发生善意取得的风险，因法院生效裁判而取得股权的权利人应及时要求公司变更股东名册及工商登记，从而更好地保护和行使自己的股权。

第二节　股权转让程序

股东之间可以自由转让股权。公司的股东之间无论是转让全部股权，还是转让部分股权，只会引起股东间的出资比例发生变化，不会有新股东产生，股东间的伙伴关系不会受到影响，一般情况下没有必要对这种转让进行限制。因此，《公司法》并没有对股权的转让做出任何限制性规定。实践中如果个别公司认为有必要对股东间转让股权进行限制，可以在公司章程中规定限制的具体情况。

股东向股东以外的人转让股权，必将引入新股东。考虑到新股东与其他股东之间并不一定存在相互信任的关系，而有限责任公司又有较强的人合性，股权转让应当遵循一定的程序。

一、书面通知其他股东

股东应就其股权转让事项书面通知其他股东征求同意，其他股东自接到书面通知之日起满30日未答复的，视为同意转让。其他股东半数以上不同意转让的，不同意的股东应当购买该转让的股权；不购买的，视为同意转让。

1. 书面通知应当包含的内容

意图转让股权的股东应当向其他股东发出书面通知，告诉其他股东有关其股权转让的有关事项，如转让多少股权、价格是多少、受让方是谁等，并询问其他股东是否同意这一股权转让事项。

2. 以其他股东能够确认收悉的合理方式通知

根据《公司法司法解释（四）》第十七条的规定，股权转让事项还可以其他能够确认收悉的合理方式通知其他股东征求同意。

3. 其他股东做出同意或不同意的意思表示

法律规定"其他股东过半数同意"，这里的"其他股东过半数同意"是以股东人数为标准，而不以股东所代表的表决权多少为标准。这是因为股权转让事宜，是基于股东处分其财产权而在股东之间发生的合同性质的问题，而不是公司资本运营过程中的内部决策问题，它需要考虑的是每个股东的意愿，而非大股东的意志，适用"股东多数决"而非"资本多数决"规则。

以股东人数为标准可以避免因少数股东的反对而否定多数股东的意愿，也可以最大限度地减少股权转让的障碍，保障股东对其财产处分权的实现。保障股东行使股份转让权，避免其他股东的不当或消极阻挠。

4. 视为同意的情形

《公司法司法解释（四）》第十七条规定，股东对股权转让的通知逾期未答复的视为同意转让；如果半数以上其他股东不同意转让，则应购买要求转让的股权，否则视为同意对外转让，以防止表示不同意转让的股东既不同意转让，又不购买其不同意转让的股权，使意图转让股权的股东无法实现其目的。

二、股东有优先购买权

考虑到有限责任公司的人合性较强，为了维系现有股东之间的信任关系，《公司法》第七十一条规定确认了现有股东的"优先购买权"，即经股东同意转让的股权，在同等条件下，其他股东，包括同意该项转让的股东和不同意该项转让的股东都有优先购买权。相对于第七十一条第二款规定的"不同意的股东应当购买该转让的股权;不购买的,视为同意转让"而言,第七十一条第三款的规定不是股东义务,而是权利。

(一)同等条件

股东的优先购买权是以"在同等条件下"为限制的。所谓"条件"是指股权转让方索取的对价,主要是股权转让的价金,也包括支付方式、期限等其他的附加条件。只有本公司其他股东购买出售股权的条件低于公司以外的受让人所给条件时,才可以将股权转让给现有股东以外的人。人民法院在判断是否符合《公司法》第七十一条第三款及本规定所称的同等条件时,应当考虑转让股权的数量、价格、支付方式及期限等因素。

同等条件限制目的在于保护转让股东利益免受实质损害,平衡转让股东与公司其他股东的利益诉求。一方面,法律规定"同等条件"表明优先购买权并不是以转让股东实际利益的损害为代价的,同等条件下优先购买权的行使,不会对转让股东退出权的实现和投资的回收造成实质损害;另一方面,优先购买权并不是绝对剥夺外部受让人的购买机会。优先购买权制度保护了其他股东维持公司人合性的愿望,有利于其他股东利益的最大化。然而,该种制度构成是对转让股东股权的一种限制,因为根据契约自由原则,缔约人不仅有权决定契约的内容、形式,还有权自由选择契约相对人。优先购买权制度限制了转让股东选择相对人的自由。由于优先购买权制度有利于提高公司运转效率,因而该种限制具有合理性,犹如为了保障不动产邻人的必要利益,可以借助相邻权限制不动产权利人的物权权能。不过,正如权利存在边界一样,法律的限制亦存在一定的边界,超越了该种边界,即构成法律的专制。为了公司的整体效率,可以适当限制公司股东权利,但是该种限制不能损害股东实质经济利益。"同等条件"规定既防止了转让股东漫天要价,又保障了转让股东经济利益不受实质损害,实现了公司股东之间的利益平衡。

关于"同等条件",实践中常引起争议,优先购买权人购买股权的条件应与出让股东和第三人订立的合同内容绝对相同、完全一致的绝对同等,还是只要优先购买权人提供的实质条件不比第三人的条件对出卖人更为不利的相对同等。绝对同等条件,赋予了转让股东过大的自由决定权,可能导致其他股东的优先购买权名存实亡,比如转让股东可以与第三人约定以特定的物为转让对价。不过,适用相对同等说必须注意不能损害转让股东的实质利益,否则就从根本上违反了"同等条件"的制度价值。

在确定同等条件时,可以从数量、价值、履行期限、地点、方式和违约责任等方面进行。实践中,股东主张优先购买权往往是在主张股东与转让股东发生争议乃至存在敌意情形下发生的,如果双方关系融洽,完全可以自由协商转让条款,股东无须主张优先购买权这一法定权利即可受让股东股权。在双方发生争议或存在敌意的情形下,转让股东往往与第三人虚构交易价格以否认其他股东的优先购买权。因此,如何认定"同等条件",成了司法实践中的一个难题。因此,应当规定同等条件指优先购买权人提出的购买条件与转让人和第三人之间约定的购买条件相同,此处所指的购买条件主要但不局限于价格,还包括其他可以对价格产生实质影响的条件,以能使转让人获取正常对价并保证实现。

(二)股东主张优先购买权的时间

股东主张优先购买转让股权的,应当在收到股权转让通知后,在公司章程规定的行使期间内提出购买请求。公司章程没有规定行使期间或者规定不明确的,以通知确定的期间为准,通知确定的期间短于30日或者未明确行使期间的,行使期间为30日。有限责任公司的转让股东,在其他股东主张优先购买权后又不同意转让股权的,对其他股东优先购买的主张,人民法院不予支持,但公司章程另有规定或者全体股东另有约定的除外,其他股东主张转让股东赔偿其损失合理的,人民法院应当予以支持。

当然,在对有限责任公司股东自愿转让股权进行规定的同时,考虑到股权转让行为是一种商事行为,法律应当尊重当事人的意思,公司章程对股权转让另有规定的，从其规定。一旦公司章程对股权转让做出不同的规定，就应当依照公司章程的规定执行，而不再按照《公司法》规定的程序进行股权转让。

（三）多个股东行使优先购买权的情形

实践中还经常出现多个股东同时行使优先购买权的情况，《公司法》第七十一条第三款规定：两个以上股东主张行使优先购买权的，协商确定各自的购买比例；协商不成的，按照转让时各自的出资比例行使优先购买权。

（四）未征求其他股东同意的法律后果

有限责任公司的股东向股东以外的人转让股权，未就其股权转让事项征求其他股东意见，或者以欺诈、恶意串通等手段，损害其他股东优先购买权，其他股东主张按照同等条件购买该转让股权的，人民法院应当予以支持，但其他股东自知道或者应当知道行使优先购买权的同等条件之日起30日内没有主张，或者自股权变更登记之日起超过一年的除外。

其他股东仅提出确认股权转让合同及股权变动效力等请求，未同时主张按照同等条件购买转让股权的，人民法院不予支持，但其他股东非因自身原因导致无法行使优先购买权，请求损害赔偿的除外；股东以外的股权受让人，因股东行使优先购买权而不能实现合同目的的，可以依法请求转让股东承担相应民事责任。

三、特殊情形下的股权转让问题

（一）名义股东未经实际出资人同意转让股权

根据《公司法司法解释（三）》第二十五条的规定，名义股东将登记于其名下的股权转让，实际出资人以其对于股权享有实际权利为由，请求认定处分股权行为无效的，人民法院可以参照《民法典·物权编》第三百一十一条[1]的规定处理，即股权转让适用善意取得的规定；同时，名义股东处分股权造成实际出资人损失，实际出资人请求名义股东承担赔偿责任的，人民法院应予支持。

案例：宋某诉王某、李某请求确认股权转让合同无效纠纷案[2]

王某系某贸易公司的登记股东，持有该公司24%的股权。宋某与王某签订的出资协议载明，王某所持该公司24%的股权实际为宋某出资。2012年6月，王某未经宋某同意，与李某签订股权转让协议，将该24%的股权转让给李某，该公司的其他股东亦未提出异议，后办理了工商变更登记。2013年2月，宋某以其为该24%股权的实际出资人为由，向法院起诉，主张王某与李某之间的股权转让协议无效。

法院经审理认为，隐名股东在依法显名之前，其股东身份和权益并不被外人所知。在这种情况下，显名股东擅自以转让、设定质押或者以其他方式处分股权时，当受让的第三人无从知晓显名股东与隐名股东之间的股权代持关系时，按照善意取得原理，善意第三人可以获得受让的股权（或行使质权）。尽管隐名股东可以依据代持股协议要求代持人赔偿损失，但如果代持人没有偿债能力，风险只能由该隐名股东承担。本案中，因宋某未能提供证据证明李某在受让股权时系明知转让人王某为名义股东，实际出资人为宋某，故宋某的诉请无法得到支持。宋某仅能依据其与王某的约定，另行请求王某赔偿其因股权转让而遭受的损失。据此，法院判决驳回宋某请求确认股权转让协议无效的诉讼请求。

---

[1] 《民法典·物权编》第三百一十一条规定："无处分权人将不动产或者动产转让给受让人的，所有权人有权追回；除法律另有规定外。符合下列情形的，受让人取得该不动产或者动产的所有权：（一）受让人受让该不动产或者动产时是善意；（二）以合理的价格转让；（三）转让的不动产或者动产依照法律规定应当登记的已经登记，不需要登记的已经交付给受让人。受让人依据前款规定取得不动产或者动产的所有权的，原所有权人有权向无处分权人请求损害赔偿。当事人善意取得其他物权的，参照适用前两款规定。"

[2] 上海二中院股权代持纠纷典型案例。

（二）股东分期缴付出资时的股权转让

在股东分期缴付出资的情况下，出让股权的股东认缴了出资，但尚未缴足即出让股权的，该股东有义务将出资不足的情况告知受让方，受让方应当向公司承诺在成为公司股东后承担继续缴资的义务。对此，根据《公司法司法解释（三）》第十八条的规定：有限责任公司的股东未履行或者未全面履行出资义务即转让股权，受让人对此知道或者应当知道，公司请求该股东履行出资义务、受让人对此承担连带责任的，人民法院应予支持；公司债权人请求未履行或者未全面履行出资义务的股东在未出资本息范围内对公司债务不能清偿的部分承担补充赔偿责任，同时请求前述受让人对此承担连带责任的，人民法院应予支持。受让人根据前述规定承担责任后，向该未履行或者未全面履行出资义务的股东追偿的，人民法院应予支持；但是当事人另有约定的除外。

（三）法院强制执行股权时如何保护股东的优先购买权

当对股权启动强制拍卖程序时，法院不可能在确定交易条件后再通知公司及全体股东，由股东决定是否行使优先购买权。在拍卖时，采取的是现场竞价的方式，当交易条件相同时，需要继续竞价，直到出现一个最高报价者作为拍卖标的物的买受人。因此，在法院的强制执行程序中，通过通知优先购买权人直接作为竞买人参与拍卖，通过拍卖程序，实行价高者得。也可以由法院通知优先购买权人到拍卖现场，但优先购买权人不直接参与竞价，待经过拍卖程序产生最高应价者后，由拍卖师询问优先购买权人是否愿意购买。如果其不愿购买，则拍卖标的即由最高价者购得。

案例：覃某持有桂松公司与林某股权转让协议纠纷上诉案——侵害股东优先购买权的股权转让协议无效 ①

覃某原持有桂松公司100%的股权，后林某以400万元的价格购买了覃某持有的70%股权成为该公司股东，此后林某持有桂松公司70%的股权，覃某持有30%的股权。2011年8月24日，林某与第三人李某签订了股权转让协议书，约定李某以3000万元购买林某持有的桂松公司的70%股权。同年8月26日，覃某在人民法院审理的其与林某二人股东出资纠纷一案的庭审中曾表示愿意购买桂松公司林某的70%股权。同年8月31日，林某在《右江日报》上以公告形式声明拟转让其在桂松公司的70%股份，征询覃某是否愿意购买。同年9月29日，覃某同样以公告形式在《右江日报》上回复林某愿意购买。其后，覃某多次向林某表达了购买意愿。但覃某不同意以3000万元的价格购买林某的股权，而是要求对桂松公司现有资产进行评估，按照桂松公司现有财产的实际价值来确定股权价格。因双方就股权转让的价格意见分歧过大，不能达成一致意见，林某认为覃某没有开出与第三人同等的3000万元的价格，覃某不是在同等条件下行使优先购买权，不同意将股权转让给覃某。第三人李某遂依据其与林某的股权转让协议书受让其持有的桂松公司70%股份，申请工商行政管理部门办理股东变更登记，并要求召开新股东大会。

法院经审理认为，根据《公司法》第七十一条规定，经股东同意转让的股权，在同等条件下，其他股东有优先购买权。本案中，桂松公司作为仅有林某和覃某两名股东的公司，在进行股权转让时应依法就其转让事项书面通知另一股东。2011年8月24日，林某与第三人李某签订了股权转让协议书；2011年8月31日，林某在《右江日报》上以公告形式声明拟转让其在桂松公司的70%股份，征询覃某是否愿意购买。显然，林某没有书面征求覃某同意并在覃某明确表示不同意购买的情况下，与第三人李某签订了股权转让协议书，该股权转让行为

---

① （2011）东民二初字第402号，（2012）百中民二终字第39号。

违反了《公司法》第七十一条第三款的规定。此时覃某尚未知晓林某已与第三人李某签订转让股权协议,2011年8月26日,覃某表示愿意购买林某的股权,并在2011年9月29日,即法律规定的期限内在《右江日报》上公告表示反对林某转让其所持有的70%股权给李某,自己愿意购买,随后多次以不同方式表示愿意购买。因此,判定2011年8月24日林某与第三人李某签订的股权转让协议书无效。

在有限责任公司中,股东向股东以外的人转让其股权时,其他股东在购买价款和其他股权转让条件相同的前提下,可以优于第三人受让该股权。《公司法》第七十一条第三款规定:"经股东同意转让的股权,在同等条件下,其他股东有优先购买权。"该条款是为了保护公司老股东既得利益免受陌生人加入公司而带来的不便或不利影响,强化有限责任公司的人合性而设立的。林某向李某转让其股权时,应当向桂松公司和覃某通报其转让股权的意向,并要求公司股东召开股东会进行表决。但林某与公司股东以外的第三人李某于2011年8月24日签订股权转让协议书时,未就股权转让事项向公司通报并征求公司另一位股东覃某的意见,因此,在桂松公司股东会进行表决前,该股权转让协议属于效力待定的合同。2011年8月31日,林某在报纸上公告股权转让事项,向覃某通报其转让股权的意向,其以书面形式向公司其他股东单独征求意见,随后覃某在《右江日报》上公告不同意林某将股权转让给他人,并表示愿意购买,至此,桂松公司的股东以书面形式就股权转让事项做出表决,半数股东同意转让,半数股东不同意向股东以外的第三人转让该股权。根据公司法的规定,覃某不同意林某向股东以外的第三人转让股权,应当购买林某的股权,并且在同等条件下有优先购买权。现覃某要求行使优先购买权,但林某不同意覃某的价格条件,双方对股权价格的争议非常大。如何确定行使优先购买权的股权价格,是按照林某与第三人李某之间达成的价格条件,还是由林某与覃某协商,或者如覃某主张的对公司资产进行评估以确定一个较为公平的价格,成为双方争议的焦点,是解决本案问题的关键。

林某与李某约定的股权转让价格为3000万元，覃某只同意出140多万元，因此，有意见认为覃某不是在同等条件下行使优先购买权。理由是：从《公司法》第七十一条第二款规定来看，不仅是维护有限责任公司的人合性，而且为有限责任公司的股东退出公司留有余地，并尽可能地使该股东的投资财产价值实现最大化。林某与第三人李某签订的股权转让协议达成的价格为3000万元，以该价格条件为依据确定股权转让价格条件的优劣，能让林某的投资财产价值实现最大化。覃某不同意林某转让股权给第三人李某，也不同意以3000万元的价格购买，显然李某所出条件明显优于覃某。因此，覃某没有在同等条件下购买转让的股权，视为其放弃优先购买权，此时林某与李某签订的股权转让协议书生效，该股权转让协议没有侵害覃某的优先购买权。

法院裁判的理由是覃某不同意林某向第三人转让股权，林某与第三人签订效力待定的转让合同归于无效。在本案审理过程中，法院就林某与第三人之间的股权转让合同的真实性做出判断，认为林某与李某签订的股权转让合同约定的股权转让价款较高且明显不合理，同时没有证据证明李某支付任何对价，存在二人故意抬高股权转让价格之嫌，双方是否存在真实的交易关系不可知，这就无法确定林某与李某约定的价格条件是否真实，不能以该价格条件为依据判断股权转让价格条件的优劣，否则就侵害了覃某的股东利益。

需要说明的是，不能仅以与第三人签订的股权转让价格3000万元远远高于140万元，就认为是转让人与第三人故意抬高股权价格，还应当结合履行期限、地点、违约责任等具体条款确定其是不是真实的股权转让合同。此外，转让人与第三人之间的股权转让协议，只要具备了民事法律行为的生效要件，就应当认为其已生效，至于其他股东是否行使优先购买权，是影响合同履行的问题，不应当成为影响合同效力的问题。因此，本案中，人民法院认为林某与第三人签定的的股权转让合同是效力待定的合同是不恰当的。

第七章 股权转让

案例：张某与狮龙公司等股东优先购买权纠纷案[①]

2002年8月27日，大剑滩电力公司成立，注册资本为800万元，由1名法人股东、19名自然人股东共同出资成立。公司章程第十三条规定："股东之间可以相互转让其全部或部分股权，无须征得其他股东同意，但应报告公司董事会，并由董事会在股东会上予以通报。股东向股东以外的第三人转让其所持有的公司全部或部分股权，须取得其他股东过半数同意，其他股东半数以上不同意转让的，不同意的股东应当购买该转让的股权；不购买的，视为同意转让。经股东同意转让的股权，在同等条件下，其他股东有优先购买权。"

2007年1月28日，大剑滩电力公司股东会做出决议，同意整体一次性转让大剑滩电站。2008年6月5日，该公司董事会再次做出决议，同意在确保各股东出资回收不受损失的前提下一次性转让大剑滩电站。2009年7月20日，大剑滩电力公司董事会通过意见征询书的方式征求各出资人转让股份的意愿，绝大多数股东同意转让股份。2010年2月2日，狮龙公司等19名股东，以股权转让通知书的形式通知张某："上述19名股东共计占大剑滩电力公司总股权的96.8375%，为774.7万元人民币，现以1∶1.6375的价格（共计转让款1268.57125万元人民币）一次性全部转让给南川区方博公司。受让人南川区方博公司必须在2010年3月31日前全部付清股权转让款，同时受让人南川区方博公司必须在2010年3月31日前替大剑滩电力公司偿还清银行相关债务人民币2400万元。现拟对外转让股权的股东就股权转让事项特书面通知你并征求意见，请你自收到本通知书之日起30日内给予书面答复，逾期如未答复视为同意转让。同时，在同等条件下，你有优先购买权；请你在收到本通知书之日起30日内对你是否行使优先购买权给予书面答复，逾期视为放弃优先购买权。"

2010年3月1日，针对该股权转让通知书，张某予以书面答复：①我愿意按照你们"股权转让通知书"中所述的条件行使公司股东的优先购买权。

[①] （2011）渝高法民终字第266号。

②请将你们与南川区方博公司的股权转让协议的复印件提供给我。③请将大剑滩电力公司的资产清单,债权债务清单,已签订须履行的合同、法院判决书等公司相关文档清单复印给我。以便交(钱)接(物)顺利。④建议双方就前面所述的三点内容再进行具体操作的洽谈。"

2010年3月15日,张某再次致函大剑滩电力公司的其他股东,其内容为:"你们于2010年2月2日寄给我的"股权转让通知书",我已于2010年3月1日以书面形式向你们表达了我愿行使优先购买权的意见。2010年3月11日下午我与你方委派的大剑滩公司董事长邱某某,总经理李某,渝州律师事务所的律师梁某、杨某某、李某某、李某六人在重庆狮龙公司第二会议室商议了股权转让的相关细节。双方商定:在我将3701.616万元人民币汇入你们指定的银行账户后,转让股权的其余工作即应启动。我已于2010年3月12日启动资金组织的相关工作,预计在10个工作日内资金可以到位。希望你们收到此信后即将你们指定的银行账号用快件告知我。" 2010年3月29日,张某致函狮龙公司,其内容为:"我于2010年3月27日(星期六)下午收到了重庆狮龙公司寄来的指定的银行账号。我在3月1日、15日、25日给你们的三封信中明确表达了我要行使优先购买大剑滩公司股权的意见,现在所需资金也已到位。为了保护股权受让者与股权出让者的合法权益,以下三点内容望重庆狮龙公司予以承诺与确认:①大剑滩公司的四百三十八位出资人已全权委托重庆狮龙公司代为处理他们的大剑滩股权,重庆狮龙公司承诺将股权转让款3701.616万元负责任地交到股权出让者手中。②重庆狮龙公司在收到3701.616万元股权转让款后,承诺立即将其中的2400万元,还给中国农业银行长寿区支行,绝不挪作他用。③大剑滩公司的资产中不含有国有资产,即不需要国资委相关部门审批即可转让相应的股权。我得到了重庆狮龙公司关于上述三点内容的确认与承诺后,在三个工作日内将收购大剑滩公司股权的款项汇入指定的银行账号。"

2010年4月1日,重庆狮龙公司致函张某,其内容为:"鉴于我公司原告知你的《股权转让通知书》中规定的付款期限届满,而我公司未收到你的付款。现特告知于你:原《股权转让通知书》中规定的 2010 年 3 月 31 日的付款期限可以延期至 2010 年 4 月 20 日,逾期视为你放弃购买。请你严格按你于 2010 年 3 月 15 日向我公司来函中确定的程序办理。"2010 年 4 月 5 日,张某再次致函大剑滩电力公司的其他股东,其内容为:"重庆狮龙公司于 2010 年 4 月 1 日寄来的信已收悉。对其中的部分内容我不同意,叙述于后。我于 3 月 1 日与 3 月 31 日给你们的信中都明确表示,请你们将与南川区方博公司的股权转让协议的复制本(以下简称'复制本')寄给我,但一直未得到明确的回复。我重申给我指定的银行账号与'复制本'均是贵方'征询我是否行使优先购买权的先决条件。若你们迟迟不将'复制本'寄给我,延迟了我行使优先购买权的时间,责任在贵方。……"

2010 年 4 月 22 日,南川区方博公司与重庆狮龙公司等其他股东签订了股权转让协议。同时,大剑滩电力公司作为甲方,南川区方博公司作为乙方,重庆狮龙公司作为丙方签订协议书作为补充,约定了股权转让款及代偿债务等问题。张某认为狮龙公司与大剑滩电力公司的其他 19 名股东和南川区方博公司的股权转让行为严重侵犯了其股东优先购买权。

一审法院经审理认为,股东优先购买权的行使与否不影响该转让协议是否生效,而只能影响该协议能否履行。也就是说,该股权转让协议是否生效应当按照该协议自身的内容根据合同法关于合同效力的规定加以认定,即便优先权股东行使了股东优先购买权,只要该协议本身符合合同法规定的合同生效要件,协议仍为有效。本案中,重庆狮龙公司等 19 名转让股东与南川区方博公司签订的股权转让协议并不违反法律法规的规定,是合法有效的。股东优先购买权于股东对公司出资、取得股东资格时成立,但须在转让股东向非股东第三人转让股份时方可行使。从立法本意来看,股东优先购买权的行使目的在于通过保障其他股东优先获得拟转让股份而维护公司内部信赖优先,因此法律所要否定的是非股东第三人优先于公司其他股东取得公司股份的行为,而不是转让股东与第三人间成立转让协议的行为。

在股权转让过程中，重庆狮龙公司等19名转让股东已履行了通知义务，张某也明确表示要行使优先购买权。但优先购买权的行使必须以同等条件为前提。立法设计优先购买权并非希望以转让股东实质利益受损为代价，故设置同等条件加以调和，"同等条件"的内容包括价格、数量、支付方式、交易时间等合同主要条款。张某同意了价格条款，却没能在双方约定的付款时间内付款，即使在宽限期内也未付款。张某提出要求提供大剑滩电力公司其余股东与南川区方博公司的股份转让协议及细则，这本身不是行使优先购买权的必要条件，这些转让的细节是可以在付款以后进行完善的。事实上，南川区方博公司明知张某可能行使优先购买权，付款前，双方也不可能签署转让股权的具体协议，只有在付款后双方才能对转让具体工作进行处理。在交易时间上，张某没有达到"同等条件"。因此，应当视为张某放弃了优先购买权。

本案的争议焦点：一是重庆狮龙公司等19名股东是否将与南川区方博公司股权转让的交易条件告知了张某，即股权转让的"同等条件"是否业已向张某披露。二是张某是否放弃行使优先购买权。三是重庆狮龙公司等19名股东与南川区方博公司签订的股权转让协议的效力问题。

（1）关于股权转让的"同等条件"是否业已向张某披露的问题。以"同等条件"优先购买，是股东优先购买权的核心内容，也是权利行使的实质要件。"同等条件"是指同等的购买条件，其内容应当包括价格、数量、支付方式、交易时间等合同主要条款，其中价格和数量是考虑的最主要标准。本案中，重庆狮龙公司等19名股东于2010年2月2日向张某发出"股权转让通知书"，将转让股权的数量、价款、拟转让对象及付款期限等情况告知张某。后张某书面答复愿意按照"股权转让通知书"中所述的条件行使公司股东的优先购买权。2010年3月15日，张某在致大剑滩电力公司其他股东的函件中称："……双方商定：在我将3701.616万元人民币汇入你们指定的银行账户后，转让股权的其余工作即应启动。……希望你们收到此信后即将你们指定的银行账号用快件告知我。"2010年3月26日，重庆狮龙公司回函告知了张某银行账号。结合双方之前的往来函件，可以确认，通过双方的要约和承诺，已经就股权转让达成了框架性的协议，该协议涵盖了转让的股权数量、价款、付款的方式。之后张某又提出了其他条件，重庆狮龙公司等其他股东并未予以认可，因而未形成合意。考虑南川区方博公司出具的《报价承诺书》、所付款额及其与狮龙公司等19名股东所签的股权转让协议中的相关内容，应认定重庆狮龙公司等19名股东向张某披露的购买条件与南川区方博公司的购买条件相同。张某要求提供重庆狮龙公司等19名股东与南川区方博公司签订的股份转让协议及细则，无论该协议是否存在，这本身并非行使优先购买权的必要条件。只要重庆狮龙公司等19名股东向非股东第三方南川区方博公司和向张某提出的购买条件是同等的即可认定"同等条件"业已披露。

（2）关于张某是否放弃行使优先购买权问题。享有优先购买权的股东不能以任意条件主张行使优先购买权，赋予其他股东优先购买权不能以损害转让股东实质利益和剥夺第三人购买机会为代价，法律规定"同等条件"的目的在于限制权利人滥用股东优先购买权，保护转让股东和第三人的利益。本案中，在重庆狮龙公司等19名股东向张某披露了交易的同等条件后，并在双方往来函件的基础上，于2010年4月1日致函张某将原《股权转让通知书》中规定的2010年3月31日的付款期限延期至2010年4月20日，并告知张某逾期不付款视为放弃购买。截至2010年4月20日，张某未将股权转让款汇入指定账户。在"同等条件"业已披露的情况下，拟转让股权的股东不可能也不应当无限期等待其他股东行使优先购买权。在限定的时间内未履行付款义务应视为张某已放弃行使优先购买权。

（3）关于重庆狮龙公司等19名股东与南川区方博公司签订的股权转让协议的效力问题。股东优先购买权的行使与否不影响其他股东与非股东第三人间股权转让协议的效力，只影响该协议能否实际履行。即股权转让协议是否有效应当按照该协议自身的内容根据《民法典》关于民事法律行为效力的规定加以认定,即便股东行使了股东优先购买权,只要该协议本身符合民事法律行为生效要件,协议仍为有效。本案中,重庆狮龙公司等19名股东与南川区方博公司签订的股权转让协议并不违反法律法规的规定,是合法有效的。张某优先购买权的行使不影响该转让协议的效力,只影响该转让协议能否实际履行。因此,张某要求确认上述协议无效的请求不能成立。

四、股权转让纠纷

股权转让纠纷有以下几种。

(一)名义股东与实际股东之间的股权确认纠纷

实际出资人请求名义股东转交股份财产权益的,双方之间为一般的债权债务关系。公司债权人向公司登记机关记载的名义股东主张其履行股东责任的,名义股东向公司债权人承担责任后,可以向实际出资人追偿因此遭受的损失。

(二)共有股权确权、侵权或者分割之诉

共有股权是指两个以上的权利主体对同一股权均享有所有权的情形。数人共有因认购、合伙、夫妻、继承等关系而发生。因共有处分、合伙解散、夫妻离婚、继承发生,一方共有人可能提起共有股权确权、侵权或者分割之诉。

(三)股东与股东之间因股权转让发生的股权确认纠纷

股权转让双方在股权转让过程中,没有交付股票或者出资证明书,或者没有履行股东变更登记手续,受让股东与转让股东间可能发生股权确认纠纷。股东转让股权时,应当按照法律规定进行记载和变更登记。在确认股东资格时,应当以公司章程、股东名册或者工商登记为准。

（四）股东与公司之间的股权确认纠纷

股东与公司之间的股权确认纠纷主要有以下两种情形：①公司拒绝承认股东享有股权，包括隐名出资的，公司拒绝实际出资人行使股权；②股权转让后，公司拒绝受让人行使股权。股东出资或者股权转让中，如果没有对股东名册进行相应记载，公司可以拒绝实际出资人或者股权受让人主张股权。

案例：淇河家具公司与张某股权转让纠纷上诉案[①]

淇河家具公司股东（法定代表人）张某贵未主动向公司其他股东通知涉案股权转让于非股东张某喜，也未提请股东会进行表决。2007年6月25日，张某喜将该股权转让情况书面通知了其他股东，共有13位股东在通知上签名。张某喜与张某贵于2007年8月8日签订了股权转让协议，并已实际履行。2008年3月6日，张某喜向淇河家具公司送达了"关于办理股权证的申请"，淇河家具公司未为张某喜办理股权登记手续。张某喜遂提起诉讼，请求判令淇河家具公司为张某喜办理出资证明并将张某喜的姓名登记于股东名册，并到工商行政管理部门办理张某喜的股东登记变更手续。

一审法院经审理认为，张某喜与淇河家具公司股东张某贵签订的股权转让协议，是双方的真实意思表示，并不违反法律规定，应属有效协议。但张某喜并不能够立即拥有公司股东身份，尚须满足公司法及公司章程规定的程序条件。本案股东张某贵怠于向其他股东通知股权转让的事实，受让人张某喜向其他股东通报该股权转让的实际情况并征求其他股东是否行使优先购买权的意见，符合法律规定。淇河家具公司强调该通知必须由转让股东行使方为合法的意见不能成立，理由是股东对股东以外的单位或个人转让出资可能会影响公司基于人合性目的而设立的基础，而赋予其他股东以优先购买权，既可以使公司人合性目的得以实现，又可以使股权有自由转让的空间。

[①] （2008）山民初字第477号，（2009）鹤民一终字第107号。

公司法关于股东优先购买权通知的立法主旨是其他股东的优先购买权是否得以实现，不在于通知人是转让方还是受让方。股东会行使表决权只是股东向非股东转让股权成立的途径之一，在无法提请股东会表决的情况下，尊重股东的优先购买权，通过一一征求股东意见的方式实现法律的立法精神，是解决股东急于执行股权转让协议的又一途径。张某喜的做法不违背法律的禁止性规定，且在本案诉讼中，全体股东均表达了同意该股权转让并不行使优先购买权的意思，故该股权转让协议依法成立并产生股权变更的效力，张某喜要求淇河家具公司履行股权登记及工商变更登记手续的诉讼请求，于法有据，予以支持。一审判决淇河家具公司于判决生效之日起 10 日内将张某喜的姓名以及出资额记载于股东名册中，并于本判决生效之日起 30 日内向工商行政管理部门申请办理变更张某喜为公司股东的变更登记。

（五）职工持股纠纷

职工持股，是由公司内部职工认购本公司的股份，委托工会或者职工持股会作为社团法人托管运作，工会或者职工持股会代表进入董事会与按股份分享红利的新型股权形式。有关职工持股的纠纷，涉及持股资格、职工身份、劳动合同关系，涉及能否强制职工退股，股份回购或者股份转让等，处理不当极易引发群体诉讼。

第三节　股东资格的继承

《公司法》第七十五条规定："自然人股东死亡后，其合法继承人可以继承股东资格，但是公司章程另有规定的除外。"可以说，自然人股东死亡后，对其合法继承人继承股东资格的问题在法律上给予了明确的描述；但是如何继承股东资格、如何使股东的继承登记材料符合法定形式等就成为登记注册部门需要探讨的问题。

一、自然人股东的合法继承人可以继承其股东资格

作为有限公司的自然人股东，其资格不仅代表了其在公司中所合法拥有的财产权，还代表了相应的权利和义务。因此，继承股东资格包括继承股东资格所代表的财产权与股东资格。

依照法律规定，自然人股东死亡后，其遗留的个人合法财产依法由他人继承。股东的出资额是股东的个人合法财产，也将依照继承法的规定，由他人依法继承。但是，继承法规定的继承，仅限于财产权的范围，继承法对于具有人身专属性的身份关系，并没有做出规定。因此，股东资格的继承问题，有必要在公司法中做出规定。《公司法》第七十五条规定提供了股权继承的一般原则，即自然人股东的合法继承人可以继承股东资格，同时允许公司章程做出其他安排。

自然人股东的合法继承人可以继承其股东资格。这样规定既是考虑到股东身份即股东资格是基于股东的财产权而产生的，一般来说，其身份权应当随其财产权一同转让，也是考虑到被继承人作为公司的股东，对公司曾做出过贡献，其死后如无遗嘱另做安排，由其法定继承人继承其股东资格有合理性，也符合我国传统。国外一些国家的公司法也明确了股份可以继承的基本原则。例如，法国规定，公司股份通过继承方式自由转移；德国规定，股份可以出让和继承。

二、公司章程可以做出除外规定

继承人继承了财产权之后是否就能顺利成为公司的股东了呢？股东资格不

仅代表了财产权，还代表了相应的权利义务。当有限公司的股东有两人或两人以上时，股东资格就包含了一种相互间的契约，这种契约具体表现为由股东共同制定的公司章程。

允许公司章程另行规定股东资格继承办法，主要是考虑到有限责任公司具有人合性，股东之间的合作基于相互间的信任。自然人股东死亡后，其继承人毕竟已不是原股东本人，股权实质上发生了转让。在这种情况下，其他股东对原股东的信任并不能自然转变为对继承人的信任，不一定愿意与继承人合作，可能导致股东之间的纠纷，甚至使公司陷入僵局。因此，从实际出发，应当允许公司章程规定股东认为切实可行的办法来解决股东资格继承问题。比如，规定当股东不同意某人继承已死亡的股东的资格时，可以采用股权转让的办法处理股权继承问题等。

从国外立法来看，也有此类规定，如法国公司法虽然规定股份继承是一般原则，但同时规定，公司章程可以规定，继承人只有在按照公司章程规定的条件获得同意后，才能成为股东。德国股份法在规定股份可以继承，也允许死亡股东的财产执行人或管理人请求公司购买其股份的同时，也不禁止制定有关股东死亡时股份购买事宜的任何协议。从我国目前的公司实践来看，有关继承权的纠纷呈上升趋势。为避免纠纷，股东在制定公司章程时应充分考虑股权的继承问题，事先约定继承办法。应当注意，公司章程只能限制继承人继承股东资格，不得违反继承法的基本原则，剥夺继承人获得与股权价值相适应的财产对价的权利。公司章程对股东资格继承的限制，也只能以合理为标准。这种合理，应当体现为公司利益、其他股东利益、已死亡股东生前的意愿及其继承人的利益之间的协调与平衡。至于公司章程中未约定继承办法的，应当按照本条规定的一般原则由继承人继承死亡股东的股东资格。

我国《宪法》第十三条规定，公民的合法私有财产不受侵犯，国家依照法律规定保护公民的私有财产权和继承权；《民法典·继承编》第一千一百二十二条规定，遗产是自然人死亡时遗留的个人合法财产。这些法律规定都明确表示了自然人的合法财产不受侵犯，同时自然人享有财产的继承权。自然人在有限公司中所拥有的合法财产权很明显属于这一范畴，因此股东资格所代表的财产权的继承是毋庸置疑的。

《公司法》修订后，将合法继承人可以继承股东资格写入了法规条款中，除非公司章程另有规定，合法继承人无须经其他股东再次确认而成为公司股东。如果在公司章程中没有明确约定继承方式，可以认为股东在制定公司章程时应当知晓《公司法》的相关条款，在知晓的前提下又没有对继承事项另行约定，可以视作原股东各方在制定公司章程时已经确认自然人股东死亡后，其合法继承人可以继承股东资格这一事项。

第四节　对赌协议

一、什么是对赌协议

对赌协议又称估值调整协议，是指投资方与融资方在达成股权性融资协议时，为解决交易双方对目标公司未来发展的不确定性、信息不对称以及代理成本问题而设计的包含股权回购、金钱补偿等对未来目标公司的估值进行调整的协议。从订立对赌协议的主体来看，有投资方与目标公司的股东或者实际控制人对赌，投资方与目标公司对赌，投资方与目标公司的股东、目标公司对赌等多种形式。人民法院在审理对赌协议纠纷案件时，不仅应当适用合同法的相关规定，还应当适用公司法的相关规定；既要坚持鼓励投资方对实体企业特别是科技创新企业投资原则，从而在一定程度上缓解企业融资难的问题，又要贯彻资本维持原则和保护债权人合法权益原则，依法平衡投资方、公司债权人、公司之间的利益。

二、对赌协议的效力

关于对赌协议的效力，我国司法实践中的态度几经转变。2012年"海富案"中，"对赌协议无效"。2019年"华工案"[①]和《全国法院民商事审判工作会议纪要》（法〔2019〕254号）中，司法实践改弦更张，从关注对赌协议的法律效力转向合同的可履行性。虽然"华工案"以及《全国法院民商事审判工作会议纪要》（法〔2019〕254号）认可投资者与公司对赌协议之法律效力，但二者处理对赌协议可履行性的方式仍然产生了不少争议。对于投资方与目标公司的股东或者实际控制人订立的对赌协议，如无其他无效事由，认定有效并支持实际履行，实践中并无争议；但投资方与目标公司订立的对赌协议是否有效以及能否实际履行，存在争议。对此，应当把握如下处理原则。

一是投资方与目标公司订立的对赌协议在不存在法定无效事由的情况下，目标公司仅以存在股权回购或者金钱补偿约定为由，主张对赌协议无效的，人民法院不予支持，但投资方主张实际履行的，人民法院应当审查是否符合公司法关于"股东不得抽逃出资"及股份回购的强制性规定，以判决是否支持其诉讼请求。

二是投资方请求目标公司回购股权的，人民法院应当依据《公司法》第三十五条关于"股东不得抽逃出资"或者第一百四十二条关于股份回购的强制性规定进行审查。经审查，目标公司未完成减资程序的，人民法院应驳回其诉讼请求。

三是投资方请求目标公司承担金钱补偿义务的，人民法院应当依据《公司

---

① 江苏华工创业投资有限公司与扬州锻压机床股份有限公司、潘云虎等请求公司收购股份纠纷再审案。

法》第三十五条关于"股东不得抽逃出资"和第一百六十六条关于利润分配的强制性规定进行审查。经审查，目标公司没有利润或者虽有利润但不足以补偿投资方的，人民法院应当驳回或者部分支持其诉讼请求。今后目标公司有利润时，投资方还可以依据该事实另行提起诉讼。[①]

对赌协议是投资人与目标公司的实际控制人签订的，系双方真实意思表示，不损害目标公司及其债权人的利益，亦不违反法律、行政法规的强制性规定，应属合法有效，双方当事人均应当按照合同的约定全面履行各自的权利义务。在认定投资人的回购请求权时，需要结合具体案情，从合同文义、合同目的、整体解释等角度综合解读合同文本，判断双方所约定的回购条件确已触发且未发生失权情形。最后，投资人之回购请求还需经过程序方面的审查，投资人请求实际控制人回购诉争股权，应当满足法律规定的法定程序及目标公司章程规定的程序性要求。

案例：威海投资公司与数控公司"对赌协议"纠纷案[②]

2012年1月，威海投资公司与数控公司签订增资协议，约定威海投资公司以其所持有的爆破器材公司的全部股权向重装公司增资4000万元，在符合约定的条件时威海投资公司可以继续持股或退出。2017年5月，威海投资公司诉至法院，请求判令数控公司回购其持有的重装公司股权，并支付股权回购款及利息3712.34万元。数控公司认为威海投资公司的主张不成立，因为合同约定保底条款，名为投资实为借贷，合同应属无效，且该公司构成违约，因此，提出反诉，要求威海投资公司支付补偿款、职工安置款，承担股权转让前的债务共计人民币3096.84万元及3.49万美元。

法院经审理认为，李某、刘某、高某申请对数控公司破产重整。由于数控

[①]《全国法院民商事审判工作会议纪要》（法〔2019〕254号）。

[②]山东省高级人民法院发布《服务保障民营经济高质量发展十条》和十大典型案例之三：威海某投资公司与某数控公司"对赌协议"案，【法宝引证码】CLI.C.86967318。

公司系上市公司，为消除退市风险，数控公司申请延期审理，通过人民法院的协调，双方均同意延期审理。案件审理期间，合议庭经认真研究后，认为本案中的对赌协议有效，并对双方当事人进行辨法析理，双方接受合议庭意见，威海投资公司放弃要求对方支付利息的请求，在本金上也做出适当让步，双方庭外达成和解协议，数控公司放弃反诉请求并履行了付款义务，威海投资公司申请撤诉。

对赌协议的核心条款通常表现为，投资方与融资方约定目标公司需要在未来一定时期内实现一定业绩或达到一定条件，一旦目标公司未达到上述约定业绩或条件，则投资方有权要求融资方给付一定的现金补偿或以股权回购、转让的方式获得补偿。对赌协议主要发生在风险投资、证券市场等领域，是资本运作的一种方式，对该类纠纷的依法审理，将对企业的资本运作产生正确的导向作用。

案例：天津平禄公司与冯某、牟某回购协议纠纷案[①]

2016年9月，天津平禄公司作为投资方之一，与目标公司暴风体育公司及目标公司现有股东（包括暴风集团）签署增资协议，约定天津平禄公司向暴风体育公司投入2000万元。增资完成后，天津平禄公司持有目标公司1%的股份。

2016年9月，天津平禄公司与暴风体育公司的实际控制人冯某签署回购协议，约定：如暴风体育公司未能在2020年8月31日前完成合格IPO，投资方有权要求暴风体育公司回购投资方的全部或部分股权；同时，在出现冯某丧失对暴风体育公司的控制权、冯某未质押的暴风集团股权市场价值低于10亿元、暴风体育公司的核心人员流失超过1/2、暴风体育公司的其他投资方提出回购及其他可能会给投资方造成重大不利影响的违约等任一情况下，暴风体育公司须在上述事项发生之日起10个工作日内通知投资方，投资方有权在上述事项出

---

① 一审：（2018）京0113民初25762号。二审：（2019）京03民终8116号。

现之日起3个月内要求冯某回购投资者全部或部分股权。冯某声明,其配偶牟某已知悉并同意本回购协议的签署及内容等。

2016年9月13日,天津平禄公司将投资款2000万元汇入暴风体育公司账户。暴风体育公司章程约定:股东之间可以相互转让其部分或全部出资。股东向股东以外的人转让股权,应当经其他股东2/3及以上同意。股东应就其股权转让事项书面通知其他股东征求意见,其他股东自接到书面通知之日起满30天未答复的,视为同意转让。

自2017年4月7日起,冯某持有的未质押的暴风集团股份市值一直低于10亿元。

2018年11月2日,天津平禄公司通过电子邮件、EMS的方式向暴风体育公司其他8位股东发送了关于转让股权的通知。截至2018年12月14日,暴风体育公司其余8位股东未针对上述邮件做出同意或不同意转让股权的回复,亦未主张行使优先购买权。

2018年12月6日,增资协议投资方之一珠海金宝汇丰盈投资中心向天津平禄公司发出电子邮件,表明其拟将暴风体育公司股权转让给冯某,询问天津平禄公司是否同意转让、是否行使优先购买权。接函后30日未答复或逾期答复,视为同意股权转让和不行使股东的优先购买权。天津平禄公司于2019年9月4日向北京市顺义区人民法院提起诉讼,请求判令冯某支付回购股权款2420万元,牟某在夫妻共同财产范围内对涉诉债务承担连带责任。

法院经审理认为,回购协议应属合法有效,双方均应按照约定履行自己的义务。另外,由于回购协议上并无牟某的签名,牟某在本案中亦拒绝追认,诉争债务金额高达2000多万元,已超出家庭日常生活需要,天津平禄公司提交的现有证据无法证明涉诉债务用于夫妻共同生活、共同生产经营或者基于夫妻双方共同意思表示。北京市顺义区人民法院判决冯某向天津平禄公司给付股权回购款2420万元,驳回天津平禄公司的其他诉讼请求。

二审法院认为,在本案中,双方签订的回购协议,是双方当事人的真实意思表示，不损害目标公司及其债权人的利益，亦不违反法律、行政法规的强制性规定，应属合法有效。对于天津平禄公司是否有权要求冯某回购诉争股权并支付回购款，首先，需要判断有关天津平禄公司有权要求冯某回购诉争股权的条件是否已触发。在双方对合同内容产生歧义的情况下，从合同文义、合同目的、整体解释等方面综合进行判断，合同文本所约定的冯某回购股权条件已经触发。其次，天津平禄公司虽然未在冯某未质押股权市值低于10亿元之日起3个月行使回购权，但并不丧失其股权回购请求权。因此，天津平禄公司有权请求冯某回购诉争股权。天津平禄公司要求冯某回购诉争股权已满足法律规定的法定程序及暴风体育公司章程规定的程序性要求。

本案中，投资人与目标公司的实际控制人签订的回购协议，是双方当事人真实意思表示，双方当事人在订立回购协议时已经充分对履约成本、风险、盈利进行估算与预期，其中有关符合一定条件，投资人即可向目标公司实际控制人行使股权回购请求权的约定，是双方意思，系对赌双方做出的自主商业判断，不损害目标公司及其债权人的利益，亦不违反法律、行政法规的强制性规定，应属合法有效。双方当事人均应按照合同的约定全面履行各自的权利义务。

第八章

公司董事、监事、高级管理人员的资格和义务

第八章
公司董事、监事、高级管理人员的资格和义务

公司的董事、监事和高级管理人员由公司选举、委派或者聘任产生，基于公司、股东的信任取得经营管理公司的权利，应当正当行使权利，依法为公司最大利益服务。对于董事、监事和高级管理人员对公司、股东的义务，大陆法系国家一般定义为委托代理关系，英美法系国家一般定义为信托关系。不管是委托代理关系还是信托关系，二者的具体内容是基本一致的，主要包括注意义务和忠实义务。注意义务要求公司的董事、监事、高级管理人员应当以善良的管理人的注意来管理公司，避免公司、股东的利益受到不必要损害；忠实义务要求公司董事、监事、高级管理人员不得将自身的利益置于公司、股东利益之上，不得进行损害公司、股东利益的行为。本条从我国公司治理的实际出发，明确公司的董事、监事、高级管理人员对公司负有忠实义务和勤勉义务。担任董事、监事、高级管理人员应当具有的资格包括积极资格和消极资格。积极资格是指担任董事、监事、高级管理人员必须具备的条件，法律一般不对董事、监事、高级管理人员的积极资格做出任何限制，而由公司章程做出具体的规定；消极资格是指担任董事、监事、高级管理人员不得具备的情形。《公司法》第一百四十六条规定了不得担任公司的董事、监事、高级管理人员的法律上的权利和义务的体现，董事、监事、高级管理人员的法律地位表现为其权利的享有、义务的承受和责任的承担。[①]

[①] 《公司法》第一百四十六条规定："有下列情形之一的，不得担任公司的董事、监事、高级管理人员：（一）无民事行为能力或者限制民事行为能力；（二）因贪污、贿赂、侵占财产、挪用财产或者破坏社会主义市场经济秩序，被判处刑罚，执行期满未逾五年，或者因犯罪被剥夺政治权利，执行期满未逾五年；（三）担任破产清算的公司、企业的董事或者厂长、经理，对该公司、企业的破产负有个人责任的，自该公司、企业破产清算完结之日起未逾三年；（四）担任因违法被吊销营业执照、责令关闭的公司、企业的法定代表人，并负有个人责任的，自该公司、企业被吊销营业执照之日起未逾三年；（五）个人所负数额较大的债务到期未清偿。公司违反前款规定选举、委派董事、监事或者聘任高级管理人员的，该选举、委派或者聘任无效。董事、监事、高级管理人员在任职期间出现本条第一款所列情形的，公司应当解除其职务。"

第一节　公司的董事、监事和高级管理人员

一、董事和董事会

董事是指由公司股东会选举产生的管理公司事务的人员,对内管理公司事务,对外代表公司进行经济活动。董事为自然人,公司法对董事的任职资格做了一定的限制。

(一)董事的任职条件及任期

公司法并没有明确规定担任董事应当具备哪些条件,而是通过禁止性规定明确哪些情况下不得担任董事。公司可以根据自身经营的特点,确定董事的最佳人选。

1. 禁止担任董事的情形

《公司法》第一百四十六条规定,有下列情形之一的,不得担任公司的董事:①无民事行为能力或者限制民事行为能力。②因贪污、贿赂、侵占财产、挪用财产或者破坏社会主义市场经济秩序,被判处刑罚,执行期满未逾五年,或者因犯罪被剥夺政治权利,执行期满未逾五年。③担任破产清算的公司、企业的董事或者厂长、经理,对该公司、企业的破产负有个人责任的,自该公司、企业破产清算完结之日起未逾三年。④担任因违法被吊销营业执照、责令关闭的公司、企业的法定代表人,并负有个人责任的,自该公司、企业被吊销营业执照之日起未逾三年。⑤个人所负数额较大的债务到期未清偿。公司违反前款

规定选举、委派董事的,该选举、委派或者聘任无效。董事在任职期间出现本条第一款所列情形的,公司应当解除其职务。

2.董事任期

董事任期由公司章程规定,但每届任期不得超过三年。董事任期届满,连选可以连任。董事任期届满未及时改选,或者董事在任期内辞职导致董事会成员低于法定人数的,在改选出的董事就任前,原董事仍应当依照法律、行政法规和公司章程的规定,履行董事职务。董事通过董事会的形式执行职务,董事的职务行为对外被视为公司的行为。

董事是公司中的一个重要职位,而担任该职位的人,除必须具有履行该职位工作所需的资格外,还应当符合职位所需的工作能力等方面的要求。目前,各国通行的做法是,对董事设定一定的任职期限,期满后重新做出选择。根据《公司法》第四十五条的规定,董事的任期由公司章程规定。公司可以根据实际需要,在公司章程中规定董事的具体任期,但每届任期不得超过三年。董事任期届满,可以连选连任。至于董事可以连任多少届,法律没有做出限制性规定,可以由公司根据自身情况,在公司章程中做出规定。

《公司法》第四十五条第二款规定,董事在下列情形下,必须继续履行董事职务:一是董事任期届满未及时改选,二是董事在任期内辞职导致董事会成员低于法定人数的。

(1)董事任期届满未及时改选。董事任期届满后,公司应当及时进行改选,选出下届董事。由于实际情况的影响,公司可能因为某种原因未能及时进行改选。此时,在改选出的董事就任前,原董事仍应当依照法律、行政法规和公司章程的规定履行董事职务,原董事不能以任期届满为由,拒绝履行懂事职务。

(2)董事提前辞职。董事因自身原因,可以在任期届满之前提前辞职。董事辞职的,应当按照有关规定办理相关手续、交接有关工作。董事辞职之后,董事的职位就出现了空缺,董事会将因董事缺额而无法履行职权,从而影响公司的正常运营。如果因此导致董事会成员低于法定人数，公司应当及时进行补选，以满足董事会人数的法定要求。但公司可能因为某种原因，没有及时补选出新的董事。此种情况下，原董事在改选出的董事就任前，仍应当按照法律、行政法规和公司章程的规定，履行董事职务。

（二）董事会

现代公司的所有权与经营权相分离，股东会中心主义向董事会中心主义转移，董事会的权力日益扩张，股东民主受到削弱。董事是公司业务的执行者和公司事务的管理者。有限责任公司董事会，其成员为3~13人；但是股东人数较少或者规模较小的有限责任公司，可以设一名执行董事，不设董事会。执行董事可以兼任公司经理。董事会设董事长一人，可以设副董事长。董事长、副董事长的产生办法由公司章程规定。董事作为公司股东会选举或者职工民主选举产生的董事会组成人员，通过参加董事会会议、投票表决所议事项等方式参与公司的经营管理，负责具体的决策执行工作。

董事会对股东会负责，行使下列职权。

（1）负责召集股东会，并向股东会报告工作。股东会属非常设权力机构，股东们只有在会议召开时才行使自己的权利，因而当公司重大事项需要股东会决策时，必须通过董事会会议的形式进行；而股东又分散于各地，董事会有义务召集各股东参加股东会会议。为了让股东们了解公司的经营管理情况，及时调整方针政策，董事会有义务将自己的经营活动及公司情况向股东会报告。

（2）执行股东会决议。股东会决议是股东意志的集中，决定着公司的发展方向。决议一旦形成必须得到落实，但股东会不直接亲自去执行自己做出的决议，而是由代表股东利益的董事会落实执行。股东会决议是董事会据以执行业务的指导方针。董事会不得以任何借口拒绝执行。股东和监事会有权监督和检查董事会执行决议的情况。

（3）决定公司的经营计划和投资方案。董事会是公司的法人代表，全权领导和管理公司的一切经营活动。在股东会会议决定的公司经营方针和投资计划指导下，董事会有权安排公司生产、销售等经营计划，有权决定公司的生产经营方式，有权确定公司资产流向，向其他公司或生产经营单位投资。但董事会的经营计划和投资方案不得超越股东会的经营方针和投资计划，否则属越权行为，由此带来的损失由董事会承担。

（4）制定公司的年度财务预算方案、决算方案。董事会对公司的管理范围十分广泛，涉及生产、技术、劳动、设备、物资供应和财务等。特别是财务管理，运用价值形式对公司整个生产经营活动进行综合性管理，是董事会的主要职责。制定公司年度财务预算、决算方案是董事会财务管理的内容之一。财务预算是对公司财务收入和支出的计划，而决算则是对年度预算执行结果的总结。年度财务预算、决算方案关系到公司资金安排是否合理、使用是否恰当，关系到资金的利用率，故董事会应当切实、科学地编制公司年度财务预算、决算方案，并提请股东会审议批准。

（5）制定公司的利润分配方案和弥补亏损方案。这也是董事会对公司财务管理的内容之一。公司的利润分配主要有两大部分：公积金和股利。公积金又包括法定公积金、法定公益金和任意公积金。利润分配除法定公积金比例固定外，其余的由董事会制定法定公益金、任意公积金以及股利的比例和分配的具体形式。利润分配直接涉及公司、股东、生产者以及第三人的利益，因此董事会应制定详细的方案，请股东会批准后方能进行。为了维持公司的生产经营，当公司经营出现亏损时，公司在利润分配之前首先要弥补亏损，由董事会制定弥补亏损方案，经股东会同意后实施。

（6）制定公司增加或者减少注册资本的方案。公司注册资本的增加或者减少，直接影响公司生产经营的稳定性、股东和债权人权利义务的变化，因而公司一般不得随意增资或减资。为了扩大公司生产规模，或者巩固公司的财政基础，或者适应市场变化，公司确实需要增加或减少注册资本的，董事会应该提出详细的方案，包括增加或减少注册资本之原因、目的、方式、额度、用途，以及后果、补救方法等，确保公司、股东、债权人的利益得到维护。董事会提出增资或减资方案后，经股东会审议批准，修改公司章程中注册资本条款后，才能实施。

（7）拟订公司合并、分立、变更公司形式、解散的方案。公司合并、分立、变更公司形式、解散涉及许多法律、法规、政策规定，内容极其复杂，如果处理不好,会影响多方利益,故首先应由董事会拟订进行上述重大事项的具体方案。以公司的合并为例，若采取吸收合并方式，合并各方公司董事会应就合并后公司的名称、合并的条件等拟订详细的方案，交由本公司股东会决定，经股东会决定后可将决议交付对方董事会，双方进行合并活动。未经股东会审议，不得擅自进行合并、签订合并合同。

（8）决定公司内部管理机构的设置。为有效地领导和管理公司，董事会有权决定设置一定的内部管理机构，包括日常业务经营机构和一定的咨询机构。前者是指在经理领导下的各部门业务机构，包括生产、销售、采购等部门，后者是指协助董事会决策的各专门委员会，如执行、生产、销售、财务等委员会，是董事会的顾问、参谋。这些内部管理机构设置依董事会开展工作的需要和公司规模大小而定。

（9）聘任或者解聘公司经理（总经理），根据经理的提名，聘任或者解聘公司经理、财务负责人，决定其报酬事项。随着经济的发展，经营管理公司需要有专门人才。让擅长企业经营管理的专家担任高级职务，是现代公司发展的必然结果。董事会通过聘任有经营管理能力的人担任经理或解聘没有经营能力的经理，提高公司的效率。副经理、财务负责人作为经理的主要助手，配合经理工作，因而保留经理的提名权，以保证公司的业务领导系统高效有序运行。

（10）制定公司的基本管理制度。公司得以存在与发展壮大，依赖于董事会的有效管理。董事会的管理涉及人、财、物、产、供和销各方面。为了保证管理日常化和制度化，董事会应该制定一整套行之有效的基本管理制度，以提高管理效率，促进公司发展。

（三）董事会决议

董事会研究决定公司经营管理事务，由董事长召集和主持；董事长不能履行职务或者不履行职务的，由副董事长召集和主持；副董事长不能履行职务或者不履行职务的，由半数以上董事共同推举一名董事召集和主持。董事长不能履行职务或者不履行职务，包括董事长因外出、生病等原因无法履行职务，或者不按要求认真履行董事长职务，怠于召集和主持董事会会议，导致董事会会议无法召开、公司经营决策无法执行等情况的发生。这时，副董事长可以直接召集和主持董事会会议。但如果副董事长也不召集和主持董事会会议的，半数以上董事共同推举的董事就可以直接召集和主持董事会会议。其中，"半数以上董事主张召开董事会的"，即使董事长或者副董事长持不同意见，董事会会议也能够召开，也能够保证董事会制度的运行。

1.董事会会议的议事方式和表决程序

董事会会议的议事方式和表决程序，是保证董事会会议顺利且有效进行的一个重要前提。对董事会的议事方式和表决程序规定得越具体、详细，越具有可操作性，越有利于董事会会议的顺利召开和有效决议。由于不同公司的情况不同，对董事会会议议事方式和表决程序的规定也不同，所以法律无法对此进行详尽的规定，具体需要由公司根据具体情况，在公司章程中做出规定。《公司法》第四十八条规定："董事会的议事方式和表决程序，除本法有规定的外，由公司章程规定。董事会应当对所议事项的决定做成会议记录，出席会议的董事应当在会议记录上签名。董事会决议的表决，实行一人一票。"

董事会要对所决议的事项、出席会议董事及表决情况、决议结果等做成董事会会议记录，出席会议的全体董事应在会议记录上签名确认，以保证董事会会议记录及董事会决议的真实性和效力。这是为了强化股东会对董事会的监督。董事会作为股东会的决策执行机构，其直接向股东会负责，就是通过出席董事会的董事对所做决议承担责任来具体体现的。董事会管理公司经营活动，需要依照其职权经常做出决议,如果决议内容违反法律、法规或者公司章程的规定,给公司带来损害,在会议记录上签字认可的董事就要对此承担赔偿责任。但如果出席会议的董事,明确表示对决议提出异议并记载于会议记录的,可免除赔偿责任。

与股东会表决权不同的是,董事会表决权不是按照出资比例来行使,而是根据人数。董事会决议表决,实行一人一票,全体成员在董事会会议上的地位是平等的,享有相同的权利。一人一票制,明确了董事会是一个集体行使职权的公司内部机构,而不是由董事长或副董事长个人负责,董事可以各司其职,但最终由董事会整体对股东负责。

2. 董事会决议无效或被撤销

《公司法》第二十二条不仅规定了股东会决议无效或被撤销,同时规定了董事会决议无效或被撤销。董事会的决议内容违反法律、行政法规的无效。董事会的会议召集程序、表决方式违反法律、行政法规或者公司章程,或者决议内容违反公司章程的,股东可以自决议做出之日起60日内,请求人民法院撤销。

案例:四川省高级人民法院首次发布商事审判典型案例之六——渝发公司诉红光公司董事会决议撤销纠纷案[①]

渝发公司和渝长公司为红光公司股东,渝发公司持股44%,渝长公司持股56%。红光公司董事会成员五名,渝长公司派三名董事,渝发公司派两名董事。红光公司第一届董事会选举由渝发公司提名的王某为公司总经理。后红光公司召开董事会,提出罢免王某总经理职务的议题,代表渝发公司的两名董事随即表示反对,并离席拒绝对该项议题进行表决。剩下的三名代表渝长公司的董事对该项议题表决,形成董事会决议"免除王某总经理职务",并送达渝发公司,渝发公司向法院起诉,以免除王某总经理职务理由不成立及董事会召集程序、

---

① 北大法宝案例。

表决方式违法为由,请求法院撤销该决议。

法院经审理认为,董事会决议召集程序、表决方式合法,内容未违反法律、行政法规规定,免除王某总经理职务理由系公司自治范畴,判决驳回渝发公司的诉讼请求。

在公司决议瑕疵撤销之诉中,法院只审查"召集程序是否违反法律、行政法规或者公司章程,表决方式是否违反法律、行政法规或者公司章程,决议内容是否违反公司章程",对于董事会做出解聘或聘任所依据的理由是否成立,不在司法审查的范围。

案例:李某诉佳动力公司股东会决议撤销纠纷案 [1]

李某系佳动力公司的股东,并担任佳动力公司总经理。佳动力公司股权结构为:葛某持股40%,李某持股46%,王某持股14%。三位股东共同组成董事会,由葛某担任董事长,另两人为董事。公司章程规定:董事会行使聘任或者解聘公司经理等职权,董事会须由2/3以上的董事出席方才有效,董事会对所议事项做出的决定应由占全体股东2/3以上的董事表决通过方才有效。2009年7月18日,佳动力公司董事长葛某召集并主持董事会,三位董事均出席,会议形成了"鉴于总经理李某不经董事会同意私自挪用公司资金在二级市场炒股,造成巨大损失,现免去其总经理职务,即日生效"等内容的决议。该决议由葛某、王某及监事签名,李某未在该决议上签名。

法院经审理认为,根据《公司法》第二十二条第二款的规定,董事会决议可撤销的事由包括:①召集程序违反法律、行政法规或公司章程。②表决方式违反法律、行政法规或公司章程。③决议内容违反公司章程。从召集程序来看,佳动力公司于2009年7月18日召开的董事会由董事长葛某召集,三位董事均出席董事会,该次董事会的召集程序未违反法律、行政法规或公司章程的规定。

---

[1] (2010)沪二中民四(商)终字第436号,2012年最高人民法院发布的指导案例10号。

从表决方式来看，根据佳动力公司章程规定，对所议事项做出的决定应由占全体股东2/3以上的董事表决通过方才有效，上述董事会决议由三位股东（兼董事）中的两名表决通过，故在表决方式上未违反法律、行政法规或公司章程的规定。从决议内容来看，佳动力公司章程规定董事会有权解聘公司经理，董事会决议内容中"总经理李某不经董事会同意私自挪用公司资金在二级市场炒股，造成巨大损失"的陈述，仅是董事会解聘李某总经理职务的原因，而解聘李某总经理职务的决议内容本身并不违反公司章程。

董事会决议解聘李某总经理职务的原因如果不存在，并不导致董事会决议撤销。首先，公司法尊重公司自治，公司内部法律关系原则上由公司自治机制调整，司法机关原则上不介入公司内部事务；其次，佳动力公司的公司章程中未对董事会解聘公司经理的职权做出限制，并未规定董事会解聘公司经理必须要有一定原因，该公司章程内容未违反公司法的强制性规定，应认定为有效，因此佳动力公司董事会可以行使公司章程赋予的权力做出解聘公司经理的决定。故法院应当尊重公司自治，无须审查佳动力公司董事会解聘公司经理的原因是否存在，即无须审查决议所依据的事实是否属实、理由是否成立。综上，原告李某请求撤销董事会决议的诉讼请求不成立，依法予以驳回。

二、监事和监事会

监事是指负责监察公司的财务、公司高级管理人员执行职务等情况的人员。监事只能由本公司的股东和职工担任，董事、高级管理人员和国家干部不得担任监事。监事会是由股东会选举并由全体监事组成的对公司进行监督和检查的常设机构。监事会应对公司股东负责，并向股东会报告工作。

（一）监事的任职条件

监事的任职条件和董事一样，《公司法》第一百四十六条规定的不得担任董事情形同样适用于监事：①无民事行为能力或者限制民事行为能力。②因贪污、贿赂、侵占财产、挪用财产或者破坏社会主义市场经济秩序，被判处刑罚，执行期满未逾五年，或者因犯罪被剥夺政治权利，执行期满未逾五年。③担任破产清算的公司、企业的董事或者厂长、经理，对该公司、企业的破产负有个人责任的，自该公司、企业破产清算完结之日起未逾三年。④担任因违法被吊销营业执照、责令关闭的公司、企业的法定代表人，并负有个人责任的，自该公司、企业被吊销营业执照之日起未逾三年。⑤个人所负数额较大的债务到期未清偿。公司违反前款规定选举、委派董事、监事或者聘任高级管理人员的，该选举、委派或者聘任无效。董事、监事、高级管理人员在任职期间出现本条第一款所列情形的，公司应当解除其职务。

（二）监事会的组成和会议的召开

有限责任公司的监事会，其成员不得少于三人。股东人数较少或者规模较小的有限责任公司，可以设一至二名监事，不设监事会。

对于设立监事会的公司，监事会整体行使职权；而没有设立监事会的公司，则由监事行使职权。监事会或不设监事会的公司的监事作为公司三大机构中的监督机构，负责监督公司业务执行情况和财务状况，监督对象是董事和经理等高级管理人员。因此，在监事会的组成人员上，应当包括股东代表和适当比例的公司职工代表，其中职工代表的比例不得低于1/3，具体比例由公司章程规定。股东作为公司的投资者，为了防止公司的经营管理层如董事、经理滥用权利，损害股东利益，股东必然会选派代表自己利益的人员作为监事参加监事会。监事会成员中的股东代表，也只能由公司股东担任。股东代表的确定，由公司章程进行具体规定，如股东代表的任职条件、推选办法，以及股东代表在监事会中所占比例等事项。监事会成员中的职工代表，只能由公司职工担任，且职工代表的比例不得低于1/3。比如，监事会有五名监事，则必须至少有两名职工代表监事。具体的比例，可在公司章程中进行规定。监事会中的职工代表由公司职工通过职工代表大会、职工大会或者其他形式民主选举产生，而不能由董事长、经理等指定。

监事会设主席一人，由全体监事过半数选举产生。监事会主席召集和主持监事会会议；监事会主席不能履行职务或者不履行职务的，由半数以上监事共同推举一名监事召集和主持监事会会议。

有限责任公司的监事会每年度至少召开一次会议，监事可以提议召开临时监事会会议。监事会决议应当经半数以上监事通过。监事会应当对所议事项的决定做成会议记录，出席会议的监事应当在会议记录上签名。

（三）监事会的职权

根据《公司法》第五十三条的规定，监事会、不设监事会的有限责任公司的监事，行使的职权包括以下几个方面。

（1）检查公司财务。监事可以审核、查阅公司的财务会计报告和其他财务会计资料。财务会计报告是公司董事会制作的反映公司一定期限内财务状况和经营成果的书面文件，主要是对公司资产负债表、损益表等表册的说明。其他会计资料是指资产负债表、损益表、财务状况变动表、附表及会计报表附注和财务状况的说明书等。监事有权对公司的财务会计报告和其他财务会计资料进行审查与核实，监督其所制作表册和内容是否合法、是否符合公司章程的规定。

（2）对公司经营情况的调查权。《公司法》第五十四条第二款的规定："监事会、不设监事会的有限责任公司的监事发现公司经营情况异常，可以进行调查；必要时，可以聘请会计师事务所等协助其工作，费用由公司承担。"该法第一百五十条第二款规定："董事、高级管理人员应当如实向监事会或者不设监事会的有限责任公司的监事提供有关情况和资料，不得妨碍监事会或者监事

第八章
公司董事、监事、高级管理人员的资格和义务

行使职权。"

（3）对董事、高级管理人员的监督权。为了确保董事、高级管理人员依法履职，监事会、不设监事会的有限责任公司的监事应当对董事、高级管理人员执行公司职务的行为进行监督。如果发现董事、高级管理人员在执行公司职务的过程中，存在违反法律、行政法规、公司章程的规定或者股东会决议情形的，有权向产生该董事的机构如股东会提出罢免董事，以及向董事会提出罢免高级管理人员。

（4）提议召开股东会的权利。监事会、不设监事会的有限责任公司的监事在监督工作中，如发现董事、高级管理人员实施严重违法行为并拒绝接受监事会、不设监事会的有限责任公司的监事要求纠正的意见，不予制止将对公司产生重大利益影响的，此时因情况紧急，有权提议召开临时股东会会议。如果董事会不履行召集和主持股东会会议职责的，监事会、不设监事会的有限责任公司的监事有权直接召集和主持股东会会议。

（5）股东会会议提案权。监事会、不设监事会的有限责任公司的监事有权直接向股东会会议提出议案，供股东会讨论决策，如提出建议罢免董事的议案等。

（6）诉讼提起权。《公司法》第一百五十一条规定，公司董事、高级管理人员在执行公司职务时，违反法律、行政法规或者公司章程的规定，给公司造成损害的，监事会、不设监事会的有限责任公司的监事有权依法对董事、高级管理人员提起诉讼，要求董事、高级管理人员赔偿公司损失。需要进一步说明的是，根据《公司法司法解释（四）》第二十三条的规定，公司监事会或者监事系公司机关，其履行法定职责代表公司提起的诉讼，应当是公司直接诉讼，应列公司为原告，依法由监事会主席或者不设监事会的有限责任公司的监事代表公司进行诉讼。

（7）公司章程规定的其他职权。除上述职权外，监事会、不设监事会的有限责任公司的监事还行使公司章程规定的其他职权。

（四）监事会提起诉讼

《公司法》第一百五十一条规定，监事会、不设监事会的有限责任公司的监事有权依法对董事、高级管理人员提起诉讼，要求董事、高级管理人员赔偿公司损失。

案例：安连公司诉安聚公司与公司有关的纠纷案[①]

2010年8月8日，安连公司股东张某（持股比例45%）以商标及域名转让均未经公司股东会及董事会同意且损害公司利益为由，请求公司监事依法提起诉讼。监事杨某以诉讼代表人的身份代表安连公司提起本案诉讼。

法院经审理认为，根据公司法的规定，监事享有对董事及高级管理人员提起诉讼的职权，并有权在董事、高级管理人员损害公司利益时，应特定股东的请求提起诉讼。故监事代表公司提起诉讼即具有法律依据。

案例：胡某与中产连公司监事请求权纠纷案[②]

中产连公司成立于2003年4月10日，注册资本100万元，公司类型为有限责任公司，股东及其出资为刘某出资50万元、丁某出资20万元、胡某出资20万元、赵某出资10万元。胡某系中产连公司的股东、监事，刘某系中产连公司的执行董事、法定代表人，丁某系中产连公司的经理。

2008年11月28日制定的中产连公司公司章程规定：中产连公司不设监事会，设监事一人，由股东会选举产生。监事的任期每届为三年，任期届满，可连选连任。监事的职权包括检查公司财务。除非经股东会批准，中产连公司的股东、董事、监事及高级管理人员不得从事任何与本公司的业务相竞争或可能

---

① （2010）长民二（商）初字第1742号。
② （2009）二中民终字第12717号。

第八章
公司董事、监事、高级管理人员的资格和义务

竞争的业务；中产连公司的股东、董事、监事及高级管理人员，未经股东会同意及批准，不得利用在中产连公司现有或曾有的职务之便，不得利用经确认属于中产连公司的经营模式、经营资源、客户渠道、技术资料和商业信息等，为自己或者他人谋取属于公司的商业机会和商业利益，自营或者为他人经营与其所任公司同类业务。

2008年12月24日，胡某向中产连公司发出通知，称自己作为中产连公司监事，要求检查中产连公司财务及经营情况。2008年12月26日，中产连公司复函胡某，表示拒绝。

法院经审理认为，中产连公司系依法设立的有限责任公司，其股东、执行董事、监事、高级管理人员的权利义务按照公司法及中产连公司章程的相关规定进行调整。公司法和中产连公司公司章程均规定监事的职权包括检查公司财务，但中产连公司公司章程还规定，除非经股东会批准，公司的股东、董事、监事及高级管理人员不得从事任何与本公司的业务相竞争或可能竞争的业务，该规定并不违反法律、行政法规的强制性规定，应认定为有效。胡某既是中产连公司的监事，也是中产连公司的股东，其经营的尚和德信公司，经营范围与中产连公司的经营范围相类似，现在尚和德信公司虽已注销，但与尚和德信公司相关联的信和尚德公司仍在经营与中产连公司相类似的业务，中产连公司有合理根据认为胡某要求检查公司财务和经营情况有不正当目的，可能损害中产连公司合法利益。本案中，胡某虽以监事身份要求检查公司财务和经营情况，而法律对监事检查公司财务没有规定公司可以拒绝，但由于胡某又是中产连公司的股东，法律对股东要求查阅会计账簿，规定公司有合理根据认为查阅会计账簿有不正当目的，可能损害公司合法利益的，可以拒绝提供查阅。

监事对公司提起诉讼，是基于董事、高级管理人员侵犯公司利益时，股东书面请求监事会或者不设监事会的有限责任公司的监事向人民法院提起诉讼。监事提起诉讼的情形是有法律明确规定的，一是董事、高级管理人员侵犯公司利益，二是股东书面请求监事提起诉讼。本案中，胡某认为，刘某、丁某利用

其大股东和高级管理人员的身份，把持中产连公司财务，从未向作为监事的胡某提供有关财务和经营资料，故要求中产连公司向其提供相关材料。胡某的主张是监事有权利查阅上述材料，公司不予查阅故而起诉。从其起诉的事实与理由及诉讼请求来讲，并不符合上述关于监事对公司提起诉讼的具体要求。

三、高级管理人员

公司高级管理人员，是指法律或者公司章程规定的由董事会聘任，对内执行公司业务、对外代表公司的人员。公司法规定董事会下设经理，经理由董事会任命，执行董事会决议，行使职权行为受董事会监督等。经理的职权为法定职权，不得以公司章程或股东会、董事会决议剥夺或者限制，经理不仅处于辅助董事会的地位，而且具有独立的法律地位。

同样，《公司法》第一百四十六条规定的不得担任董事、监事的情形也适用于高级管理人员。

第二节　公司法定代表人

一、法定代表人

根据《民法典·总则编》的规定，依照法律或者法人章程的规定，代表法人从事民事活动的负责人，为法人的法定代表人。法定代表人以法人名义从事的民事活动，其法律后果由法人承受。公司与法定代表人之间的关系是代表关系而不是代理关系,法定代表人的职权来自法律的明确授权,不需法人的授权委托书。法定代表人由自然人担任,但应当以公司的名义,并在法律、法规规定和公司章程规定的权限范围内从事活动。法律、法规规定公司的某些行为必须由法定代表人做出的,应当由法定代表人做出。

公司中,可以担任法定代表人的有董事长、执行董事或经理,具体谁是公司的法定代表人,由公司章程规定。按照公司法和公司章程规定的程序被确定为法定代表人,并经工商登记后,即具有了公司法定代表人的身份,其行使职权具有法律效力,同时具有公示力,其行为构成公司的代表行为。公司擅自变更法定代表人,而不到登记机关变更的,不得对抗第三人。

关于公司的法定代表人是否应为一人的问题,理论界一直存在不同意见。一些专家、学者认为,从国际上看,多数国家和地区都允许多人对外代表公司,一些国家规定公司应当通过公司章程、股东大会决议或董事会决议确定公司对外代表人,建议我国也采用国际上通行的做法,允许多人为法定代表人。也有一些部门会改变我国多年来形成的交易习惯,给不法分子欺诈公司及交易相对人提供可乘之机。从其他国家和地区的情况来看,各地公司法关于公司代表人制度的设计有多种模式,如:日本、韩国规定,公司可以确定数名董事代表公司;法国规定,除法律另有规定外,有限责任公司的经理拥有在任何情况下以公司名义进行活动的最广泛的权利;德国规定,董事会集体对外代表公司;美国规定,公司董事对外代表公司,但公司应当设一名登记官,专门负责公司的登记及变更事项的签署,同时负责代表公司参与诉讼活动。借鉴国外和一些地区的做法,结合我国的实际情况,考虑到我国公司实践中,一人为法定代表人已成习惯,目前在交易诚信机制尚未健全的情况下,不宜立即改变这一制度,因此,本条规定允许公司在董事长、执行董事和经理中选择确定法定代表人。

二、法定代表人行为后果的归属

法定代表人的行为要构成公司的行为，应具备以下要件：第一，具有代表人的身份。作为公司董事长、执行董事或经理的自然人须依公司法和公司章程规定的程序成为公司的法定代表人，并经登记公司公示，才具有法定代表人的身份。第二，在权限范围内行为。如果法定代表人的行为超越公司章程授予的权限，除了知道或者应当知道其超越权限的以外，其代表行为有效。第三，法定代表人必须以公司法人的名义进行活动。如果不以公司法人的名义而以个人的名义进行活动，又无其他证据表明该行为实质上是公司行为，即在公司章程授权范围内，为公司的利益而从事的行为，则不能认定法定代表人的行为是公司的代表行为，而只能认定这是法定代表的个人行为。如果法定代表人的行为构成代表行为，则该行为的一切法律后果都由公司承担。反之，如果法定代表人的行为不构成代表行为，则该行为为法定代表人的个人行为，行为后果与公司无关，完全由个人承担。特别要注意区分形式上的代表行为与实质上的个人行为和形式上的个人行为与实质上的代表行为。

法定代表人的价值在于全面表达公司意志，然而法定代表人并非公司意志的唯一表达人。公司意志不但可以通过代表制度表达，也可以通过代理制度表达。现代社会经济条件下，代理行为最普遍的表现是职务代理行为，即法人的员工基于职务而享有职务范围的代理权，其实施的相关行为的法律效果归属所在的法人承受。法人的员工只要被委任工作，除非另有规定，其自然享有相应的代理权，而无须法人再次单独授权。采购员可以代表公司采购，信贷人员可以代理贷款，只要在职务范围内，公司员工可以代理公司行为，而无须再由法定代表人签字同意。

三、法定代表人职权的限制

法定代表人职权的限制来自公司内部和法律。公司内部的限制包括章程、规章和决议。章程、规章和决议可以限制法定代表人对外签订合同的金额，如超过一定的金额应当经董事会批准等。公司内部的限制不可以对抗善意的第三人，但法定代表人违反内部规定的，公司可以依规追究其越权责任。

法律对法定代表人职权的限制，具有对抗第三人的效力，因为第三人对于法律的限制是被推定知道的。但公司在对外提供担保时，《公司法》第十六条规定，公司章程对担保数额有限制的，不得超过限额。但之前相关案例也分析过，对外担保超过必要限额的，不一定可以对抗第三人，应当具体问题具体分析。

第三节　董事及高级管理人员的义务和民事责任

一、义务

（一）忠实义务

忠实义务是指董事、高级管理人员管理公司、经营业务、履行职责时，必须代表全体股东为公司最大利益努力工作，最大限度地保护公司的利益，不能将自己的利益置于股东和公司利益之上。违反忠实义务的具体表现形式有以下几种。

一是挪用公司资金。董事、高级管理人员利用管理公司的职权形成的便利条件,将公司的资金挪作他用,为自己或者关系人牟取私利,将影响公司资金的正常运用,对公司的正常生产经营活动造成不利影响,违反了对公司的忠实义务,应予禁止。

二是将公司资金以其个人名义或者以其他个人名义开立账户存储。将公司资金以个人名义存储,使公司失去对资金的监管,容易导致资金流失,损害公司、股东利益等,影响公司正常的生产经营活动,违反了对公司的忠实义务,应予禁止。

三是违反公司章程的规定,未经股东会或者董事会同意,将公司资金借贷给他人或者以公司财产为他人提供担保。相关行为未经依照公司章程规定的程序决策,可能出现利用关联交易等损害公司利益的情形,违反了对公司的忠实义务,应予禁止。

四是违反公司章程的规定或者未经股东会同意,与本公司订立合同或者进行交易。相关行为未依照公司章程规定的程序决策,可能出现利用关联交易损害公司利益的情形,违反了对公司的忠实义务,应予禁止。

五是未经股东会同意,利用职务便利为自己或者他人谋取属于公司的商业机会,自营或者为他人经营与所任职公司同类的业务。董事、高级管理人员是公司的主要管理人员,了解公司的商业机会信息,未经股东会同意,从事或为他人提供公司同类业务,与公司构成竞争,可能损害公司的利益,违反了对公司的忠实义务,应予禁止。

六是将他人与公司交易的佣金归为己有。董事、高级管理人员的上述行为将导致公司资金流失,损害公司、股东利益等,影响公司正常的生产经营活动,违反了对公司的忠实义务,应予禁止。

七是擅自披露公司商业秘密。董事、高级管理人员是公司的主要管理人员,了解掌握公司商业秘密。其擅自披露公司商业秘密,会影响公司的正常经营,甚至对公司利益造成较大损害,违反了对公司的忠实义务,应予禁止。

第八章
公司董事、监事、高级管理人员的资格和义务

八是违反对公司忠实义务的其他行为。这是为防止挂一漏万做出的兜底性条款。

案例：金某等诉蔡某等公司董事、监事、经理损害公司权益纠纷案[1]

安球公司于2007年9月10日成立，注册资金为2080万元，共有股东9人，其中蔡某出资561.6万元、金某出资520万元、林某出资145.6万元、张某出资135.2万元、刘某出资104万元、陈某出资104万元、朱某出资426.4万元、江某聪出资41.6万元、江某明出资41.6万元。蔡某为公司董事长，林某为公司监事。

2011年5月16日，宁科公司成立，注册资本金为4000万元，其中刘某出资2140万元，傅某出资1520万元，张某出资340万元。同日，宁科公司（甲方）与安球公司（乙方）签订项目合作合同一份，约定：安球公司向宁科公司借款4000万元整。宁科公司必须在2011年5月20日前将全款一次性打到安球公司账户内。安球公司将案涉地块建筑（规划中）商业面积约11000平方米，作为抵押物抵押给宁科公司，待安球公司取得该抵押物的预售条件后，将该抵押物以4000万元的价格转让给宁科公司，以抵偿借款。宁科公司接收该处房产产权后必须在一年内（2013年4月1日前）使该宗地块上的商业全部进入营业状态，其中营业业态必须包括商务宾馆、精品服装店、餐饮等行业，若因宁科公司自身原因造成开业时间延后，则每天按合同总价的千分之一罚金支付给安球公司等。

同年4月20日，安球公司分别向各股东发出了"致安球公司各股东的函"，该函载明，受国家宏观调控及企业自身条件的限制，公司无法向银行取得项目贷款。公司下阶段资金使用将面临严重困难。预计至2011年7月对外应支付款项在5000万元以上，若不尽快解决资金问题，将会给公司经营管理、业务发展带来严重影响，甚至可能影响公司的生存。鉴于以上情况，公司决定以景湖路项目当中1-4、1-5地块在建工程向其他公司或个人融资4000万元，要求将该

---

[1] （2012）苏商终字第0200号。

笔资金在近期一次性借给公司，待取得预售证后，1-4、1-5地块及建筑物以4000万元的价格销售给对方，对方在收房后一年内必须将该宗物业全部投入营业。此函发出后，除股东金某未在此函上签名表示同意外，其他股东均同意按此方案实施并在函上签名。在2011年5月16日安球公司与宁科公司签订项目合作合同时，案涉地块建筑尚未开工。合同签订之后，双方也未对合同中约定的抵押物办理抵押登记手续。

2012年2月29日，金某向安球公司监事林某发出"关于请求起诉蔡某的函"，内容为："2011年5月16日，即宁科公司成立当天，蔡某和刘某在未经安球公司股东会和董事会决议，也未通知金某的情况下，擅自分别代表安球公司和宁科公司签订项目合作合同，将景湖路项目中的1-4、1-5地块建筑商业面积约11000平方米作为抵押物以4000万元的价格转让给宁科公司。安球公司董事长蔡某和股东刘某签订的项目合作合同中关于商业用房转让的内容，在签订时显失公平，依据合同法规定，安球公司有权撤销该合同。蔡某和刘某恶意串通，以明显低于市场价和政府备案的价格转让安球公司景湖路项目中1-4、1-5地块商业用房的行为，已经严重侵犯了安球公司的利益，给公司造成较为严重的损失。"

法院经审理认为，此案的焦点在于安球公司与宁科公司2011年5月16日签订的项目合作合同中关于转让案涉地块建筑以抵偿借款的内容是否存在无效的事由。关于2011年5月16日宁科公司与安球公司签订的项目合作合同中以商业用房抵偿借款的效力问题，首先，关于金某要求确认借款无效的主张，从双方签订的协议内容来看，其实质并非借款合同。借款合同应为借款到期后归还所借款项并支付约定的利息。该合同中双方并未约定还款期限，仅是约定将商业用房建成后以4000万元的价格转让给宁科公司，还约定了宁科公司受让商业用房须进行相应的投资额度以及承担违约责任。故该合同中虽约定有借款的字样，但本质上应为预付购房款及其他投资约定的项目合作合同。此点不论是从2011年4月20日安球公司向各股东的发函，还是从2012年2月29日金某给监事林某的发函，均可得到印证，同时得到了2011年5月16日协议双方宁科公司、安球公司的一致认可。该项目合作合同并未违反国家法律法规，应认定为有效，且双方也已实际履行协议。其次，关于金某要求确认以4000万元价格将相应商业用房转让给宁科公司的约定无效的主张。对此，人民法院认为，从2011年5月16日的合同文意看，双方当事人并未有抵押的真实意思表示，且在该抵押物建成之后，也未到相关部门办理抵押登记手续，所以该抵押权并未实际设立。同时，合同中约定待安球公司取得该抵押物的预售条件后，将该抵押物以4000万元的价格转让给宁科公司，而并非约定在安球公司债务履行期满不能清偿时，将抵押物的所有权转移给宁科公司。

安球公司在与宁科公司签订项目合作合同前，虽然未召开股东会会议，但向各位股东发出了征询意见函，除金某未同意外，其他股东均签字同意，应视为有效的股东会决议，所以蔡某代表安球公司签订合同并不是擅自所为。在安球公司与宁科公司签订项目合作合同后，安球公司也实际从宁科公司处取得了4000万元借款，金某认为蔡某的行为给安球公司造成了相关损失，但并未举出其200万元损失的依据及与此合同中条款无效之间有何关联，该诉讼请求缺乏证据证明，不予支持。

蔡某与宁科公司协商以4000万元转让商业用房并由宁科公司投资参与景湖路项目的后期开发运营，虽然放弃了可能存在的部分预期利润，但也规避了资金链断裂的经营风险，属于公司正常的经营决策范围，未损害公司利益。金某主张蔡某在签订项目合作合同中谋取不当利益，并未提供证据证明。因此，蔡某签订项目合作合同不构成恶意串通，亦未损害公司利益，依法不应承担赔偿责任。

公司法规定董事、高级管理人员的忠诚义务，也是禁止董事或高级管理人员将属于公司的交易机会据为己有。一旦认定其窃取了公司的交易机会，公司可以要求将交易机会利益关系还原到没有篡夺交易机会的状态。具体来说，如果是资产的购买，董事应将资产按原价卖给公司；如果其已经将资产转手并实现了利润，应将这些利润转交给公司。

（二）注意义务

注意义务是指公司的董事和高级管理人员行使职权、做出决策时，以一个合理的、谨慎的人在相似情形下所应表现的谨慎、注意和技能为其所应为的行为。忠实义务要求公司董事、高级管理人员忠实于公司的事实和股东的利益，不得利用职权谋取私利。但董事、高级管理人员还应当称职地工作，即在对公司事务了解的情况下做出决策。可以从以下几个方面来判断董事、高级管理人员是否尽到注意义务。

一是是否是善意的。行为人对其行为及其后果尽到了适当的注意义务，即可满足善意的要求；如果行为人明知其行为将会对公司或者其他人产生不利后果，故意放任或者因为疏忽没有引起足够的重视而使得后果发生，就不能满足善意的要求。

二是是否尽到了勤勉、谨慎的义务。董事、高级管理人员履行了一个合理的、谨慎的人在同样情况下处理同类事情所应尽的勤勉、注意义务和技能要求。如果董事、高级管理人员具有或者应当具有有关方面的知识和能力，而没有运用这种知识和能力，则不能认为他满足了勤勉义务的要求。例如，公司要对外投资一个新项目，董事、高级管理人员应当在自己的能力范围内做相应的调查研究，如果没有尽到注意义务，会涉及责任的承担。当然，这里的没有尽到注意义务，并不是一旦出现亏损就涉及责任的承担问题，不能将正常的商业风险苛加在董事、高级管理人员身上。

三是了解公司的一般情况。董事应当亲自出席董事会会议，熟悉公司的财务会计报表和律师提供的法律意见，及时了解公司业务经营管理状况；应当在法律法规、公司章程规定的公司目的范围之内和其应有的权限之内做出决议；对董事会决议的事项有异议时，应当将其异议记入董事会会议记录；董事应当对董事会的决议承担责任；发现董事会聘任的经营管理人员不能胜任时，应当及时建议董事会将其解聘；接受监事会对其履行职责的合法监督和合理建议；

当其不能履行勤勉义务时，应当及时提出辞职；等等。

董事、高级管理人员作为公司经营事务的决策、执行人员，违反注意义务，往往会使公司遭受巨大的损失，这时没有尽到注意义务的董事或高级管理人员可能就要承担相应的责任。

二、民事责任

董事、高级管理人员必须遵守法律、行政法规和公司章程。董事、高级管理人员履行忠实义务和勤勉义务，遵守法律、行政法规和公司章程是前提条件。董事、高级管理人员违反法律、行政法规，或者不遵守公司章程，影响公司治理，给公司、股东利益造成损害，必然会违反其对公司、股东的忠实义务和勤勉义务。董事、高级管理人员不得利用职权收受贿赂或者取得其他非法收入，不得侵占公司的财产。董事、高级管理利用公司赋予的职权，收受贿赂或取得其他非法收入，或者侵占公司财产，为自己谋取非法利益，背弃公司的托付，直接或者间接对公司、股东的利益造成损害，严重违反忠实义务的，应承担相应的法律责任。

（一）责任承担

为纠正和制裁董事、高级管理人员违反本条规定从事违反对公司忠实义务的行为，防止董事、高级管理人员因违法行为获利，对利益受到损害的公司提供救济，董事、高级管理人员违反前款规定所得的收入，应当归公司所有。

董事、高级管理人员对公司负有忠实义务和注意义务。董事、高级管理人员执行公司职务时，应当履行对公司的受托义务，忠实、勤勉地行使公司赋予的职权，特别是不能违反法律、行政法规或者公司章程的规定。董事、高级管理人员违反受托义务，因执行职务违法或违反公司章程，给公司造成损失的，应当承担对公司的赔偿责任，赔偿公司相应的财产损失。

根据公司法的规定，董事、高级管理人员承担赔偿责任应当具备以下条件：一是主观上，对违反法律、行政法规或者公司章程存在过错；二是行为上，属于执行公司职务行为，与公司职务无关的行为不在此限；三是行为后果上，给公司造成了损失；四是相关行为与对公司的损害之间存在因果关系。

（二）救济方式

1.股东直接诉讼

股东直接诉讼是指股东基于股权，为自己的利益，以自己的名义向公司或者其他权利侵害人提起的诉讼。股东直接诉讼是股东为了维护自己的利益提起的诉讼，诉讼利益归于股东。

股东直接起诉，其内容主要包括：公司、董事、高级管理人员和控股股东侵犯了股东法定的，或者董事会决议导致股东利益受到侵害的决议无效之诉、撤销之诉或者损害赔偿之诉；董事、高级管理人员在执行公司职务时，违反法律法规、公司章程、股东会决议、董事会决议，侵犯股东合法权益的诉讼；控制股东利用控制权，损害中小股东利益的诉讼。

董事、高级管理人员损害股东利益纠纷，是指公司董事、高级管理人员违反法律法规或者公司章程的规定，损害股东利益的，应当对股东承担赔偿责任的纠纷。

（1）股东对董事、高级管理人员的损害赔偿之诉。

董事、高级管理人员违反法律、行政法规或者公司章程的规定，损害股东利益的，股东可以向人民法院提起诉讼。

中国
第八章
公司董事、监事、高级管理人员的资格和义务

案例：百嘉欣公司、徐某损害公司利益责任纠纷案[①]

百嘉欣公司系新地标公司股东，认为新地标公司董事长徐某和新地标公司另两名法人股东益鹏公司、大洲公司以及实际控制人山河集团利用实际控制公司和大股东优势地位，违法挪用、侵占新地标公司财产，损害了新地标公司以及小股东百嘉欣公司的利益，以公司执行董事、股东及他人共同侵害公司利益为由提起诉讼，主张前述主体的侵权行为造成了新地标公司的资产减损，为维护新地标公司利益，遂以股东名义，代表新地标公司提起损害赔偿之诉。

《公司法》第一百五十一条规定：董事、高级管理人员有本法第一百四十九条规定的情形的，有限责任公司的股东，可以书面请求监事会或者不设监事会的有限责任公司的监事向人民法院提起诉讼；监事有本法第一百四十九条规定的情形的，前述股东可以书面请求董事会或者不设董事会的有限责任公司的执行董事向人民法院提起诉讼。监事会、不设监事会的有限责任公司的监事，或者董事会、执行董事收到前款规定的股东书面请求后拒绝提起诉讼，或者自收到请求之日起30日内未提起诉讼，或者情况紧急、不立即提起诉讼将会使公司利益受到难以弥补的损害的，前款规定的股东有权为了公司的利益以自己的名义直接向人民法院提起诉讼。股东代表诉讼应遵循公司自治原则，依照公司自治程序，首先由公司内部治理组织提起。只有在内部治理组织不提起诉讼，或有证据证明情况紧急、不立即提起诉讼将会使公司利益受到难以弥补的损害时，公司股东才能代表公司对实施侵权行为的相对方提起诉讼。本案中，若百嘉欣公司认为各被告侵害新地标公司利益，应当首先书面要求执行董事或监事提起诉讼。其并未向新地标公司监事提出书面请求而直接提起本案诉讼，显然不符合公司法规定的形式要件。

（2）虚假记载的损害赔偿之诉。

股东为行使股权，需要董事、高级管理人员提供信息，信息的真实性关系到股东的决策和利益，因此，公司的信息披露资料，有虚假记载、误导性陈述

[①] （2018）鄂民终881号。

或者有重大遗漏，致使投资者遭受损失的，负有责任的董事、高级管理人员，应当与公司承担赔偿责任。

2. 股东代表诉讼

股东代表诉讼权是指在公司的利益受到控股股东、董事、高级管理人员或者第三人的侵害，而公司拒绝或者怠于行使诉讼权的情况下，为了维护公司的利益，法律赋予具备法定资格的股东代表公司对侵权人提起诉讼并追究其法律责任的权利。

股东认为公司的权益遭受损失并以自己的名义提起诉讼，首先必须提供证据证明，其曾行使过书面请求公司起诉等公司内部救济手段，但公司依然不起诉，此时公司的股东才有权为了公司的利益以自己的名义直接向人民法院提起诉讼。

股东代表诉讼是指当公司拒绝或者怠于通过诉讼追究公司董事、高级管理人员、控股股东、实际控制人和第三人对公司所负的义务或者责任时，具备法定资格的股东有权依据法定程序以自己的名义，为了公司利益而提起诉讼。股东提起诉讼应当具备以下条件。

一是有限责任公司的任何股东都可以提起股东代表诉讼。无论是普通股东还是特别股东，是有表决权股东还是无表决权股东，是名义股东还是实际出资人，都享有表决权。

二是竭尽公司内部救济。董事和高级管理人员执行公司职务时违反法律、行政法规或者公司章程的规定，给公司造成损失的，原告股东应当请求监事会对其提起诉讼；监事会执行公司职务时违反法律、行政法规或者公司章程的规定，给公司造成损失的，原告股东应当请求董事会或者执行董事对其提起诉讼。

股东代表诉讼的价值在于直接捍卫公司利益，并间接维护股东和其他公司利害相关人的利益。股东代表诉讼的胜诉利益理所当然归于公司。在股东代表诉讼案件中，实质原告为股东所在的公司，只不过公司怠于或者拒绝提起诉讼，而由股东代其提起诉讼。因此，在公司董事、监事、经理、大股东和其他商事主体对公司负有违约之债或者侵权之债时，作为债权人的公司应当向哪个法院提起诉讼，股东代表诉讼中的原告就向哪个法院提起诉讼。

案例：山西省贸易行业管理办公室与同至人公司企业股份合作合同纠纷案[①]

2000年年初，华友公司因经营困难，经其上级主管部门山西省贸易厅同意，进行企业改制。3月8日，华友公司与同至人公司签订《合作协议书》，约定双方按照公司法的规定组建有限责任公司，具体出资方法为：同至人公司作为乙方同意替甲方华友公司偿还以友谊大厦为抵押欠中国银行的贷款1830万元，并以友谊大厦（估价1830万元）作为实物投资和华友公司共同组建华友有限公司，甲方华友公司的出资则是除友谊大厦外的全部公司资产；甲、乙双方所占股份比例分别为40%和60%。双方约定股份制改造于2000年4月底前完成，乙方同意在见到甲方的主管部门山西省贸易厅同意改制的批文后按银行要求还清甲方所欠中国银行的全部债务，甲方则在乙方还清上述债务后同意将友谊大厦的房产证办理他项权利转移手续转移给乙方；双方同时约定新组建的华友有限公司应优先安排甲方愿意留在华友有限公司的人员并保持干部职工队伍的相对稳定。

2000年4月20日，华友公司作为甲方与乙方同至人公司签订《关于合作协议书的补充协议》，约定：甲方以净资产入股组建有限责任公司，乙方为控股方；乙方在见到山西省贸易厅关于同意按合作协议及补充协议进行股份制改造的批文及甲方职工代表会议关于同意股份制改造的决议后，按银行的要求给甲方划拨款项，逐步还清银行贷款。

2000年7月25日，华友公司以晋华友字（2000）第13号文向山西省贸易厅报告《华友公司整体改制为华友有限公司国有股权管理方案》，该报告载明：截至资产重组基准日2000年2月29日，华友公司资产总额为3007.20万元，

[①] （2007）民二终字第133号。

负债总额为 1743.79 万元，所有者权益为 1263.41 万元；经山西省国有资产管理局晋国资产函字（2000）第 23 号及晋国资评管函字第 61 号文件批复同意，从资产中剥离非经营性资产 218.03 万元，相应减少其所有者权益 218.03 万元，对各项资产损失，经山西省财政厅晋财商字（2000）第 68 号文件批复同意核销 403.4 万元。该报告同时载明：新组建的华友有限公司股权结构及国有股情况为华友公司净资产 976.35 万元，同至人公司出资人民币 1830 万元，新公司的注册资本总额为 2806.35 万元，其中国家股占 35%，同至人公司股占 65%。

2000 年 9 月 21 日，山西省贸易厅和同至人公司签订《投资协议》，约定双方共同出资 2717.58 万元，投资比例为山西省贸易厅 887.58 万元，占总投资额的 33%，同至人公司投资 1830 万元，占总投资额的 67%。

2004 年 5 月 14 日，山西省人民政府以晋政函〔2004〕68 号下发《关于同意华友有限公司国有股暂由行管办持有的批复》（行管办为山西省贸易行为管理办公室），同意将华友有限公司中国有股暂由行管办持有并负责监管，承担由此产生的经济责任和法律责任。

本案中，同至人公司与华友公司中签订的合作协议和补充协议，以及与山西省贸易厅签订的投资协议，均系各方当事人真实意思表示，且不违反法律、行政法规强制性规定，应认定为有效。华友公司和同至人公司签订的合作协议书、华友公司给山西省贸易厅的《华友公司整体改制为华友有限公司国有股权管理方案》，以及山西省贸易厅和同至人公司签订的投资协议中，载明的同至人公司对华友有限公司的投资比例分别为 60%、65%、67%，上述持股比例上的变化对同至人公司作为华友有限公司控股股东的本质并无实质影响。

同至人公司持股比例的提高已经山西省贸易厅在投资协议中认可。公司作为独立的民事主体，一经依法成立即具有独立的人格、独立的组织机构、独立的财产，并独立承担民事责任，有限责任公司的股东以其认缴的出资额为限对公司承担责任。公司意志的形成与表达、经营行为的开展等都由其组织机构完成，公司股东并不直接负责公司的经营管理，股东通过公司权力机关即股东会、股东大会行使其参与公司重大决策和选举管理者等权利。公司董事、高级管理人员，对公司负有忠实义务和勤勉义务，其在执行公司职务时违反法律、行政法规或者公司章程规定，给公司造成损失的，应当承担赔偿责任。公司经营不善，原则上并不产生股东对公司的赔偿责任，更不存在股东对股东的赔偿责任。

因此，行管办以同至人公司作为华友有限公司控股股东期间，闲置友谊大厦，造成1200万元经营性损失为由，要求作为股东的同至人公司向其承担经营性损失，没有法律依据。行管办如有证据证明同至人公司和公司的董事、高级管理人员等侵犯了公司合法权益，给公司造成损失的，可根据《公司法》第一百五十二条的规定，代表公司提起诉讼，要求上述侵害主体向华友有限公司承担赔偿责任，但行管办无权要求上述分割主体直接向其承担赔偿责任。

第九章

特殊的有限责任公司

第九章 特殊的有限责任公司

第一节 一人公司

在 17 世纪以前，经济组织体对外仅负有限责任的概念并不发达，公司对外仅承担有限责任的制度，直到 17 世纪以后才开始建立。19 世纪初，有限责任公司的问世解决了许多中小企业的有限责任问题，但是一人投资设立的中小企业仍被排斥在有限责任的范围之外。19 世纪末，市场经济的发展加快，个人资本力量加强，个人出资者为了使自己在出资失败时能把损失范围限制在最小范围内，迫切需要解决有限责任的问题。

一、一人公司存在的必要性

在一人公司出现之前，一般投资者为避免造成公司的损失，会想办法凑人数，以达到符合法律要求的最低人数。实际上，被凑进来的股东，不仅不参与公司的经营管理，还可能会引发公司治理等一系列问题，如挂名股东所持有的股份所有权，究竟应归谁所有的问题。另外，为符合董事最少三人以上的规定，人头董事坚持行使董事职权，必将引发经营权的冲突和诉讼，或当公司资不抵债时，真正股东一走了之，而挂名股东不可能为真正股东清偿债务的情形下，必然产生冲突。

在当今实质一人公司泛滥的情形下，一味地不予承认或禁止一人公司，反不如正式面对一人公司，以立法形式承认其法人格,将其纳入法律体系加以管理，否则让此类日益增多但徒具法人之形而无法人之实的公司存在于社会中制造问题，反而不是社会之福。就经济角度观察，一人公司确实有其存在的价值。

（1）一人公司可使唯一投资者最大限度地利用有限责任原则规避经营风险，实现经济效率最大化。

（2）一人公司多为中小型公司，公司的经营管理较为简易，因此可以降低经营成本。

（3）有利于高科技、高风险的新兴行业的发展。进入高科技、高风险的新兴行业领域的企业能否在竞争中取胜，主要依赖于高新技术的先进程度和投资机会的准确把握，而非资本的多寡及规模的大小，或者依赖于高素质的人。一人公司具有资合性弱化但人合性凸显的特点，正是中小规模投资可采取的最佳组织形式。

但总的来说，公司法对一人公司的引进抱着一种谨慎的态度，对一人公司的限制也较多。

二、一人公司的界定

一人公司是指股东（自然人或法人）为一人，并由该股东持有公司的全部出资或所有股份的有限公司。一人公司具有法人资格，以自己的名义活动，其股东以对公司的出资额为限承担有限责任。

（一）一人公司的设立条件

《公司法》第五十七条规定："一人有限责任公司的设立和组织机构，适用本节规定；本节没有规定的，适用本章第一节、第二节的规定。"申请一人有限责任公司的营业执照应具备的条件如下。

（1）有符合规定的名称；

（2）有固定的经营场所和设施；

（3）有相应的管理机构和负责人；

（4）有符合规定的经营范围。

同时，应提交的文件包括以下几个方面。

（1）公司法定代表人签署的设立公司的登记申请书；

（2）公司章程；

（3）营业场所使用证明；

（4）公司登记机关要求提交的其他文件。

一人公司除应当具备有限责任公司设立要求的条件外，还应当符合下列条件。

（1）一个自然人只能投资设立一个一人有限责任公司。法律上不允许一个自然人同时拥有两个以上一人有限责任公司的股权，也不能间接控制多个一人公司；但是法人股东可以投资设立多个一人有限责任公司。

（2）应当在公司登记中注明自然人独资或者法人独资，并在公司营业执照中载明。一人有限责任公司必须在公司登记中注明自然人独资或者法人独资，并在公司营业执照中载明，这是对一人有限责任公司登记的特殊要求，对于维护经济秩序、保障交易安全具有积极意义。

（3）公司章程由股东制定。一人公司仅有一个股东，因而没有股东会。因此，由全体股东制定的公司章程也就只能由仅有的一名股东制定。

（二）一人公司的类型

根据不同的标准，对一人公司进行以下分类。

（1）根据是否存在挂名股东可以分为形式上的一人公司和实质上的一人公司。

形式上的一人公司是指公司全部出资或股份由一个股东享有，不存在其他股东的公司。实质上的一人公司是指虽然公司存在两个以上股东，但是几乎全部出资或股份归某个股东享有，其他股东只持有象征性极少数出资或股份的公司。实质上的一人公司大多是为规避一人公司严格的条件而设立。对于实质上的一人公司是否为公司法上的一人公司，始终存在不同意见。实质上的一人公司在法律上并非一人公司，不能将其视为一人公司。

（2）根据公司形态不同可以分为一人有限责任公司和一人股份有限公司。

总体来说，承认一人有限责任公司的国家较多，承认一人股份有限公司的国家较少。

（3）原生型一人公司与衍生型一人公司。

原生型一人公司是指由一个投资主体投资设立的一人公司，该种公司自成立时就只有一个股东。衍生型一人公司，是指公司由两个以上投资主体投资设立，公司成立时存在两个以上股东，公司存续过程中由于股权变更导致所有股权归于一个股东。

三、一人公司的限制性规定

（一）信息披露义务

一人公司信息披露制度的核心是公司名称的信息披露，如果不强制名称的披露，一人公司的股东可能会为了个人利益而故意隐瞒或者极力淡化自己的一人公司身份。

《公司法》第五十九条规定："一人有限责任公司应当在公司登记中注明自然人独资或者法人独资，并在公司营业执照中载明。"依法登记设立的公司，由公司登记机关发给公司营业执照。公司营业执照应当载明公司的名称、住所、注册资本、经营范围和法定代表人姓名等事项。上述规定是公司法的一般原则性规定，适用于所有类型公司的登记和公示事宜，一人有限责任公司当然也不例外，但除此之外，一人有限责任公司还必须在公司登记中注明自然人独资或者法人独资,并在公司营业执照中载明,这是对一人有限责任公司登记的特殊要求,对于维护经济秩序、保障交易安全具有积极意义。实践中,公司营业执照也应当载明公司的名称、住所、注册资本、经营范围和法定代表人姓名等事项。

(二)以书面形式制定股东决定

为了保证公司债权人与一人有限责任公司进行交易时充分了解一人有限责任公司之现状,应规定一人有限责任公司具备相应的公示制度。一人有限责任公司的唯一股东在行使股东会权利、做出相应决策时,应当载于会议记录或者以书面形式起草。

股东做出《公司法》第三十七条第一款所列决定时,应当采用书面形式,并由股东签字后置备于公司。主要是指《公司法》第三十七条所规定的决定公司的经营方针和投资计划,审议批准公司的年度财务预算方案、决算方案,对公司增加或者减少注册资本做出决议,修改公司章程,对公司合并、分立、解散、清算或者变更公司形式做出决议,对公司聘用、解聘会计师事务所做出决议,公司章程规定的其他职权。一人有限责任公司也应以书面形式记载其运营状况,单一股东的决议,应以书面形式记录;同时,由股东自己和由股东代表的公司签订的交易合同,也应以书面形式记录。这些记录应当备于公司公共场所或者能被公众所知悉的地方,以便公众及时了解一人有限责任公司的经营状况。

(三)法定的审计义务

《公司法》第六十二条规定:"一人有限责任公司应当在每一会计年度终了时编制财务会计报告,并经会计师事务所审计。"法律承认一人公司合法化对公司法规定的公司所有权与经营权分离原则和有限责任带来极大挑战。股东在没有合作伙伴的情况下设立公司,享受有限责任的优惠,但由于只有一个股东控制公司,该股东极易混淆公司财产和股东个人财产,将公司财产充作私用,以公司名义为自己的目的借贷和担保，有计划地独占公司的财产、欺诈债权人、回避合同义务等。这些滥用有限责任的行为都源于一人有限责任公司中缺乏股东之间的相互制约，并且该弊端不能通过一人公司本身的结构或治理来实现监督。

基于上述考虑，为了更好地保护交易相对人的利益、降低交易风险，以取得保护与规范的平衡，对一人有限责任公司实行法定审计的特别规定，这既是一人有限责任公司治理结构中的一项基本制度配置，也是加强对其规制、严格管理的一项重要法律措施。一人公司的审计与《公司法》第一百六十四条明确规定的"公司应当在每一会计年度终了时编制财务会计报告，并依法经会计师事务所审计"的含义有所不同。《公司法》第一百六十四条是对所有类型公司的一般原则性规定。其中，依法经会计师事务所审计并不是说对所有公司都必须要经过会计师事务所进行年度审计，而是根据公司法、会计法及其他有关法律的规定，明确要求必须进行审计的公司，其财务会计报告需要经过会计师事务所审计。

一人公司应当在每一会计年度终了时编制财务会计报告，并经会计师事务所审计。这属于法律对一人有限责任公司实行法定审计的强制性规定，一人有限责任公司的财务会计报告必须经会计师事务所审计。

一般情况下，公司的财务会计报告由公司的业务部门或者公司委托的其他会计、审计机构，按照国家的规定于每一年度终了时制作，反映公司财务状况和经营成果。其中，会计年度自公历1月1日起至12月31日止。同时，一人有限责任公司也应当建立、健全本单位内部会计监督制度。根据《会计法》第二十七条的规定，单位内部会计监督制度应当符合下列要求：①记账人员与经济业务事项和会计事项的审批人员、经办人员、财物保管人员的职责权限应当明确，并相互分离、相互制约。②重大对外投资、资产处置、资金调度和其他重要经济业务事项的决策和执行的相互监督、相互制约程序应当明确。③财产清查的范围、期限和组织程序应当明确。④对会计资料定期进行内部审计的办法和程序应当明确。

因此，一人公司的法定审计义务包括以下两个方面。

（1）财务会计报告须经会计师事务所审计。一人有限责任公司因股东仅一人，股东权力过大，财务会计人员的任免均由股东决定，其客观性受到影响。因此，一人有限责任公司编制的财务会计报告须经会计师事务所审计。此规定进一步明确了一人有限责任公司的财务报告编制时间必须是在每年的会计年度终了时，在形式要求上必须编制财务会计报告，并经会计师事务所审计。

（2）接受审计单位应如实提供相关资料。根据会计法、有关法律及行政法规规定，须经注册会计师进行审计的单位应当向受委托的会计师事务所如实提供会计凭证、会计账簿、财务会计报告和其他会计资料以及有关情况。任何单位或者个人不得以任何方式要求或者示意注册会计师及其所在的会计师事务所出具不实或者不当的审计报告。财政部门有权对会计师事务所出具审计报告的程序和内容进行监督。

四、法人资格的滥用问题

《公司法》第六十三条规定："一人有限责任公司的股东不能证明公司财产独立于股东自己的财产的，应当对公司债务承担连带责任。"公司法一方面确立了一人股东滥用法人资格推定原则，同时允许股东以反证推翻该推定。也就是说，法院有权认定一人股东滥用法人资格的事实，但一人股东有权通过反证推翻法院推定。

股东对公司债务承担有限责任是公司法的基本原则，但在现实生活中确实存在股东利用公司独立法人地位和自己的有限责任滥用权利，采用将公司财产与本人财产混同等手段，逃避债务，造成公司可以用于履行债务的财产大量减少，严重损害公司债权人利益的情况。

一人有限责任公司使原本普通有限责任公司所拥有的复数股东之间相互制约、相互监督的关系不复存在，也让复数股东之共同意思形成公司意思的机能形同虚设。这是由一人有限责任公司股东的唯一性决定的,既然唯一股东之意思便是公司的意思,则容易造成一人有限责任公司业务与股东其他业务的多方面混同,诸如经营业务完全一致、公司资本与股东财产混杂使用、公司营业场所与股东居所合一等,使公司相对人难以分清与之交易的对象是公司还是股东个人,也无法保证公司财产的完整性,最终导致公司债权人承担较大的交易风险。

因此,公司法要求股东的财产应当与公司的财产相分离,且产权清晰,以使双方的权责明确,既有利于市场经济的稳健发展,也有利于相对债权人利益的保障。针对一人有限责任公司的特殊情况,为了更好地保护公司债权人的利益、降低交易风险,这一规定是完全必要的,其根本目的就在于强化要求一人有限责任公司的股东必须将公司财产与本人财产严格分离。

案例:赵某与世纪华中公司股权转让纠纷上诉案[①]

世纪华中公司成立于2006年3月,为有限责任公司,注册资本1000万元,其中案外人海新电气公司出资970万元,宋某出资30万元。2006年8月18日,海新电气公司将其持有的全部股权转让给宋某。世纪华中公司成为一人有限责任公司,宋某为自然人股东。

2006年6月23日,消防器材公司进行改制。华夏消防公司将其持有的消防器材公司100%的股权以协议的方式转让给世纪华中公司与首安消防公司。改制后的消防器材公司,公司类型为有限责任公司,公司股东为世纪华中公司与首安消防公司,公司法定代表人为宋某,职务为董事长。2007年4月9日,首安消防公司将其持有的全部股权转让给世纪华中公司。消防器材公司成为一人有限责任公司,世纪华中公司为独资法人股东。

2010年4月29日,时任消防器材公司总经理的赵某委托公司人员向工商行政管理部门申请变更登记,将消防器材公司股东、法定代表人变更为赵某,

---

① (2011)一中民二初字第2号,(2011)津高民二终字第49号。

第九章
特殊的有限责任公司

公司类型变更为自然人独资有限责任公司，并提供了2010年4月29日转股协议、消防器材公司股东决定书及公司变更登记申请书，转股协议及股东决定书均加盖世纪华中公司公章。同日，工商行政管理部门对上述事项予以变更登记。

本案成诉前，天津市公安局曾对赵某是否涉嫌职务侵占罪立案调查，后做出撤销案件决定书。一审法院根据世纪华中公司的申请向天津市公安局经侦总队调取赵某的讯问笔录。关于消防器材公司股份转让问题，赵某在笔录中陈述，不认识世纪华中公司的股东、法定代表人，没有与世纪华中公司商议过消防器材公司转股的事情，也没有见到原股东世纪华中公司的任何批准文件，签字时转股协议上已经加盖世纪华中公司的公章，其为挂名股东。

世纪华中公司以赵某以虚假转股协议及股东决定书将消防器材公司股权无偿转至自己名下，消防器材公司明知赵某提供虚假材料，仍协助赵某非法侵占公司股权，构成共同侵权为由，请求法院判令赵某返还消防器材公司股权。

法院经审理认为，世纪华中公司在转股协议、股东决定书上盖章确认，但是宋某作为世纪华中公司的唯一股东，并不知晓股权转移事实，赵某也没有证据证明其受让股权经过宋某的同意或认可，因此转股行为不是世纪华中公司的真实意思表示。受让方赵某在公安讯问笔录中也表明未与世纪华中公司协商过股权转让事宜，受让股权非其真实意思表示，因此世纪华中公司主张赵某返还涉案股权应予支持。

本案中消防器材公司为法人独资公司，世纪华中公司是消防器材公司的唯一股东，世纪华中公司为自然人独资公司，宋某是世纪华中公司的唯一股东，两公司均属于公司法规定的一人公司。依照《公司法》第六十一条规定，一人公司不设股东会，股东做出重大决议时，应当采用书面形式，签名后置备于公司。这与有限责任公司的相关规定具有明显区别。作为消防器材公司的股东，世纪华中公司转让消防器材公司股权时，仅需股东宋某书面记录转让股权的决议内容并将该决议置备于世纪华中公司，而消防器材公司作为标的公司，是否形成股东决议对股权转让并无影响。本案中，世纪华中公司股东宋某并不知晓转让

329

一事，世纪华中公司并没有转让消防器材公司股权的意思表示，股权转让行为无效。

案例：曹某与宜昌中交船业有限公司股权转让协议纠纷上诉案[①]

2003年6月6日，神农矿业（全体股东）与船业公司签订股权转让协议，约定神农矿业将全部股权以3200万元加上流动资产净值转让给宜昌中交船业有限公司（以下简称船业公司）。6月10日，船业公司支付首期转让金2000万元。6月23日和25日，神农矿业全体股东两次召开股东会会议，形成第十三次股东会决议，内容为将全部股权以2000万元的价格转让给船业公司指定的股东曹某等四人。6月26日，神农矿业提交曹某等四人签署的合作协议、公司章程（修正）等资料，在工商部门将股东变更为曹某等四位自然人。在上述过程中，曹某没有实际出资，与船业公司无垫付股权款的约定及手续，也未参与神农矿业的经营。

2003年7月15日，神农矿业与船业公司签订一份补充协议，对公司印鉴、财务、流动资产净值等移交事项做出约定。2004年6月28日，双方又签订一份补充协议，确认船业公司已实际支付股权转让金等款3309.89万元，尚欠余款184.07万元，约定其在一周内付清。7月5日，船业公司依约清付。

修订后《公司法》实施之后，肯定了一人公司的法律地位，船业公司于2008年1月向曹某等四位自然人提出恢复股权所有人真实身份的要求，请四人配合将股权变更到公司名下，遭曹某拒绝后，遂诉至法院。

法院一审认为，神农矿业（全体股东）与船业公司所签股权转让协议意思表示真实，内容合法有效。协议上虽无神农矿业原股东李某的签字，但其事后接受了船业公司支付的股权转让款，并参与向船业公司办理印鉴及财务交接手

[①] （2008）西民初字第666号，（2008）宜中民二终字第173号。

续。依照原《合同法》第三十七条①（2021年1月1日废止，相关法备见《民法典·合同编》第四百九十条）规定："采用合同书形式订立的合同，在签字或者盖章之前，当事人一方已经履行主要义务，对方接受的，该合同成立。"故该股权转让协议已经依法成立。原《公司法》虽然规定有限责任公司的股东人数不得少于二人，但该规定是对公司设立时的股东人数要求，并未涉及公司股权转让的人数问题，且在公司股权归于一人之后，受让股东有解散、清算注销或增加股东人数等多种选择，故公司股权归于一人并不意味着股权转让协议必然无效，曹某关于协议无效之抗辩不能成立。神农矿业与船业公司签订过数次补充协议，但双方的股权转让交易均在执行2003年6月6日所签股权转让协议，实际履行的股权转让价款与股权转让协议约定数额一致。据此可以认定，神农矿业原全体股东于股权转让期间所做第十三次股东会决议，均是为顺应当时公司法的规定，为完成工商股权登记而做的特殊处理，但上述处理并不损害社会公共利益，故对股权转让协议的效力不产生影响。曹某等四人在第十三次股东会决议上签字，应视为他们对船业公司借用其名义进行股东变更登记的认可。曹某称船业公司的付款是代其四人垫付股权转让款，与庭审查明的事实明显不符。因神农矿业原股东向船业公司出具的收款收据及其与船业公司签订的补充协议、股权转让补充协议相吻合，足以认定船业公司的股权投资事实。一审法院遂判决确认船业公司对神农矿业享有全部股权。

二审法院认为，本案股权转让协议及补充协议的内容虽然违反《公司法》（1999年修正）第十二条第二款、第二十条关于投资额和股东人数的规定，但该规定类别属于管理性规范而非效力性规范，其调整的是公司与股东之间的内部关系，立法目的在于规范公司的内部结构，并不涉及公司与第三人的关系问

---

① 《民法典·合同编》第四百九十条规定："当事人采用合同书形式订立合同的，自当事人均签名、盖章或者按指印时合同成立。在签名、盖章或者按指印之前，当事人一方已经履行主要义务，对方接受时，该合同成立。法律、行政法规规定或者当事人约定合同应当采用书面形式订立，当事人未采用书面形式但是一方已经履行主要义务，对方接受时，该合同成立。"

题，因而不能据此认定本案股权转让协议及补充协议无效。本案股权在转让过程中形成了股权转让协议与第十三次股东会决议两类文件，在排除神农矿业采用欺诈手段"一物二卖"的可能后，两类文件的内容不能同真。从股权转让协议履行内容来看，前一类文件对股权转让金额、支付方式、支付时间、公司财务、资产移交和工商登记的变更等均做出具体约定，具有可操作性，且均已实际履行；而后一类文件仅约定了受让人和受让份额，对履行方式等均无约定，客观上无法履行。本案船业公司支付的股权转让金，往来数目吻合，凭证齐全，足以认定实际履行的是股权转让协议等前一类合同，而非第十三次股东会决议。曹某主张其转让金为船业公司垫付，但船业公司2003年、2004年度资产负债表均无记载，其称与船业公司形成债权债务关系的理由不能成立。曹某等人所签合作协议及公司章程（修正），内容表述存在矛盾，且与本案股权转让实际履行情况不一致，这表明其仅供在工商部门办理登记使用，不能作为确定股东身份的依据。故本案所涉股权转让的实际受让人应为船业公司。

违反《公司法》导致一人公司之股权转让的法律效力，在司法实务界是个有认识分歧且争议较大的问题。有观点称其以合法形式掩盖非法目的，损害有限责任公司的组织结构，应认定为无效。随着社会对一人公司态度的转变，目前的司法实践不应当否定违反《公司法》导致一人公司之股权转让的法律效力，因为《公司法》的管理性规定，不能成为民事法律行为无效的理由。

虽然公司法肯定了一人公司的法律地位，但对于自然人来说，只能设立一个一人公司。实践中，就会存在自然人为规避法律限制，采取类似上述情形的方式设立公司，进而出现股权转让法律效力的问题。

第二节　国有独资公司

一、概念

国有独资公司，是指国家单独出资、由国务院或者地方人民政府授权本级人民政府国有资产监督管理机构履行出资人职责的有限责任公司。国有独资公司是一种特殊的有限责任公司，其特殊性在于股东是国家，由国有资产监督管理机构代国家机关行使股东权利、履行出资人义务和职责。国有独资公司只有一个股东，也是一种一人公司。

二、国有独资公司的设立

《公司法》第六十四条规定："国有独资公司的设立和组织机构，适用本节规定；本节没有规定的，适用本章第一节、第二节的规定。"国有独资公司是一种特殊形态的有限责任公司，与一般的有限责任公司有相同之处，也有不同之处。国有独资公司属于特殊的有限责任公司，在设立条件上不仅要符合《公司法》第二十三条的一般规定，还要符合《公司法》对国有独资公司的特殊规定。换句话说，有特殊规定的，要按照特殊规定设立国有独资公司；没有特殊规定的则按照第二十三条规定的一般条件设立。《公司法》第六十五条规定："国有独资公司的公司章程由国有资产监督管理机构制定，或者由公司董事会制订报国有资产监督管理机构批准。"

三、国有独资公司的组织机构

（一）不设股东会

《公司法》第六十六条规定，国有独资公司不设股东会，由国有资产监督管理机构行使股东会职权，因为国有独资公司的股东只有一人即国家。按照《中华人民共和国企业国有资产法》的规定，国务院和地方人民政府根据需要，可以授权其他部门、机构代表本级人民政府对国有企业履行出资人职责。履行出资人职责的机构代表本级人民政府对国有企业依法享有资产收益、参与重大决策和选择管理者等出资人权利，除依法履行出资人职责外，不得干预企业经营活动。

因国有独资公司不设股东会，其重大事项的决策程序不同于其他有限责任公司由股东会决定，而是根据《公司法》第六十六条的规定决定。

（1）国有资产监督管理机构可以授权公司董事会行使股东会的部分职权，决定公司的重大事项。

国有独资公司不设股东会，因此公司的决策职能只能由国有独资公司的唯一股东，即国有资产监督管理机构履行；但考虑到国有资产监督管理机构的独立性，国有独资公司的决策也不能完全依附某一主体。鉴于国有资产监督管理机构的主要职责是监督管理国有资产的保值增值，其难以全面细致地管理公司的经营。为保持国有资产经营的高效率，国有资产监督管理机构可以授权公司董事会行使股东会的部分职权，决定公司的重大事项。

（2）国有资产监督管理机构决定公司的合并、分立、解散、增减资本和发行公司债券等事项。

国有独资公司的合并、分立、解散、增减资本和发行公司债券等事项，必须由国有资产监督管理机构决定。

（3）重要的国有独资公司合并、分立、解散、申请破产的，应当由国有资产监督管理机构审核后，报本级人民政府批准。

关系国家安全和国民经济命脉的重要行业和关键领域中的国有独资公司合并、分立、解散、申请破产的，应当由国有资产监督管理机构审核后，报本级人民政府批准，包括涉及国家安全的行业、自然垄断的行业、提供重要公共产品和服务的行业以及支柱产业和高新技术产业中的重要的国有独资公司，具体的则按照国务院的规定确定。

（二）依法设立董事会

国有独资公司的董事会作为公司的经营决策和执行机构，其职权与一般有限责任公司董事会职权基本相同，行使《公司法》第四十六条、第六十六条关于董事会的职权。《国务院国有资产监督管理委员会关于国有独资公司董事会建设的指导意见（试行）》（国资发改革〔2004〕229号）和《董事会试点中央企业董事会规范运作暂行办法》（国资发改革〔2009〕45号）进一步明确国有独资公司的董事会职权：向国资委报告工作；执行国资委的决议；决定公司的经营计划、投资方案；制定公司的年度财务预算方案、决算方案；制定公司的利润分配方案和弥补亏损方案；制定公司增加或者减少注册资本的方案以及发行公司债券的方案；拟订公司合并、分立、变更公司形式、解散的方案；决定公司内部管理机构的设置；决定聘任或者解聘公司经理及其报酬事项（中央管理主要领导人员的企业，按照有关规定执行），并根据经理的提名，聘任或者解聘公司副经理、财务负责人及其报酬事项；制定公司的基本管理制度。董事会还享有公司章程规定的其他职权。

董事每届任期不得超过三年。董事会设董事长一人，可以设副董事长。董事长、副董事长由国有资产监督管理机构从董事会成员中指定。董事会由国有资产监督管理机构和职工代表共同组成。

董事会成员中的职工代表由公司职工代表大会选举产生。《国有独资公司董事会试点企业职工董事管理办法（试行）》（国资发群工〔2006〕21号）第五条规定，担任职工董事应当具备下列条件：①经公司职工民主选举产生；②具有良好的品行和较好的群众基础；③具备相关的法律知识，遵守法律、行政法规和公司章程，保守公司秘密；④熟悉本公司经营管理情况，具有相关知识和工作经验，有较强的参与经营决策和协调沟通能力；⑤《公司法》等法律法规规定的其他条件。职工董事候选人可以是公司工会主要负责人，也可以是公司其他职工代表。公司党委书记和未兼任工会主席的党委副书记、纪委书记、总经理、副总经理、总会计师，不得担任公司职工董事。

（三）监事会

《公司法》第七十条规定："国有独资公司监事会成员不得少于五人，其中职工代表的比例不得低于三分之一，具体比例由公司章程规定。监事会成员由国有资产监督管理机构委派；但是监事会成员中的职工代表由公司职工代表大会选举产生。监事会主席由国有资产监督管理机构从监事会成员中指定。监事会行使本法第五十三条第（一）项至第（三）项规定的职权和国务院规定的其他职权。"

根据《国有企业监事会暂行条例》第十八条的规定，担任监事应当具备下列条件：①熟悉并能够贯彻执行国家有关法律、行政法规和规章制度。②具有财务、会计、审计或者宏观经济等方面的专业知识，比较熟悉企业经营管理工作。③坚持原则，廉洁自持，忠于职守。④具有较强的综合分析、判断和文字撰写能力，并具备独立工作能力。

其中，监事会成员中的职工代表由公司职工代表大会单独选举产生，而不由国有资产监督管理机构委派。监事会主席由国有资产监督管理机构在监事会成员中指定。根据《国有企业监事会暂行条例》第十七条的规定，监事会主席应当具有较高的政策水平，坚持原则，廉洁自持，熟悉经济工作。监事会主席履行下列职责：①召集、主持监事会会议。②负责监事会的日常工作。③审定、签署监事会的报告和其他重要文件。④应当由监事会主席履行的其他职责。

国有独资公司监事会具有下列职权：①检查公司财务。②对董事、高级管理人员执行公司职务的行为进行监督，对违反法律、行政法规、公司章程或者股东会决议的董事、高级管理人员提出罢免的建议。③当董事、高级管理人员的行为损害公司的利益时，要求董事、高级管理人员予以纠正。④国务院规定的其他职权。①

四、国有独资公司的董事会成员与高级管理人员的兼职禁止

《公司法》第六十九条规定："国有独资公司的董事长、副董事长、董事、高级管理人员，未经国有资产监督管理机构同意，不得在其他有限责任公司、股份有限公司或者其他经济组织兼职。"这里的"高级管理人员"是指公司的经理、副经理、财务负责人和公司章程规定的其他人员。

国有独资公司董事会成员和高级管理人员是国有独资公司的经营管理者，

---

① 《国有企业监事会暂行条例》第五条规定："监事会履行下列职责：（一）检查企业贯彻执行有关法律、行政法规和规章制度的情况；（二）检查企业财务，查阅企业的财务会计资料及与企业经营管理活动有关的其他资料，验证企业财务会计报告的真实性、合法性；（三）检查企业的经营效益、利润分配、国有资产保值增值、资产运营等情况；（四）检查企业负责人的经营行为，并对其经营管理业绩进行评价，提出奖惩、任免建议。"第六条规定："监事会一般每年对企业定期检查1~2次，并可以根据实际需要不定期地对企业进行专项检查。"该条例第七条规定："监事会开展监督检查，可以采取下列方式：（一）听取企业负责人有关财务、资产状况和经营管理情况的汇报，在企业召开与监督检查事项有关的会议；（二）查阅企业的财务会计报告、会计凭证、会计账簿等财务会计资料以及与经营管理活动有关的其他资料；（三）核查企业的财务、资产状况，向职工了解情况、听取意见，必要时要求企业负责人做出说明；（四）向财政、工商、税务、审计、海关等有关部门和银行调查了解企业的财务状况和经营管理情况。监事会主席根据监督检查的需要，可以列席或者委派监事会其他成员列席企业有关会议。"

行使国有独资公司的经营管理权，承担着国有资产保值增值的重要任务，因此，国有独资公司的董事长、副董事长、董事、高级管理人员，既要对公司投资人尽忠实服务的义务，又要为国有资产的运营尽勤勉注意的义务。所以，必须专人专职，固定岗位，明确职责，忠于职守。除经过国有资产监督管理机构同意外，不得兼任其他公司或经济组织的负责人。对国有独资公司的负责人实行兼职禁止的专任制度，是为了防止因公司负责人兼职而疏于对公司的管理，并避免因此可能给国有资产造成的损害。

《公司法》第一百四十八条规定了董事、经理的竞业禁止义务，要求董事、经理不得自营或者为他人经营与其所任职公司同类的营业或者从事损害本公司利益的活动，如果不发生与其所任职公司竞业之情形，且所从事的活动并不损害本公司的利益，法律并不限制一般公司的董事、经理兼任其他公司职务。对国有独资公司董事长、副董事长、董事、高级管理人员的兼职禁止规定，则无论兼职是否存在竞业禁止的事由，也不问兼职是否损害本公司利益，原则上对兼职予以禁止，除非经国有资产监督管理机构同意。因此，对于国有独资公司董事长、副董事长、董事、高级管理人员的兼职禁止较一般有限责任公司董事、高级管理人员竞业禁止的规定更为严格，适用的范围更广泛。

如果经过国有资产监督管理机构同意，国有独资公司的董事长、副董事长、董事、高级管理人员也可以兼职。如国有独资公司根据需要投资设立子公司，或者与其他经济组织共同投资设立其他公司或经济组织，国有独资公司作为法人股东，需要派出董事会成员或者经营管理者，参加所投资公司或经济组织的董事会或被任命为高级管理人员。

第十章

公司合并、分立

第十章
公司合并、分立

第一节　公司合并

一、公司合并的概念

公司合并是指两个或两个以上的公司依照公司法规定的条件和程序，通过订立合并协议，共同组成一个公司的法律行为。公司合并的原因有很多，有的是为了减少竞争对手，有的是为了产生规模效应，有的是出于经营的目的。在公司合并的过程中，需要利用信息的短暂不对称抓住商机迅速行动，在合适的时机，以合理的价格完成公司合并，以达到商业目的。公司合并具有以下特点。

（1）公司的合并是两个或两个以上的公司合成一个公司，是两个或两个以上的公司之间以订立合并协议的形式而产生的。有限责任公司和股份有限公司之间也可以合并，按照世界通行的做法，存续的公司必须是股份有限公司。

（2）公司的合并必须依法定程序进行。公司的合并一般是公司之间自由地合并，但这种自由的前提必须是遵守法律，有些公司的合并还要经过有关部门的批准。比如，按照公司法的规定，国有独资公司合并必须由国有资产监督管理机构决定。两个以上的出资人设立的有限责任公司的合并，由股东会做出决议。

（3）公司合并是一种法律行为。公司合并是一种合同行为，作为合同行为来说，首先，合同各方须达成协议。其次，这种协议必须是依法订立的，否

有限责任公司法律问题精要与指引

则这种行为无效。

在实践中,与"合并"同时使用,甚至使用更多的还有"兼并""收购"这样的表述。"兼并"是"合并"的近义词,但"兼并"更加强调一个公司吸收另一个公司。"收购"与"兼并"的含义差不多,都是强调一个公司吸收另一个公司。可以说"合并"是较为法律化的表述,"兼并"和"收购"是实践中常使用的表述。

二、吸收合并与新设合并

公司合并的形式,是指公司合并过程中以什么形式合并为一个公司。公司合并是公司变更的一种特殊形式。《公司法》第一百七十二条规定了两种公司合并的形式:吸收合并和新设合并。在某种程度上,也可以说这种划分是就公司名称而言的,一个公司保留原先名称的叫作吸收合并,合并后公司重新取名的叫新设合并。

(1)吸收合并又称存续合并,它是指两个或者两个以上的公司合并时,其中一个或者一个以上的公司并入另一个公司的法律行为。被合并的公司法人资格消灭,即行解散,成为另一个公司的组成部分;接受并入公司的公司,应当于公司合并以后到市场监督管理部门办理变更登记手续,继续享有法人资格的地位;被合并的公司应当宣告停业,并到市场监督管理部门办理注销手续,作为合并后的公司的一部分进行生产经营活动。比如,甲公司和乙公司合并以后,甲公司仍然存在,乙公司解散,乙公司并入甲公司内部。甲公司到市场监督管理部门办理变更登记手续,乙公司到市场监督管理部门办理解散登记手续。

实践中,公司合并大都采用吸收合并的形式,新设合并极其少见,因为除非甲、乙公司都臭名昭著,否则无论是甲公司还是乙公司,都已经积累了一定的商誉,获得了一定程度的市场认同,所以使用原企业的名称总比换一个全新的名称有利,至少可以省去一大笔广告费。鉴于此,美国商事公司法范本干脆删除了关于新设合并的规定。

（2）新设合并是指两个或者两个以上的公司组合成一个新公司的法律行为。这种合并是以原来的公司法人资格均消灭为前提，合并以后，原来的公司应当到市场监督管理部门办理注销手续。新设立的公司应当到市场监督管理部门办理设立登记手续，取得法人资格。需要说明的是，新设立的公司应当符合公司法规定的设立公司的基本条件。

无论是新设合并还是吸收合并，公司合并时，合并各方的债权、债务，应当由合并后存续的公司或者新设的公司承继。现实中合并的双方往往是不平等的，因而程度不同地存在着强者吃掉弱者的情况，从严格意义上来说，绝大多数属于兼并而不是合并。当然，商事交易中双方的法律地位是平等的，弱者也有拒绝交易的权利，其之所以接受合并是因为有利可图或者经济上的不得已，所以绝对的倚强凌弱的情形也不多见。

三、公司合并的程序

公司合并涉及公司、股东和债权人等相关人的利益，应当依法进行。根据公司法的规定，公司合并的程序通常如下。

1. 董事会制定合并方案

公司董事会就公司合并相关事项制定方案，包括合并形式、合并后机构的存废、公司经营发展方向、合并条件等事项。董事会制定的合并方案是后续签订公司合并协议的重要依据。

2. 签订公司合并协议

公司合并协议是指两个或者两个以上的公司就公司合并的有关事项而订立的书面协议。协议的内容应当载明法律、法规规定的事项和双方当事人约定的事项。一般来说应当包括以下内容。

（1）公司的名称与住所。这里所讲公司的名称与住所包括合并前的各公司的名称与住所和合并后存续公司或者新设公司的名称与住所。公司名称应当与公司登记时的名称相一致，并且该名称应当是公司的全称；公司的住所应当是公司的实际住所即总公司所在地。

（2）存续或者新设公司因合并而发行的股份总数、种类和数量，或者投资总额、每个出资人所占投资总额的比例等。

（3）合并各方现有的资本及对现有资本的处理方法。

（4）合并各方所有的债权、债务的处理方法。

（5）存续公司的公司章程是否变更，公司章程变更后的内容，新设公司的章程如何订立及其主要内容。

（6）公司合并各方认为应当载明的其他事项。

3. 编制资产负债表和财产清单

资产负债表是反映公司资产及负债状况、股东权益的公司会计报表，是会计合并中必须编制的报表。合并各方应当真实、全面地编制此表，以反映公司的财产情况，不得隐瞒公司的债权、债务。此外，公司还要编制财产清单，清晰地反映公司的财产状况。财产清单应当翔实、准确。

4. 合并决议的形成

公司合并应当由公司股东会或者股东大会做出合并决议，之后才能进行其他工作。公司合并会影响股东利益，如股权结构的变化。根据《公司法》第四十四条、第六十条和第一百零三条的规定，就有限责任公司来讲，其合并应当由股东会做出特别决议，即经代表2/3以上表决权的股东通过才能进行。如果是国有独资公司，其合并必须由国有资产监督管理机构决定，其中，重要的国有独资公司合并应当由国有资产监督管理机构审核后，报本级人民政府批准才能进行。

5.向债权人通知和公告

公司应当自做出合并决议之日起 10 日内通知债权人，并于 30 日内在报纸上公告。一般来说，对所有的已知债权人应当采用通知的方式告知，只有对那些未知的或者不能通过普通的通知方式告知的债权人才可以采取公告的方式。通知和公告的目的主要是告知公司债权人，以便让他们做出对公司的合并是否提出异议的决定。此外，公告也可以起到通知未参加股东会的股东的作用。

6.合并登记

合并登记分为解散登记和变更登记。公司合并以后，解散的公司应当到公司登记机关办理注销登记手续；存续公司应当到公司登记机关办理变更登记手续；新成立的公司应当到公司登记机关办理设立登记手续。公司合并只有进行登记后，才能得到法律上的承认。

四、公司合并纠纷

公司合并纠纷，是指两个或者两个以上的公司依照公司法规定的条件和程序，吸收或者新设为一个公司的纠纷。公司合并涉及股东和债权人的利益。为了防止因公司合并而侵害股东或者债权人的利益，我国公司法规定了公司合并的法定程序。公司股东认为公司合并决议侵害其利益，或者债权人认为公司合并过程中，存在违反法律法规的情形的，可以提起公司合并无效之诉。

公司合并主要产生两个方面的法律后果：一是公司组织结构的变化，二是权利义务的概括转移。首先，公司合并必然导致一个或一个以上的公司消灭，此种公司消灭不需经过清算程序。同时，吸收合并中的吸收公司继续存在，但发生了变化，新设合并中产生了新的公司。无论是哪种情况，存在的公司都需要对其财务、税务等事项进行相应的调整。其次，公司合并的结果导致存续公司或者新设公司承受被合并公司的债权债务。存续公司或新设公司，可以对被合并公司的债权向第三人主张，也应当承担被合并公司的债务。

如果公司合并没有依照合并协议进行，或者违反了法律、行政法规的强制性规定，则会引发纠纷。公司合并纠纷中比较常见的是公司合并无效纠纷，如公司股东认为公司合并决议未经股东会通过，或者债权人认为公司合并过程中公司未履行通知义务，或者被合并的公司没有清偿债务或者提供相应的担保，或者有其他违反法律或行政法规之情形，而提起的公司合并无效之诉。常见的合并无效原因有合并协议无效、合并决议瑕疵、合并违反债权人保护程序等。

案例：远大集团公司与一轻控股公司、感光材料公司、东方资产公司天津办事处、工商银行广厦支行合并纠纷案[①]

1997年3月5日，远大集团公司签订《兼并协议》，协议的主要内容是：远大集团公司与感光材料公司根据国家有关法律、法规和天津地方政府的有关政策、规定，本着平等互利、优势互补的原则，就远大集团公司兼并感光材料公司事宜订立本协议。兼并的原则为由远大集团公司承接感光材料公司全部资产（含有形资产及无形资产）、债权、债务和全部在职职工（含离退休职工），并给予妥善安置，维护企业和社会的稳定。兼并的方式为远大集团公司以全额承担与感光材料公司资产等值或超值的债务为条件，承接其全部资产。该协议还明确载明了感光材料公司资产负债状况，规定了资产审核与移交方式、时间，土地使用权移交方式，人员的移交与安置，负债的处置和感光材料公司改制及整合的方案。同时规定协议由感光材料公司向其主管部门和天津市经济委员会上报审批，协调各单位落实地方优惠政策并批复后生效。同年3月12日，一轻控股公司向天津市经济委员会上报关于感光材料公司被远大集团公司兼并的请示。同年4月28日，天津市调整工业办公室以津调办（1997）62号批复致函一轻控股公司，同意远大集团公司（国有）以接收感光材料公司（国有）全部

---

① （2005）民二终字第38号。

资产、债权、债务及全部职工为有偿条件,从下文之日起,对感光材料公司实施兼并,并按国发(1997)10号文件有关精神,办理有关银行贷款停免息政策事宜。同年5月12日,一轻控股公司以一轻管一(1997)33号文向感光材料公司主管上级精细化工分公司转发了上述批复。

1997年6月9日,远大集团公司与一轻控股公司签订《移交协议书》。协议书中载明:远大集团公司与一轻控股公司根据天津市调整工业办公室调办(1997)62号文、一轻控股公司33号文和远大集团公司与感光材料公司签署的《兼并协议》,就远大集团公司全面接收一轻控股公司所属感光材料公司资产、债权、债务和全部职工达成共识,为指导下一步移交工作,订立本协议。感光材料公司资产、债权、债务和职工的移交工作必须遵守的原则是以天津市调整工业办公室调办(1997)62号文、远大集团公司与感光材料公司签署的《兼并协议》和附件为依据。上述协议签订后,远大集团公司对感光材料公司实施了兼并,感光材料公司于同年7月,在天津市工商局办理了企业法人变更登记,变更理由是原企业被远大集团公司兼并,变更后的企业名称为天津远大感光材料公司,并在国家国有资产管理局办理了企业国有资产变动产权登记。1997年7月28日,远大集团公司向感光材料公司拨款人民币1000万元。

1998年3月10日,工商银行河西支行与工商银行广厦支行签订《债权债务关系转移协议书》,将工商银行河西支行对感光材料公司的债权转让给工商银行广厦支行。2000年5月31日,中国银行天津分行与东方资产公司天津办事处签订《债权转让协议》,将中国银行天津分行对感光材料公司的债权转让给东方资产公司天津办事处。

1997年3月14日,远大集团公司与中国投资银行天津分行就兼并一事达成备忘录,主要内容为:双方对远大集团公司兼并感光材料公司后中国投资银行天津分行债权如何保证及顺利偿付等问题达成了一致意见,并认为有必要将此轮会谈达成的一致内容签署备忘录,报各自主管部门批准后,以协议形式签订。远大集团公司兼并感光材料公司后,由远大集团公司在天津设立的分支机构,以人民币9200万元的价格收购中国投资银行天津分行在该企业的全部债权,并分7年偿还上述款项,偿债期间停计利息,远大集团公司向中国投资银行天津分行出具其认可的担保书。双方并约定,争取在备忘录签订后一个月内完成议定内容的报批工作。1997年6月3日,中国投资银行以中投发〔1997〕75号文件致函天津市人民政府,内容为:鉴于远大集团公司在兼并方案中关于减免我行贷款利息及分年偿还贷款本金的方案与国家有关政策相悖,且未能向我行提供充分可信的资金来源和可靠的还款保证,亦没有提交有关兼并的整体方案及对各家银行债权的处理方案,对此,我行现阶段无法同意远大集团公司对感光材料公司的兼并。2002年9月4日,感光材料公司召开职工代表大会并形成决议,认为公司被远大集团公司兼并以来,远大集团公司没有履行兼并协议中的承诺,也没有给过公司支持与帮助,其行为已经成为公司生存和发展的阻力与障碍,坚决要求脱离远大集团公司。2002年10月31日,原国家经济贸易委员会致函远大集团公司(国经贸厅企改函〔2002〕1050号"关于妥善解决感光材料公司有关问题的函"),该函载明:"今年8月以来,感光材料公司的部分职工写信给国务院领导同志并多次来我委上访,反映你公司兼并感光材料公司后未履行兼并协议、投资不到位,感光材料公司企业内部的组织结构调整没有取得职工的理解和认同等问题,并强烈要求解除与你公司的兼并关系。为了稳定局面,天津市政府有关部门已多次协调,至今未见成效。请你公司对此问题引起足够重视,采取有效措施,积极稳妥地做好职工工作。"

关于本案中远大集团公司与感光材料公司签订的《兼并协议》是否生效的问题。远大集团公司与感光材料公司在《兼并协议》第三十七条中约定,协议由感光材料公司向其主管部门和天津市经济委员会上报审批,待天津市经济委员会协调各单位落实地方优惠政策并批复后生效。远大集团公司提出《兼并协议》未生效的上诉理由之一是由于中国投资银行不同意兼并,地方优惠政策没有得到落实,未满足协议约定的生效条件。

法院经审理认为,协议中约定的落实地方优惠政策,即天津市经济委员会协调各单位落实各项优惠政策,特别是感光材料公司的各大债权银行关于贷款利息的减免停挂政策的落实,是天津市有关部门做出批复的前提条件。根据本案查明的事实,《兼并协议》签订后,远大集团公司与中国投资银行天津分行就兼并后债权如何保证及顺利偿付达成了备忘录,该备忘录虽然不是双方达成的最终协议,但应当认定中国投资银行天津分行对落实银行贷款的优惠政策是同意的,双方也就此达成了一致意见。在此基础上,天津市调整工业办公室根据一轻控股公司、远大集团公司的呈报文件,做出同意兼并的批复。上述事实表明,作为政府行政主管部门的天津市经济委员会,其协调各单位落实优惠政策的职责已经履行完毕;而中国投资银行在批复下达以后致函天津市人民政府,表示不同意兼并,致使涉及中国投资银行天津分行贷款的优惠政策未能得到最终落实,属于《兼并协议》生效后的履行问题,不能因此得出《兼并协议》不生效的结论。远大集团公司提出《兼并协议》未生效的上诉理由之二是天津市经济委员会的批复没有满足生效条件。本院认为,在天津市调整工业办公室做出同意远大集团公司兼并感光材料公司的批复后,远大集团公司与一轻控股公司签订了《移交协议书》,双方在协议中明确,根据天津市调整工业办公室的批复、一轻控股公司的通知以及《兼并协议》,订立该协议书。在此后进行企业法人申请变更登记时,注明的审批机关为天津市调整工业办公室,审批文件为津调办（1997）62号批复。上述事实表明,远大集团公司对天津市调整工业办公室履行其自身的行政职能是明知并认可的,其并未就做出批复的主体问题提出过任何异议。综上分析,远大集团公司与感光材料公司签订的《兼并协议》已经生效,该协议是双方当事人真实意思表示,内容不违反法律禁止性规定,原审判决认定协议有效并无不当。远大集团公司提出《兼并协议》中约定的一系列优惠政策未得到落实,其并没有实际控制远大感光公司,均属于协议履行中的问题,与协议是否生效没有关系。故远大集团公司请求确认《兼并协议》未生效没有法律依据,本院不予支持。

关于《兼并协议》是否应当解除的问题。远大集团公司与感光材料公司签订《兼并协议》后，又与一轻控股公司签订了《移交协议书》，办理了移交手续，感光材料公司亦办理了企业法人变更登记和企业国有资产变动产权登记。上述事实表明，《兼并协议》已经实际履行。由于感光材料公司的主要债权人中国投资银行天津分行并未就兼并事宜与远大集团公司达成一致意见，并且向天津市人民政府明确表示，不同意远大集团公司与感光材料公司之间的《兼并协议》，即不承认《兼并协议》约定的内容，致使《兼并协议》中有关中国投资银行天津分行贷款本息的处置等约定未能得到实际履行。此后，远大集团公司在对感光材料公司进行企业制度改革时，就企业管理、组织人事调整等事项与感光材料公司产生矛盾、发生冲突，远大集团公司也因此失去对感光材料公司的实际控制。根据本案查明的事实，作为兼并方远大集团公司与被兼并方感光材料公司均强烈要求解除《兼并协议》，实际上双方继续履行《兼并协议》已不可能。如果继续维持双方之间的兼并关系，必将使企业陷入运行上的僵局，特别是感光材料公司不能正常经营，企业将丧失所应享受的地方政策支持，职工的生活没有保障，维持此种状况既有违兼并双方当事人的意愿，亦与司法审判所应追求的法律效果和社会效果相悖。故应尊重远大集团公司与感光材料公司双方意愿，解除其兼并关系。

就本案的具体情况而言，解除《兼并协议》符合我国民法的基本原则，也是兼并双方的真实意思表示。远大集团公司与感光材料公司就合并事宜签订了《兼并协议》，该协议符合民事法律行为生效的要件，双方应当依协议履行。但在协议的履行中，出现了导致协议无法继续履行的事项，双方可以解除协议，有过错的一方对另一方承担赔偿责任。

案例：新恒基公司及其关联公司合并重整案[①]

新恒基公司及米勒公司均系台资企业，两家债务人破产企业名下的巴比松

---

① （2017）浙0122破7号，杭州法院破产审判保障营商环境建设十大典型案例之四。

庄园位于桐庐大奇山国家森林公园旁，占地近千亩，是"杭州—千岛湖—黄山"国家级黄金旅游线上一个独具法国风情的大型度假庄园，是浙江省内具有一定知名度的旅游项目。因经营不善，两公司陷入困境。

2017年4月1日、7月18日，桐庐县人民法院先后裁定受理新恒基公司及米勒公司破产清算案件。破产程序中，为提高两家企业整体资产的价值，吸引更多的意向投资人，管理人制定了酒店监管方案，由原经营管理团队负责酒店实际运营，保障破产期间的员工工资、税收、运营成本等。为充分发挥资产的整体价值，也鉴于债务人具有重整价值和可能，管理人以两家企业的名义联合对外预招募重整投资人，终以4.38亿元的价格招募到合适的投资方。因两家企业存在高度混同，通过听证会听取债权人及有关利害关系人的意见后，管理人向桐庐县人民法院申请合并破产，桐庐县人民法院依法裁定认可。2018年10月23日桐庐县人民法院裁定新恒基公司及米勒公司由合并清算转为合并重整。11月27日，两公司合并重整第一次债权人会议表决通过重整计划（草案）。同年12月4日，桐庐县人民法院裁定批准重整计划。

该案在审理期间，实行"破产不停产"，有效保障了百余名职工的合法权益，成功实现了破产企业整体资产的保值增值。通过采用预招募重整投资人的方式，提升了重整质效。该案是桐庐地区首例重大重整案件，重整计划的顺利通过和执行有效盘活了区域经济资源，并实现腾笼换鸟、有效盘活，社会效果、法律效果突出。

公司在破产程序中，如具备重整的条件，可以进行重整，也可以与其他公司合并。当公司的存续能盘活企业时，应当给予一定的支持。

案例：董某等诉朱建洪等公司合并纠纷案[①]

1998年7月22日，久大公司的前身——杭州千岛湖物业开发有限公司成立。

---

① （2012）杭淳商初字第1号。

2001年3月增资后，公司注册资本为1000万元，由朱某等12名自然人股东出资。2002年5月8日，公司名称变更为久大公司。之后，股东郑某将出资转让给另一股东余某。2004年10月以后，持有久大公司22.5%股权的董某、李某、章某拒绝出席股东会。

先创公司于1996年1月12日成立，股东刘某出资720万元，孙某出资80万元。因厂房周边土地转为商业、住宅用地出让，该公司于2007年停止工业生产，欲将土地用于开发房产，但建设用地规划一直未得到政府主管部门的许可。2008年5月，久大公司向刘某发出收购先创公司的要约邀请。经协商，刘某、孙某与久大公司于2008年6月2日签订《股权及资产转让合同》，约定刘某、孙某分别将持有的先创公司90%、10%的股权全部转让给久大公司，转让价为2000万元，于合同签订之日起3个月内付清。

2008年9月2日，朱某向刘某提出，久大公司尚应付给刘某1300万元的转让款先用于先创公司增资。刘某、孙某同意后，即将收到的股权转让款1300万元转账至先创公司账户。2008年9月5日，淳安永盛联合会计师事务所出具验资报告，刘某、孙某在先创公司注册资本增资至2100万元的相关文件和资料上签字，并办理先创公司增资变更登记手续。先创公司在取得验资报告后将1300万元转账至乔扬公司的银行账户还给刘某，先创公司财务以其他应收款入账。2008年9月25日，先创公司增资的变更登记经工商行政管理部门核准，但久大公司受让刘某、孙某持有的先创公司股权未办理工商变更登记。

2009年7月2日，淳安县建设局向久大公司发出整改通知，告知久大公司开发的紫荆广场规划建筑层高已超过18层，而久大公司当时的资质为三级，不符合资质管理规定，要求久大公司尽快完善公司结构、配备相关人员，并向杭州市城乡建设委员会申报房地产开发二级资质。房地产开发二级资质企业注册资本为2000万元以上。

2009年8月7日，久大公司董事会决定于同年8月15日召开股东会会议。8月8日，公司通过特快专递向董某、李某、章某寄送召开股东会会议的通知。

第十章 公司合并、分立

通知内容为：召开2008年度股东会会议，审议表决董事会工作报告、公司财务报告、利润分配方案、公司资产处置等有关事项。同年8月15日上午8时30分，久大公司在该公司会议室召开股东会会议，董某、李某、章某没有到会，其余八名股东到会，到会股东占公司股权比例为77.5%。会议由朱某主持，到会股东一致通过公司董事会报告、财务报告和其他五项决议。其中有一项是关于并购先创公司的决议，即《杭州久大置业有限公司股东会决议——关于同意公司吸收合并的决定》。该决议有四项内容：①同意先创公司并入久大公司，②久大公司吸收先创公司后将按法定程序履行职责，③同意委托淳安永盛联合会计师事务所对公司截至2008年12月31日的资产负债情况进行审计，④授权公司董事会办理吸收合并的有关事项。

2009年8月15日，久大公司与先创公司签订公司合并协议，约定：①久大公司吸收先创公司，合并后久大公司继续存在，先创公司办理注销登记。②合并基准日为2009年12月31日。③股份折合方法：合并双方的股东按原出资额1∶1的比例折合到存续公司，合并后的注册资本为双方注册资本之和。④合并后的注册资本为3100万元，其中，刘某出资2020万元、孙某出资80万元。先创公司原股东出资占合并后的久大公司注册资本的67.73%，久大公司原股东出资占公司合并后注册资本的32.27%。同日，久大公司到会股东召开第二次股东会会议。第二次股东会会议确认了合并协议，做出增加注册资本、调整领导班子、修改公司章程的决议。刘某、孙某作为先创公司原股东和久大公司新股东在相关资料上签字。协助办理了久大公司的变更登记和先创公司的注销登记。久大公司的工商变更登记在2009年9月1日核准，2009年10月1日，先创公司将其资产移交给久大公司，先创公司注销登记在2009年11月19日核准。

另查明，刘某、孙某成为久大公司的工商登记、备案资料记载的股东，但实际不享有久大公司股东的权利，也不承担久大公司股东的义务。

法院经审理认为，久大公司受让刘某、孙某持有的先创公司股权，已经履行了支付股权转让款的合同义务,只要办理股东变更登记,股权转让即完成;但是久大公司在先创公司办理股东变更登记前将先创公司吸收合并,让已经出让先创公司股权的刘某、孙某持有久大公司67.73%的股权。虽然刘某、孙某没有参与久大公司经营管理和享受久大公司股东权益的真实意思,可是该吸收合并的行为将久大公司原股东的股权比率缩成32.27%,挂在刘某、孙某名下的久大公司67.73%的股权,实际由该公司的管理人员控制。董某、李某、章某不参与久大公司的经营管理,本来持有久大公司22.5%的股权被缩成7.27%的股权,其股东权益有随时被损害的可能。因此,董某、李某、章某有权要求确认公司合并行为无效。

公司吸收合并的基础事实是合并双方对公司合并事项达成一致的协议。董事会决定启动公司合并程序,授权公司高级管理人员对合并事项进行谈判,股东会做出确认公司合并协议的决议,以及办理工商变更、注销登记,只是实现公司合并的程序和手段。从本案查明的事实可知,合并协议的内容并非合并双方的真实意思表示,缺乏民事行为的有效条件,该协议应当认定为无效。久大公司股东会对无效的合并协议做出有效确认形成的决议,也不可能产生法律效力。依据无效的合并协议和股东会决议,增加注册资本、修改公司章程、办理公司变更登记,缺乏合法的事实依据,依法应当纠正。合并无效之诉属于形成之诉,确认公司合并无效的判决属于形成判决,判决生效后公司即恢复到合并前的状况;但是合并无效判决,对合并期间公司的经营活动没有溯及力,合并后至无效判决生效时的存续公司为事实上的公司,其经营活动只要不违反与该经营相关的法律或行政法规的禁止性规定,仍然有效。对于公司登记,合并无效的后果是合并的公司恢复到合并前的状态,故公司登记机关只要依据生效判决办理公司恢复到合并前的状态的变更和恢复登记即可。在合并无效之诉中,公司合并协议无效以及公司合并的股东会决议无效是合并无效的原因,是支持原告诉讼请求的事实依据。在确认公司合并无效的判决中,需要对合并协议、股东会决议的真实性和合法性做出认定,而不是判决,故对原告要求确认合协议、股东会决议无效的请求，本院不做判决。合并无效判决生效后，被吸收的先创公司复活，从久大公司分立。

本案中，法院裁判公司合并无效的理由有两个：一是董某、李某、章某不参与久大公司的经营管理，本来持有久大公司22.5%的股权被缩成7.27%的股权，其股东权益有随时被损害的可能。二是合并协议的内容并非合并双方的真实意思表示，缺乏民事法律行为的有效条件。关于合并协议无效，要看其是否具备无效的情形；关于股东会决议无效，要看其是否符合《公司法》第二十二条的规定。《民法典·总则编》第一百四十六条规定："行为人与相对人以虚假的意思表示实施的民事法律行为无效。"合并协议双方以虚假的意思表示订立合同的，民事法律行为无效。

第二节　公司分立

一、公司分立的概念

公司分立是指一个公司依照公司法有关规定，通过股东会决议分成两个以上的公司，实践中以分裂为两个公司的情形居多。就企业名称的保留而言，如果分立之后有一个公司保留了原名称，就是存续分立，也叫派生分立；如果放弃原名称，分立之后每个公司都取得新的名称，就是解散分立，也叫新设分立。

有限责任公司的分立大多是股东分家的结果，国内分立案例多是这种情况。有限责任公司股东人数少，一般都参加公司的经营管理，所以每个人都熟悉公司的情况。一起工作又容易产生矛盾，甚至陷入僵局，解决问题的办法之一便是分家析产。两派股东会坐下来对公司现有的资产、负债、经营资格、供销渠道、客户资源以及分家中可预见的各种费用结合各自的投资份额和贡献与详细地址做出安排，写成书面协议。协议执行完毕后各自独立门户、独立经营。

二、公司分立的形式

公司分立的形式有两种：新设分立与派生分立。

1. 新设分立

所谓新设分立，是指将原来一个具有法人资格的公司分割成两个或者两个以上的具有法人资格的公司的法律行为。新设分立是以原来公司法人资格的消灭为前提。消灭的公司应当办理公司终止登记手续，分立的公司应当办理公司设立登记手续。但需要说明的是，分立后的公司要符合公司设立的法定条件。

2. 派生分立

所谓派生分立，是指原公司仍然存在但将原公司的一部分分出去成立一个新公司的法律行为。分出去的公司的法人资格不以原公司法人资格的消灭为前提，但是原公司由于分出去一部分，其股东人数、资金数额、生产规模等方面会发生变化。在这种情况下，原公司应当进行变更登记，分立的公司要进行设立登记，进行设立登记时应符合公司成立的法定条件。

三、公司分立的程序

公司分立，是指一个公司依据法律、法规的规定，分成两个或者两个以上的公司的法律行为。公司分立具有以下特点。

（1）公司分立是公司本身的行为。公司本身的行为是指公司分立由公司的投资人来决定，即要由公司的股东会做出分立决议。公司只有在股东会依法同意的情况下下才能进行分立；否则，分立无效。

（2）公司分立是分立各方共同的行为。公司分立涉及该公司的债权、债务和财产的分割等一系列问题。只有分立各方就分立过程中涉及的一切问题达成一致意见后，公司的分立工作才能顺利进行；否则，公司难以分立。

（3）公司分立是依法进行的法律行为。公司分立要依照公司法及有关法律、行政法规的规定进行；否则，分立无效。《公司法》第四十三条规定，公司分立的决议，必须经代表 2/3 以上表决权的股东通过。分立的决议必须符合上述规定。

（4）公司分立是公司变更的一种形式。公司分立并不是公司的完全解散，而是或者以原来的公司解散而成立新的公司形式出现，或者在原有的公司中分出一部分成立新的公司，原有的公司仍然存在。无论何种情况，原有公司实质上并没有消灭，只是同原来的公司相比，有了新的变化。

（5）依法分立后的公司，各为独立的法人。公司分立时，应当就财产的分割问题达成协议。《公司法》第一百七十五条只规定了公司分立时，财产要做相应的分割，至于实践中具体如何做到相应分割，没有做明确的规定，主要是由股东会讨论、通过分立决议，然后由分立各方就财产问题按照平等自愿的原则达成协议。需要特别说明的是，这里所说的财产既包括积极财产，如债权，也包括消极财产，如债务；既包括有形财产，如设备，也包括无形财产，如商誉。

公司分立的程序和公司合并的程序基本相同。一般来说，公司分立应当订立分立协议。所谓公司分立协议，是指公司分立各方就公司分立过程中的有关事项达成的一致约定。公司法未对公司分立协议的内容做出原则性的规定。一般来讲，公司分立协议应当包括以下内容：①即将分立各方的公司名称、地址。②分立各方的财产范围。③分立各方的债权、债务，即分立各方从原来的公司取得的债权的种类、数量，分立以后各方应当承担的债务的种类、债权人、数量等。④分立以后股东的姓名、地址，股东在分立以后享有的股权比例或者享有股份的种类、数额等。⑤分立以后公司的营业范围。（6）分立各方认为应当载明的其他事项。公司做出分立决议以后，应当编制资产负债表及财产清单。公司应当自做出分立决议之日起10日内通知债权人，并于30日内在报纸上公告。与公司合并不同的是，在对债权人保护的方式上，公司合并时债权人享有异议权，可以要求公司清偿债务或者提供相应的担保，而公司分立时法律只是强调了公司的通知义务，并没有赋予债权人同样的权利。根据《公司法》第一百七十六条的规定，除公司在分立前与债权人就债务清偿达成书面协议外，公司分立前的债务由分立后的公司承担连带责任，这对债权人的利益做了保护。

四、公司分立纠纷

公司分立纠纷是指公司依照法定程序，将公司新设或者派生分立为两个或者两个以上公司的纠纷。公司分立涉及股东和债权人的利益，为了防止因公司分立而侵害股东或者债权人利益，我国公司法规定了公司分立的法定程序。公司股东认为公司分立决议侵害其权益，或者债权人认为公司分立违反了法律的强制性规定的，可以提起公司分立无效之诉。

公司分立主要产生两个方面的法律后果：一是公司组织结构的变化，二是权利义务的法定转移。首先，公司分立导致一个或一个以上的公司设立，该公司的营业来自既有公司营业分割，而不是既有公司的转投资行为。对于创设，还同时导致既有公司的消灭，其消灭也不需要经过清算程序。其次，公司分立的结果导致了分立公司债务的法定承担，即除非公司在分立前与债权人就债务清偿达成的书面协议另有约定，公司分立前的债务由分立后的公司承担连带责任。

由于公司分立产生上述法律效果，涉及多家公司股东及债权人的利益，为了防止因公司分立而侵害中小股东或债权人的利益，公司法规定了公司分立的严格程序。公司分立需要经过股东会决议通过，制订分立计划或者分立协议，编制资产负债表及财产清单,通知或公告债权人,进行财产分割,并办理登记手续。

如果公司分立未依照该公司计划或者分立协议进行,或者违反了法律、行政法规的强制性规定,会导致纠纷。公司分立纠纷中常见的是公司分立无效纠纷,如公司股东认为公司决议未经股东会通过,或债权人认为公司分立过程中公司未履行通知义务,或有其他违反法律或行政法规之情形,而提起公司分立无效之诉。

案例:宇翔出租汽车公司等诉史某公司分立纠纷案[①]

2007年4月6日,翔宇房地产公司同史某合资组建了宇翔出租汽车公司。史某与翔宇房地产公司系宇翔出租汽车公司的股东,其中史某的出资比例为股东出资总额的33.3%,翔宇房地产公司的出资比例为股东出资总额的66.7%,史某与翔宇房地产公司及宇翔出租汽车公司就宇翔出租汽车公司分立事宜已达成《存续分立协议书》与《和解协议书》,两份协议书均是确定本案双方当事人权利义务的依据。

2012年9月20日,翔宇房地产公司同史某、宇翔出租汽车公司签订《存续分立协议书》,并经过呼和浩特市北方公证处公证。《存续分立协议书》约定:①根据史某及翔宇房地产公司在宇翔出租汽车公司的持股比例,将宇翔出租汽车公司所经营的300辆客运出租汽车中的100辆分离出来,由史某另行注册成立新公司,独立经营该100辆出租汽车。②在史某注册成立新公司10日内将分离出的100辆出租车及相关材料交付给史某,同时将100辆出租车的保证金按实际收款数额一并交付给史某,同时协助办理成立新公司事宜。③宇翔出租汽车公司应进行分立前的审计和清算,清算起止时间从2007年4月11日起至上述100辆出租车正式移交到新公司止。④任何一方如对审计结果有异议,可协

[①] (2017)内民申86号。

商解决，在呼和浩特市人民检察院主持下另行签订补充协议。⑤宇翔出租汽车公司应该依照审计结果按照出资比例支付史某应得的收益。翔宇房地产公司和史某对审计结果签字确认后，就审计、清算结果达成补充协议后15日内向史某支付款项，如逾期不予支付，史某有权要求宇翔出租汽车公司按照银行同期贷款利息的四倍支付违约金。⑥100辆出租车独立经营前所产生的债权债务由宇翔出租汽车公司承担，转由史某新成立的公司经营后所产生的债权债务由新成立的公司自行承担。

双方在充分协商的基础上，达成如下和解协议：①三方均同意内蒙古财信达会计师事务所审定的翔宇房地产公司和宇翔出租汽车公司给付史某1458.70万元的审计报告。在此基础上宇翔出租汽车公司、翔宇房地产公司再行给付史某160万元，双方共计给付史某1618.70万元。最终以《审计报告》给出的数目进行分割。该款给付后双方各自经营200辆和100辆出租车，双方矛盾全部解决，不再存在任何矛盾。除分给史某的100辆出租车外的固定资产全部留给宇翔出租汽车公司、翔宇房地产公司。②本和解协议订立之日起5日内，宇翔出租汽车公司、翔宇房地产公司给付史某500万元，其余款项在2013年1月21日前付清，否则史某有权要求宇翔出租汽车公司、翔宇房地产公司按银行同期贷款利率四倍支付违约金。③宇翔出租汽车公司、翔宇房地产公司应将2012年11月、12月经营出租车所取得的收益（份子钱）据实交付史某，史某交付管理费5万元。该款应于2012年12月31日前付清。④自本和解协议签订之日起，宇翔出租汽车公司、翔宇房地产公司应积极配合史某办理100辆出租车的过户手续，过户费由史某承担。

宇翔出租汽车公司认为，应当按照《存续分立协议书》《和解协议书》中确立的分割原则及交易习惯进行分割，而不是按照《审计报告》进行分割。

法院经审理认为，《存续分立协议书》《和解协议书》中确立的公司分立和财产分割原则均为按照股东的出资比例进行分配，符合双方协议的相关条款及交易习惯。理由为：《存续分立协议书》第一条约定按照持股比例分配实物，如"按照持股比例,将丙方经营的300辆客运出租汽车中的100辆出租汽车从丙方分立出来",协议第五条约定按照出资比例分配公司利润,如"丙方应当依照审计结果按照出资比例支付乙方应得的收益"。《和解协议书》第一条约定宇翔出租汽车公司、翔宇房地产公司给付史某1458.70万元,也是按史某在宇翔出租汽车公司出资占公司总资产的33.3%来分割的(4380.49万元×33.3%)。《和解协议书》中提到的实物分割(300辆出租车分出100辆)、未处理事故的待摊费用也是按史某出资比例分担的。因此,对于公司分立及分立中的和解双方坚持按出资比例分割的原则,符合合同相关条款的约定,也符合交易习惯。

本案中,双方所达成的《存续分立协议书》《和解协议书》中的相关条款均反映了按照各自出资比例对宇翔出租汽车公司资产进行分割的意思表示。现两份协议书中均没有明确约定出租车的价值不计入宇翔出租汽车公司的资产总额,而审计报告中宇翔出租汽车公司的资产总额中也包括300辆出租车的价值,因此分配给史某的100辆出租车的价值应当包含在翔宇房地产公司应当向史某支付的1458.70万元中,此种分割方式更符合公平原则。

公司分立时,分立双方就分立事宜签订协议,该协议是对所涉及的财产分割的真实意思表示,应当按照该协议的约定进行财产分割。分立协议是确定分立各方分割财产的法律文件,只要该协议真实有效,各方就应当按照协议的约定进行分割。实践中,很多分立纠纷案件都是因财产分割而引发的诉讼,法院在审理该类案件时,应当从分立协议的效力、内容等方面确定分立各方的权利、义务。

案例:县郊化工公司和朝阳减水剂厂与公司有关的纠纷上诉案——公司分立和转投资的区别与认定[①]

县郊化工公司是由南京市化工总公司投资设立的国有独资企业,注册资金

---

① (2006)栖民二初字第353号二审,(2007)宁民二终字第152号。

为140万元。1992年11月，县郊化工公司与栖霞岔路口容器厂合资开办化工容器厂。栖霞岔路口容器厂出资现金44万元，县郊化工公司以其厂房、土地、水电齐全等作价56万元出资。但县郊化工公司并未履行出资义务，而是将其厂房、土地等固定资产租赁给化工容器厂。

1995年4月，县郊化工公司在其原下属的分支机构基础上出资60万元，成立了具有独立法人资格的独资企业——朝阳减水剂厂。该厂公司章程规定：朝阳减水剂厂的资金来源是公司调拨，法定代表人由县郊化工公司任命，企业人员来自县郊化工公司职工。同时，县郊化工公司将其95%的固定资产（包括土地、厂房、机器设备等，价值120万元）调拨朝阳减水剂厂，并进行了工商登记。工商登记资料载明：朝阳减水剂厂注册资金为60万元，投资人为县郊化工公司。

1996年7月，县郊化工公司的主管部门南京市化工总公司下发批文，同意县郊化工公司与朝阳减水剂厂分立。2005年，朝阳减水剂厂进行"三联动"改制，由新朝阳公司出价1200万元购买朝阳减水剂厂整体产权，朝阳减水剂厂更名为新朝阳公司。

2001年6月5日，化工容器厂向玄武湖信用社贷款70万元。至2007年年初，因化工容器厂未按照借款合同约定履行还款义务，玄武湖信用社诉至法院，请求法院判令：①化工容器厂归还借款本金及利息共计100万元。②县郊化工公司在60万元内承担出资不到位的补充赔偿责任。③新朝阳公司对县郊化工公司的债务承担连带责任。

法院经审理认为，玄武湖信用社与化工容器厂订立的借款合同系双方的真实意思表示，应受法律保护。化工容器厂未能按照合同约定履行还款义务，应承担相应的还款责任及违约责任。县郊化工公司与栖霞岔路口容器厂合资开办化工容器厂，但并未履行56万元的出资义务，应对化工容器厂的债务在其出资不到位的范围内承担补充赔偿责任。新朝阳公司系由朝阳减水剂厂改制而来，而朝阳减水剂厂的前身为县郊化工公司的分支厂，系由县郊化工公司调拨资金及人员而开办，县郊化工公司的主管机关南京市化工总公司亦下文同意朝阳减水剂厂与县郊化工公司分立，故县郊化工公司与朝阳减水剂厂应属分立关系，县郊化工公司与朝阳减水剂厂应对其分立前的债务共同承担清偿责任。朝阳减水剂厂改制为新朝阳公司后，其债权债务由新朝阳公司负担，故新朝阳公司应对县郊化工公司与朝阳减水剂厂分立前的债务共同承担清偿责任。

二审法院经审理认为，本案的关键问题是朝阳减水剂厂与县郊化工公司之间是分立关系还是投资关系。从朝阳减水剂厂的成立过程来看，该厂是由县郊化工公司调拨人员、资金，在其原来的分支厂的基础上成立的具有独立法人资格的独资企业。虽然县郊化工公司以及其主管部门南京化学工业总公司在成立朝阳减水剂厂的各种公文、批复中使用了"分立"字样，但在朝阳减水剂厂的设立过程中，工商登记资料及验资报告均载明组建单位和投资人是县郊化工公司，注册资金为60万元。认定企业变动的法律性质，应以工商登记资料为准，故县郊化工公司成立朝阳减水剂厂的行为属于企业投资行为。关于玄武湖信用社的债权问题，县郊化工公司投资设立朝阳减水剂厂的行为，并不导致法人财产的减少，只是使资产的形态发生变化，即由实物形态转变成股权形态。县郊化工公司与朝阳减水剂厂是两个具有独立资格的法人，当县郊化工公司不能清偿债务时，玄武湖信用社作为债权人可以通过执行县郊化工公司在朝阳减水剂厂的股权的方式实现债权，而不能要求朝阳减水剂厂承担清偿责任。

在本案审理过程中存在三种意见：第一种意见认为，县郊化工公司与朝阳减水剂厂之间应是"分立"关系。理由是：①县郊化工公司及南京市化工总公司在其往来的各种公文、批复中均使用的是"分立"字样。②朝阳减水剂厂的资金来源是公司调拨而非公司投资，企业人员来自县郊化工公司职工而非招聘，法定代表人由县郊化工公司任命，不符合公司投资的特征。③验资报告中载明县郊化工公司将其95%的固定资产（包括土地、厂房、机器设备等，价值120万元）调拨给朝阳减水剂厂，印证了县郊化工公司与朝阳减水剂厂是分立关系。

第二种意见认为，县郊化工公司与朝阳减水剂厂之间应是投资关系。理由是：①认定企业变动的法律性质应以工商登记资料为准。朝阳减水剂厂设立时的工商登记资料及验资报告载明县郊化工公司是组建单位和投资人，注册资金为60万元，因此，县郊化工公司与朝阳减水剂厂是两个具有独立资格的法人。②从保护债权人利益的角度来看，县郊化工公司投资设立朝阳减水剂厂的行为，并不导致法人财产的减少，只是使公司资产的形态发生变化，即由实物形态转变成股权形态。当县郊化工公司不能清偿债务时，玄武湖信用社作为债权人，可以通过执行县郊化工公司在朝阳减水剂厂的股权的方式实现债权。③朝阳减水剂厂经过"三联动"改制后产权发生整体转移，县郊化工公司在朝阳减水剂厂的股权已获得了1200万元的对价，如认定县郊化工公司与朝阳减水剂厂系分立关系，不仅意味着新朝阳公司将背起县郊化工公司的沉重债务，使"三联动"改制失去让企业获得新生的目的，而且对于付出1200万元对价的新朝阳公司而言也是不公平的。

第三种意见认为，县郊化工公司与朝阳减水剂厂之间既不是分立关系，也不是投资关系，而是借公司改制逃废债务的行为。理由是：①县郊化工公司设立朝阳减水剂厂的注册资金只有60万元，却将其95%的固定资产（包括土地、厂房、机器设备等，价值120万元）调拨到朝阳减水剂厂，致使县郊化工公司成为"空壳"，无力偿还债务，其行为应属借公司改制逃废债务的违法行为。②《最高人民法院关于审理与企业改制相关的民事纠纷案件若干问题的规定》（以下简称《企业改制司法解释》）第七条规定："企业以其优质财产与他人组建新公司，而将债务留在原企业，债权人以新设公司和原企业作为共同被告提起诉讼主张债权的，新设公司应当在所接收的财产范围内与原企业共同承担连带责任。"此司法解释规定了企业改制后债务承担的基本原则是债务随企业财产转移，县郊化工公司将其主要资产转移到朝阳减水剂厂，其债务应当随之转移至朝阳减水剂厂。

本案一审法院认为是公司分立，二审法院认为是投资行为。公司分立是指一个公司依据公司法规定而分成两个或两个以上的公司的法律行为。根据我国公司法的规定，公司分立的法律特征可归纳为：一是公司组织结构的变动。在派生分立的情形下，原有的公司虽然存续下来，但因派生出了一个或若干个新的公司，其股东人数、资产总额、业务范围等主要内容发生了相应的变更，故其公司章程也必须进行相应的修改。二是公司转投资是公司以现金、实物、无形资产或者购买股票、债券等有价证券的方式向其他单位投资。两者之间的区别在于：一是公司分立中，分立公司与新设公司或承继公司之间股东构成是重叠的，新设公司的部分或全部股东是原公司的部分或全部股东。在公司投资中，投资公司获得新设公司或接受投资公司的全部或部分股权，即投资公司成为被投资公司的部分或全部股东。二是公司分立会导致公司资产数量的减少，公司投资只是公司资产形态的变化。三是公司分立后，分立前的公司与分立后的公司之间属于并列平行关系，相互之间不存在控制和被控制关系；而公司投资中，投资公司与被投资公司之间存在控制和被控制的关系。

本案中，朝阳减水剂厂的领导由县郊化工公司任命，控制权掌握在县效化工公司的手里，是较为典型的公司投资。

第十一章

公司解散、清算与破产

第十一章 公司解散、清算与破产

第一节　公司解散

一、概念

公司解散是指已经成立的公司，因法律或者公司章程规定的解散事由出现，或者被有关主管机关依法责令停止经营活动，并进入清算阶段，处理了结公司的债权债务或者权利义务关系，终止其法人资格的法律行为。根据公司是否自愿解散，可以将公司解散分为自行解散和强制解散两种情况。自行解散，也称为自愿解散，是指依公司章程或股东会决议而解散。这种解散与外在因素无关，而是取决于公司股东的意志，股东可以选择解散或者不解散公司。强制解散是指因政府有关机关的决定或法院判决而发生的公司解散。

我国的公司解散制度不是公司法人资格的终止，仅仅是公司经营资格的停止，是公司清算的前置程序。公司解散是一个时间过程。公司解散虽然会导致公司法人归于消灭的结果，但是其法人的最终消灭还需要从法律上经历一定的期间，这一期间是公司最终消亡的前置步骤。在这一期间内，公司作为法人的资格并没有消灭，从法律上被视为为进行清算而存在的公司，这时公司行为能力受到限制，只能进行与清算有关的活动，不得开展与清算无关的经营活动。

二、公司解散的原因

公司解散必须基于一定事由的发生，即基于公司章程的规定，或者基于公司股东会的决议，或者基于法律的直接规定，或者基于行政主管机关的决定，或者基于法院的命令。《公司法》第一百八十条规定："公司因下列原因解散：（一）公司章程规定的营业期限届满或者公司章程规定的其他解散事由出现；（二）股东会或者股东大会决议解散；（三）因公司合并或者分立需要解散；（四）依法被吊销营业执照、责令关闭或者被撤销；（五）人民法院依照本法第一百八十二条的规定予以解散。

（1）因公司章程规定的营业期限届满或者公司章程规定的其他解散事由出现解散。

公司章程是有限责任公司设立时全体股东制定的，它对公司、股东、董事、监事和高级管理人员都具有约束力。《公司法》第一百八十条既未规定公司的最高经营期限，又未强制要求公司章程对其做出规定。因此，经营期限是我国公司章程任意规定的事项。如果公司章程中规定了经营期限，在此期限届满前，股东会可以形成延长经营期限的决议。如果没有形成此决议，公司即进入解散程序。一般来说，解散事由是公司章程的相对必要记载事项，股东在制定公司章程时，可以预先约定公司的各种解散事由。如果在公司经营中，规定的解散事由出现，股东会或者股东大会可以决议解散公司。

（2）股东会决议解散。

股东会是公司的权力机构，有权对公司的解散事项做出决议。有限责任公司经代表2/3以上表决权的股东通过，可以做出解散公司的决议。股东会决议解散公司不受公司章程规定的解散事由的约束，可以在公司章程规定的解散事由出现前，根据股东的意愿决议解散公司，也可以修改公司章程，改变事先约定的解散事由。

（3）因公司合并或者分立需要解散。

当公司吸收合并时，吸收方存续，被吸收方解散；当公司新设合并时，合并各方均解散。当公司分立时，如果原公司存续，则不存在解散问题；如果原公司分立后不再存在，则原公司应解散。公司的合并、分立决议均应由股东会做出特别决议。

（4）依法被吊销营业执照、责令关闭或者被撤销。

公司违反法律、行政法规被吊销营业执照、责令关闭或者被撤销的，应当解散。这种解散属于行政性强制解散，即在公司经营活动中严重违反了工商、税收、劳动、市场和环境保护等对公司行为进行规制的法律法规和规章时，为了维护社会秩序，有关违法事项的主管机关可以做出决定以终止该公司的主体资格，使其永久不能进入市场进行经营。在不同的法律、行政法规和规章中，解散公司、撤销公司设立登记、吊销公司营业执照、责令停产停业、责令关闭的行政行为一般都会导致公司解散，这些情形均属于行政解散。公司法规定的公司因行政命令而解散的情形包括：公司因违法活动而被责令解散，公司成立后无正当理由超过6个月未开业或开业后连续停业6个月以上而被公司登记机关吊销营业执照。

（5）人民法院依照《公司法》第一百八十二条的规定予以解散。

当公司出现《公司法》第一百八十二条规定的情况，即公司经营管理发生严重困难，继续存续会使股东利益受到重大损失，通过其他途径不能解决的，人民法院可以根据持有公司全部股东表决权10%以上的股东的请求解散公司。

三、公司解散纠纷

有限责任公司系具有自主决策和行为能力的组织体，虽然公司会由于内部成员间的对抗而出现机制失灵、无法运转，公司决策和管理无法形成有效决议而陷入僵局，但是基于公司永久存续性的特征，国家公权力对于股东请求解散公司的主张必须秉持谨慎态度。当股东之间的冲突不能通过协商达成谅解，任何一方都不愿或无法退出公司时，为保护股东的合法权益，强制解散公司就成为唯一解决公司僵局的措施。但由于有限公司的人合性质，公司的内部可能出现纷争阻碍公司的正常运行，使公司陷入僵局，导致公司无法继续经营。一旦出现公司僵局，《公司法》第一百八十二条规定，持有10%以上表决权的股东，在无法通过其他途径解决问题的情况下，可以向人民法院提出解散公司的请求。最高人民法院《民事案件案由规定》中，将这类案件列为三级案由"公司解散纠纷"，从而确立了以公司解散之诉作为处理公司僵局的方式。

《公司法司法解释（二）》第一条至第六条对公司司法解散法律适用规则进行了细化，并通过继续发布的指导性案例，对"公司经营管理严重困难""继续存续会使股东利益受到重大损失"等问题的认定提出指导意见。

《公司法司法解释（二）》第一条规定，公司出现下列事由的，具备相应条件的股东可以提起解散公司诉讼：①公司持续两年以上无法召开股东会或者股东大会，公司经营管理发生严重困难的。②股东表决时无法达到法定或者公司章程规定的比例，持续两年以上不能做出有效的股东会或者股东大会决议，公司经营管理发生严重困难的。③公司董事长期冲突，且无法通过股东会或者股东大会解决，公司经营管理发生严重困难的。④经营管理发生其他严重困难，公司继续存续会使股东利益受到重大损失的情形。股东以知情权、利润分配请求权等权益受到损害，或者公司亏损、财产不足以偿还全部债务，以及公司被吊销企业法人营业执照未进行清算等为由，提起解散公司诉讼的，人民法院不予受理。

从立法资料来看，立法本意仅是为解决公司经营已经发生困难濒临破产，但同时因股东分歧严重出现了公司僵局，又无法做出解散决议，公司继续维持将严重损害股东利益的"特殊情形"。《公司法司法解释（二）》第一条规定的四种情形也主要体现股东僵局和董事僵局所造成的公司经营管理上的严重困难，即公司处于事实上的瘫痪状态，不能正常进行经营活动。

第十一章
公司解散、清算与破产

案例：林某诉凯莱公司、戴某公司解散纠纷案[1]

凯莱公司成立于2002年1月，林某与戴某系该公司股东，各占50%的股份，戴某任公司法定代表人及执行董事，林某任公司总经理兼公司监事。凯莱公司章程明确规定：股东会的决议须经代表1/2以上表决权的股东通过，但对公司增加或减少注册资本、合并、解散、变更公司形式和修改公司章程做出决议时，必须经代表2/3以上表决权的股东通过。股东会会议由股东按照出资比例行使表决权。自2006年起，林某与戴某两人之间的矛盾逐渐显现。同年5月9日，林某提议并通知召开股东会会议，由于戴某认为林某没有召集股东会会议的权利，股东会会议未能召开。同年6月6日、8月8日、9月16日、10月10日和10月17日，林某委托律师向凯莱公司和戴某发函称，因股东权益受到严重侵害，林某作为享有1/2表决权的股东，已按公司章程规定的程序表决并通过了解散凯莱公司的决议，要求戴某提供凯莱公司的财务账册等资料，并对凯莱公司进行清算。同年6月17日、9月7日、10月13日，戴某回函称，林某做出的股东会决议没有合法依据，戴某不同意解散公司，并要求林某交出公司财务资料。同年11月15日、25日，林某再次向凯莱公司和戴某发函，要求凯莱公司和戴某提供公司财务账册等供其查阅、分配公司收入、解散公司。

服装城管理委员会证明凯莱公司目前经营尚正常，且愿意组织林某和戴某进行调解。另凯莱公司章程载明监事行使下列权利：①检查公司财务。②对执行董事、经理执行公司职务时违反法律、法规或者公司章程的行为进行监督。③当董事和经理的行为损害公司的利益时，要求董事和经理予以纠正。④提议召开临时股东会。2006年6月1日以来，凯莱公司未召开过股东会会议。服装城管理委员会于2009年12月15日、16日两次组织双方进行调解，但均未成功。

法院生效裁判认为：首先，凯莱公司的经营管理已发生严重困难。根据《公司法》第一百八十三条和《公司法司法解释（二）》第一条的规定，判断公

---

[1] （2010）苏商终字第0043号。

的经营管理是否出现严重困难,应当从公司的股东会、董事会或执行董事及监事会或监事的运行现状进行综合分析。"公司经营管理发生严重困难"的侧重点在于公司管理方面存有严重内部障碍,如股东会机制失灵、无法就公司的经营管理进行决策等,不应片面理解为公司资金缺乏、严重亏损等经营性困难。本案中,凯莱公司仅有戴某与林某两名股东,两人各占50%的股份,凯莱公司章程规定"股东会的决议须经代表1/2以上表决权的股东通过",且各方当事人一致认可该"1/2以上"不包括本数。因此,只要两名股东的意见存有分歧、互不配合,就无法形成有效表决,显然影响公司的运营。凯莱公司已持续四年未召开股东会会议,无法形成有效的股东会决议,也就无法通过股东会决议的方式管理公司,股东会机制已经失灵。执行董事戴某作为互有矛盾的两名股东之一,其管理公司的行为,已无法贯彻股东会的决议。林某作为公司监事不能正常行使监事职权,无法发挥监督作用。由于凯莱公司的内部机制已无法正常运行、无法对公司的经营做出决策,即使尚未处于亏损状况,也不能改变该公司的经营管理已发生严重困难的事实。

其次,由于凯莱公司的内部运营机制早已失灵,林某的股东权、监事权长期处于无法行使的状态,其投资凯莱公司的目的无法实现,利益受到严重损害,且凯莱公司的僵局通过其他途径长期无法得到解决。《公司法司法解释(二)》第五条明确规定了"当事人不能协商一致使公司存续的,人民法院应当及时判决"。本案中,林某在提起公司解散诉讼之前,已通过其他途径试图化解与戴某之间的矛盾,服装城管理委员会也曾组织双方当事人进行调解,但双方仍不能达成一致意见。两审法院也基于慎用司法手段强制解散公司的考虑,积极进行调解,但均未成功。

此外,林某持有凯莱公司50%的股份,也符合公司法关于提起公司解散诉讼的股东须持有公司10%以上股份的条件。综上所述,凯莱公司已符合《公司法》及《公司法司法解释(二)》所规定的股东提起解散公司之诉的条件。二审法院从充分保护股东合法权益,合理规范公司治理结构,促进市场经济健康有序发展的角度出发，依法做出解散公司的判决。

上述案例也是因公司出现僵局而解散，《公司法》第一百八十二条将"公司经营管理发生严重困难"作为股东提起解散公司之诉的条件之一。判断"公司经营管理是否发生严重困难"，应从公司组织机构的运行状态进行综合分析。公司虽处于盈利状态，但其股东会机制长期失灵，内部管理有严重障碍，已陷入僵局，可以认定为公司经营管理发生严重困难。对于符合公司法及相关司法解释规定的其他条件的，人民法院可以依法判决公司解散。《公司法司法解释（二）》第一条第二款对《公司法》第一百八十二条规定的"经营管理发生严重困难"做出进一步的解释。

公司解散的目的是维护小股东的合法权益，其实质在于公司存续对于小股东已经失去了意义，表现为小股东无法参与公司决策、管理、分享利润，甚至不能自由转让股份和退出公司。在穷尽各种救济手段的情况下，解散公司是唯一的选择。公司理应按照公司法的规定良性运转，解散公司也是规范公司治理结构的有力举措。只要符合法定的条件，应当裁判公司解散。

案例：荟冠公司及第三人东证公司与东北亚公司、第三人董某公司解散纠纷案[①]

2004年9月20日东北亚公司注册成立，至2015年12月东北亚公司工商登记显示，荟冠公司持股44%，董某持股51%，东证公司持股5%。东北亚公司董事会有五名成员，董某方三人，荟冠公司方二人。公司章程第五十三条规定：董事会会议由董事代股东行使表决权，董事会会议对所议事项做出决议，决议应由代表3/5以上（含本数）表决权的董事表决通过。根据以上规定，董某方提出的方案，无须荟冠公司方同意即可通过。荟冠公司曾三次提出修改公司章程，均遭到董某的拒绝。

---

① （2017）最高法民申2148号。

荟冠公司向东证公司转让部分股权一事,东北亚公司拒绝配合,最终通过诉讼才得以实现。2013年8月6日起,东北亚公司已有两年未召开董事会会议,董事会早已不能良性运转。关于股东会方面,自2015年2月3日以来,东北亚公司已两年未召开股东会会议。

2007年8月29日,荟冠公司推荐常某出任总经理,2015年3月11日,荟冠公司委派宋某、徐某出任董事并担任副董事长和副总经理,东北亚公司均以未达到公司章程规定的3/5决策比例为由拒绝。

荟冠公司以东北亚公司经营管理发生严重困难、其股东利益受到重大损害、通过其他途径不能打破僵局等事实为由,请求解散东北亚公司。

法院经审理认为,具备公司解散的法定条件。

(1)判断公司的经营管理是否出现严重困难,应当从公司组织机构的运行状态进行综合分析,公司是否处于盈利状态并非判断公司经营管理是否发生严重困难的必要条件。其侧重点在于公司经营管理是否存在严重的内部障碍,股东会或董事会是否因矛盾激化而处于僵持状态,一方股东无法有效参与公司经营管理。就本案而言,可以从董事会、股东会及监事会运行机制三个方面进行综合分析。

(2)在董事会决议上,董某方提出的议案无须经过他方同意即可通过,且从2013年8月6日起,东北亚公司已有两年未召开董事会会议,董事会早已不能良性运转。于股东会方面,自2015年2月3日以来,东北亚公司已两年未召开股东会会议,无法形成有效决议,更不能通过股东会解决董事间激烈的矛盾,股东会机制失灵。关于监事会方面,东北亚公司自成立以来从未召开过监事会会议,监事亦没有依照公司法及公司章程行使监督职权。综上,客观上东北亚公司董事会已由董某方控制,荟冠公司无法正常行使股东权利,无法通过委派董事加入董事会参与经营管理。东北亚公司的内部机构已不能正常运转,公司经营管理陷入僵局。

(3)东北亚公司继续存续会使荟冠公司股东权益受到重大损失。公司股东依法享有选择管理者、参与重大决策和分取收益等权利。本案中，荟冠公司已不能正常委派管理者。荟冠公司推荐的总经理、委派的董事等，东北亚公司均以未达到公司章程规定的3/5决策比例为由拒绝，东北亚公司人事任免权完全掌握在董某一方。荟冠公司不能正常参与公司重大决策，东北亚公司向董某个人借款7222万元，没有与之对应的股东会或董事会决议。另外，审计报告显示，董某的关联方从东北亚公司借款近1亿元。2014年10月，东北亚公司向中国工商银行申请了5000万元贷款，而荟冠公司对于该笔贷款的用途并不知晓。2015年东北亚公司粮油市场改造扩建一事，荟冠公司及其委派的董事也并未参与。荟冠公司未能从东北亚公司获取收益，东北亚公司虽称公司持续盈利，但多年未分红。荟冠公司作为东北亚公司的第二大股东，早已不能正常行使参与公司经营决策、管理和监督公司经营以及选择管理者的股东权利，荟冠公司投资东北亚公司的合同目的无法实现，股东权益受到重大损失。

（4）无法通过其他途径解决问题。基于有限责任公司的人合性，股东之间应当互谅互让，积极理性地解决冲突。在东北亚公司股东发生矛盾冲突后，荟冠公司试图通过修改公司章程改变公司决策机制解决双方纠纷，或通过向董某转让股权等退出公司的方式打破公司僵局，但均未能成功。即使是荟冠公司向东证公司转让部分股权，荟冠公司与董某双方的冲突也只有历经诉讼程序方能实现。同时，一审法院基于慎用司法手段强制解散公司，多次组织各方当事人进行调解。在二审法院调解过程中，荟冠公司、东证公司主张对东北亚公司进行资产价格评估，确定股权价格后，由董某收购荟冠公司及东证公司所持东北亚公司的股权，荟冠公司及东证公司退出东北亚公司，最终各方对此未能达成一致意见，调解未果。东北亚公司僵局状态已无法通过其他途径解决。综合看来，东北亚公司股东及董事之间长期冲突，已失去继续合作的信任基础，公司决策管理机制失灵，公司继续存续必然损害荟冠公司的重大利益，且无法通过其他途径打破公司僵局，荟冠公司坚持解散东北亚公司的条件已经成熟。

该案明确了公司"经营管理发生严重困难"认定的两个要素：第一，冲突双方关系恶化而无法调和。第二，各占一半的股权结构使得公司生意上的有效决定无法做出。如果第二项条件不具备，公司生意上的有效决定可以由多数股东做出并付诸实施，则即使有股东关系的恶化，法院也不一定认定僵局存在。

案例：霍某、梁某与食品公司、海航公司公司解散纠纷案[①]

食品公司于1998年10月8日设立。公司设立时，霍某、梁某为公司股东，其中霍某为法定代表人。2011年3月11日，海航某控股有限公司与霍某、梁某达成增资扩股协议，由海航某控股有限公司对食品公司进行增资。其后，海航某控股有限公司将增资权利转让给其母公司——第三人海航公司，并于当日由霍某、梁某与海航公司签订《食品公司增资扩股协议》。增资后，食品公司的股权结构为海航公司51%、霍某39.2%、梁某9.8%。

2011年3月11日，食品公司召开增资后的首次股东会会议，通过股东会决议，选举田某、霍某、梁某、吉某、郭某为董事，其中田某为董事长，霍某为副董事长、总经理，选举张某一、高某、张某二为监事，高某任监事会主席。当日股东会会议通过了公司章程，公司章程第十九条规定：股东会会议由股东按照出资比例行使表决权；公司增资、减资、合并、分立、解散、变更公司形式、修改章程、对外提供担保和知识产权转让等，必须经2/3以上表决权的股东同意。第二十条规定：股东会每年召开一次年会，为定期会议。公司发生重大问题，经代表1/10以上表决权的股东、1/3以上董事或监事提议，可召开临时会议。第二十一条规定：股东会会议由董事会召集，由董事长主持，董事长不能履行职务时，由董事长指定的副董事长或其他董事主持。第二十五条规定：董事长为公司法定代表人，由股东会任命。第二十七条规定：董事由股东根据出资比例提名候选人，第三人提名三名，二原告合计提名二名，由股东会选举产生。第二十九条第三款规定：到会的董事应当超过全体董事的2/3，并且是在全体

[①] 天津法院服务保障民营企业发展典型案例。

董事人数过半数的前提下,董事会的决议为有效决议。

2011年5月20日,食品公司召开董事会会议,分别选任海航公司指派代表李某、郭某为副总经理、财务总监。

2011年1月1日至6月15日期间,食品公司与传媒公司等公司先后订立8份广告合同,总价值为2313.23万元。海航公司认为霍某、梁某在增资协议确定的过渡期(2010年10月31日至2011年5月20日)内订立多份广告合同,严重侵害食品公司利益,向天津市第一中级人民法院提起增资纠纷诉讼追究霍某、梁某的违约赔偿责任。天津市第一中级人民法院审理后,于2013年10月9日做出(2012)一中民三初字第34号民事判决,判令霍某、梁某违约并赔偿海航公司损失。霍某、梁某及海航公司均不服,提起上诉,天津市高级人民法院做出(2013)津高民二终字第59号民事判决,认定霍某、梁某违约并赔偿航海公司损失。霍某、梁某对天津市高级人民法院的生效判决不服,向最高人民法院提起再审,最高人民法院指令天津市高级人民法院再审。

2011年6月20日,食品公司与海航某控股有限公司签订资金拆借协议,向海航某控股有限公司提供借款2000万元,约定借款期限到2011年7月20日。借款到期后,因海航某控股有限公司未偿还,2012年3月29日,霍某、梁某以食品公司名义向海口市中级人民法院起诉海航某控股有限公司及董事长田某,要求追究其侵权责任。2012年5月11日,田某以法定代表人名义撤回起诉。其后,霍某、梁某又向食品公司监事会请求追究海航某控股有限公司的侵权责任。食品公司监事会以自身名义提起诉讼,海口市中级人民法院驳回其诉请后,食品公司监事会上诉,海南省高级人民法院改判,支持食品公司监事会的全部诉请。判决生效后,食品公司申请执行。2014年9月19日,田某召集、主持食品公司股东会会议,在霍某、梁某未参加的情况下,通过决议撤回上述执行申请。其后,田某委托吉某撤回执行申请,海口市中级人民法院依法裁定准许。2014年12月29日,霍某、梁某就上述股东会决议提起诉讼,要求法院撤销股东会决议,据此继续执行海南省高级人民法院的判决。

2011年8月,海航公司要求食品公司向中国银行宝坻支行贷款2000万元,由海航公司担保。因霍某否决上述请求,贷款未果。2011年11月,海航公司要求食品公司与北京某果蔬饮品股份有限公司签订虚假的山楂汁采购合同,以获取贷款2000万元,并要求食品公司虚开增值税发票,但被霍某拒绝执行。

2012年3月9日,海航公司向霍某、梁某发邮件通知,食品公司的副总经理李某、财务总监郭某不再担任食品公司的职务,而由海航公司任命的周某、邱某为食品公司的副总经理、财务总监,并要求食品公司召开送任会;但是上述二人并未实际接管相应职位。其后,2012年5月,李某、郭某离开食品公司,海航公司此后无其他代表作为高级管理人员在食品公司负责经营管理事务。

2012年4月16日,因海航公司欲将食品公司的公章、营业执照等证照控制在委派代表郭某手中,由田某召集董事会,在通知霍某、梁某参加而霍某、梁某未实际参加的情况下,通过董事会决议,要求食品公司监事张某一将公章、证照交给郭某管理。其后,田某以食品公司名义向张某一下发通知,要求其执行董事会决议。张某一回函拒绝交出公章、证照,霍某亦回复,对上述决议表达异议、不满。2012年6月12日,霍某、梁某向人民法院提起董事会决议撤销之诉,请求撤销上述董事会决议,人民法院依法判令撤销决议。

2012年4月,海航公司向海口市公安局控告霍某、梁某涉嫌合同诈骗、职务侵占以及破坏公司生产经营,请求立案侦查。海口市公安局对霍某、梁某、天津市某传媒有限公司进行了调查,其后,因管辖问题,移交天津市公安局管辖,天津市公安局指令天津市公安局宝坻分局侦查。该案侦查后,并未立案。

2012年7月以后,食品公司名下的多家银行账户均因没有法定代表人田某的授权,无法正常年检,无法正常使用。其中,农业银行宝坻大钟支行的账户因田某通知账户异常而停止使用。2012年7月9日,北京工商行政管理局朝阳分局以无照经营为由,查抄食品公司在北京的营业机构,并扣押相关办公设备。

2013年9月23日,海航公司向宝坻区人民法院提起知情权诉讼,要求食品公司向海航公司提供公司会计报表、账册、公司机构会议决议等材料,以保全和行使股东权利。宝坻区人民法院判决支持了海航公司的诉请。判决生效后，霍某、梁某未配合协助执行。

霍某、梁某认为，食品公司的经营管理已经发生严重困难，无法继续存续，请求宝坻区人民法院依法判令食品公司解散。

一审法院经审理认为，《公司法》第一百八十二条规定："公司经营管理发生严重困难，继续存续会使股东利益受到重大损失，通过其他途径不能解决的，持有公司全部股东表决权百分之十以上的股东，可以请求人民法院解散公司。"本案中，霍某、梁某与海航公司因大额广告代理合同的签订、第三人融资计划被原告霍某否决以及2000万元资本被拆借未还事实的出现，霍某、梁某与第三人矛盾频发，并不断升级，演化为对被告食品公司管理权、财务权的争夺。双方既有矛盾的解决，从公司内部自治到外部民事诉讼救济，再到刑事控告，自公司增资后，一直处于诉讼和被诉状态，并且在不断延续，上述情形的出现已明显说明二者之间通过合作来实现公司盈利的内心确信已遭受严重破坏，出现危机。被告食品公司的人合性逐步丧失，已严重危及公司的正常经营管理。现董事会不能正常召开董事会会议，无法形成有效决议，已经出现严重的治理困难，符合司法解释界定的董事会僵局情形。针对被告食品公司已经出现严重的经营管理困难，宝坻区人民法院主持调解亦未果。自2014年6月5日立案受理以来，较长时间的前置调解、和解程序，均无法化解双方纠纷，现已无调解可能和必要，如调解久拖不决，解散程序的价值无法实现，被告公司利益会进一步受损。因此，宝坻区人民法院认定被告食品公司已具备解散要件，应当司法强制解散。依据《公司法》第一百八十二条，《最高人民法院关于适用〈中华人民共和国公司法〉若干问题的规定》第一条，《最高人民法院关于适用〈中华人民共和国民事诉讼法〉的解释》第九十二条第一款、第一百零八条第一款之规定，判决：食品公司于判决生效后立即解散。

宣判后，食品公司和海航公司不服判决，均提起上诉。天津市第一中级人民法院二审认为双方上诉人提交的上诉意见表明，目前食品公司尚存在采取一方股东退出或转让股权的方式解决纠纷的可能，从而避免因解散该公司对社会及公司员工造成不良影响。因此，本案一审判决认定的基本事实不清，遂裁定撤销一审判决，将本案发回宝坻区人民法院重审。

一审法院另行组成合议庭，公开开庭对此案进行了审理，并再次为双方进行调解，但双方矛盾依然尖锐，未能达成调解协议。2018年3月1日，一审法院再次依法判令食品公司解散。

食品公司和海航公司遂再次上诉至天津市第一中级人民法院，经法院多次主持调解，2019年年初，各方当事人达成调解协议：海航公司退出食品公司，霍某受让股权，其他关联纠纷全部息诉，不再追究对方的法律责任。至此，该案及关联案件全部调解解决。

本案最终以调解结案。根据相关案情，自2011年海航公司增资食品公司后，食品公司与海航公司矛盾突出，在最高人民法院、海南省高级人员法院、天津市第一中级人民法院、宝坻区人民法院四级法院形成案件几十起、生效裁判文书近百件，食品公司生产陷入停滞。冲突双方关系恶化而无法调和，食品公司生意上的有效决定无法做出，通过诉讼解散公司打破公司僵局是其唯一途径。

第二节　公司清算

一、公司清算概述

（一）公司清算的概念

公司清算是指公司解散后，负有公司清算义务的主体按照法律规定的方式、程序对公司的资产、负债、股东权益等公司的状况进行全面的清理和处置，清理债权债务，处理公司财产，终结各种法律关系，并最终消灭公司法人资格的一种法律行为。

公司解散后，除因公司合并或者分立的事由外，都要经过清算程序。公司合并、分立后，债权债务发生概括转移和连带责任，所以合并与分立无须进行清算。公司因宣告破产而解散，应按《企业破产法》的规定实行破产清算。公司破产后，应当进行清算，但破产清算适用专门的破产程序，即清算人必须按照破产法的规定在法院的主持下进行清算。公司清算的目的是终结公司的各种法律关系，处理公司的债权债务关系。

解散公司的决定做出之后，便进入清算程序。公司之所以要先清算再注销，是因为它可能还有一些债权债务需要解决、剩余资产需要分配。

（二）公司清算的种类

1. 普通清算

普通清算是指公司解散后由自己组织清算机构进行的清算。普通清算是公司依照法律的一般清算规则进行的清算，清算按照公司法规定的一般程序进行。公司如果是自愿解散就进入普通清算程序，即由公司股东或者股东会确定的人员组成清算组，依照法定程序自行清算。

《公司法》第一百八十三条规定："公司因本法第一百八十条第（一）项、第（二）项、第（四）项、第（五）项规定而解散的，应当在解散事由出现之日起十五日内成立清算组，开始清算。"普通清算适用于下列情形：①基于公司章程规定的事由发生而解散；②股东会决议解散；③依法被吊销营业执照、责令关闭或者撤销而解散；④股东申请法院解散。

2. 特别清算

特别清算是指在普通清算程序开始后，因法定事由的发生而转入特别清算程序的清算。特别清算是在普通清算中遇到障碍，由有关行政机关或者人民法院介入的清算。特别清算只有在普通清算程序开始后才可能启动，启动特别清算程序的原因是普通清算的进行遇到障碍。

特别清算与普通清算的主要区别在于特别清算有公共权力机关的介入，即除规定由公共权力机关介入清算事务外，清算的原则、程序、财产分配顺序上均依普通清算的规定进行。特别清算是介于普通清算与破产清算之间的清算制度。

3. 破产清算

破产清算是指在公司不能清偿到期债务的情况下，依照破产法的规定所进行的清算。破产清算是法院以裁定方式做出的认定债务人已经缺乏清算债务的能力，应当依照破产程序进行的清算。破产清算程序是在法院的监督下，债权人积极参与，按照破产清算规则进行的清算。

二、清算程序

清算组是负责公司清算事务的组织，是在公司清算过程中依法成立的执行清算事务，并对外代表清算中的公司的机构。公司因公司章程规定的营业期限届满或者公司章程规定的其他解散事由出现，股东会或者股东大会决议解散，依法被吊销营业执照、责令关闭或者被撤销，人民法院依照《公司法》第一百八十二条的规定予以解散，即进入清算阶段。由于组建清算组需要一定的时间，因此本条规定公司自解散之日起开始到此后的15日内应当成立清算组，开始清算。

为了保护债权人的合法利益，公司法规定公司逾期不成立清算组进行清算的，债权人可以申请人民法院指定有关人员组成清算组进行清算。《公司法司法解释（二）》进一步完善了债权人申请清算的情形：①公司解散逾期不成立清算组进行清算的；②虽然成立清算组但故意拖延清算的；③违法清算可能严重损害债权人或者股东利益的。人民法院接到债权人的清算申请后，应当受理该申请，并及时组织清算组进行清算。

首先，公司解散事由出现之日起15日内成立清算组。清算组正式成立后，公司即进入实质性清算程序。有限责任公司的清算组由股东组成。清算组成立后，应立即在法定期限内直接通知、公告债权人并进行债权登记，以便债权人在法定期限内向清算组申报债权。然后由清算组清理公司财产，编制资产负债表和财产清单，包括固定资产和流动资产、有形资产和无形资产、债权和债务。在清理公司财产后，还需编制资产负债表和财产清单，作为下一步工作的基础。按照一般程序进行清算时，如遇到法律规定的特殊情形，可以转向特别清算。按照公司法的有关规定，因公司解散而清算，清算组在清理公司财产、编制资产负债表和财产清单后，发现公司财产不足以清偿债务的，应当立即向人民法院申请宣告破产。清算组在清理公司财产、编制资产负债表和财产清单后，制定清算方案,在经相关部门、组织确认后,即可按照方案分配财产。清算结束后,清算组应当制作清算报告和清算期间收支报表及各种财务账簿。在股东会、股东大会或人民法院确认后,清算报告生效。将其报送公司登记机关,申请注销公司登记,并进行公告。至此,公司清算工作全面结束,公司清算实现了最终法律效力——公司人格消灭。

需要强调的是,有限责任公司股东之间因分利不均等其他人为因素,导致公司趋于解散,个别股东请求予以清算不成,由此产生的纠纷,人民法院一般不予受理。这一举措,是鉴于股东之间的权利义务由股东契约自治和公司章程规定,隶属公司法的私法调整范畴,上述纠纷未涉及社会公众利益的,国家一般不主动实行干预。人民法院作为国家司法机关,应当严格遵循公司法基本原则,重视和尊重公司的高度自主权,只有在国家利益、社会公众利益面临受损时才可适时、适当地介入公司内部运作,而不能依个别公司、个别股东的要求而随意或强制进行清算,否则会影响交易的安全和市场经济生活的有序运行,使司法调整陷入被动。

三、清算主体

(一)清算义务人与清算人

清算义务人是指在公司解散后依法负有组织清算义务,对公司债权债务进行清算的责任主体。清算人是指公司解散后,由清算义务人依法成立的,从事清算事务,处理公司财产、清理公司债权债务的组织,包括社会中介机构或者个人。有限责任公司的清算人由股东组成。

公司解散后,有限责任公司应当在法定期限内组建由股东组成的清算组。逾期不成立清算组进行清算,债权人可以申请人民法院指定有关人员组成清算组进行清算。依据《公司法司法解释(二)》的规定,人民法院受理公司清算案件，应当及时指定有关人员组成清算组进行清算。清算组成员可以从下列人员或者机构中产生：①公司股东、董事、监事、高级管理人员。②依法设立的律师事务所、会计师事务所、破产清算事务所等社会中介机构。③依法设立的律师事务所、会计师事务所、破产清算事务所等社会中介机构中具备相关专业知识并取得执业资格的人员。人民法院指定的清算组成员有下列情形之一的，人民法院可以根据债权人、股东的申请，或者依职权更换清算组成员：①有违反法律或者行政法规的行为。②丧失执业能力或者民事行为能力。③有严重损害公司或者债权人利益的行为。

（二）法定清算人与选任清算人

法定清算人是指直接由法律规定的清算人，即当解散事由发生时当然取得清算人身份。法定清算人由股东或者董事担任。选任清算人是指在不同情况下由不同的机构选任的清算人。例如，自愿解散公司的，由股东选任清算人；行政解散公司的，由行政机关选任清算人；裁定解散公司的，由法院选任清算人。

（三）清算组的主要职权

清算组在清算期间行使以下职权：①清理公司财产，分别编制资产负债表和财产清单。②通知、公告债权人。③处理与清算有关的公司未了结的业务。④清缴所欠税款以及清算过程中产生的税款。⑤清理债权、债务。⑥处理公司清偿债务后的剩余财产。⑦代表公司参与民事诉讼活动。

四、未及时清算的责任

有限责任公司的股东未在法定期限内成立清算组开始清算，导致公司财产贬值、流失、毁损或者灭失，债权人主张其在造成损失范围内对公司债务承担赔偿责任的，人民法院应依法予以支持。有限责任公司的股东因怠于履行义务，导致公司主要财产、账册、重要文件等灭失，无法进行清算，债权人主张其对公司债务承担连带清偿责任的，人民法院应依法予以支持。有限责任公司的股东在公司解散后，恶意处置公司财产给债权人造成损失，或者未经依法清算，以虚假的清算报告骗取公司登记机关办理法人注销登记，债权人主张其对公司债务承担相应赔偿责任的，人民法院应依法予以支持。公司解散应当在依法清算完毕后，申请办理注销登记。公司未经清算即办理注销登记，导致公司无法进行清算，债权人主张有限责任公司的股东对公司债务承担清偿责任的，人民法院应依法予以支持。公司未经依法清算即办理注销登记，股东或者第三人在公司登记机关办理注销登记时承诺对公司债务承担责任，债权人主张其对公司债务承担相应民事责任的，人民法院应依法予以支持。

五、清算组的法律属性

公司进入清算程序后，权利能力和行为能力受到极大限制。因而，公司机关的活动重心在于结束常态下的经营活动，转入清算活动，包括清理债权债务、了结企业业务、办理企业法人的终止手续。鉴于经营活动与清算活动的差异以及清算活动的复杂性、专业性，法律往往将清算职权交由特设的清算组履行。

一旦公司进入清算程序，其原有的经营管理机关（含董事会）即处于被冻结状态，作用殆失。取而代之的法人机关为依法成立的清算组。可见，清算组是清算中企业法人的临时机关。清算组对外可以代表法人参与民事诉讼活动。除了对外代表法人参与诉讼活动，清算组作为清算中企业法人的临时机关和执行机关还履行对内的决策和管理职责。

六、清算组应成为适格的民事诉讼主体

清算组的清算活动有时会涉及对外债权的追索诉讼，清算组应当具有主体资格。《公司法司法解释（二）》（法释〔2014〕2号）第四条规定："股东提起解散公司诉讼应当以公司为被告。原告以其他股东为被告一并提起诉讼的，人民法院应当告知原告将其他股东变更为第三人；原告坚持不予变更的，人民法院应当驳回原告对其他股东的起诉。原告提起解散公司诉讼应当告知其他股东，或者由人民法院通知其参加诉讼。其他股东或者有关利害关系人申请以共同原告或者第三人身份参加诉讼的，人民法院应予准许。"

《最高人民法院原副院长李国光在全国民商事审判工作会议上的讲话——立法新动向与司法应对思考》中指出：鉴于公司作为独立的社会市场实体，牵涉太多的社会关系，担负众多方面的社会责任，因此在审理公司僵局案件时，要突出调解、突出整顿、突出社会公众利益，着重审查公司僵局的事实是否的确存在、股东请求是否滥用公司僵局条款、公司解散是否必要，尽量做到让"股东离散"而非"公司解散"，以免造成社会不稳定。

第三节　公司破产

一、企业破产及破产原因

《企业破产法》第二条第一款规定："企业法人不能清偿到期债务，并且

资产不足以清偿全部债务或者明显缺乏清偿能力的，依照本法规定清理债务。"根据该条的规定，企业破产的原因包括：企业法人不能清偿到期债务，并且资产不足以清偿全部债务；企业法人不能清偿到期债务，并且明显缺乏清偿能力。

"企业法人不能清偿到期债务"是指企业法人债务的清偿期限已经届至，债权人要求清偿，但作为债务人的企业法人无力清偿。

"资产不足以清偿全部债务"是指企业法人的资产总和小于其债务总和，即资不抵债，一般要根据企业的资产负债表确定。企业法人的债务清偿能力是由其财产、信用、产品市场前景等因素综合构成的。只有在用尽所有手段仍不能清偿债务时，才真正构成缺乏清偿能力。企业在经营过程中，由于各种原因，有时会发生短期的资金周转困难，这种暂时的财务困难会随着企业恢复正常运营而逐渐化解。因此，暂时的、短期的不能清偿或者仅仅是资产负债表上的资不抵债都不能作为认定一个企业法人是否已经构成破产的标准。

"明显缺乏清偿能力"是指公司实际上已经丧失清偿能力，即使其资产负债表上的资产可能还略大于负债，也可以启动破产程序清理债务，不一定要等其继续亏损到资不抵债时再宣告破产，这对债权人和债务人都更为有利。

考虑到企业破产对社会经济生活影响较大，关系到债权人的利益，也关系到破产企业职工的权益和社会安定，法律对企业破产原因做了严格具有适用性的规定。一方面使法院可以据此从严掌握，以防止欺诈性破产和破产的恶意申请；另一方面可以提高破产程序的实施效率。企业法人只要具备本款规定的破产原因，就可以依照本法规定的有关程序清理债务。

二、破产重整

《企业破产法》第二条第二款规定："企业法人有前款规定情形，或者有明显丧失清偿能力可能的，可以依照本法规定进行重整。"重整是在企业无力清偿债务但又有复苏希望的情况下，经债务人或债权人申请，法院依法定条件许可，允许企业继续经营，实现债务调整和企业重组，使企业摆脱困境、走向复兴的一项法律制度。为了使面临困境但有挽救希望的企业避免破产清算，恢复生机，《企业破产法》借鉴国外经验，引入了这一制度。

重整是在法院主持下的重整，根据债务人与债权人之间的协议，制订重整计划，债务人以一定方式全部或部分清偿债务。重整的重要意义在于在破产清算之外为企业解决经营和偿还困难提供了途径。在重整期间，经债务人申请、人民法院批准，债务人可以在管理人的监督下自行管理财产和营业事务。[①]

三、破产申请

破产申请是指破产申请人依法向人民法院请求裁定债务人适用破产程序的行为。《企业破产法》第七条规定，破产申请人包括债务人、债权人以及依法负有清算责任的人。

1.债务人提出破产申请

债务人在公司不能清偿到期债务，并且资产不足以清偿全部债务或者明显缺乏清偿能力的情形下，可以向人民法院提出重整、和解或者破产清算申请。向人民法院申请破产，是债务人作为民事权利的主体处分其全部财产以及集中清理其债务的一项权利。

2.债权人提出破产申请

法律赋予债权人破产申请权，是由于债权人是按照合同的约定或者依照法律的规定有权要求债务人履行义务的人，当债务人不履行义务时，债权人可以请求法院强制债务人履行义务。债权人向人民法院申请债务人破产，是债权人请求人民法院保护其实体权利的一种途径。债权人申请债务人破产应当具备的条件是，债务人不能清偿到期债务。在此没有要求债权人必须在债务人完全具

---

① 《企业破产法》第七十三条第一款。

备《企业破产法》第二条规定的破产原因，即不能清偿到期债务，并且资产不足以清偿全部债务或者明显缺乏清偿能力的情况下，才可以申请债务人破产。这样规定是考虑到对于债权人申请债务人破产的条件不应过于苛刻，因为作为债权人只能知道现实的原因，即债务人对于已经到期的债务没有清偿；如果让债权人来证明债务人的资产状况，是否资不抵债，是否已明显缺乏清偿能力，对于债权人来讲很难做到，这是很不公平的，不利于对债权人合法权益的保护。因此，只要债务人不能清偿到期债务，债权人便可以此作为破产申请原因，申请债务人破产。

3. 清算责任人提出破产申请

企业法人已解散但未清算或者未清算完毕，资产不足以清偿债务的，依法负有清算责任的人应当向人民法院申请破产清算。企业法人解散，是指已经成立的企业法人因企业章程的规定、成员大会的决议、企业法人合并或者分立、依法被吊销营业执照、责令关闭或者被撤销等法定事由的出现而停止企业法人的经营活动，开始企业法人的清算，处理未了结的企业法人事务的法律行为。企业法人解散时，按照法律规定应当成立清算组，依法进行清算。按照《公司法》的规定，有限责任公司的清算组由股东组成。清算组在进行清算时，应当对企业法人的债权、债务进行清理，编制资产负债表和财产清单，并应当制定清算方案。当发现企业法人的资产不足以清偿债务，清算组应当立即向人民法院申请企业法人破产，移交人民法院进行破产清算。因为企业法人资不抵债，又不能继续经营挽回损失，实际上已经不能清偿到期债务，已达破产界限。企业法人清算组的破产申请既是清算组的一项权利，也是其一项义务。

案例：兴隆公司与西南不锈钢公司破产申请审查上诉案[①]

兴隆公司依据已发生法律效力的民事判决书向一审法院申请强制执行，请

---

① （2018）川11破终2号。

第十一章
公司解散、清算与破产

求西南不锈钢公司支付合同价款 234.26 万元，并按照月息 8.28‰ 支付 2013 年 5 月 1 日起至全部款项付清之日止的利息损失。西南不锈钢公司在执行中承诺根据经营情况每个月支付一定数额的款项作为被执行案件的案款，由该院按照公平原则对其支付的案款对涉及其的执行案件按比例进行案款分配，从 2016 年年初至 2017 年年底，西南不锈钢公司通过第三方共计向该院支付了清偿前期债务的执行案件款项 535 万元，以供该院按比例进行执行案款分配。目前，该院对兴隆公司前述申请执行案依法分期按比例分配执行案款。另，西南不锈钢公司向乐山市沙湾区社会保险事业管理局补缴了 2016 年 1 月至 2017 年 12 月拖欠的社会保险费。兴隆公司依据（2016）川民终 434 号民事判决书向一审法院申请强制执行，要求西南不锈钢公司支付货款 234.26 万元及利息、诉讼费、执行费等。该院受理执行申请后，以西南不锈钢公司暂时无可供执行的财产为由，于 2016 年 12 月 26 日做出（2016）川 1111 执 248 号之一执行裁定书，裁定终结本次执行程序。后在恢复执行中，再次裁定终结本次执行程序。

2018 年 1 月 17 日，乐山市沙湾区社会保险事业管理局出具一份证明，载明：经核实，西南不锈钢公司 2016 年年初至 2017 年年底在我区缴纳社会保险费共计 3382.77 万元。

兴隆公司请求：西南不锈钢公司不能清偿到期债务，明显缺乏清偿能力，已具备破产原因，符合破产法规定的受理条件。

法院认为，依照《企业破产法》第二条第一款以及《最高人民法院关于适用〈中华人民共和国企业破产法〉若干问题的规定（一）》（以下简称《破产法解释（一）》）第一条之规定，债务人不能清偿到期债务并且具有资产不足以清偿全部债务或者明显缺乏清偿能力情形之一的，人民法院应当认定其具备破产原因。本案中，西南不锈钢公司对外所负多笔债务已为生效裁判文书确认，且有包括兴隆公司在内的多家债权人向一审法院申请强制执行。在执行期间，西南不锈钢公司虽然向乐山市沙湾区社会保险事业管理局补缴了相应的社保费用，并筹措了部分款项交由执行法院按照一定比例对申请执行的债权人进行分配,但从西南不锈钢公司向执行法院提供用于清偿债务的执行案款金额来看,其所占期债权总金额的比例较低,据此可以认定西南不锈钢公司无法在短期内全额清偿所有到期债务。另外,兴隆公司作为债权人在申请执行过程中,并未与西南不锈钢公司达成执行和解,在执行法院执行未果的情况下,已裁定终结本次执行程序,符合《破产法解释(一)》第四条规定的应当认定为明显缺乏清偿能力的情形。由此推定,西南不锈钢公司不能清偿到期债务并且明显缺乏清偿能力,已具备破产原因,为公平清理债权债务,应当依法对其进行破产清算。

四、破产申请的受理

破产申请的受理,是指人民法院在收到破产申请后,经审查认为破产申请符合法定条件而予以接受,并因此开始破产程序的司法行为。当事人向人民法院提出破产申请,破产程序并不当然开始,收到破产申请的人民法院应当在法定期限内,对破产申请予以审查。人民法院经过审查,对是否受理破产申请应当做出裁定。债权人提出破产申请的,人民法院应当自收到申请之日起5日内通知债务人。债务人对申请有异议的,应当自收到人民法院的通知之日起7日内向人民法院提出。人民法院应当自异议期满之日起10日内裁定是否受理。

债务人对申请有异议权。在债权人提出破产申请时,债权人对债务人是否具有清偿债务的能力并不是完全了解,而且债权人可能通过向人民法院对债务人提出破产申请,诋毁债务人的商业信誉。因此,债权人提出申请的,人民法院应当在5日内通知债务人。债务人接到通知后,对于债权人提出的破产申请有异议的,即认为自己不具备破产原因或者对于提出破产申请的债权人的债权有异议时,应当及时向人民法院提出,异议期限为自收到人民法院的通知之日起7日内。人民法院应当自异议期满之日起10日内做出是否受理的裁定。

有特殊情况需要延长裁定受理期限的,经上一级人民法院批准,可以延长15日。比如,债权人人数众多、债权债务关系比较复杂等,为了保证裁定做出的准确性，保护相关当事人的合法权益，应当允许受理破产申请的人民法院适当延长做出是否受理破产申请裁定的时限，但是应当经上一级人民法院批准，最长可以延长15日。

人民法院收到破产申请后，经审查，认为符合《企业破产法》规定决定受理破产申请的，应当做出裁定，人民法院依照法定程序和方式，将受理破产申请的裁定书送交破产申请人。送达的时间为裁定做出之日起5日内。债权人提出申请的，人民法院应当自裁定做出之日起5日内送达债务人。债务人应当自裁定送达之日起15日内，向人民法院提交财产状况说明、债务清册、债权清册、有关财务会计报告以及职工工资的支付和社会保险费用的缴纳情况。因为破产程序对债务人利害关系重大，在债权人提出破产申请的情况下，人民法院应当及时将受理破产申请的裁定送达债务人，以保证债务人能够及时准备相关材料，积极应诉。送达的期限为裁定做出之日起5日内。债务人在收到法院受理破产申请的裁定以后，应当按照本条规定及时提交财产状况说明、债务清册、债权清册、有关财务会计报告、职工工资的支付和社会保险费用的缴纳情况。债务人提交上述材料的期限是自人民法院受理破产申请的裁定送达之日起15日内。

人民法院收到破产申请后，在15日内对破产申请进行审查，经审查发现破产申请不符合本法规定的条件时，人民法院应当决定对该破产申请不予受理。不予受理的决定应以裁定的形式做出。对不符合《企业破产法》规定条件的破产申请不予受理，有利于防止债务人借破产逃避债务，以保护债权人的合法权益，也有利于防止债权人借恶意申请破产损害债务人的合法权益。人民法院裁定不受理破产申请的，应当自裁定做出之日起5日内送达申请人。

人民法院受理破产申请后至破产宣告前，经审查发现债务人不符合《企业破产法》第二条规定的情形的，可以裁定驳回申请。人民法院在收到破产申请以后，已经依照本法规定对破产申请进行了审查，但由于破产案件情况复杂，又受立案审查期限的限制，有时难以查清全部事实。因此，人民法院受理破产申请以后，仍然可以继续对破产申请依照《企业破产法》规定的条件进行审查，发现债务人有不符合《企业破产法》第二条规定的情形，即债务人没有达到不能清偿到期债务，并且资产不足以清偿全部债务或者明显缺乏清偿能力的界限的，仍然可以以裁定的方式对该破产申请予以驳回。驳回的期间为受理破产申请后至破产宣告前。由于驳回破产申请的裁定直接涉及申请人的权利，因此，申请人对这一裁定不服的，应当允许申请人向上一级人民法院提起上诉。上诉期限为自裁定送达之日起10日内。

五、破产管理人

《企业破产法》引入了国际通行的破产管理人制度，规定管理人主要由律师事务所、会计师事务所、破产清算事务所等社会中介机构担任。同时《企业破产法》第二十四条也明确了不得担任管理人的情形：①因故意犯罪受过刑事处罚；②曾被吊销相关专业执业证书；③与本案有利害关系；④人民法院认为不宜担任管理人的其他情形。

为了加强对债务人财产的管理，防止债务人随意处置财产，以保护债权人的利益，有必要由专门机构具体实施对债务人财产的管理、处分、整理、变价和分配等工作。人民法院一旦裁定受理破产申请，破产程序即为开始，债务人丧失对其财产的管理和处分权。为避免债务人财产无人管理而造成损失，《企业破产法》要求人民法院在做出受理破产申请裁定的同时指定管理人，以有效地对债务人财产进行管理，维护债权人和债务人双方的利益。

（一）可以担任破产管理人的人员

管理人在企业的重整、和解、破产清算程序中，要负责处理大量复杂事务，因此管理人主要应由《企业破产法》第二十四条第一款规定的有关机构担任。

1.由有关部门、机构的人员组成的清算组

清算组是由人民法院指定成立，对接管的破产企业财产进行清理、保管、估价、处理和分配的专门机构。清算组既不是债权人的代表，也不是债务人的代表。清算组以公平清理债务为目标，独立执行清算事务。在破产实践中，国有企业的破产涉及国有资产处置、职工安置等复杂问题，需要由政府有关部门、机构的人员组成的清算组担任管理人。

2.依法设立的社会中介机构

由于破产事务具有一定的专业性，要求管理人应具有一定的专业知识与业务能力。因此，管理人可以由依法设立的律师事务所、会计师事务所、破产清算事务所等社会中介机构担任。

按照《企业破产法》第二十四条第二款的规定，人民法院根据债务人的实际情况，可以在征询有关社会中介机构的意见后，指定该机构具备相关专业知识并取得执业资格的人员担任管理人。有些规模较小、债权债务关系又比较简单的债务人，也可以考虑由人民法院征求有关机构的意见后，指定符合条件的个人担任管理人。担任管理人要具备相关专业知识，并且要取得执业资格，如律师应取得律师执业证书，会计师应取得注册会计师资格，等等。

（二）不得担任破产管理人的情形

按照《企业破产法》第二十四条第三款的规定，有以下四种情形之一的，不得担任管理人。

1.因故意犯罪受过刑事处罚

管理人仅具有专业资格是不够的，还必须具有良好的道德操守。从品德方面讲，应没有犯罪记录。本条强调的是因故意犯罪而受刑事处罚的。如果是因为某种过失犯罪，如过失的交通肇事犯罪等，不影响担任管理人。

2. 曾被吊销相关专业执业证书

对于管理人的任职资格审查要比一般从业资格更严，只要被吊销过执业资格证书，就不能担任管理人。如注册会计师违反注册会计师法有关规定，明知委托人的财务会计处理会直接损害报告使用人或者其他利害关系人的利益，而有予以隐瞒或者做不实的报告等的行为，情节严重的，可以由省级以上人民政府财政部门吊销其注册会计师证书，虽然满5年以后可以再取得注册会计师证书，但是按照《企业破产法》第二十四条的规定不得担任管理人。

3. 与本案有利害关系

这是破产管理人实行回避制度的体现，是为了保证破产程序能公正进行。这里讲的利害关系，包括一定范围的亲属关系和债权债务关系、雇佣关系、合伙关系等。

4. 人民法院认为不宜担任管理人的其他情形

除《企业破产法》第二十四条列举的法定情形以外，实践当中可能还有一些因素影响管理人执行职务。该条授权人民法院可以决定其他不适宜担任管理人的情形。比如管理人虽然没有犯罪记录，但是有道德品质不好、身体状况不允许等不适宜担任管理人的情形。

按照《企业破产法》第二十四条第四款的规定，个人担任管理人的，应当参加执业责任保险。由于管理人在破产程序中享有较大的权利，因此也有可能给债权人和债务人造成较大的损害。个人担任管理人的，一旦造成损失可能无法完全弥补债权人或者债务人的损失，因而，本法规定个人担任管理人应当参加执业责任保险，以防范可能发生的风险。

（三）破产管理人的职责

破产管理人的主要职责之一，就是尽最大可能收集债务人的财产，使债务人财产价值最大化。只有这样，才能使债权人的权益得到最大限度的保护。管理人对破产申请受理前成立而债务人和对方当事人均未履行完毕的合同,应当按照有利于使债务人财产最大化的原则,行使决定继续履行或者解除的选择权。如果管理人决定继续履行,双方当事人都应当履行合同。如果管理人决定解除合同,对方当事人仅得以合同不履行所产生的损害赔偿请求权申报债权。管理人行使选择权应当在人民法院裁定受理破产申请之日起两个月内通知对方当事人,或者自收到对方当事人催告之日起30日内予以答复,否则视为解除合同。这一规定有利于督促管理人对此类合同及时采取行动,也可为对方当事人提供明确的预期,以维护交易的稳定。

在管理人怠于行使选择权的情况下,对方当事人的权利处于不稳定状态,于交易安全不利,故法律还赋予对方当事人以催告权,以保护其利益,即对方当事人可以要求管理人做出履行或者解除合同的意思表示;如果管理人在收到对方当事人催告之日起30日内未答复的,视为解除合同。

六、债务人财产

《企业破产法》第三十条规定:"破产申请受理时属于债务人的全部财产,以及破产申请受理后至破产程序终结前债务人取得的财产,为债务人财产。"债务人的财产在破产宣告前后的不同阶段,被赋予不同的称谓,破产宣告后称为破产财产;但是就债务人财产与破产财产的范围来看,二者是一致的。债务人财产在破产程序中具有重要意义,破产程序中的各项实体性权利,包括抵销权、撤销权以及债权人的受偿权都是围绕着债务人财产而展开的;债务人财产的范围与数额决定了破产程序能否顺利进行以及债权人最终能够得到清偿的数额。

1. 破产申请受理时属于债务人的财产

破产申请受理时属于债务人的财产,既包括属于债务人所有的厂房、机器、设备等有形财产,也包括属于债务人所有的债权、股权、知识产权等无形的财产权利；既包括未设定担保权的财产，也包括设定担保权的财产；既包括债务人位于境内的财产，也包括债务人位于境外的财产。

2.破产申请受理后至破产程序终结前债务人取得的财产

破产申请受理后至破产程序终结前债务人取得的财产纳入债务人财产的范围，这种立法有利于最大限度地增加债务人财产，并最终增加债权人的受偿额，从而更好地维护债权人的利益。

案例：张某与汇成公司管理人请求确认债务人行为无效纠纷上诉案[①]

汇成公司于2010年12月30日在兰州市工商行政管理局设立注册登记，系投资与资产管理类行业，注册资本为1000万元。2013年11月12日，该公司股东及股东出资投资人股权变更为：凯超经贸公司出资570万元（占57%），张某出资200万元（占20%），广州凯超投资控股有限公司出资230万元（占23%）。

2014年5月15日，就亚航公司诉凯超经贸公司、汇成公司、黄某买卖合同纠纷一案，北京市第二中级人民法院做出（2014）二中民初字第04910号民事调解书，各方当事人达成如下协议：凯超经贸公司于2014年7月15日前向亚航公司返还合同保证金5000万元，凯超经贸公司以5000万元为基数按照日万分之一从2013年12月26日算起至实际付清之日止支付违约金，汇成公司、黄某对凯超经贸公司的上述第一、二项履行内容共同向亚航公司承担连带清偿责任。

2014年7月29日，北京市第二中级人民法院根据申请执行人亚航公司的申请做出（2014）二中执字第00722号执行裁定。2014年10月17日，汇成公司与张某签订了七份房地产买卖合同，约定：汇成公司自愿将坐落在兰州市城关区张掖路街道庆阳路七处房产出售给张某。上述房产面积为2328.95平方米，成交价为1522.22万元。张某于2014年10月17日前一次性付清房款，汇成公

---

① （2017）甘民终445号。

司将上述房产正式交付张某,房屋移交给张某时该建筑物范围内的土地使用权一并转移给张某。合同签订后,同日,汇成公司与张某共同向兰州市房地产交易中心提交了七份房屋所有权转移登记申请书。2014年10月20日,兰州市住房保障和房地产管理局为张某办理七处房屋的所有权证书。

亚航公司于2015年10月14日以被申请人汇成公司不能清偿到期债务,明显缺乏清偿能力为由,向一审法院申请对汇成公司进行破产清算。2016年9月28日,一审法院做出(2016)甘01民破1号决定,指定甘肃正鼎律师事务所担任汇成公司破产管理人,律师殷某为负责人。汇成公司管理人对汇成公司的财产状况进行调查,并与汇成公司协商未果,产生纠纷。

法院经审理认为,张某与汇成公司就本案所涉七处房产签订的《房地产买卖合同》是否有效。经审查,从形式要件来看,汇成公司与张某就本案所涉七处房产签订了《房地产买卖合同》,并将房屋所有权转移登记至张某名下,符合房地产买卖的形式要件。但从实质来看,2014年10月17日汇成公司与张某签订的七份合同约定的总价款与发票显示的总价款差距悬殊,且张某在签订合同后,并没有按照合同约定于2014年10月17日前一次性支付价款。《企业破产法》第三十四条规定:"因本法第三十一条、第三十二条或者第三十三条规定的行为而取得的债务人的财产,管理人有权追回。"该法第三十六条规定:"债务人的董事、监事和高级管理人员利用职权从企业获取的非正常收入和侵占的企业财产,管理人应当追回。"《最高人民法院关于适用〈中华人民共和国企业破产法〉若干问题的规定(二)》第十七条规定,管理人依据《企业破产法》第三十三条的规定提起诉讼,主张被隐匿、转移财产的实际占有人返还债务人财产,或者主张债务人虚构债务或者承认不真实债务的行为无效并返还债务人财产的,人民法院应予支持。据此,汇成公司管理人提起本案诉讼符合法律规定。

七、执行案件移送破产审查制度

"执转破"制度，又称执行案件移送破产审查制度，是指人民法院在执行过程中发现被执行人资不抵债、达到破产界限、符合破产条件，通过一定的程序及时将企业移送破产审判部门审查，以启动破产程序来化解社会矛盾纠纷的法律制度。《最高人民法院关于适用〈中华人民共和国民事诉讼法〉的解释》第五百一十三条对"执转破"案件进行了明确的规定，在执行中，作为被执行人的企业法人符合《企业破产法》第二条第一款规定情形的，执行法院经申请执行人之一或者被执行人同意，应当裁定中止对该被执行人的执行，将执行案件相关材料移送被执行人住所地人民法院。在"执转破"案件中，应当尊重当事人的意思自治，当事人不同意"执转破"的，人民法院不得"执转破"。

执行程序不同于破产程序，当事人可能会基于一定的利益考量不同意"执转破"。执行程序以个别清偿为目的，追求效率价值；破产程序以概括清偿为宗旨，注重公平价值，贯彻普通债权平等受偿原则。

案例：巨诚系公司执行转破产案[1]

巨诚喷织公司、巨诚高新公司、天玺纺织公司、钜诚纺织公司、巨诚科技公司五家巨诚系公司曾为吴江盛泽地区有影响力的纺织企业。巨诚科技公司注册资本7亿元，其中王某出资占80%，王某妻子朱某出资占20%。巨诚喷织公司、巨诚高新公司、天玺纺织公司的注册资本分别为10080万元、4.2亿元、9100万元，巨诚科技公司的出资分别占50.4%、90%、50.55%，其余出资人分别为王某个人或其控制的香港公司。钜诚纺织公司注册资本978万元，独资股东为王某控制的香港公司。五家公司分布于三个厂区，经营范围关联度高，业务交叉混同，

---

[1] （2017）苏0509破11、12、13、14、15号。

高级管理人员交叉任职,公司资金由实际控制人王某、朱某统一调配,相互之间存在大量关联债务及担保。

因盲目扩大生产规模、风险管理意识薄弱,五家公司资金链断裂,陷入"担保链"风险,多家银行提起诉讼并申请对巨诚系公司进行破产清算。自2016年1月起,苏州市吴江区人民法院陆续立案执行以五家公司作为被执行人的案件46件,执行标的额达5.8亿元,另有作为被告的诉讼案件31件,立案标的额达6.65亿元。执行程序中,吴江区人民法院查明,五家公司名下财产包括房地产、机器设备、存货、对外投资等多项资产。在执行房地产过程中,瀚诚纺织公司等提起执行异议,主张保护其及相关公司的租赁权。经初步审查,吴江区人民法院发现,相关租赁企业与被执行人的职工、财务、实际控制人高度一致,租赁企业疑似被执行人的关联公司,企图设置防火墙对抗、规避执行。

在本案件的执行阶段,吴江区人民法院发现被执行人存在设立关联企业、换壳经营、选择性清偿个别债权人等规避执行的行为。在采取财产调查措施并经债务人确认后,吴江区人民法院发现五家公司均出现不能清偿到期债务,且资产不足以清偿全部债务的情形,符合《企业破产法》第二条第一款的规定。根据《最高人民法院关于适用〈中华人民共和国民事诉讼法〉的解释》第五百一十三条的规定,法院执行局就此询问当事人是否同意将案件移送破产审查并释明法律后果。经申请执行人同意后,吴江区人民法院及时将执行案件移送破产审查。

本案属于借助关联企业实质合并破产制度化解执行难题、借助执行强制措施和刑事手段保障破产审判的典型案件,充分体现了"执转破"制度中破产程序对执行程序的融合利用,以及在打击逃废债过程中人民法院与公安的协调联动。另外,其所涉及的实质合并破产的启动与审查及破产财产变价问题也值得关注。